LA VIE EN VERT

W0399158

LA VIE EN VERT

1 001 idées
100 % naturelles et écologiques
pour vivre mieux

Sélection du Reader's Digest

LA VIE EN VERT

publié par Sélection du Reader's Digest,

est l'adaptation française de *1 001 EASY WAYS FOR EARTH-WISE LIVING*
© 2006 The Reader's Digest (Australia) Pty Limited

Équipe de **Sélection du Reader's Digest**
Directeur éditorial : Éric Jouan
Directrice éditoriale adjointe : Elizabeth Glachant
Direction artistique : Dominique Charliat
Responsable de projet : Anne Grégoire
Maquette : Françoise Boismal
Lecture-correction : Béatrice Argentier
Iconographie : Danielle Burnichon
Prépresse : Philippe Pétour
Fabrication : Marie-Pierre de Clinchamp

Nous remercions tous ceux qui ont collaboré à cet ouvrage.
Réalisation éditoriale : **LIBRIS, Grenoble**
Coordination : Laure Roussel
Consultante : Laure Leter
Traduction : Olivier Fleuraud, Céline Fretay,
Valérie Garnaud-d'Ersu,
Odile Koenig, Christine Mignot.

Prépresse : Damien Noirot

PREMIÈRE ÉDITION
© 2008, Sélection du Reader's Digest, SA,
5 à 7, avenue Louis-Pasteur, 92220 Bagneux
Site Internet : www.selectionclic.com

© 2008, NV Reader's Digest, SA,
20, boulevard Paepsem, 1070 Bruxelles

© 2008, Sélection du Reader's Digest, SA,
Räffelstrasse 11, « Gallushof », 8021 Zurich

© 2008, Sélection du Reader's Digest (Canada),
Limitée, 1100, boulevard René-Lévesque Ouest,
Montréal, Québec H3B 5H5

Livre imprimé sur papier issu de forêts gérées durablement.

Pour nous communiquer vos suggestions ou remarques sur ce livre, utilisez notre adresse e-mail :
editolivre@readersdigest.tm.fr

Code produit AU 0542/IC

ISBN : 978-2-7098-1998-5

Tous droits de traduction, d'adaptation et de reproduction, sous quelque forme que ce soit, réservés pour tous pays.

SOMMAIRE

Un corps sain 128

Se sentir bien 172

POUR COMMENCER...

Voici des centaines d'idées pour protéger votre capital santé et celui de votre famille, économiser votre argent et préserver l'environnement. En suivant quelques-uns des conseils simples proposés dans ce livre, non seulement vous ferez des économies, mais vous contribuerez également à créer un environnement plus sain dont tout le monde profitera.

CI-DESSUS *Une chambre propre et bien rangée est essentielle pour les personnes qui souffrent d'une allergie à la poussière.*

CI-CONTRE *Manger des produits frais, étendre son linge au soleil, faire de l'exercice et cultiver des herbes aromatiques contribue à une vie saine et écologique.*

MIEUX VIVRE AU NATUREL

Nous désirons tous mener une vie heureuse et équilibrée. Nous voulons nous sentir en forme, disposer de plus de temps de loisir, économiser de l'argent sur les factures et respecter l'environnement. Cela est possible en adoptant une approche de la vie respectueuse de la planète.

Respecter la planète signifie vivre en harmonie avec la nature, et cette règle s'applique à de nombreux aspects de la vie moderne.

Par exemple, le repas que vous apportez sur la table tous les soirs est-il préparé avec des ingrédients frais et sans additifs (colorants, arômes, conservateurs artificiels) ? En évitant les produits traités, vous garantissez à votre famille une alimentation équilibrée, riche en protéines, vitamines et minéraux, essentiels pour être et rester en bonne santé.

Si vous achetez des produits certifiés issus de l'agriculture biologique, vous avez la certitude qu'aucun engrais chimique, ni pesticides nocifs n'ont été utilisés.

Vous recyclez déjà vos bouteilles, canettes et papiers, vous utilisez des sacs en tissu pour vos courses plutôt que des sacs plastique et vous lavez vos vêtements à l'eau froide. Et vous aimeriez en faire plus.

Que vous habitiez une maison en banlieue ou un petit appartement au centre-ville, vous trouverez dans ce livre des conseils et des suggestions adaptés à votre cas.

Par exemple, si l'augmentation du coût du carburant vous inquiète, essayez de marcher ou de prendre votre vélo pour vous rendre au travail. Vous serez ainsi en meilleure forme physique et économiserez de l'argent tout en diminuant la pollution atmosphérique.

Si vous n'avez pas de place pour créer un potager, faites par exemple pousser des herbes biologiques et quelques salades sur votre balcon ou rebord de fenêtre. Vous aurez ainsi sous la main des herbes fraîches pour cuisiner et agrémenter vos salades. Cela ne vous coûtera presque rien et vous serez heureux de savoir que vous mangez sain.

CI-DESSUS *Le thé au gingembre est un remède naturel contre les nausées.*

CI-DESSOUS *Nettoyez votre miroir avec un simple jet d'eau gazeuse.*

QUELS SONT LES AVANTAGES ?

En adoptant une attitude écologique, vous vous simplifierez la vie tout en économisant de l'argent sur les courses et les factures. À chaque action respectueuse de la planète, vous contribuez à protéger l'environnement : en économisant de l'énergie et de l'eau, en diminuant la pollution atmosphérique ou en limitant vos déchets.

Saviez-vous que l'air de la maison peut être jusqu'à trois fois plus pollué que l'air extérieur ? Cette pollution est essentiellement due aux nombreux nettoyants chimiques utilisés à l'intérieur.

Vous n'avez pas besoin de tous ces produits coûteux ; quelques produits naturels multi-usages donneront, au minimum, le même résultat.

Vous avez peut-être dans votre placard un paquet de bicarbonate de soude que vous n'utilisez que pour la cuisine, sans savoir qu'il pourrait vous servir à beaucoup d'autres choses dans la maison. Essayez donc le bicarbonate de soude pour nettoyer le four, faire briller l'évier, déboucher les canalisations de la maison, désodoriser les tissus d'ameublement et les tapis, enlever des taches sur du linge et même vous brosser les dents ! Le bicarbonate, l'un des produits clés du nécessaire de nettoyage écologique, est peu coûteux, simple d'utilisation et naturel.

QUELLES ACTIONS ENTREPRENDRE ?

Commencez par changer vos habitudes. Lorsque vous achetez du papier toilette, choisissez un papier recyclé, non blanchi. La prochaine fois que vous changez une ampoule, essayez une lampe fluorescente compacte basse consommation. Certaines peuvent durer 10 ans ! Non seulement vous économisez de l'argent sur vos factures d'électricité, mais vous évitez aussi de brûler des énergies fossiles qui contribuent largement à la pollution atmosphérique.

Si vous buvez un café tous les matins sur votre lieu de travail, apportez votre propre tasse plutôt que d'utiliser un récipient jetable.

Refusez les sacs plastique lorsque vous faites vos courses. Utilisez de préférence des sacs réutilisables en tissu ou synthétiques.

Les ordinateurs portables nécessitent moins de matériaux pour leur fabrication et ils consomment jusqu'à 90 % moins d'énergie que les ordinateurs fixes.

Avec 6,5 millions de tonnes de plastique aujourd'hui, la France a vu sa production augmenter de 400 % entre 1970 et l'an 2000.

Vous pouvez aussi éviter de jeter certains produits ; pensez au recyclage. Par exemple, beaucoup de propriétaires d'un téléphone portable s'en débarrassent au bout de 18 à 24 mois pour acheter un modèle plus récent. Des millions de téléphones portables atterrissent ainsi à la décharge et libèrent du nickel ou d'autres métaux dans le sol et la nappe phréatique. Or les téléphones peuvent être recyclés et les batteries fondues et transformées. En France, les revendeurs proposent la collecte des téléphones portables usagés en vue de leur recyclage.

Ainsi, avant de vous débarrasser d'un objet, qu'il s'agisse d'un bocal en verre ou d'un meuble, demandez-vous s'il ne peut pas être réutilisé, recyclé, ou encore donné.

Les déchets chimiques comme les peintures, les solvants, les détergents, les cartouches d'encre… doivent être déposés à la déchetterie. Renseignez-vous à la mairie de votre ville.

Une fois que vous aurez bien intégré la notion d'approche écologique, essayez de vous « diversifier ». Lorsque vous choisissez un produit courant sur un rayon de supermarché, vérifiez d'abord son étiquette : les additifs sont-ils nombreux, indiquant que le produit a été largement transformé ?

Par exemple, si vous aimez manger des céréales chocolatées ou au miel d'une marque connue au petit déjeuner, il se peut que vous n'ayez pas remarqué que les sucres et graisses ajoutés sont nombreux. Vous pourriez économiser de l'argent en achetant des céréales « nature » et en les agrémentant vous-même avec des ingrédients plus sains. Ainsi, vous savez parfaitement ce que vous mettez dans vos céréales et vous pouvez les adapter à vos besoins diététiques. Et si vous achetez les ingrédients en gros, vous réduisez la quantité d'emballages que vous accumulez.

Certaines questions environnementales majeures affectent également notre vie quotidienne. Si vous vivez dans une commune temporairement soumise à des restrictions d'eau, économiser l'eau sera essentiel pour vous.

Les produits saisonniers biologiques ont beaucoup de saveur et ne contiennent pas de produits chimiques nocifs. Lorsque vous achetez des tomates en grappe, elles dureront plus longtemps si vous les laissez attachées jusqu'à ce que vous les consommiez.

Installez un récupérateur d'eau de pluie pour arroser votre jardin.

L'eau chaude représente environ 30 % de la consommation énergétique des ménages. Lavez vos vêtements à l'eau froide et calculez votre économie.

Il y a beaucoup de choses simples que vous pouvez faire, à la fois pour réduire votre consommation d'eau et pour économiser de l'argent.

Par exemple, posez une bouteille remplie d'eau dans le réservoir de chasse d'eau ; pour une bouteille de 1,5 litre, chaque fois que vous tirerez la chasse, vous économiserez 1,5 litre d'eau.

La prochaine fois que vous achèterez un lave-linge, choisissez-le avec chargement frontal : il utilise jusqu'à 60 % moins d'eau que les lave-linge à chargement par le haut. En réparant un robinet qui fuit, vous pouvez économiser jusqu'à 90 litres d'eau par semaine.

Vous pouvez faire bien d'autres choses dans la maison pour économiser l'eau : installer une pomme de douche à économie d'eau, acheter un récupérateur d'eau de pluie ou utiliser les eaux grises (savonneuses, de bain, douche…) pour le jardin.

DES CONSEILS AU QUOTIDIEN

La Vie en vert peut être considéré à la fois comme un livre de référence et comme une source d'inspiration, avec des conseils couvrant tous les aspects de la vie quotidienne.

Des chiffres comparatifs et des informations sur des questions environnementales importantes vous sont fournis afin que vous disposiez des données nécessaires pour faire vos propres choix.

Dans le chapitre **La maison au naturel**, nous vous indiquons comment avoir une maison à haute performance énergétique et comment économiser sur les factures d'électricité et d'eau.

Le deuxième chapitre, **L'hygiène à la maison**, vous explique comment nettoyer et entretenir votre maison et son contenu, en évitant les nettoyants chimiques corrosifs. Vous apprendrez aussi comment lutter contre les animaux nuisibles de la maison d'une manière naturelle et comment soigner vos animaux domestiques avec des remèdes simples et faits maison.

Dans le chapitre **Un corps sain**, nous vous proposons un guide complet sur l'alimentation, ainsi que des conseils pour vous maintenir en forme, que vous préfériez l'aérobic, les entraînements musculaires ou les exercices sans impact. Ce chapitre se termine par des conseils utiles pour bien dormir.

Le chapitre **Se sentir bien** vous aide à élaborer votre programme de beauté grâce à nos produits maison. Nous vous initierons également aux massages et autres thérapies naturelles, et nous vous ferons découvrir des remèdes naturels pour guérir toute une série de maladies bénignes ou plus graves.

Dans **Un jardin écologique**, vous apprendrez comment travailler avec la nature pour obtenir un jardin biologique, facile d'entretien et consommant peu d'eau, qui vous fournira des produits frais, des fleurs et des feuillages colorés pendant toute l'année.

Pour finir, dans **Ici et ailleurs**, nous vous proposons un guide complet sur les bonnes habitudes à prendre lorsque vous faites vos courses. Nous vous indiquons également comment faire des économies et préserver l'environnement en choisissant le mode de déplacement adapté à vos besoins, que ce soit la voiture, le vélo ou la marche, et comment « voyager autrement ».

Pourquoi ne pas commencer tout de suite à réaliser des changements faciles, sans stress, et à économiser de l'argent et du temps tout en menant une vie plus saine et plus sûre ?

SYMBOLES BIOLOGIQUES ET BIODYNAMIQUES

AB AGRICULTURE BIOLOGIQUE — ECOCERT — Cosmétiques naturels contrôlés BDIH — NATURE & PROGRES Pour notre santé et celle de la Terre — demeter — COSMETIQUE BIO CHARTE COSMEBIO — COSMETIQUE ECO CHARTE COSMEBIO

Si vous achetez un produit sur lequel figure l'un de ces logos, cela signifie qu'il est certifié cultivé et transformé biologiquement ou biodynamiquement – sans la plupart des pesticides et engrais chimiques conventionnels composés d'ingrédients synthétiques.

CODE D'IDENTIFICATION DES PLASTIQUES POUR LE RECYCLAGE

	Usage de base	Usage recyclé
1 PET	Bouteilles de boissons non alcoolisées et d'eau minérale, rembourrage de sacs de couchage et oreillers, fibres textiles.	Bouteilles de boissons non alcoolisées et de détergents, film plastique transparent, fibres de tapis.
2 PEHD	Sacs à provisions gaufrés, sacs isothermes, bouteilles de lait et de crème, bouteilles de shampooing et de nettoyants.	Bacs à compost, bouteilles de détergent, tuyaux agricoles, bordure de jardin.
3 PVC	Vinyle non plastifié pour les bouteilles de jus de fruits, etc. ; vinyle plastifié pour les tuyaux d'arrosage, semelles.	Bouteilles de détergent pour le vinyle non plastifié ; intérieur de tuyaux d'arrosage pour le vinyle plastifié.
4 PELD	Feuilles de plastique noire, couvercles de bacs de glace, sacs poubelle.	Film pour le bâtiment, l'industrie, sacs pour plantes de serres.
5 PP	Sachets de chips, bacs de glace, pailles, bouchons de bouteilles de boissons gazeuses.	Bacs à compost, panneaux de construction.
6 PS	Polystyrène pour les packs de yaourts, couverts en plastique ; polystyrène expansé pour les tasses de boissons chaudes, boîtes de nourriture à emporter, barquettes de viande.	Polystyrène pour pinces à linge, cintres, accessoires de bureau, règles, boîtes de cassettes vidéo/CD ; polystyrène expansé pour cadres photos, dessous de dalles.
7 AUTRES	Toutes les autres matières plastiques, dont l'acrylique et le nylon.	Roues et roulettes, meubles d'extérieur, structures maritimes.

La maison au naturel

En choisissant des matériaux naturels et en maîtrisant votre consommation d'eau et d'énergie, vous créez un cadre de vie plus sain et plus confortable. De plus, vous contribuez à préserver l'environnement et vous réduisez vos dépenses.

LA MAISON AU NATUREL...

MAÎTRISER, ÉCONOMISER

■ Comment économiser de l'énergie et de l'argent, simplement et rapidement, p. 18. ■ Choisissez le mode de chauffage le mieux adapté à votre situation : au gaz ou électrique, d'appoint ou central, p. 24.
■ L'intérêt d'investir dans les éclairages à faible consommation d'énergie, p. 32.
■ Réduisez votre consommation et votre facture d'eau simplement en remplaçant la pomme de douche, p. 34.

PIÈCE PAR PIÈCE

■ Faites la cuisine sans vous ruiner, p. 40. ■ Quelques conseils pour économiser l'eau en faisant la lessive, p. 46.
■ Comment conjuguer travail à la maison et préservation de l'environnement, p. 52.

CONSTRUIRE ET RÉNOVER

■ La construction neuve, occasion idéale de vous façonner un habitat écologique, p. 54. ■ L'incidence des matériaux de construction sur les factures et le confort de la maison, p. 58. ■ Quelques travaux de rénovation simples qui amélioreront les performances énergétiques de votre logement et lui donneront de la valeur, p. 62. ■ Réduisez votre exposition aux produits chimiques nocifs en choisissant des revêtements de sol ou muraux, des peintures et des vernis naturels, p. 64.

MAÎTRISER, ÉCONOMISER

Réduisez vos factures et créez un cadre de vie sain et confortable en maîtrisant vos dépenses d'énergie.

Des gestes efficaces

Il est assez simple de réduire la consommation énergétique d'un foyer : en exploitant la chaleur du soleil, en utilisant les appareils électriques de façon raisonnée ou en abandonnant quelques mauvaises habitudes. Cela profitera non seulement à votre porte-monnaie, mais aussi à votre confort et à l'environnement.

LES PRINCIPALES ÉCONOMIES D'ÉNERGIE

1 Pour profiter au maximum du soleil, installez de grandes baies vitrées sur le côté sud de votre maison. Pour garder la fraîcheur en été, abritez-vous du rayonnement solaire en installant des auvents, des avant-toits ou des stores.

2 Vérifiez l'isolation de votre logement. Vous gagnerez plusieurs degrés en hiver et vous garderez plus de fraîcheur en été.

3 Quand le temps le permet, étendez votre linge dehors plutôt que d'utiliser le sèche-linge. Vous économiserez de l'argent et jusqu'à 3 kilos de gaz à effet de serre par cycle de sèche-linge.

4 L'une des façons les plus simples d'économiser de l'énergie consiste à débrancher tout appareil inutilisé pendant plusieurs heures. Les appareils en veille peuvent représenter 10 % de la facture d'électricité d'un foyer.

5 Si vous possédez un chauffage central avec thermostat, baissez très légèrement la température. Vous ne sentirez probablement pas de différence, mais votre facture, elle, s'en ressentira : une diminution de 1 °C peut faire économiser 10 %.

6 Isolez vos portes, fenêtres et autres ouvertures à l'aide de joints et de bourrelets isolants. En hiver, l'élimination des courants d'air peut réduire la déperdition énergétique d'une maison de 25 %.

CLASSIFICATION ÉNERGÉTIQUE

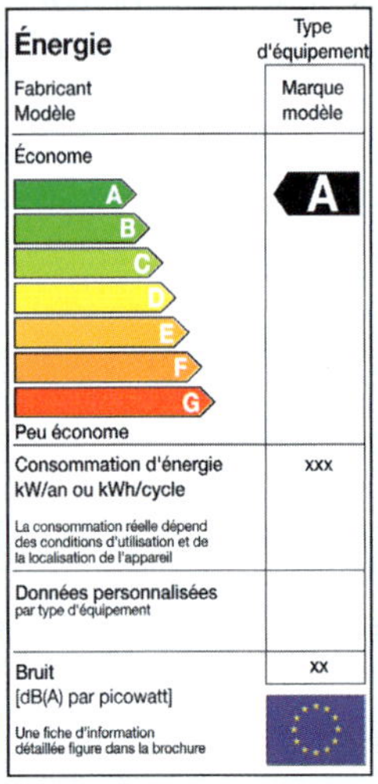

Au sein de l'Union européenne, les appareils électroménagers (réfrigérateurs, congélateurs, lave-linge, lave-vaisselle, etc.) doivent porter une étiquette indiquant leur classe énergétique.

- **SON INTÉRÊT** L'étiquette révèle la classe énergétique de chaque appareil, graduée de A (pour les plus économiques) à G (pour les plus énergivores).
- **COMMENT CHOISIR** L'étiquette indique également la consommation de l'appareil en kilowatts. Au sein d'une même catégorie, les différences peuvent être sensibles ; à vous de comparer.
- **RAISONNER SUR LE LONG TERME** Bien que les appareils de catégorie A soient souvent onéreux, ils peuvent vous faire économiser de l'argent au bout de plusieurs années. D'une classe énergétique à la suivante, la différence de consommation peut atteindre 10 %.
- **CALCULER SA NOTE** Pour déterminer le coût de fonctionnement d'un appareil ou le temps nécessaire pour amortir son surcoût, repérez le prix du kilowattheure sur votre facture et multipliez-le par la consommation.

Une bonne isolation des combles peut vous faire économiser 40 % sur vos dépenses de chauffage et de climatisation.

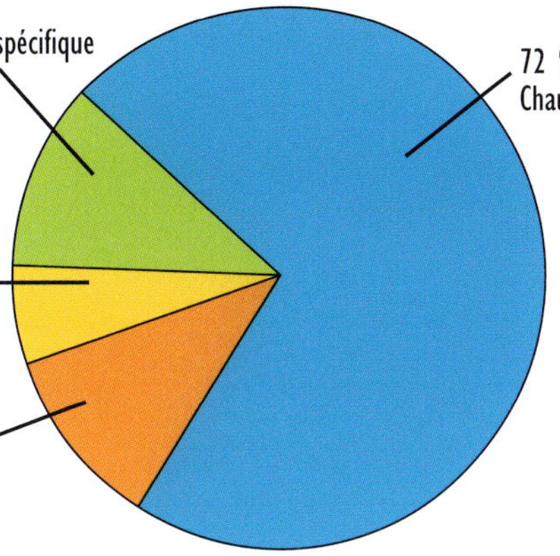

RÉPARTITION DE LA CONSOMMATION ÉNERGÉTIQUE D'UN FOYER

Source : Ademe.

7 En hiver, l'utilisation de doubles rideaux et de volets permet de réduire d'un tiers la déperdition thermique par les fenêtres.

8 Remplacez vos ampoules à incandescence par des lampes fluocompactes. Plus chères que les ampoules traditionnelles, elles ont toutefois un rendement supérieur et produisent un éclairage intense pour une faible consommation (une lampe fluocompacte de 25 watts équivaut à une ampoule à incandescence de 100 watts). Ainsi, elles consomment 80 % d'énergie en moins et durent jusqu'à dix fois plus longtemps.

9 Choisissez des appareils économes et adaptés à vos besoins. Pour une même classe énergétique, un réfrigérateur de 284 litres consommera 20 % de plus qu'un réfrigérateur de 210 litres.

10 Préférez le chauffage au gaz naturel à l'électrique. Le gaz est une énergie moins chère et sa production de gaz à effet de serre est inférieure à celle de l'électricité générée en partie par des centrales thermiques.

11 Isolez votre chauffe-eau et vos conduites d'eau chaude. Dans un foyer moyen, la production d'eau chaude représente environ un quart de la facture énergétique, et jusqu'à 50 % de la facture d'eau chaude peuvent être attribués à la déperdition thermique.

12 Lors de votre prochain achat d'un système de production d'eau chaude, investissez dans un dispositif à haute performance énergétique. Qu'il soit à gaz, solaire ou à pompe à chaleur, le surcoût à l'achat sera compensé par des frais de fonctionnement plus faibles.

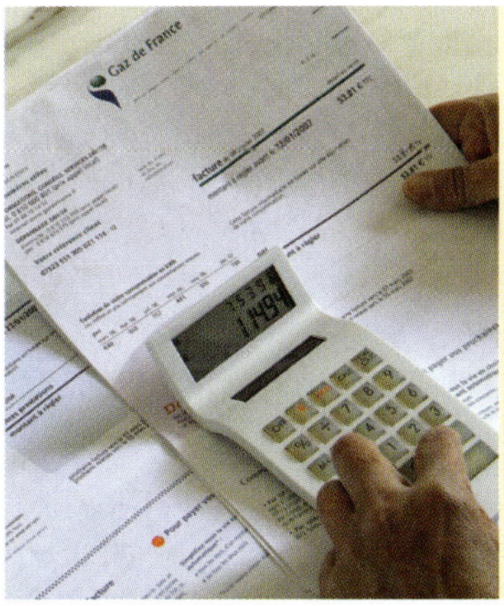

ASTUCE

Pour évaluer l'efficacité énergétique de votre foyer, il suffit de procéder à un examen détaillé de vos habitudes, de vos factures, de vos appareils et de vos installations. Nombreux sont les fournisseurs d'énergie qui proposent des services d'information et des outils de diagnostic. Vous pouvez également vous adresser à un espace Info Énergie proche de chez vous ; appelez le 08 10 06 00 50.

liens utiles

Économiser de l'énergie et de l'argent :
www.ademe.fr ; www.negawatt.org
Choisir des appareils à haute performance énergétique :
www.guide-topten.com
Calculer les émissions de gaz à effet de serre de son foyer :
www.calculateurcarbone.org

■ ■ ■ **Un appareil de classe énergétique A** peut consommer 10 % moins d'énergie qu'un appareil analogue de classe B.

Les sources d'énergie

Dans la plupart des pays, l'électricité est produite par des centrales à charbon. Cette énergie fossile non renouvelable se révèle bon marché et facile à extraire, mais son impact environnemental est important. Heureusement, les sources d'énergies plus vertes se multiplient. Leur fiabilité n'est plus à mettre en doute.

EN FRANCE

- 78,1 % de l'électricité est produite par le nucléaire, 11,5 % est d'origine hydraulique, éolienne et voltaïque, et 10,4 % proviennent des centrales thermiques (qui fonctionnent au gaz, au charbon et au fuel).
- Le processus de transformation des centrales thermiques s'accompagne d'une forte déperdition énergétique et d'importantes émissions de dioxyde de carbone et autres gaz à effet de serre.
- Les énergies renouvelables hors hydraulique comme le solaire, l'éolien, la biomasse ou la géothermie n'assurent qu'une fraction de la production nécessaire. Cependant, leur développement fait l'objet de nombreux programmes gouvernementaux. La part d'énergie d'origine renouvelable dans la production d'électricité en France devrait bientôt atteindre 21 %.
- Environ 18 % des foyers se chauffent au bois. Quoique relativement polluant, le bois est une énergie potentiellement renouvelable qui produit assez peu de gaz à effet de serre.

PRODUIRE SON ÉNERGIE

Grâce aux énergies renouvelables, les personnes en quête d'autosuffisance peuvent assurer leur propre production énergétique.

- Une solution consiste à installer des panneaux solaires sur votre toiture. Le rayonnement solaire sera transformé en électricité, qui sera stockée dans des batteries pour un emploi ultérieur.
- Dans les régions isolées et venteuses, vous pouvez envisager le déploiement d'une éolienne. Si vous vivez au bord d'un cours d'eau, vous pouvez même songer à un groupe électrohydraulique.

CHOISIR UNE ÉNERGIE PLUS VERTE

Contre un surcoût raisonnable, bon nombre de fournisseurs d'énergie proposent aujourd'hui une solution verte garantissant le recours à des énergies renouvelables. Pour en profiter, c'est tout simple.

- Demandez à votre fournisseur habituel s'il propose une solution verte. Si ce n'est pas le cas, renseignez-vous auprès d'un organisme officiel qui vous fournira une liste de fournisseurs agréés.
- Déterminez vos besoins en énergie verte. La plupart des fournisseurs proposent plusieurs formules, selon lesquelles l'énergie verte peut représenter entre la moitié et la totalité de vos besoins. Dans certains cas, vous pouvez choisir un mode de production énergétique spécifique.
- Faites-vous confirmer le tarif des différentes formules. Certaines coûtent un peu plus cher que l'offre énergétique traditionnelle, mais de plus en plus de fournisseurs alignent leurs tarifs d'énergie verte sur celui de l'énergie fossile classique.
- Demandez le transfert de contrat à votre fournisseur. Ce dernier se chargera des formalités afin d'éviter toute interruption en approvisionnement électrique.
- Contrôlez votre consommation pour éviter tout gaspillage et réduire au maximum vos émissions de gaz à effet de serre.

■ ■ ■ Passer d'une énergie traditionnelle à une énergie verte équivaut à supprimer les gaz à effet de serre produits par trois voitures.

- Dans certains cas, les systèmes individuels peuvent être connectés aux réseaux nationaux.
Non seulement vous bénéficiez d'un approvisionnement auxiliaire, mais vous pouvez revendre votre éventuel surplus d'énergie à votre opérateur national.
- Renseignez-vous sur les réductions ou les crédits d'impôt applicables aux travaux d'installation de systèmes d'énergies renouvelables.
- Avant d'acheter, comparez soigneusement les offres des différents fournisseurs sur le marché.

En choisissant des produits à haut rendement énergétique, vous diviserez par deux vos émissions de gaz à effet de serre.

liens utiles

Liste de fournisseurs en énergie verte agréés :
www.electricite-verte.com
Conseils sur les technologies alternatives et les énergies renouvelables :
www.cler.org
(Comité de liaison des énergies renouvelables)

Les différents modes de production

Énergie	Production	Avantages	Inconvénients
Électricité par centrale au charbon	La combustion du charbon sert à produire la vapeur d'eau qui entraîne des turbines.	Disponible en quantité.	Non renouvelable. Mauvais rendement. Consommation d'eau et émissions de gaz à effet de serre importantes.
Hydroélectricité	L'eau courante entraîne des turbines qui produisent de l'électricité.	Renouvelable. Disponible en quantité.	La construction des installations engendre des gaz à effet de serre.
Gaz naturel	Le gaz est livré chez le consommateur par un réseau de canalisations et brûlé sur place.	Performant. Émission de gaz à effet de serre inférieure à celle des centrales au charbon.	Pas disponible partout. Non renouvelable. Limites d'application.
Nucléaire	Les centrales utilisent la fission d'un matériau nucléaire pour produire de la chaleur.	Pas d'émission de gaz à effet de serre lors de la production.	Déchets radioactifs. La construction et le démantèlement des installations engendrent des gaz à effet de serre.
GPL	Le gaz est livré dans des fûts et des citernes, et brûlé sur place.	Faible émission de gaz à effet de serre.	Le transport sur site entraîne une surconsommation énergétique.
Solaire	Le rayonnement solaire est transformé en électricité grâce à des piles photovoltaïques.	Abondante, gratuite, renouvelable. Pas d'émission de gaz à effet de serre.	Pas encore disponible partout. Installation coûteuse.
Éolienne	Le vent entraîne des turbines qui produisent de l'électricité.	Gratuite, propre. Pas d'émission de gaz à effet de serre.	Installation coûteuse. Impact visuel et danger potentiel pour les oiseaux.
Marémotrice	La marée ou les vagues entraînent des turbines qui produisent de l'électricité.	Disponible en quantité, renouvelable et proche des villes.	Une énergie coûteuse et difficile à maîtriser efficacement.
Biomasse	La combustion de matière végétale sert à entraîner des groupes électrogènes.	Potentiellement renouvelable. Permet de recycler les déchets agricoles.	La culture et la combustion de matière végétale peuvent générer de faibles doses de polluants.
Géothermie	La chaleur, la vapeur ou l'eau chaude du sous-sol entraînent des groupes électrogènes.	Économique une fois l'installation effectuée. Haut rendement.	Limitée aux régions à activité géothermique ou bénéficiant d'une géologie adéquate.

■ ■ ■ **Les particuliers qui investissent** dans les énergies renouvelables peuvent bénéficier de subventions publiques.

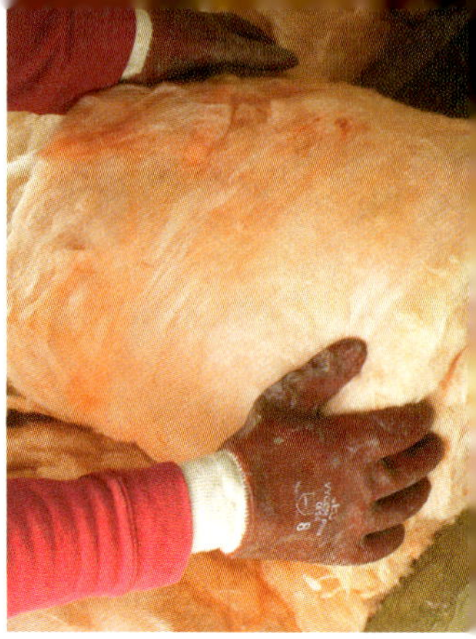

Isoler sa maison

Bien isoler sa maison est l'un des moyens les plus efficaces de faire des économies d'énergie et d'argent. L'isolation limite le recours aux appareils énergivores que sont les radiateurs et les climatiseurs. Ainsi, des travaux d'isolation peuvent vous permettre de diviser par deux vos factures de chauffage et de climatisation.

L'EXAMEN PRÉALABLE

Avant d'acheter vos matériaux d'isolation, examinez soigneusement votre environnement, l'orientation de votre maison, les causes possibles de déperdition énergétique et les possibilités offertes.

- Selon le climat local, est-il plus important de limiter les déperditions en hiver ou l'accumulation de chaleur en été ?
- Le plus simple est d'isoler durant la construction ou la rénovation d'un bâtiment, mais il reste possible d'isoler un plafond ou un plancher à tout moment (à condition d'avoir un vide sanitaire ou un vide de combles).
- Si des travaux d'isolation vous semblent coûteux et compliqués, dites-vous que vous les aurez rentabilisés en moins de 5 ans grâce à la réduction de vos factures.
- Vous pouvez améliorer les performances de votre isolation en la doublant par une deuxième couche plus épaisse.
- Isolez bien l'ensemble de votre logement (sol, plafond, murs). Un espace de 5 % non isolé peut vous faire perdre 50 % des bénéfices potentiels.
- Pour profiter au maximum des avantages de l'isolation, pensez à fermer les arrivées d'air (conduits, cheminées) quand vous ne les utilisez pas.

LE CHOIX DES MATÉRIAUX

Deux grandes catégories de matériaux isolants peuvent être utilisées.

- Les matériaux réfléchissants sont composés de film aluminium collé sur du papier ou du plastique. Ils forment une barrière résistante à la chaleur et sont particulièrement efficaces pour empêcher la chaleur estivale d'envahir la maison par le toit.

Payer moins

Les travaux d'isolation peuvent avoir une incidence considérable sur vos factures.

- En isolant votre toiture et vos plafonds, vous réduirez vos factures de chauffage et de climatisation de 20 à 40 %.
- En isolant vos murs, vous gagnerez encore 10 %, voire plus.
- L'isolation des sols se traduira par une réduction de 5 à 10 %.

Les isolants les plus répandus

Type	Présentation	Commentaires
Fibre de cellulose	Copeaux de papier ou granules de fibre ; panneaux.	Saine et biodégradable. Traitée au borax pour une meilleure résistance au feu et aux nuisibles ; perd de son efficacité en se tassant.
Fibre de verre	Vrac, rouleaux, plaques.	Disponible partout, facile à installer ; résistante au feu. Les fibres peuvent irriter la peau et dégager des émanations ; non biodégradable.
Polyester	Nattes et rouleaux.	Efficace et polyvalent ; non toxique. Ne doit pas être comprimé, ni prendre l'humidité ; non biodégradable.
Film réfléchissant	Rouleaux et nattes (parfois avec pare-vapeur).	Efficace, forme une barrière contre l'humidité. Doit être maintenu à l'abri de la poussière et nécessite un vide d'air d'au moins 25 mm ; non biodégradable.
Laine de roche	Nattes et granules en vrac.	Efficace et bon isolant acoustique. Ne doit pas être comprimée ni prendre l'humidité ; irritante pour la peau ; non biodégradable.
Laine	Vrac ou nattes et rouleaux.	Saine et renouvelable ; recyclable et biodégradable.

■ ■ ■ **Une maison soigneusement isolée** peut vous faire gagner jusqu'à + 10 °C en hiver et – 7 °C en été.

Négliger l'isolation de votre logement revient à jeter votre argent par les fenêtres.

- Les isolants en vrac sont constitués de petites poches d'air qui forment une barrière aux échanges thermiques. Créés à partir de différents matériaux (fibre de verre, laine, fibre de cellulose, etc.), ils se présentent sous plusieurs formes.
- Certains produits associent les deux types d'isolant, comme les rouleaux avec pare-vapeur.

L'INSTALLATION

L'isolant en vrac est adapté aux plafonds plats et aux espaces confinés. Les nattes et les rouleaux s'utilisent pour les plafonds, les toits en pente, les murs et les sols. Privilégiez les matériaux biodégradables.

- Évitez les isolants en vrac dans des combles en courant d'air ; ou bien utilisez un fixateur pour empêcher l'isolant de s'envoler.
- L'isolant en vrac doit être protégé contre l'humidité. En cas de problème de condensation, prévoyez un pare-vapeur sur le côté chaud de l'isolant. Des évents de toiture vous aideront également à résoudre le problème. Pour prévenir l'accumulation d'humidité dans vos combles, veillez au bon gainage de tous vos extracteurs d'air.
- Maintenez l'isolant à environ 90 mm des conduits de cheminée et des extracteurs, et à environ 25 mm des éclairages encastrés.
- Pour manipuler la fibre de verre et la laine de roche, munissez-vous de vêtements protecteurs et d'un masque. Ces fibres sont irritantes pour la peau, les voies respiratoires et les yeux.
- Avant de disposer votre isolant sur des câbles électriques, faites vérifier votre installation par un électricien agréé.

LA CHASSE AUX COURANTS D'AIR

Pour compléter vos travaux d'isolation, il convient de boucher tous les trous et interstices. En hiver, les courants d'air peuvent être responsables de 25 % de la déperdition énergétique.

- Si vous voyez de la lumière autour d'une porte ou d'une fenêtre, si vous entendez des sifflements, cela signifie que de l'air passe.
- Pour calfeutrer vos menuiseries, vous pouvez utiliser des joints en mousse ou ajouter des moulures définitives. Au bas d'une porte, utilisez une barrette anti-courants d'air ou un « boudin » de porte.
- Condamnez les interstices étroits à l'aide de joints en mousse, de moulures ou un produit de calfatage liquide.
- Les vitrages représentent jusqu'à 20 % de la déperdition thermique en hiver. Remplacez vos fenêtres en mauvais état par un vitrage à isolation renforcée (VIR).

RÉSISTANCE THERMIQUE (R)

Les matériaux d'isolation sont caractérisés par une valeur de résistance thermique (R) qui indique leur efficacité. Plus ce chiffre est élevé, plus l'isolant est performant. La plupart des matériaux ont une valeur R comprise entre 1 et 3,5.

- Choisissez des isolants ayant une valeur supérieure ou égale à 2,5 pour les plafonds et les murs.
- La résistance thermique idéale pour votre logement dépend du climat local, les normes variant d'une région à l'autre. Consultez les autorités compétentes.

■ ■ ■ **L'isolation thermique d'une toiture** sert également d'isolation acoustique contre la pluie, la grêle et le vent.

Bien se chauffer

Il est possible de vivre dans un intérieur bien chauffé sans se ruiner. Le rendement de votre installation est un facteur à étudier très soigneusement, car le chauffage constitue souvent le système le plus énergivore du foyer et peut engloutir une partie substantielle de vos revenus. Heureusement, les solutions de bon sens suffisent à réaliser d'importantes économies.

POUR DÉBUTER

Quelques changements simples vous permettront de réduire votre facture de chauffage.

- En hiver, par beau temps, ouvrez vos fenêtres situées au sud pour laisser entrer la chaleur.
- Veillez à la bonne isolation de votre logement. Calfeutrez les portes et les fenêtres. Protégez les fenêtres par des doubles rideaux et des volets.
- Éloignez les radiateurs des fenêtres pour limiter la déperdition thermique.
- Plutôt que de monter le chauffage, songez à vous couvrir un peu plus.
- Pensez à couper le chauffage lorsque vous quittez la maison, et à le baisser en allant vous coucher.
- Fermez les portes des pièces non chauffées afin de maintenir la chaleur dans les zones chauffées.
- La poussière peut obstruer les entrées d'air des chauffages au gaz, provoquant une mauvaise combustion et des émissions de gaz toxiques comme le monoxyde de carbone. Si la flamme est orange ou jaune au lieu de bleue, il est temps de faire réviser votre chaudière.
- Contrôlez le bon fonctionnement de vos appareils de chauffage. En cas de doute, faites-les réviser.

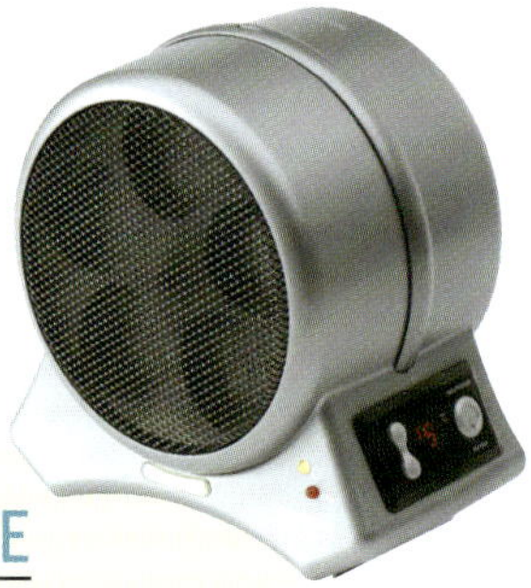

CHOISIR UN SYSTÈME

Vous devez prendre plusieurs facteurs en considération : le volume à chauffer, la température souhaitée, la périodicité et la durée des épisodes de chauffe. Étudiez également le coût de fonctionnement des différents systèmes et leur impact environnemental.

- Si vous occupez un petit appartement dans une région aux hivers cléments, un chauffage d'appoint pourra vous suffire. Choisissez un appareil mobile, que vous pourrez déplacer.
- Si vous avez plusieurs pièces à chauffer régulièrement, vous pouvez investir dans un chauffage d'appoint à haut rendement installé à demeure

UN PEU DE VOCABULAIRE

On distingue deux modes de production de chaleur : par rayonnement et par convection, et deux manières de chauffer un volume : chauffage d'appoint et central.

- Rayonnement : propagation directe de la chaleur à une masse au moyen d'une flamme ou d'une résistance électrique.
- Convection : déplacement d'un volume d'air chauffé.
- Chauffage d'appoint : appareil capable de chauffer une pièce ou une zone de la maison.
- Chauffage central : production de chaleur par une source unique et distribution par un réseau de conduites.

~ *POUR DÉPENSER MOINS* ~

En installant des ventilateurs de plafond, vous repousserez l'air chaud (qui a naturellement tendance à monter) vers le bas, là où vous en avez besoin. À terme, le coût de l'installation sera amorti par les économies réalisées sur vos factures : jusqu'à 10 %.

Limitez l'espace à chauffer. Si vous pouvez chauffer seulement la moitié de la maison, vous diviserez votre facture par deux.

dans votre séjour, complété par des appareils mobiles pour les pièces occupées moins longtemps.

- Un chauffage central, plus coûteux, se justifie lorsqu'il est nécessaire de chauffer l'espace jour et l'espace nuit au moins 3 mois par an.
- En règle générale, le chauffage au gaz de ville est le plus économique, et c'est celui qui émet le moins de gaz à effet de serre.
- Avant d'acheter un chauffage électrique d'appoint, calculez la puissance nécessaire pour le volume

Les différents chauffages d'appoint

Type	Avantages	Inconvénients
Réglette chauffante	Bon marché, mobile ; la chaleur directe est ressentie rapidement.	Coût de fonctionnement élevé ; risque d'incendie.
Ventilateur chauffant	Bon marché, mobile ; permet de chauffer rapidement un petit volume.	Coût de fonctionnement élevé ; inefficace dans une grande pièce.
Convecteur	Bon marché, mobile ; permet de chauffer rapidement un petit volume.	Coût de fonctionnement élevé ; inefficace dans une pièce à haut plafond.
Radiateur à bain d'huile	Efficace dans les pièces moyennes à grandes et à haut plafond ; parfois mobile.	Coût de fonctionnement élevé ; long à monter en température et à refroidir.
Pompe à chaleur réversible	Économique ; la solution électrique la plus efficace et respectueuse de l'environnement.	Coût d'achat et d'installation élevé.
Radiateur électrique mural	Économique dans le cas des radiateurs à accumulation fonctionnant en heures creuses.	Coût de fonctionnement élevé dans les autres cas.
Chauffage au gaz avec évacuation	Économique et puissant ; faible émission de gaz à effet de serre.	Coût d'achat et d'installation élevé ; risque d'incendie avec les fausses flammes.
Chauffage au gaz sans évacuation	Mobile, économique et efficace ; faible émission de gaz à effet de serre.	Relativement cher à l'achat ; pollution de l'air à l'intérieur du logement.
Chauffage au bois à foyer ouvert	Potentiellement respectueux de l'environnement ; crée une ambiance agréable.	Rendement très faible, pollution ; risque d'incendie (flammes, étincelles).
Poêle à bois à combustion lente	Potentiellement respectueux de l'environnement ; bon rendement.	Coût d'installation assez élevé ; risque d'incendie (étincelles).

à chauffer. N'essayez pas de chauffer une grande pièce avec un petit radiateur : votre consommation s'envolera sans que vous parveniez jamais à obtenir une température agréable.

- Pour déterminer la puissance nécessaire (en kW), calculez le volume à chauffer (hauteur x longueur x largeur en mètres) et divisez le total par 20. Si votre pièce est mal isolée, prévoyez un appareil plus puissant.
- Préférez les radiateurs électriques munis d'une coupure de sécurité en cas de surchauffe.
- Certains chauffages d'appoint mobiles sont également équipés d'une sécurité en cas de renversement accidentel.
- Si vous optez pour une climatisation réversible, choisissez un système thermostatique et de classe énergétique A. Les meilleurs systèmes possèdent également des aérateurs réglables et un programmateur. Souvenez-vous toutefois que les climatisations réversibles perdent de leur efficacité par temps froid (moins de 5 °C).

■ ■ ■ **En améliorant le rendement** de votre chauffage, vous gagnerez jusqu'à 20 % sur votre consommation énergétique globale.

LES INCONVÉNIENTS DU GAZ

La combustion du gaz produit du monoxyde de carbone, du dioxyde de carbone, de l'oxyde nitrique et du dioxyde d'azote, ainsi que de faibles quantités de formaldéhyde et de dioxyde de soufre.

- Choisissez un système avec évacuation extérieure, qui chassera les produits de la combustion via un tubage ou un conduit de cheminée.
- Les chauffages sans évacuation sont souvent moins chers et ont un moins bon rendement énergétique que les systèmes avec évacuation extérieure. Si vous optez pour un système sans évacuation, assurez-vous de la bonne ventilation de votre logement. À défaut, pensez à ouvrir régulièrement une fenêtre.
- Un chauffage au gaz sans évacuation ne doit jamais être laissé en fonctionnement toute une nuit, ni être utilisé dans une chambre ou une salle de bains.
- Certains appareils sont munis d'un système d'alerte qui vous prévient en cas de baisse trop importante du niveau d'oxygène dans une pièce chauffée. Il existe aussi des appareils dotés d'un indicateur de surchauffe.
- Le GPL est une bonne alternative dans les régions non desservies par le gaz naturel. Les radiateurs d'appoint au butane ou au propane produisent aussi peu de gaz à effet de serre que les radiateurs au gaz naturel, mais leur coût de fonctionnement est plus élevé.
- Choisissez un chauffage au gaz à allumage électronique plutôt qu'un modèle à flamme pilote allumée en permanence.

LE BOIS

Le chauffage au bois est une solution intéressante sur le plan environnemental car sa contribution à l'effet de serre est minime. Mais c'est un mode de chauffage globalement inefficace, la combustion du bois se caractérisant par une importante déperdition énergétique.

- Veillez à ce que votre bois provienne bien d'une exploitation gérée durablement.
- Utilisez un bois qui a séché pendant au moins un an, vous limiterez les émissions polluantes.
- Évitez de récupérer du bois mort dans la nature, car il constitue l'habitat et le lieu de nidification de nombreuses espèces animales.
- N'utilisez jamais de bois verni, peint ou traité par des produits

ATTENTION !

▼ Dans une chambre, la nuit, 15 à 17 °C sont suffisants. Une température de l'air trop élevée assèche les muqueuses et empêche de bien dormir.

Bilan des types de chauffage central

Source	Coût d'installation	Coût de fonctionnement	Émission de gaz à effet de serre
Avec évacuation : électrique réversible	Modéré	Faible à modéré	Importante
Avec évacuation : gaz	Modéré	Faible	Faible
Avec évacuation : GPL	Modéré	Élevé	Faible
Électrique couche mince	Élevé	Modéré à élevé	Importante
Hydronique : électrique	Élevé	Modéré à élevé	Importante
Hydronique : au gaz	Élevé	Faible	Faible
Hydronique : au GPL	Élevé	Élevé	Faible
Hydronique : bois/solaire	Élevé	Faible	Faible
Par plancher chauffant	Élevé	Modéré à élevé	Importante avec électricité, faible avec gaz, encore plus faible avec bois ou solaire plus gaz.

■ ■ ■ **Le chauffage multizone au gaz est l'un des systèmes de chauffage central qui présente le meilleur rendement énergétique.**

Environ 90 % de la chaleur produite dans un foyer ouvert s'envole par la cheminée.

chimiques : sa combustion peut produire des fumées toxiques. De même, le bois flotté peut se charger de produits chimiques et de sel, celui-ci étant corrosif pour votre cheminée.

- Ne laissez pas du bois couver pendant plusieurs heures, cela multiplie les émissions de polluants.
- Faites vérifier et ramoner votre cheminée une fois par an pour un fonctionnement optimal.
- Ajoutez la cendre à votre compost. Source de potassium, elle favorise la pousse des plantes.
- Si vous possédez un foyer ouvert, installez un insert qui crée une circulation d'air, renvoyant l'air chauffé dans la pièce. Son rendement est supérieur d'environ 35 % à celui d'un foyer ouvert.
- Équipez votre chauffage au bois d'un ventilateur afin d'améliorer la circulation d'air chaud. Le gain en rendement peut s'élever à 8 %.
- Si le bois est votre chauffage principal, équipez-vous d'un poêle à combustion lente. Économe en bois, ce type d'appareil émet très peu de polluants et possède un excellent rendement.

LE CHAUFFAGE CENTRAL

Le confort d'utilisation du chauffage central ne doit pas faire oublier son coût de fonctionnement élevé en cas d'utilisation immodérée. Étudiez toutes les possibilités et recherchez toutes les solutions pour réduire vos factures et vos émissions de gaz à effet de serre.

- Si vous passez peu de temps dans votre maison et que vous n'avez besoin de chauffer qu'une pièce ou deux le soir et le week-end, un chauffage central vous reviendra beaucoup plus cher qu'un chauffage d'appoint à haut rendement.
- Si vous optez pour un chauffage central, choisissez une installation multizone pour pouvoir contrôler la température dans chaque pièce. Votre facture s'en trouvera diminuée de moitié.
- Étudiez les avantages et les inconvénients des différents types de chauffage central. La plupart des systèmes peuvent être alimentés à l'électricité (y compris à l'énergie solaire), au gaz ou au GPL.
- Préférez un système de classe énergétique élevée.
- Assurez-vous que le système est bien dimensionné et assez puissant pour votre maison.
- Utilisez des conduites bien isolées, avec une résistance thermique supérieure ou égale à 1,5, et contrôlez l'absence de fuites pour ne pas chauffer inutilement vos combles.
- Choisissez un système équipé d'un thermostat programmable afin de moduler la température en fonction de l'heure.

Chauffage central

- **À air pulsé** L'air est chauffé par une chaudière avant d'être réparti dans les pièces par un réseau de conduites.
- **Électrique en couche mince** La chaleur est produite par de fines résistances électriques collées entre deux feuilles et plaquées sous les planchers, derrière les cloisons ou au-dessus des plafonds.
- **Hydronique** Une chaudière chauffe de l'eau et l'envoie dans des radiateurs métalliques via un réseau de tuyaux.
- **Par plancher chauffant** La chaleur provient de résistances électriques ou de tuyaux d'eau chaude noyés dans une chape en ciment.

■ ■ ■ **Chaque degré supplémentaire** obtenu dans la maison peut alourdir votre facture énergétique de 10 %, voire plus.

L'eau chaude sanitaire

La production d'eau chaude représente un poste important en matière de consommation énergétique. Des économies sont possibles en diminuant votre consommation et en réglant votre dispositif, mais c'est en installant un chauffe-eau à haut rendement que vous obtiendrez les plus gros bénéfices à long terme.

ÉCONOMISER L'EAU CHAUDE

- Avant d'ouvrir le robinet d'eau chaude, demandez-vous si de l'eau froide ne ferait pas aussi bien l'affaire. Cette démarche vous permettra de réduire votre facture d'eau chaude jusqu'à 25 %.
- Réglez le thermostat relativement bas, à environ 60 °C (sans descendre sous 55 °C en raison des bactéries). Porter l'eau à haute température consomme beaucoup d'énergie et vous gaspillez de l'eau froide pour la tempérer.
- Faites la chasse aux fuites. Un robinet d'eau chaude qui fuit peut correspondre à dix bains par mois.
- Évitez d'utiliser de l'eau chaude souvent et en petites quantités. Efforcez-vous de regrouper vos utilisations. Ainsi, vous éviterez le gaspillage de l'eau chaude qui refroidit dans les canalisations.
- Ne perdez pas de temps sous la douche : vous consommez jusqu'à 23 litres d'eau à la minute.
- Équipez vos robinets d'aérateurs et de réducteurs de débit.
- Investissez dans une pomme de douche à économie d'eau. Vous diminuerez de moitié votre consommation d'eau chaude.
- Veillez à la bonne isolation de vos canalisations d'eau chaude et de votre chauffe-eau, en particulier si votre installation se trouve à l'extérieur. Jusqu'à 50 % de l'énergie consommée peut servir à réchauffer une eau refroidie.

LES CHAUFFE-EAU ÉLECTRIQUES

Peu onéreux à l'achat et faciles à installer, ces appareils ont un coût de fonctionnement élevé (jusqu'à six fois supérieur à celui d'un bon chauffe-eau solaire).

- Réfléchissez avant d'investir dans un chauffe-eau électrique : il émet quatre fois plus de gaz à effet de serre qu'un chauffe-eau au gaz naturel, qu'une pompe à chaleur ou

✓ ACHETER MALIN

- Ne vous focalisez pas sur le prix de vente d'un chauffe-eau ; étudiez son coût de fonctionnement et son impact environnemental.
- Comparez les systèmes à production instantanée, qui produisent de l'eau chaude à la demande, et les systèmes à accumulation, dotés d'un réservoir maintenant un volume d'eau à température.
- Choisissez une taille de réservoir adaptée à vos besoins. Trop petit, vous manquerez d'eau chaude ; trop grand, vous gaspillerez de l'argent et de l'énergie.

La production d'eau chaude

Type de système	Coût initial	Coût de fonctionnement	Émission de gaz à effet de serre
Pompe à chaleur électrique	Élevé	Faible	Faible
Chauffe-eau électrique à accumulation	Faible	Élevé (faible si heures creuses)	Importante
Au gaz naturel, instantané	Faible	Faible	Faible
Au gaz naturel, à accumulation	Faible	Faible	Faible
Solaire, avec alimentation auxiliaire électrique	Élevé	Faible	Moyenne
Solaire, avec alimentation auxiliaire au gaz	Élevé	Faible	Faible

■ ■ ■ **Quand vous ouvrez un robinet d'eau chaude, vous utilisez jusqu'à un litre d'eau froide avant d'avoir de l'eau chaude.**

~ POUR DÉPENSER MOINS ~

Globalement, le système le plus économique à l'usage et en énergie est le chauffe-eau solaire avec alimentation auxiliaire au gaz. Son coût de fonctionnement est jusqu'à 80 % inférieur à celui d'un chauffe-eau électrique à accumulation. Ainsi, il s'amortira en 5 à 10 ans.

qu'un chauffe-eau solaire à alimentation électrique, et douze fois plus qu'un chauffe-eau solaire au gaz.

- Si vous fonctionnez au tout-électrique, envisagez l'installation d'une pompe à chaleur, qui puise les calories présentes dans l'air pour les restituer dans l'eau. Ce système représente un investissement important, mais il est économique à l'usage.
- Investissez dans un programmateur qui vous permettra de faire fonctionner votre pompe à chaleur en heures creuses.
- Renseignez-vous auprès des autorités compétentes sur les aides publiques offertes pour l'installation d'une pompe à chaleur.

LES CHAUFFE-EAU À GAZ

Qu'ils soient à production instantanée ou à accumulation, les chauffe-eau à gaz sont plus économiques et respectueux de l'environnement que les chauffe-eau électriques.

- Privilégiez les systèmes à haut rendement énergétique.
- Si vous optez pour un système à production instantanée, évitez les chauffe-eau à flamme pilote, car celle-ci consomme un peu de gaz et rejette jusqu'à 300 kilos de gaz à effet de serre par an.

LES CHAUFFE-EAU SOLAIRES

Ces dispositifs sont surtout adaptés aux régions ensoleillées. Dans le meilleur des cas, l'énergie solaire est capable de répondre à 80 % des besoins annuels en eau chaude d'un foyer, le complément étant assuré par un système auxiliaire fonctionnant au gaz, à l'électricité ou grâce à une énergie fossile.

- Renseignez-vous auprès des autorités compétentes sur les aides publiques prévues pour l'installation d'un chauffe-eau solaire.
- Étudiez la possibilité de transformer votre chauffe-eau à gaz ou électrique classique en chauffe-eau solaire. Nombre de systèmes modernes offrent cette option.
- Pour installer vos panneaux solaires, choisissez un pan de toiture ensoleillé et orienté sud, à 20° vers l'est ou l'ouest. Les panneaux doivent recevoir un ensoleillement direct de 8 heures à 16 heures.
- L'inclinaison des panneaux devra se situer entre 15 et 50°. Si votre toiture ne le permet pas, utilisez un support approprié.
- Vérifiez la solidité de votre charpente, car certains systèmes sont très lourds.
- Placez le réservoir aussi près que possible des panneaux solaires pour éviter la déperdition de chaleur dans les canalisations.
- Réglez le thermostat du système auxiliaire à 60 °C maximum. Plus la température sera basse, moins vous consommerez d'énergie pour compléter la production solaire.
- Optimisez le rendement de votre chauffe-eau solaire en adaptant votre mode de vie. Ainsi, en regroupant vos principales utilisations d'eau chaude en début de journée, vous exploiterez au maximum l'énergie solaire pour chauffer l'eau renouvelée dans le réservoir.

liens utiles

Informations sur l'énergie solaire :
www.outilssolaires.com
Fournisseurs et installateurs de chauffe-eau solaires agréés :
www.qualisol.org

■ ■ ■ **En lavant vos vêtements à l'eau froide,** vous diviserez par quinze les émissions de gaz à effet de serre de votre lave-linge.

Se rafraîchir

Avant d'appuyer sur le bouton magique de l'appareil qui refroidira instantanément votre intérieur, pensez à votre facture d'électricité et aux solutions alternatives. Votre maison est-elle bien isolée ? Avez-vous songé à l'ombre et à la ventilation ?

LE BON SENS

Quelques modifications apportées à votre maison pourront empêcher l'air chaud d'entrer et créer une circulation d'air frais.

- Par temps chaud, gardez vos fenêtres et vos rideaux fermés pour obtenir un maximum d'ombre et empêcher la chaleur d'entrer.
- S'il fait déjà chaud à l'intérieur, ouvrez les fenêtres sur la façade ombragée pour refroidir la maison par une ventilation transversale.
- À la tombée de la nuit, ouvrez les portes et les fenêtres pour faire entrer la fraîcheur. Allumez vos extracteurs de cuisine et de salle de bains quelques minutes pour évacuer l'air chaud.
- Suspendez des linges humides à l'extérieur de vos fenêtres. L'évaporation de l'eau aura un effet rafraîchissant.
- Si vous vivez dans une maison à étages, pensez à utiliser de préférence le rez-de-chaussée en journée, car il reste plus frais.
- En été, équipez vos fenêtres orientées au sud de volets ou d'auvents pour faire barrière au rayonnement solaire. En hiver, vous les ouvrirez pour laisser pénétrer le soleil. Vous pouvez également modifier les avant-toits de votre maison de sorte qu'ils vous protègent du soleil en été, mais le laissent entrer en hiver.
- Veillez à la bonne isolation de votre maison, notamment la toiture. Un isolant réfléchissant placé sous les tuiles formera une barrière très efficace contre la chaleur estivale.
- À l'extérieur des ouvertures orientées au sud, évitez les dallages, qui emmagasinent la chaleur. Utilisez du gazon ou des plantes et arbustes à port bas.

LES VENTILATEURS

Ces appareils offrent de bonnes performances énergétiques. Ils n'abaissent pas la température, mais font circuler l'air autour du corps, et c'est l'évaporation de la transpiration qui produit un effet rafraîchissant.

- Les ventilateurs portables conviennent à un usage individuel. Privilégiez les modèles à plusieurs vitesses et oscillant.
- Pour rafraîchir toute une pièce, les ventilateurs de plafond sont plus appropriés. Ils s'installent au-dessus des suspensions (pour éviter les effets stroboscopiques) et à au moins 2,10 m du sol.
- Pour une meilleure circulation d'air, choisissez des ventilateurs à quatre pales inclinées ou en écope.

POUR ou CONTRE

L'UTILISATION D'UN CLIMATISEUR

Dispositif reconnu pour son efficacité, un climatiseur sert à diminuer la température de l'air et à réduire le taux d'humidité ambiante. Les appareils sont aujourd'hui plus abordables et plus efficaces. Malgré tout, les climatiseurs restent les systèmes de rafraîchissement les plus chers à l'achat et à l'usage : le coût de fonctionnement horaire d'une unité de taille moyenne est trente fois supérieur à celui d'un ventilateur de plafond. L'utilisation excessive des climatiseurs en période de canicule est la principale cause des surcharges et des coupures de courant. Enfin, ces appareils énergivores contribuent de façon importante aux émissions de gaz à effet de serre.

■ ■ ■ **Lorsqu'il fait chaud,** pensez à allumer un minimum de lampes, car les ampoules génèrent de la chaleur.

~ POUR DÉPENSER MOINS ~

Pour faire des économies, utilisez un ventilateur en complément de votre climatiseur. Montez le thermostat de votre climatiseur et mettez le ventilateur en marche. Le déplacement d'air rend la chaleur plus supportable. Tandis qu'un ventilateur ne revient qu'à quelques centimes de l'heure, chaque degré supplémentaire à la sortie du climatiseur vous fait économiser 10 % sur votre facture.

ASTUCE

Si vous vivez sous un climat chaud, il peut être intéressant d'installer une pergola sur le côté sud de votre maison. Faites-y pousser une vigne vierge ou installez-y un store en tissu. En été, vous repousserez jusqu'à 80 % du rayonnement solaire. En hiver, relevez le store pour laisser filtrer le soleil.

Les appareils à moteur puissant, relativement chers, se révèlent plus silencieux et durent plus longtemps que les ventilateurs bon marché. L'inversion du sens de rotation permet d'utiliser le ventilateur en hiver afin de repousser la chaleur des radiateurs vers le sol.

- Pour rafraîchir toute la maison, il existe des systèmes de ventilation intégrale composés d'une centrale installée dans les combles, qui évacue l'air des pièces et aspire de l'air frais par les portes et les fenêtres.

LES REFROIDISSEURS À ÉVAPORATION

Ces systèmes rafraîchissent l'air en l'aspirant au travers d'un filtre humidifié et en le rejetant dans la maison. On trouve des systèmes portables, fixes ou à évacuation. Peu onéreux et relativement économes en énergie, ils sont cependant bruyants, encombrants et consommateurs en eau.

- L'achat d'un refroidisseur est à étudier en fonction du climat. Ce type d'appareil est efficace dans les régions à faible taux d'humidité.
- Pour une pièce de moins de 25 m², vous pouvez utiliser un modèle portable. Les systèmes fixes refroidissent jusqu'à 50 m², mais ils coûtent jusqu'à cinq fois plus cher.
- Pour optimiser le fonctionnement des modèles portables, optez pour des modèles à volets orientables, variateur de vitesse et indicateur de niveau d'eau.
- Installez l'appareil sur le côté de la maison battu par les vents chauds. Vous créerez une barrière à l'air chaud et vous pourrez ouvrir les fenêtres du côté opposé pour évacuer l'humidité.
- Par temps très humide, coupez l'alimentation en eau et utilisez votre refroidisseur comme ventilateur.
- Par temps froid, protégez tout système installé dans les combles et obstruez les ventilations pour empêcher la déperdition d'air chaud.

LES CLIMATISEURS

- Les systèmes « split », composés d'un module intérieur et d'un module extérieur reliés entre eux, sont généralement meilleur marché, plus silencieux et plus économes en énergie que les systèmes fixes. Les systèmes à évacuation sont les plus énergivores et les plus onéreux à l'achat comme en fonctionnement.
- Prévoyez un système de 100 à 140 watts par mètre carré dans un séjour, et de 80 à 100 watts par mètre carré dans une chambre.
- Choisissez un système de classe énergétique élevée. Une gradation dans le classement équivaut à un écart de consommation de 10 %.
- Si vous optez pour un système à évacuation, choisissez un modèle à commande multizone, qui vous permettra de moduler votre utilisation pièce par pièce.
- Privilégiez un modèle équipé d'une minuterie et d'un thermostat programmables, d'un mode économie, d'un variateur de vitesse et de volets réglables.
- Installez l'appareil à l'abri de l'ensoleillement direct et évitez d'obstruer ses bouches d'aération.
- Fermez les portes et les fenêtres de la pièce à refroidir.
- Ne réglez pas le thermostat trop bas (26 à 27 °C) et éteignez l'appareil quand vous quittez la pièce.
- Nettoyez les filtres régulièrement et pensez à dépoussiérer les serpentins et les ventilateurs.

Délimitez la zone à refroidir en fermant les portes des pièces inoccupées.

L'éclairage

Si l'éclairage ne représente que 5 % de la consommation énergétique d'un ménage, son incidence sur la facture électrique n'est pas négligeable, et il est facile de diminuer la note par deux. La première solution consiste à exploiter pleinement la lumière naturelle, gratuite ; la seconde, à s'équiper d'ampoules longue durée à économie d'énergie.

UN ÉCLAIRAGE NATUREL

En optimisant l'utilisation de la lumière naturelle, non seulement vous réduirez votre facture d'électricité, mais vous chaufferez votre maison et vous combattrez les microbes et les acariens.

- Choisissez des peintures intérieures de couleurs claires et utilisez des miroirs pour réfléchir la lumière naturelle.
- Lorsqu'il fait beau mais pas trop chaud, ouvrez les rideaux pour laisser entrer la lumière.
- Si votre maison est très sombre, envisagez le percement de fenêtres sur le côté sud. Pour faire entrer un maximum de lumière, créez des ouvertures plus hautes que larges.
- Agencez vos espaces de travail (bureau, cuisine) à proximité des sources de lumière naturelle.
- Des fenêtres de toit vous aideront à illuminer les pièces sombres. Pour réduire les échanges thermiques la nuit ou en plein soleil, équipez ces fenêtres d'un store ou d'un volet.
- Le tube solaire (photo ci-dessus) est une bonne alternative à la fenêtre de toit. Il se compose d'un diffuseur qui concentre et reflète la lumière naturelle dans la pièce située au-dessous, produisant une clarté équivalant à une ampoule de 100 watts.

Équivalences (en watts)

Lampe à incandescence	Lampe fluocompacte
40	9 à 11
60	13 à 15
75	18 à 20
100	23 à 25
150	30 à 35

QUEL TYPE D'ÉCLAIRAGE ?

L'esthétique joue un rôle important, mais le choix du type d'éclairage en fonction de la pièce est un autre facteur primordial. Un éclairage adapté doit être non seulement efficace, mais aussi économique sur le long terme. Heureusement, les solutions sont nombreuses et variées.

- Les lampes à incandescence ont un mauvais rendement car elles transforment la plupart de l'énergie qu'elles reçoivent en chaleur plutôt qu'en lumière. Très bon marché, elles doivent toutefois être remplacées régulièrement. Limitez leur utilisation aux endroits nécessitant un éclairage instantané sur une faible durée, comme le cellier ou la salle de bains.
- Pour illuminer un plan de travail ou un tableau, préférez un éclairage halogène, qui dispense une lumière vive et proche de la lumière naturelle. Plus chère qu'une lampe à incandescence, une ampoule halogène dure deux fois plus longtemps.
- Pour un éclairage standard vers le bas, évitez l'halogène, qui produit une lumière focalisée et aux contours très marqués. Pour obtenir le même résultat qu'avec une lampe à incandescence, il vous faudra jusqu'à six spots halogènes.
- Les lampes halogènes peuvent fonctionner à très basse tension. Vous aurez alors besoin d'un transformateur ou d'un convertisseur électronique.
- Vous pourrez choisir l'halogène 240 volts, sans transformateur.

■ ■ ■ Nettoyez régulièrement vos appareils d'éclairage ; la poussière et la saleté peuvent absorber 50 % de la luminosité.

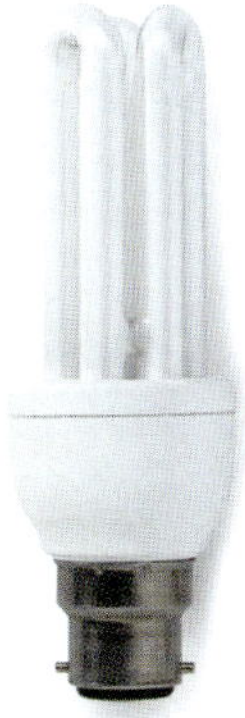

Sachez que les ampoules sont plus chères que leurs homologues très basse tension.

LES FLUORESCENTES

Une lampe fluorescente consomme quatre fois moins d'énergie qu'une lampe à incandescence et dure jusqu'à dix fois plus longtemps. Il existe deux types de lampes fluorescentes : les tubes, bon marché mais nécessitant un support particulier, et les fluocompactes, qui se vissent sur des douilles ordinaires.

- Utilisez des lampes fluorescentes dans les pièces souvent éclairées, comme la cuisine ou le séjour.
- À chaque fois qu'une ampoule à incandescence est hors d'usage, remplacez-la par une lampe fluocompacte.
- Choisissez des lampes de puissance légèrement supérieure aux recommandations des fabricants : au fil du temps, les lampes fluorescentes perdent de leur intensité. Pour vous guider, reportez-vous au tableau page ci-contre.
- Certaines fluocompactes se divisent en deux parties, le support et l'ampoule. Dans ce cas, vous n'aurez besoin de remplacer que l'ampoule.

S'ÉCLAIRER MALIN

- Pour toutes vos lampes, choisissez la puissance la plus faible que vous jugez acceptable. Plus de puissance signifie plus de consommation.
- Pensez à éteindre la lumière dès que vous quittez une pièce.
- Privilégiez les lampes de faible puissance pour l'éclairage général des pièces, réservant les éclairages vifs aux zones de travail.
- Souvenez-vous qu'une lampe de faible puissance placée à proximité de l'endroit à éclairer est plus efficace qu'une lampe de forte puissance plus éloignée.
- Évitez les lustres à ampoules multiples. Il faut environ six ampoules de 25 watts pour produire une clarté équivalente à celle d'une ampoule de 100 watts.
- Évitez les appareils d'éclairage qui obscurcissent la lumière. Certains absorbent jusqu'à 50 % de la luminosité.
- Équipez vos lampes extérieures d'une minuterie ou d'un capteur de présence ou de luminosité.
- Pour diminuer votre consommation, utilisez des variateurs de puissance. Ils s'adaptent à toutes les lampes à incandescence, mais ne conviennent pas aux lampes fluocompactes, tandis que les lampes halogènes très basse tension nécessitent un transformateur.

~ POUR DÉPENSER MOINS ~

Remplacez progressivement vos ampoules de 100 watts par des lampes fluocompactes de 23 à 25 watts. Ces dernières dureront dix fois plus longtemps. Amorties en un an et demi, elles vous feront encore économiser deux fois leur prix d'achat avant la fin de leur vie.

ASTUCE

Les lampes solaires constituent la solution idéale pour éclairer vos allées et votre jardin aux endroits non desservis par le réseau électrique. Elles émettent une lumière douce et leur coût de fonctionnement est nul puisqu'elles captent l'énergie solaire, l'emmagasinent et la restituent la nuit sous forme de lumière.

Les éclairages artificiels

Type d'éclairage	Prix d'achat	Durée de vie (en heures)	Consommation
Fluorescent	Moyen	6 000 à 15 000	Faible
Halogène	Moyen	2 000 à 4 000	Moyenne
À incandescence	Faible	1 000 à 2 500	Élevée

Quel que soit le type d'éclairage, choisissez la puissance la plus faible que vous jugez acceptable pour consommer moins.

Économiser l'eau

En adoptant des gestes simples et en apportant quelques modifications à votre plomberie, vous pouvez diviser votre consommation d'eau par deux. Tout en économisant de l'argent, vous contribuerez à sauvegarder une ressource précieuse et vous protégerez l'environnement en limitant vos rejets d'eaux usées.

DES GESTES SIMPLES

- Réduisez la durée de vos douches. Un robinet ouvert consomme jusqu'à 23 litres d'eau à la minute.
- Un robinet qui fuit doit être réparé sans attendre : il peut gaspiller jusqu'à 90 litres d'eau par semaine.
- Lorsque vous ouvrez le robinet d'eau chaude, pensez à récupérer dans un seau l'eau froide qui s'écoule au départ. Vous pourrez entre autres l'utiliser pour arroser les fleurs. À chaque fois, ce seront jusqu'à 4 litres d'eau économisés.
- Fermez le robinet pendant que vous vous brossez les dents ou que vous vous rasez. Un robinet de lavabo consomme jusqu'à 15 litres d'eau à la minute.
- Optez pour une chasse d'eau à double commande. En mode économique, le volume d'eau utilisé passe de 11 litres à 3 litres.
- N'utilisez pas votre lave-linge en demi-charge. En réduisant le nombre de machines, vous ferez des économies considérables. Certaines machines à chargement par le haut engloutissent 120 litres par lavage.
- Attendez que votre lave-vaisselle soit plein avant de le mettre en marche. Un lavage en moins, et ce sont 50 litres d'eau économisés.
- Si vous lavez la vaisselle à la main, rincez-la dans un bac rempli d'eau froide plutôt que sous le robinet, qui peut consommer jusqu'à 15 litres d'eau à la minute.
- Lavez vos fruits et légumes dans un saladier ou un demi-évier d'eau froide plutôt que sous le robinet. Vous économiserez jusqu'à 30 litres d'eau.
- Il existe des produits écologiques permettant de laver sa voiture sans eau, avec un chiffon en microfibres. Sinon, utilisez un seau d'eau plutôt que le jet.
- Nettoyez vos allées pavées et autres dallages au balai-brosse plutôt qu'au jet d'eau.
- Réduisez la fréquence de vos arrosages au jardin progressivement pour laisser le temps aux plantes de développer leurs racines.
- N'arrosez jamais le jardin en pleine journée. Faites-le au petit matin ou dans la soirée.
- Même en dehors des périodes de restriction, n'arrosez pas trop votre pelouse. Pour la rendre plus résistante à la sécheresse, ne la coupez pas trop court (3 cm est une hauteur idéale). Aérez-la de temps en temps à l'aide d'une fourche pour favoriser l'infiltration d'eau et limitez vos apports d'engrais car, plus vous utiliserez d'engrais, plus vous aurez besoin d'arroser pour obtenir un gazon bien vert.

CONSOMMATION D'EAU MOYENNE D'UN FOYER FRANÇAIS

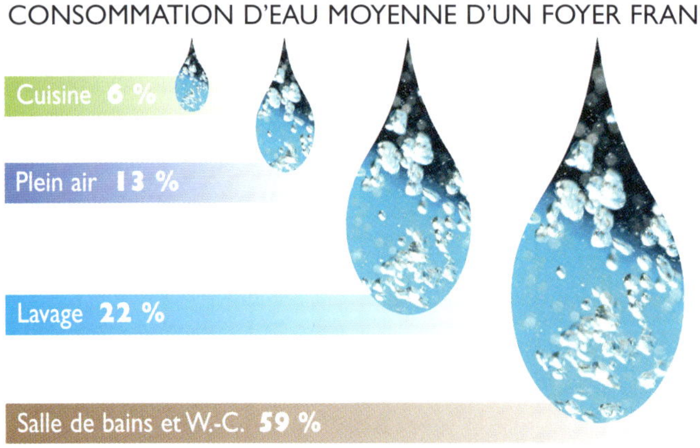

Source : Centre d'information sur l'eau (Cieau).

■ ■ ■ **Avant de remplir votre lave-vaisselle, raclez vos assiettes plutôt que de les rincer sous le robinet.**

ASTUCE

Les petites fuites sont responsables d'un gaspillage considérable. Effectuez une vérification de temps en temps. Fermez tous les robinets, arrêtez tous les appareils consommateurs d'eau et faites un relevé de votre compteur d'eau. Procédez à un nouveau relevé une demi-heure plus tard. Si votre consommation a augmenté, vous avez une fuite.

~ BON À SAVOIR ~

Investissez dans une pomme de douche à économie d'eau. Méthode la plus efficace et la moins onéreuse pour réduire sa consommation à la maison, elle vous permettra d'économiser jusqu'à 40 % d'eau à chaque douche.

DES ACCESSOIRES UTILES

Plusieurs dispositifs vous aideront à économiser de l'eau. Vérifiez auprès des autorités compétentes si ce matériel doit obligatoirement être installé par un plombier professionnel. Si vous le faites vous-même, votre assurance pourra refuser de vous couvrir en cas de sinistre.

- Remplacez les robinets avec eau chaude et eau froide séparées par un mélangeur. Vous réglerez plus rapidement la température et vous économiserez donc de l'eau.
- Équipez vos robinets d'aérateurs et de réducteurs de débit. Ces dispositifs réduisent le débit sans diminuer la pression, si bien que vous ne remarquerez pas la différence.
- Si votre chasse d'eau n'est pas équipée d'une double commande, vous pouvez réduire le volume d'eau utilisé en installant un régulateur de chasse d'eau ou en plaçant simplement une bouteille vide dans le réservoir, à l'opposé du mécanisme.
- Pour éviter de gaspiller l'eau froide présente dans les canalisations d'eau chaude, installez un système de recirculation, qui va renvoyer l'eau inutilisée dans le chauffe-eau, ou un traceur électrique, câble chauffant à très faible consommation qui va maintenir l'eau chaude dans les canalisations.

LA CLASSIFICATION ENVIRONNEMENTALE

Lorsque vous achetez des appareils qui utilisent de l'eau, choisissez de préférence des modèles dotés d'une étiquette de classement environnemental.

- Lors de l'achat d'un lave-linge ou d'un lave-vaisselle, regardez bien l'étiquette Énergie. Elle vous permettra de connaître la consommation d'eau des appareils.
- Une machine à laver de classe énergétique A utilise moins de 50 litres d'eau pour un cycle de lavage. Les moins performantes en utilisent 80 litres.
- Les appareils de classe A sont généralement les plus chers, mais leur surcoût sera rentabilisé sur le long terme.
- Sur l'étiquette Énergie peut également figurer la petite fleur représentant l'Écolabel européen. Il est attribué aux appareils qui consomment moins d'énergie que les produits standard, utilisent l'eau plus efficacement et disposent d'une garantie de fonctionnement et de disponibilité des pièces de rechange plus longue.

liens utiles

Comparateur d'achat des produits ayant le plus faible impact écologique :
www.guide-topten.com
Conseils pour réaliser des économies d'eau :
www.ademe.fr/particuliers/fiches/maison/rub3.htm

Un lave-linge classé A consomme par lavage 40 litres d'eau de moins qu'un appareil de base.

Récupérer l'eau de pluie

Un récupérateur d'eau de pluie permet de réaliser des économies sur la facture d'eau et constitue une deuxième source d'approvisionnement par temps de sécheresse. Il évite de consommer inutilement cette ressource précieuse qu'est l'eau potable.

CHOIX DU RÉSERVOIR

L'eau de pluie qui alimente le réservoir est récupérée de votre toiture par dérivation des gouttières et des drains. Avant de retenir un système, étudiez toutes les possibilités.

- Renseignez-vous auprès de votre syndicat d'eau ou de votre mairie sur les normes à respecter pour la taille et le type de réservoir.
- Demandez conseil sur les aides offertes aux particuliers.
- Déterminez sur votre terrain le meilleur emplacement. Vous n'avez pas besoin de beaucoup de place. Les meilleurs endroits sont les allées qui longent la maison.

POUR TOUS LES GOÛTS

- Les récupérateurs muraux s'installent au niveau des descentes de gouttière. Ils peuvent recueillir jusqu'à 1 500 litres et redistribuent l'eau qu'ils contiennent par simple gravité.
- Les colonnes réservoirs se présentent sous forme de modules emboîtables en polyéthylène. Elles peuvent se placer contre un mur.
- Les murs et clôtures aquatiques sont des réservoirs en plastique qui peuvent délimiter votre jardin.
- Les réservoirs à vessie, en plastique souple, peuvent s'installer à plat sous un plancher ou une terrasse et être associés pour une plus grande capacité.

Les différents types de réservoirs

Matériau	Avantages	Inconvénients
Béton	Forte capacité ; peut être enterré ou installé sous un bâtiment ; dure longtemps ; ne laisse pas passer la lumière.	Coûteux ; nécessite des travaux de terrassement pour l'enterrer ; peut se fissurer.
Fibre de verre	Économique ; léger ; résiste à la chaleur et à la corrosion.	Fragile ; laisse parfois passer la lumière ; parfois non compatible avec une utilisation pour eau potable.
Plastique (polyéthylène)	Économique ; léger ; résiste aux UV ; large gamme de formes, de couleurs, de tailles et de capacités.	Longévité variable en fonction du traitement anti-UV ; esthétique de certains modèles.
Acier	Économique ; léger ; large gamme de tailles et de formes.	Longévité limitée ; sujet à la corrosion ; esthétique de certains modèles.

PLOMBERIE ET ACCESSOIRES

Étudiez l'installation et le système de plomberie du récupérateur d'eau en fonction de vos besoins.

- Faites vérifier l'innocuité de votre toiture et de vos gouttières. La présence d'amiante, de solins en plomb, de peinture au plomb ou de plaques de bitume vous obligera à renoncer à votre projet.
- Faites installer votre récupérateur par un professionnel agréé.
- Envisagez la possibilité de relier votre récupérateur au système de plomberie de votre maison afin d'alimenter les W.-C. et le lave-linge. Dans ce cas, prévoyez une double alimentation reliée au système d'adduction d'eau potable pour ne

■ ■ ■ **La plupart de nos besoins quotidiens ne nécessitent pas une eau traitée.**

pas tomber en panne en cas de sécheresse. Vous devrez également installer un clapet anti-retour pour empêcher que l'eau potable et l'eau du réservoir se mélangent.

- En plaçant le réservoir au-dessus du niveau du sol, l'eau que vous puiserez de votre récupérateur sera alimentée par gravité. Renseignez-vous sur la hauteur à respecter.
- Pour obtenir de la pression avec les récupérateurs enterrés, il vous faudra une pompe électrique. Peu chère et simple d'utilisation, elle peut cependant se révéler bruyante.
- Équipez votre système d'un préfiltre qui va dévier la première arrivée d'eau de pluie et la filtrer.
- Équipez le réservoir d'une jauge ou d'un flotteur pour pouvoir contrôler le niveau d'eau.
- Ajoutez un filtre à chaque entrée et sortie pour éviter les débris ou les insectes dans le système.
- Pour éliminer les feuilles et améliorer la qualité de votre eau de pluie, protégez vos gouttières par des grilles de protection.

L'ENTRETIEN

- Utilisez votre récupérateur régulièrement pour rentabiliser votre investissement et empêcher l'eau de stagner.
- Le réservoir est à vidanger et à nettoyer une fois tous les 2 ans.
- Si vous n'avez pas de grilles sur vos gouttières, pensez à tailler les arbres à proximité de votre toiture.
- Assurez-vous que le couvercle du réservoir est parfaitement en place car la lumière favorise les algues.
- Vérifiez qu'il n'y ait aucun refoulement d'eau de récupération dans le système d'eau potable.
- Ne buvez pas l'eau du récupérateur.

DÉTERMINER LA CAPACITÉ UTILE

Commencez par réfléchir à l'utilisation que vous souhaitez faire de l'eau de pluie et à la quantité qui vous sera nécessaire. Étudiez aussi les précipitations de votre région. Si les pluies sont très saisonnières, il est à craindre qu'aucun récupérateur ne suffise à arroser votre jardin durant toute la saison sèche. Pour un usage domestique, un réservoir de 2 000 à 5 000 litres devrait répondre à vos besoins.

- Calculez tout d'abord la quantité d'eau potentiellement récupérable. Sachant qu'un millimètre de pluie sur un mètre carré de toiture apporte un litre d'eau, il vous suffit de multiplier la superficie de votre toiture (en mètres carrés) par la moyenne des précipitations annuelles (en millimètres) pour savoir combien de litres d'eau vous pouvez collecter.
- Déterminez ensuite vos besoins en eau en utilisant les chiffres de consommation ci-dessous.

UTILISATION MOYENNE

W.-C.

Pleine charge	11 litres
Demi-charge	5,5 litres
Pleine charge éco	6 litres
Demi-charge éco	3 litres

Douche

Sans pomme de douche éco	Jusqu'à 23 litres par minute
Avec pomme de douche éco	13 litres par minute

Bain

Petit bain	50 litres
Grand bain	150 litres

Vaisselle

Lavage à la main	18 litres
Lave-vaisselle « gourmand »	36 litres
Lave-vaisselle économe	16 litres

Lessive

Lave-linge à chargement par le haut	Jusqu'à 120 litres
Lave-linge à chargement par le haut économe	80 litres
Lave-linge à chargement frontal économe	50 litres

Utilisation générale

Lavage, brossage de dents, etc.	18 litres par personne et par jour

Jardin

Asperseur	1 000 litres à l'heure

Lavage de voiture

Jet d'eau	17 litres à la minute

Avec 900 millimètres de précipitations par an et une toiture de 100 m², vous récupérerez chaque année 90 000 litres d'eau.

Recycler l'eau

La quasi-totalité de l'eau consommée par un ménage est évacuée dans les canalisations d'eaux usées. Pourtant, toute cette eau n'est pas bonne à jeter. Dans le respect de la législation en vigueur et avec l'aide de votre plombier, il est possible de collecter les eaux grises et de les réutiliser.

RÈGLES DE BASE

Sans être compliqué, le recyclage de l'eau n'est pas aussi simple que la récupération d'eau de pluie. Sa mise en œuvre doit être soigneusement planifiée afin d'obtenir un système conforme aux règlements et sans danger pour la santé et l'environnement.

- Consultez votre mairie et votre syndicat d'eau. Dans certains endroits, le recyclage des eaux usées est interdit ; ailleurs, il est encouragé par des subventions.
- Le recyclage des eaux-vannes, chargées en bactéries, est à proscrire.
- À moins de retraiter l'eau, ne réutilisez que les eaux grises issues de la douche, du bain, des lavabos et de la machine à laver. N'utilisez pas les eaux de la cuisine : elles contiennent des graisses et des particules alimentaires qui favorisent le développement des bactéries.
- Limitez l'utilisation des eaux grises non traitées à l'arrosage du jardin. Pour les W.-C. et le lave-linge, utilisez seulement les eaux grises retraitées.
- Les eaux grises issues de la salle de bains et du lave-linge peuvent contenir des agents pathogènes. Elles doivent être employées sans délai et utilisées avec soin. Pensez à vous laver les mains après utilisation.
- Tenez les enfants et les animaux domestiques à l'écart des eaux grises.
- N'utilisez jamais des eaux grises pour nettoyer des fruits et légumes qui pourront être mangés crus.
- Veillez à ce qu'aucune eau grise ne se déverse chez vos voisins. Votre responsabilité pourrait être engagée en cas de maladie ou de sinistre.
- Prenez conseil auprès d'un plombier ou d'un consultant spécialisé.
- Veillez à ce que tous les occupants de votre foyer et tous vos visiteurs soient informés du recyclage et des précautions qui s'imposent.

✓ ACHETER MALIN

Vous trouverez dans le commerce toutes sortes de systèmes de recyclage, allant du lit de roseaux au filtre à sable, en passant par le lit bactérien aéré et le système de désinfection à ultraviolets. Avant d'acheter, renseignez-vous sur les points suivants.

- Le système est-il agréé ?
- Quelles sont les garanties proposées par le fabricant ?
- Le prix comprend-il la livraison et l'installation ?
- Quelle place le système occupe-t-il, quels sont sa consommation et son coût de fonctionnement ?
- Les eaux recyclées seront-elles adaptées à un usage intérieur ? Si oui, comment connecter le système de recyclage à la cuvette des W.-C. ou au lave-linge ?
- Le système comprend-il beaucoup de pièces d'usure, comme la pompe ?
- Est-il bruyant ?
- Utilise-t-il des produits chimiques ?
- Comment savoir s'il ne fonctionne pas correctement ?
- Est-il nécessaire de le vider ou de le curer périodiquement ?
- Comment réagit-il aux produits chimiques ménagers utilisés en faibles quantités, comme le chlore ?

AU FIL DE L'EAU

Les eaux à usage domestique ont diverses appellations en fonction de leurs qualités et de leurs utilisations potentielles.

- L'eau potable est une eau propre et de haute qualité qui peut être bue. Elle provient habituellement du réseau d'adduction.
- Les eaux-vannes sont les eaux rejetées par les W.-C. et les bidets. Elles contiennent de fortes concentrations de bactéries et de polluants.
- Les eaux grises sont les eaux usées issues d'autres sources.

■ ■ ■ **Un lave-linge peu économe utilisé six fois par semaine peut rejeter plus de 700 litres d'une eau facilement recyclable.**

Luttez contre l'épuisement de la ressource en eau potable en réutilisant vos eaux grises.

ATTENTION !

▼ Pour éviter le contact avec les eaux grises d'irrigation, mieux vaut arroser votre jardin avec un système enterré ou un système de surface recouvert d'un paillage.

LES DIFFÉRENTES SOLUTIONS

Il existe plusieurs façons de recycler les eaux grises, allant de la récupération manuelle jusqu'aux systèmes de traitement dernier cri. Vous pouvez :

- récupérer l'eau dans un seau ou avec une pompe à bras et la verser dans un réservoir relié à un système d'irrigation pour jardin. Ne la versez pas directement dans le jardin, cela constitue un risque pour la santé (voir aussi p. 246) ;
- brancher un tuyau sur l'évacuation de votre lave-linge pour l'envoyer dans votre système d'irrigation ;
- demander à votre plombier de dévier l'évacuation de votre lavabo, baignoire ou douche vers votre système d'irrigation. Le tuyau doit être équipé d'un clapet pour renvoyer les eaux vers l'égout en cas de trop-plein ;
- acheter un système de recyclage dans le commerce. Veillez à ce que le modèle retenu procure un niveau de traitement adéquat et possède un agrément officiel.

L'ENTRETIEN DU SYSTÈME

- Ne conservez jamais d'eaux usées plus de 24 heures pour empêcher la prolifération des bactéries.
- Veillez à ce que les eaux usées inutilisées soient rejetées à l'égout. Ne laissez pas les eaux grises se déverser dans les réseaux de collecte d'eaux pluviales.
- Ne laissez pas les eaux grises se mélanger avec l'eau du réseau d'adduction. Si nécessaire, installez un disconnecteur hydraulique.
- Utilisez des tuyaux d'une couleur particulière pour vos arrivées d'eaux recyclées.
- Vidangez et nettoyez régulièrement vos réservoirs et tuyaux d'eaux grises.
- Faites entretenir votre système de recyclage d'eaux grises par un professionnel.
- Si vous vous absentez longtemps, démontez votre installation de recyclage, nettoyez-la et rangez-la.

AMÉLIORER LA QUALITÉ DE L'EAU

Pour obtenir une eau recyclée plus saine, pensez recyclage dès la première utilisation de l'eau, en limitant au maximum l'apport de polluants et de produits chimiques.

- Utilisez des produits de nettoyage biodégradables, de préférence à base de plantes et sans phosphates. Vérifiez que tous les composants du produit soient biodégradables et pas seulement l'agent de surface.
- Limitez-vous à la dose minimale recommandée de détergents et de nettoyants.
- Si vous utilisez une lessive en poudre sans phosphates et à base de plantes, vous pouvez diluer l'eau de lavage avec de l'eau de rinçage, ou bien arroser le jardin avec l'eau de lavage puis effectuer un deuxième arrosage immédiatement après avec l'eau de rinçage.
- Vérifiez la salinité de votre eau pour éviter l'accumulation de sel dans le sol.
- Équipez votre lave-linge d'un filtre et nettoyez-le régulièrement. Vous éviterez ainsi la présence de peluches, de cheveux et autres polluants dans vos eaux grises.
- Ne versez jamais de peintures, pesticides, solvants, médicaments dans l'évier ou dans les W.-C.
- Ne réutilisez pas les eaux qui ont servi à une personne malade.

■ ■ ■ **Utilisez une lessive sans phosphates** si vous recyclez vos eaux grises pour arroser votre jardin.

PIÈCE PAR PIÈCE

Les stratégies pour conjuguer performance, confort et bien-être varient d'une pièce à l'autre.

Une cuisine intelligente

La cuisine est une pièce très consommatrice d'énergie et d'eau, et une grosse productrice de déchets ménagers. L'utilisation intelligente des ressources, le choix d'appareils à faible consommation et le recours au recyclage profiteront aussi bien à votre porte-monnaie qu'à votre maison et à l'environnement.

DIX ÉCONOMIES AU RAYON FRAIS

1 Réfrigérateurs et congélateurs sont de gros consommateurs d'énergie. N'hésitez pas choisir des modèles à haut rendement énergétique. À long terme, vous ferez de grosses économies.

2 N'utilisez pas votre vieux réfrigérateur comme appareil d'appoint, à moins d'en avoir réellement besoin. Les vieux modèles sont très énergivores.

3 Installez votre réfrigérateur dans un endroit relativement frais, loin d'une source de chaleur, et laissez un espace d'au moins 8 cm à l'arrière. Le manque d'espace ou de ventilation peut entraîner une surconsommation de 15 %.

4 La température optimale d'un réfrigérateur est de 3 à 4 °C, celle d'un congélateur de – 18 à – 15 °C. En deçà, chaque degré perdu entraîne une surconsommation de 5 %.

5 Ouvrez la porte le plus rarement possible. Une porte ouverte 1 minute réclame 3 minutes de processus de refroidissement.

6 Remplissez votre réfrigérateur au moins aux deux tiers, car les aliments retiennent mieux le froid que l'air.

7 Vérifiez régulièrement l'état des joints. Pour cela, fermez la porte sur une feuille de papier. Si la feuille se retire facilement, c'est que le joint n'est plus efficace.

8 Dégivrez votre congélateur tous les 3 mois, sauf si c'est un modèle à dégivrage automatique. Ne laissez jamais plus de 5 mm de glace s'accumuler.

9 Pour un fonctionnement optimal, nettoyez le système de refroidissement au dos de l'appareil une fois par an.

10 Si vous vous absentez quelque temps, videz votre réfrigérateur, débranchez-le et ouvrez la porte.

ACHETER MALIN

- Recherchez les réfrigérateurs et les congélateurs bénéficiant d'une classification énergétique élevée. Leur prix de vente est légèrement supérieur, mais ils consomment moitié moins que les appareils basiques.
- Demandez à votre fournisseur s'il propose des modèles bénéficiant de la technologie environnementale Greenfreeze (voir encadré page suivante).
- Achetez un réfrigérateur ou un congélateur d'une taille adaptée à vos besoins. Pour une même classe énergétique, un réfrigérateur de 284 litres consommera 20 % de plus qu'un réfrigérateur de 210 litres.
- Si vous hésitez entre acheter deux petits réfrigérateurs ou un grand, choisissez la deuxième option. Le coût de fonctionnement sera inférieur.
- Si vous avez besoin d'un grand congélateur, sachez que les congélateurs coffres sont généralement plus économiques que les congélateurs armoires, car ils sont mieux isolés et retiennent mieux le froid.

Évitez les réfrigérateurs équipés de gadgets comme les distributeurs de glace. Ils coûtent plus cher et consomment plus.

~ **POUR DÉPENSER MOINS** ~

Choisissez un four à chaleur tournante : la ventilation augmente le rendement de 25 %, et un four ventilé rejette jusqu'à 30 % de gaz à effet de serre en moins.

LE COIN CUISSON

Les tables de cuisson échappant au classement énergétique, vous devrez utiliser d'autres critères pour faire votre choix.

- Si possible, préférez le gaz naturel à l'électricité, notamment pour la table de cuisson. Le coût de fonctionnement d'une table à gaz est moitié moins élevé que celui d'une table électrique, et produit moitié moins de gaz à effet de serre.
- N'achetez pas d'appareil surdimensionné par rapport à vos besoins. Plus un appareil est gros, plus il consomme.
- Choisissez une table de cuisson avec des feux de plusieurs tailles ; cela vous aidera à maîtriser votre consommation.
- Si vous achetez une table électrique, sachez que les plaques à serpentins sont souvent moins chères et plus performantes que les plaques pleines ou céramiques.
- Si vous fonctionnez au tout électrique, privilégiez les tables à induction. Leur rendement est jusqu'à 30 % supérieur à celui des tables électriques classiques.

Chaque plaque est équipée d'un interrupteur et d'une bobine d'induction électromagnétique. Lorsqu'on pose une casserole sur la plaque, il se crée un champ magnétique qui chauffe la casserole et non la plaque. La déperdition énergétique est limitée et la température plus facile à contrôler.

UNE CUISSON ÉCONOMIQUE

- Utilisez le four à micro-ondes pour réchauffer ou cuisiner en petites quantités. Vous consommerez moins d'énergie et vous produirez moins de gaz à effet de serre qu'en utilisant la plaque de cuisson.
- Investissez dans un autocuiseur. Vous gagnerez en temps et économiserez de l'énergie.

ASTUCE

N'hésitez pas à utiliser vos petits appareils de type grille-pain ; il produit quatre fois moins de gaz à effet de serre que le gril du four pour réaliser la même opération.

- Pour réduire le temps de cuisson des surgelés, faites-les dégeler au préalable dans le réfrigérateur.
- Utilisez des casseroles adaptées à la taille de vos feux et réglez le gaz aussi bas que possible.
- Évitez d'allumer le four pour faire cuire un seul petit plat.
- Durant la cuisson, ouvrez la porte du four le plus rarement possible. À chaque ouverture, la température chute d'environ 15 °C.

Greenfreeze

- Jusqu'à la fin des années 1980, la plupart des gaz réfrigérants étaient des chlorofluorocarbones (CFC). Ils furent interdits car jugés responsables du trou dans la couche d'ozone.
- Ils furent remplacés par les hydrofluorocarbones (HFC) et les hydrochlorofluorocarbones (HCFC). Mais il s'avéra que ces gaz étaient tout aussi mauvais pour la couche d'ozone.
- Avec des scientifiques, Greenpeace développa un gaz réfrigérant ozone-amical à base d'hydrocarbones naturels, technologie baptisée Greenfreeze.
- Aujourd'hui, plus de 150 millions d'appareils labellisés Greenfreeze ont été vendus dans le monde. Cependant, certains marchés restent fidèles aux HFC. Parlez-en avec votre fournisseur habituel.

■ ■ ■ **Une cuisinière à gaz** émet moins de gaz à effet de serre qu'une cuisinière électrique.

~ ET DEMAIN ? ~

Le lave-linge WasH20, fabriqué par la firme chinoise Haier, permet de laver sans lessive. Comment ? Grâce au principe de l'électrolyse : les composants de l'eau sont séparés en ions OH- et H+. Les ions OH- attirent les saletés et les retiennent tandis que les ions H+ stérilisent le linge. Il s'agit d'un modèle hybride qui permet de choisir un cycle avec lessive pour les cas où l'électrolyse n'est pas adaptée (taches profondes ou laine).

ÉCONOMIES D'EAU

La proportion de l'eau utilisée à la cuisine par un foyer moyen s'élève à environ 6 %. Voici quelques astuces pour réduire sa consommation.

- Si vous utilisez un lave-vaisselle ancien, faites plutôt vos petites vaisselles à la main.
- Quand vous faites la vaisselle à la main, rincez les plats dans un deuxième bac d'eau froide.
- Lavez vos fruits et légumes dans un saladier ou une bassine d'eau plutôt que sous le robinet. L'eau pourra être réutilisée pour arroser votre gazon ou vos plantes.
- Mettez un pichet d'eau au réfrigérateur. Ainsi, l'eau fraîche sera immédiatement disponible sans avoir à faire couler le robinet.

CHOIX ET UTILISATION D'UN LAVE-VAISSELLE

Cet appareil est l'un des plus gros consommateurs d'eau et d'électricité de la cuisine. Soigneusement sélectionné et utilisé, il peut vous faire réaliser des économies d'énergie.

- Choisissez un appareil bénéficiant d'un bon classement en termes de consommation d'eau et d'électricité.
- Privilégiez les appareils offrant plusieurs modes de lavage, notamment un mode économique. Utilisez la touche « éco » aussi souvent que possible.
- Recherchez les appareils dotés d'une fonction demi-charge. Certains possèdent deux paniers qui peuvent être utilisés individuellement ou simultanément. Une demi-charge peut vous faire économiser plus de 9 litres d'eau par rapport à une pleine charge.
- Un lave-vaisselle à raccordement direct à l'eau chaude est intéressant si l'eau est chauffée par une source d'énergie renouvelable (solaire

POUR ou CONTRE

LAVE-VAISSELLE OU ÉVIER ?

Bien sûr, la vaisselle à la main ne consomme pas d'électricité, et elle peut même être très économe en eau si l'on fait attention au rinçage. Cependant, un lave-vaisselle moderne et performant ne consomme pas plus de 16 litres par lavage. Utilisé correctement (bien rempli et réglé sur le programme « éco »), il peut vous faire économiser 2 litres d'eau par rapport à une vaisselle moyenne à la main. Par comparaison, les lave-vaisselle des années 1980 consommaient environ 36 litres d'eau par cycle.

■ ■ ■ **Les lave-vaisselle récents** sont jusqu'à 64 % plus économes en électricité que les anciens et ils consomment moins d'eau.

LE COMPOST, MODE D'EMPLOI

Bien que le bac à compost puisse recevoir la plupart des matières biodégradables, un tri sélectif vous permettra d'obtenir de meilleurs résultats. En variant les ingrédients, vous produirez un compost de meilleure qualité.

Ingrédients autorisés

- ✔ Pelures et trognons de fruits et légumes.
- ✔ Restes de plats cuisinés.
- ✔ Marc de café (riche en protéines et en huile).
- ✔ Feuilles et sachets de thé non traité (riches en azote).
- ✔ Pain dur.
- ✔ Coquilles d'œufs.
- ✔ Journaux déchiquetés (en faible quantité).
- ✔ Copeaux de bois, sciure de bois ou cendre.
- ✔ Poussière et cheveux.
- ✔ Déchets de jardin (feuilles, déchets non ligneux, herbe coupée).

Ingrédients interdits

- ✘ Graisses et huiles.
- ✘ Viande et os (trop longs à se décomposer, attirent les animaux nuisibles).
- ✘ Peaux d'agrumes (acceptables en petite quantité, mais contiennent un agent de conservation qui inhibe la décomposition).
- ✘ Épis de maïs (trop longs à se décomposer).
- ✘ Sel.
- ✘ Tout ce qui a été traité avec des produits chimiques.
- ✘ Graines de mauvaises herbes.
- ✘ Déchets de plantes malades.
- ✘ Excréments de chiens et chats.

par exemple). Sélectionnez si possible le cycle avec rinçage à l'eau froide.

- Si vous possédez un lave-vaisselle relié à l'eau chaude et si votre eau chauffe en heures creuses, faites fonctionner votre appareil la nuit, cela vous reviendra moins cher.
- Choisissez un lave-vaisselle sur lequel le séchage peut se faire à l'air. Vous économiserez 10 % d'énergie. Si le séchage s'effectue à la chaleur, désactivez la fonction séchage.
- Attendez que votre lave-vaisselle soit plein avant de faire une vaisselle.
- Plutôt que de rincer les assiettes sous l'eau avant de les mettre à la machine, ce qui peut multiplier par deux votre consommation d'eau, contentez-vous de les racler au-dessus de la poubelle.
- Pour un fonctionnement optimal, suivez les instructions du fabricant en matière de chargement de l'appareil et de sélection des programmes.
- Pensez à nettoyer le filtre régulièrement.
- Les produits de lavage en poudre ou en pastilles contiennent souvent des produits chimiques polluants. Il existe cependant des produits à base de plantes qui préservent l'environnement. Vous les trouverez chez les distributeurs spécialisés.

ÉVITER LE GASPILLAGE

- Limitez la quantité d'emballages. Achetez vos fruits et légumes en vrac et équipez-vous de cabas réutilisables pour faire vos courses.
- Réemployez les emballages autant que possible. Bouteilles, bocaux et bidons en plastique peuvent être réutilisés quasiment à l'infini.
- Recyclez vos déchets ménagers autant que possible, en respectant toutefois les règles en vigueur dans votre région (voir p. 104).
- Ne jetez pas vos restes alimentaires dans les W.-C. ou dans l'évier. Recyclez-les en aménageant dans votre jardin un bac à compost ou, si vous manquez d'espace, un lombricomposteur (voir p. 243).
- Équipez l'évacuation de votre évier d'une grille pour récupérer les particules alimentaires, que vous ajouterez à votre compost.

■ ■ ■ **Environ la moitié des ordures ménagères** peuvent facilement se recycler grâce à un bac à compost.

Une salle de bains économe

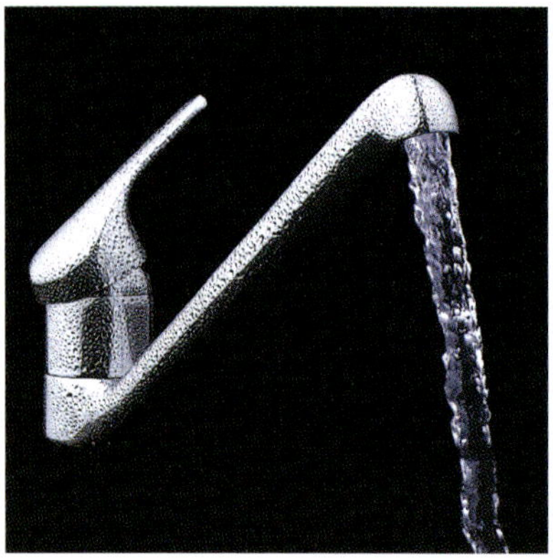

La salle de bains est la pièce où nous utilisons la plus grande quantité d'eau, mais c'est aussi l'endroit où l'on peut agir le plus efficacement pour préserver cette ressource précieuse. L'action la plus significative consiste à remplacer la pomme de douche par un modèle à économie d'eau, mais vos efforts ne doivent pas s'arrêter là, car il y a beaucoup d'autres façons d'agir.

RÉDUIRE LE GASPILLAGE

- En installant une pomme de douche à économie d'eau, vous diminuerez le débit d'au moins 9 litres par minute. Vous pouvez aussi équiper votre douche d'un réducteur de débit.
- Prenez des douches plus courtes : un robinet de douche ouvert consomme jusqu'à 23 litres d'eau à la minute.
- Lorsque vous ouvrez le robinet et que vous attendez l'eau chaude, faites couler l'eau froide dans un seau. Vous pourrez la réutiliser pour arroser vos plantes d'intérieur ou votre jardin.
- Un bain consommant généralement plus d'eau qu'une douche, son utilisation doit rester exceptionnelle. Inutile de remplir la baignoire : mettez juste assez d'eau pour recouvrir votre corps lorsque vous vous allongez dans le bain.
- Vérifiez la température de l'eau à mesure que la baignoire se remplit. Inutile d'avoir une eau trop chaude, qu'il faudra refroidir en ajoutant plusieurs litres d'eau froide.
- Vérifiez que la bonde de votre baignoire ne fuit pas et ajoutez une grille en métal pour retenir les cheveux ou autres particules qui pourraient boucher le siphon.
- Envisagez l'installation d'un système de recyclage des eaux grises issues du bain, de la douche et du lavabo. L'eau recyclée pourra servir à arroser le jardin et à alimenter les W.-C. ou le lave-linge (voir p. 38).

AU LAVABO

- Installez des robinets équipés d'aérateurs ou brise-jet. En limitant le débit de 50 %, ils vous feront économiser jusqu'à 5 000 litres d'eau par an. Vous pouvez également visser un aérateur sur votre robinet.
- Un mélangeur vous permettra de régler plus rapidement la température qu'un robinet avec eau chaude et eau froide séparées.
- Évitez d'ouvrir un robinet à fond : jusqu'à 90 % de l'eau est gaspillée. Limitez le débit au strict nécessaire.
- Ne laissez pas le robinet couler pendant que vous vous brossez les dents. Un robinet consomme jusqu'à 15 litres d'eau à la minute.
- Pour le rasage, remplissez un bol d'eau et trempez-y votre rasoir au lieu de le rincer sous le robinet.

MOBILIER ET ACCESSOIRES

- Choisissez des sanitaires en céramique et des accessoires (porte-savon, corbeille à linge, etc.) en matériaux naturels comme le bois, la pierre ou le bambou. Évitez autant que possible les objets en matière plastique, comme les rideaux de douche en PVC, car ils sont issus du pétrole, ressource non renouvelable.
- Si vous devez remplacer vos serviettes de bain, songez à investir dans des serviettes confectionnées à partir de fibres écologiques non

POUR ou CONTRE

BAIN OU DOUCHE ?

On considère qu'un bain consomme beaucoup plus d'eau qu'une douche, mais cela dépend de l'efficacité de votre pomme de douche et de votre capacité à prendre des bains raisonnables. Un petit bain consomme environ 50 litres, contre 150 litres pour un grand bain. Mais si l'on considère qu'un robinet de douche ouvert consomme jusqu'à 23 litres d'eau à la minute, il est possible de consommer presque autant qu'un petit bain en 2 minutes sous la douche. Une pomme de douche à économie d'eau limite le débit à 9 litres par minute. Ainsi, une douche de 3 à 4 minutes consommera nettement moins d'eau qu'un petit bain.

■ ■ ■ **Restez moins longtemps sous la douche : un robinet de douche ouvert consomme jusqu'à 23 litres d'eau à la minute.**

~ POUR DÉPENSER MOINS ~

Une petite fuite dans le réservoir des W.-C. peut vous faire gaspiller jusqu'à 36 litres d'eau par jour ; une fuite plus importante consommera 96 000 litres par an. Pour vérifier que vos W.-C. ne fuient pas, versez une goutte de colorant alimentaire dans le réservoir. Au bout de quelques heures, contrôlez l'eau dans la cuvette. Si elle est colorée, faites réparer la fuite sans tarder.

blanchies au chlore, par exemple du chanvre ou du coton biologique. Évitez les gants de toilette en synthétique, eux aussi dérivés de produits pétroliers.

- Évitez les objets jetables, comme les rasoirs, qui augmentent la quantité de déchets ménagers.
- Utilisez du savon pur ou des savons et gels de douche à base de plantes et sans additifs de synthèse, en particulier si vous recyclez vos eaux grises.
- Limitez le temps d'utilisation de votre extracteur. Par temps chaud, mieux vaut ouvrir une fenêtre. Si vous avez une fenêtre de salle de bains donnant sur l'extérieur, vous pouvez déconnecter tout extracteur branché en permanence lorsque la lumière est allumée.
- Si votre salle de bains n'a pas de fenêtre, envisagez la pose d'une fenêtre de toit ventilée.

LES W.-C.

- Si vous devez acheter un ensemble pour W.-C., choisissez le modèle le plus économique en eau.
- Optez pour une chasse d'eau à double commande et utilisez le mode économique aussi souvent que possible. À chaque fois, vous économiserez 8 litres d'eau.
- Autre solution : installez un régulateur de chasse d'eau. Il vous permettra de maîtriser votre consommation d'eau en ne libérant l'eau que lorsque vous aurez le doigt sur le bouton. L'économie d'eau peut être de 5 000 litres par an.
- Il est possible de réduire la consommation d'eau des W.-C. en installant un régulateur fait maison. Il suffit de poser une bouteille remplie d'eau dans le réservoir, à l'opposé du mécanisme. Une bouteille de 1,5 litre vous fera économiser 1,5 litre d'eau à chaque fois que vous tirerez la chasse.
- Achetez toujours du papier toilette à base de papier recyclé et évitez les papiers blanchis au chlore, parfumés ou colorés.
- Utilisez des produits W.-C. biodégradables et de faible toxicité. Vous trouverez dans les magasins spécialisés des produits biologiques à base de plantes, mais vous pouvez utiliser du vinaigre. Bon nombre de désinfectants antibactériens détruisent les bactéries nécessaires à la décomposition des eaux d'égout.
- Ne jetez pas de serviettes hygiéniques, de tampons ni de préservatifs dans les W.-C.

LES TOILETTES SÈCHES

Les toilettes sèches à litière biomaîtrisée (dites aussi « toilettes à compost ») fonctionnent sans eau et nécessitent peu d'entretien. Le procédé consiste à recouvrir les matières organiques (selles et urines) d'un broya de végétaux secs (par exemple de sciure de bois) pour bloquer la fermentation et éviter les odeurs. Le récipient doit être vidé régulièrement dans un compost qui produit un engrais naturel pour le jardin après 2 ans de fermentation.

QUAND LES UTILISER ? Lorsqu'on manque d'eau ou qu'on ne bénéficie pas d'un système d'assainissement. Ou simplement lorsqu'on est résolu à agir pour l'environnement.

LES MODÈLES Alors qu'il se développe dans les pays nordiques comme la Suède, le système est encore peu utilisé en France. Vous trouverez sur les sites Internet consacrés à l'habitat écologique des informations pour acheter ou construire vos toilettes sèches.

En réparant une minuscule fuite dans le réservoir des W.-C., vous économiserez jusqu'à 36 litres d'eau par jour.

Une buanderie écologique

Préserver l'environnement en faisant la lessive repose sur trois principes : consommer moins d'énergie pour laver et chauffer l'eau, utiliser de l'eau froide aussi souvent que possible, et opter pour des lessives écologiques qui seront moins agressives pour vos vêtements et pour votre jardin si vous recyclez vos eaux grises.

LE LAVAGE

- Attendez d'avoir une pleine charge avant de faire une machine. Sinon, utilisez le programme demi-charge pour ne pas gaspiller d'eau.
- Utilisez de préférence un cycle court, suffisant dans la plupart des cas, sauf pour le linge très sale.
- Ne dépassez pas la dose de lessive recommandée. Un excédent ne lavera pas mieux le linge, mais le rendra plus difficile à rincer et se soldera par un gaspillage de lessive et d'énergie : fabriquer 100 grammes de détergent émet 1,3 kg de gaz à effet de serre.
- Utilisez des savons et des détergents écologiques, sans produits pétrochimiques ni phosphates (voir aussi p. 74). Privilégiez les formules concentrées : elles sont dépourvues de diluants, reviennent moins cher et nécessitent moins d'emballage.
- Si votre lave-linge possède un mode antimousse ou un programme économie d'eau de rinçage, utilisez-le. À défaut, récupérez l'eau de rinçage dans un seau et reversez-la dans le lave-linge au début de votre lavage suivant.
- Nettoyez régulièrement le filtre pour assurer le fonctionnement optimal de votre lave-linge.
- Envisagez la pose d'une dérivation pour envoyer vos eaux de machine vers un système d'irrigation pour le jardin (voir p. 38).

~ POUR DÉPENSER MOINS ~

Quatre-vingts pour cent de l'énergie utilisée lors d'un cycle à eau chaude sert à chauffer l'eau. C'est pourquoi vous devez laver à l'eau froide aussi souvent que possible. De plus, un lavage à l'eau chaude émet quinze fois plus de gaz à effet de serre qu'un lavage à l'eau froide.

LE LAVE-LINGE IDÉAL

- ✔ Réglage de la température : permet de laver à l'eau froide.
- ✔ Détecteur de charge ou autre réglage en fonction de la charge : économise l'eau.
- ✔ Programmes en fonction du type de fibre à laver : préserve le linge.
- ✔ Essorage à grande vitesse (surtout pour les modèles à chargement frontal) : réduit le temps de séchage du linge, donc la consommation du sèche-linge.
- ✔ Mode antimousse ou programme économie d'eau de rinçage : permet de réutiliser l'eau de rinçage pour le lavage suivant.
- ✔ Système antifroissage, berceur de linge ou essorage différé : facilite le repassage

CHOISIR UN LAVE-LINGE

- Achetez un appareil bénéficiant du meilleur classement énergétique possible (classé A). Les lave-linge à chargement frontal sont généralement plus performants que les modèles à chargement par le haut.
- Choisissez une capacité adaptée à vos besoins. Si vous avez une grande famille, prenez un lave-linge de grande capacité, car vous consommerez plus d'eau et d'électricité en multipliant les cycles avec un petit lave-linge.

■ ■ ■ **En lavant votre linge à l'eau froide, vous économisez environ 90 % d'énergie par rapport à un cycle de lavage à l'eau chaude.**

- Recherchez les lave-linge qui consomment le moins d'eau par cycle. Certains appareils permettent de moduler la quantité d'eau en fonction de la charge.
- Vérifiez que le lave-linge possède un cycle à eau froide.
- Il existe des lave-linge à deux entrées : eau chaude et eau froide. Le chauffage de l'eau par la machine consomme plus d'énergie que le puisage d'eau chauffée par votre chauffe-eau, surtout si ce dernier fonctionne au gaz ou, encore mieux, à l'énergie solaire (gratuite).

LE SÉCHAGE

- Quand le temps le permet, pendez votre linge dehors. Le rayonnement ultraviolet aidera à éliminer les bactéries et les acariens. Même par temps humide, utilisez si possible un séchoir sous abri ou en intérieur.
- Secouez et étendez soigneusement votre linge pour faciliter le repassage.
- Un sèche-linge consomme beaucoup d'électricité et engendre d'importantes émissions de gaz à effet de serre. Utilisez-le le moins possible.
- Évitez de surcharger le sèche-linge et de faire trop sécher vos habits. Dans un cas comme dans l'autre, vous gaspillerez de l'énergie. De plus, une surcharge froisse le linge et un séchage excessif l'use.
- Ne mélangez pas des articles légers avec des articles lourds, vous augmenterez le temps de séchage.
- Utilisez votre sèche-linge la nuit. Si vous bénéficiez d'un tarif heures creuses, vous ferez des économies et vous réduirez la demande énergétique aux heures de pointe.
- Essorez votre linge autant que possible dans votre lave-linge avant de le mettre au sèche-linge. Un essorage pourra réduire les émissions de gaz à effet de serre de 2 kilos par cycle.
- Installez votre sèche-linge dans une pièce bien ventilée, car ce type d'appareil fonctionne moins bien dans une atmosphère humide.
- Éliminez les peluches prises dans le filtre après chaque cycle. Un filtre bouché entraîne une surconsommation et présente un risque d'incendie.

CHOISIR UN SÈCHE-LINGE

- Choisissez un appareil bénéficiant d'un bon classement énergétique, même si rares sont ceux qui figurent au sommet de la classification.
- Recherchez les caractéristiques suivantes : capteurs qui éteignent automatiquement l'appareil quand le linge est sec ; rotation alternée ; grand nombre de programmes et de températures en fonction du linge à sécher, y compris une fonction refroidissement ; filtre accessible.
- Envisagez l'achat d'un sèche-linge fonctionnant au gaz ou avec une pompe à chaleur. Plus chers que les sèche-linge électriques, ils ont des performances énergétiques supérieures et vous ferez des économies sur le long terme.

POUR ou CONTRE

LAVE-LINGE À CHARGEMENT FRONTAL OU PAR LE HAUT ?

Les lave-linge à chargement par le haut sont plus répandus et meilleur marché que leurs homologues à chargement frontal. Par ailleurs, ils lavent plus rapidement. Cependant, les modèles à chargement frontal sont plus économiques sur le long terme et nuisent moins à l'environnement. En effet, ils consomment moins d'eau que les lave-linge à chargement par le haut – l'écart peut s'élever à 100 litres par lavage. De plus, ils consomment environ 40 % moins d'énergie et nécessitent moitié moins de lessive. Enfin, ils lavent plus délicatement.

■ ■ ■ **Un lave-linge à chargement frontal** utilise 40 % moins d'énergie qu'un lave-linge à chargement par le haut.

Une chambre salubre

Considérant que l'on passe un tiers de sa vie dans sa chambre, il est plus que souhaitable d'en faire un endroit aussi sain que possible. Bien que la literie de qualité coûte cher, elle contribue à votre confort, à votre santé et à la protection des ressources naturelles.

CHOISIR SA LITERIE

La plupart des lits et des matelas disponibles dans le commerce intègrent des matières synthétiques. Ces dernières sont dérivées de produits pétrochimiques non renouvelables, produisent parfois des émanations nocives de composés organiques volatils (COV, voir p. 98) et sont rarement recyclables.

- Choisissez un lit construit avec un matériau naturel, de préférence du bois issu d'une exploitation durable et traité avec une teinte ou un vernis non toxique et biodégradable. Évitez les composites de bois comme les panneaux de particules, souvent agglomérés avec des colles contenant des COV.
- Pour votre prochain matelas, recherchez là encore un modèle en matériau naturel et biodégradable, par exemple en coton, en laine ou en latex naturel (issu d'une exploitation durable d'hévéas).
- Si vous privilégiez un investissement à long terme, considérez l'achat d'un matelas 100 % latex. Ces produits sont généralement garantis 10 ans, mais ont une durée de vie d'environ 25 ans. Léger, le latex offre un excellent maintien. Il attire assez peu les acariens, a des propriétés naturellement antibactériennes et résiste à l'apparition des moisissures. Vérifiez auprès du fabricant qu'aucun produit chimique n'a été ajouté.
- Relativement bon marché, les matelas en coton et en laine sont confortables, durent longtemps et autorisent une bonne circulation de l'air. La laine est également un bon régulateur thermique. Cependant, les matelas en laine ont besoin d'être régulièrement aérés au soleil pour éviter le compactage et la rétention d'humidité, et pour limiter la prolifération des acariens. Malheureusement, ils sont souvent lourds et encombrants. Vérifiez auprès du fabricant qu'aucun produit chimique n'a été ajouté.
- On trouve des matelas à ressorts d'un bon rapport qualité-prix. Ils offrent un bon maintien et peuvent durer 10 ans. Cependant, la plupart sont réalisés en matériaux synthétiques responsables d'émanations chimiques.
- Si vous optez pour un matelas en matériau synthétique, demandez au fabricant quels sont les produits chimiques utilisés lors de la fabrication. Certains ignifugeants, en particulier, peuvent avoir des effets nocifs (voir p. 50). De nombreux fabricants adhèrent à l'Agence européenne pour la sécurité, qui réglemente les émissions de produits chimiques, mais il n'est pas toujours facile de trouver des informations sur les COV.

ASTUCE

Acheter un bois de lit d'occasion est un bon choix économique et environnemental. Non seulement il sera généralement moins cher qu'un lit neuf, mais il sera souvent réalisé dans un vieux bois d'excellente qualité. Et si des produits chimiques ont été utilisés lors de son élaboration, la plupart des émanations se seront déjà volatilisées. Faites attention néanmoins aux peintures au plomb.

■ ■ ■ **Naturels, légers, fermes, antibactériens et anti-acariens, les matelas en latex peuvent durer jusqu'à 25 ans.**

Évitez les draps en coton de couleurs sombres : pour fixer ces teintes, on utilise d'importantes quantités de produits chimiques.

- Si vous achetez de la literie susceptible de contenir des COV, placez-la pendant 2 semaines dans une pièce bien ventilée avant de l'utiliser, et pensez à l'aérer souvent par la suite.
- Si vous achetez des meubles en composites de bois, vous pourrez bloquer partiellement leurs émanations nocives en appliquant une peinture ou un vernis écologique.

DU LINGE PLUS NATUREL

- Choisissez des draps en fibres naturelles provenant de l'agriculture biologique.
- Utilisez une couverture en laine plutôt qu'une couette. La laine est très efficace pour retenir la chaleur, et l'utilisation de trois ou quatre couvertures permet de mieux réguler la température du lit.
- Choisissez un modèle de couette en matériau naturel (laine, coton ou duvet) plutôt qu'en synthétique.
- Préférez des oreillers en matériau naturel (laine, coton, duvet ou latex).
- Protégez votre matelas avec une alèse en fibres naturelles. Elle absorbera l'humidité, vous protégera contre les acariens et redonnera un peu de confort à un vieux matelas.

POUR BIEN DORMIR

- N'encombrez pas votre chambre de meubles. Vous ferez le ménage plus facilement.
- Choisissez des meubles en bois issu d'une exploitation durable. Vérifiez que les vernis utilisés sont non toxiques et biodégradables.
- Aérez votre chambre chaque jour.
- Tous les matins, défaites le lit et laissez-le s'aérer. Ce geste vous aidera à évacuer la transpiration et à éliminer les acariens.
- Laissez le matelas s'aérer quelques heures lorsque vous changez les draps. Passez l'aspirateur sur le matelas et pulvérisez-le avec une solution d'huile d'eucalyptus pour chasser les acariens.
- Suspendez vos oreillers et vos couvertures 3 heures au soleil pour éliminer les acariens.
- Si vous avez un problème de poussière ou d'acariens, débarrassez-vous de votre moquette, de vos doubles rideaux ou de vos coussins. Pensez également à garder vos vêtements dans une autre chambre.
- N'encombrez pas votre chambre d'appareils électriques qui vous exposent à des champs électromagnétiques (voir p. 101).

LE COTON Bon marché, confortable, autorise une bonne circulation de l'air, vieillit bien. Sa fabrication réclame traditionnellement beaucoup d'eau, d'engrais, de pesticides et de décolorants. Son absorption des teintures nécessite de fortes doses de produits chimiques.

LE DUVET DE CANARD ET D'OIE Naturel, doux, léger. Un régulateur de chaleur et d'humidité très efficace. Généralement un produit dérivé de l'élevage des canards pour l'alimentation. Relativement cher.

LE CHANVRE Résistant, respirant, hypoallergénique et antibactérien. Sa production réclame peu d'eau et peu de pesticides. Bonne absorption des teintures sans adjuvants chimiques. Disponibilité encore limitée. Relativement cher.

LE COTON BIOLOGIQUE Mêmes qualités que le coton traditionnel, mais fabriqué sans produits chimiques ni teintures. Le produit fini est plus sain, mais aussi plus cher.

LE POLYESTER Bon marché, facile d'entretien, mais ne respire pas. Dérivé du pétrole. Sa production crée des déchets toxiques. Peut contenir des COV.

LA LAINE Renouvelable et abondante. Bonne régulatrice de chaleur et d'humidité, et ignifugeante. Peut contenir des résidus de pesticides. La laine traitée et teintée peut contenir des produits chimiques. Relativement chère.

Suspendez vos oreillers et couvertures au soleil pour éliminer les acariens et les moisissures.

Une pièce à vivre saine

Le séjour n'est pas toujours une pièce très saine : chauffage, télévision, émanations provenant du mobilier et des installations sont autant de sources de problèmes. Pour votre santé, votre confort et vos finances, pensez à aérer la pièce, privilégiez les matériaux naturels et choisissez des appareils performants.

LE CONFORT NATUREL

- Évitez autant que possible le mobilier et les installations en matériaux synthétiques. Ces derniers sont dérivés de produits pétroliers non renouvelables et ils abritent des composés organiques volatils (COV) qui peuvent produire des émanations nocives (voir p. 98).
- Si vous possédez vos meubles depuis longtemps, les éventuelles émanations issues des tissus traités et des produits chimiques de finition sont certainement descendues à des niveaux très bas. Mais pour vos prochains achats, privilégiez les objets en matériaux naturels et non traités avec des produits chimiques.
- Évitez les moquettes, véritables nids à acariens et à poussière. Les moquettes synthétiques, ainsi que certains revêtements de sol en fibres naturelles traités avec des ignifugeants, peuvent contenir des COV. Privilégiez les fibres naturelles : la laine est un bon choix, car elle résiste naturellement au feu et n'est généralement pas traitée aux ignifugeants chimiques.
- Faites entrer autant de soleil que possible dans votre séjour. Le soleil vous apportera chaleur et bien-être, et aidera à combattre les acariens.
- Veillez à l'aération de votre séjour en ouvrant les fenêtres.
- La présence dans votre séjour de plantes vertes aidera à purifier l'air d'éventuelles émanations chimiques (voir p. 101).
- En hiver, chauffez suffisamment le séjour pour vous sentir à l'aise, mais sans excès et sans augmenter la pollution ambiante.

LES IGNIFUGEANTS BROMÉS

DÉFINITION Les ignifugeants bromés sont des produits chimiques utilisés pour rendre les moquettes, les rideaux, les téléviseurs, les ordinateurs et autres objets mobiliers plus difficilement inflammables.

LE PROBLÈME Des tests ont révélé que ces substances chimiques se concentrent dans les poussières domestiques et sont ensuite absorbées par le corps humain. On les retrouve dans le sang et le lait maternel.

ET ALORS ? Certains ignifugeants bromés, les PBDE (polybromodiphényléthers), perturbent les fonctions hormonales thyroïdiennes des espèces animales, entraînant des malformations fœtales.

LES SOLUTIONS Les PBDE dits penta et octa sont désormais interdits en Europe et dans plusieurs régions des États-Unis. Les groupes de pression font campagne pour que d'autres PBDE soient également interdits.

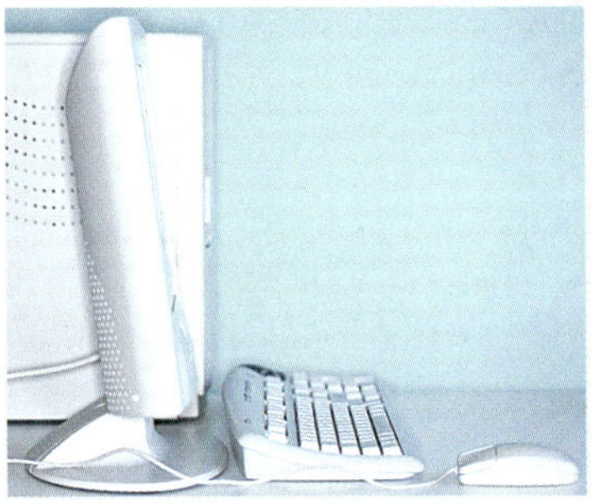

COMMENT AGIR ? Demandez au revendeur ou au fabricant des textiles ou des appareils que vous souhaitez s'ils ont été traités avec des ignifugeants bromés. Si vous possédez des objets ainsi traités, pensez à aérer régulièrement la pièce où ils se trouvent.

LES FENÊTRES

Les accessoires de fenêtres peuvent avoir une incidence importante sur le confort de votre séjour et sur votre facture énergétique.

- Si vous vivez dans une région au climat chaud, équipez vos fenêtres de stores. En créant une barrière au rayonnement solaire, ils empêchent la chaleur de monter, tout en vous permettant d'entrouvrir la fenêtre pour créer une circulation d'air.
- Dans les régions froides, posez des doubles rideaux très épais. En hiver, ils réduiront la déperdition thermique d'un tiers. Installez vos rideaux assez près de la fenêtre et faites-les déborder largement par le haut et les côtés.

■ ■ ■ Les antiquités et les meubles d'occasion achetés en l'état sont moins susceptibles de produire des émanations nocives.

L'énergie consommée par les appareils en veille peut représenter plus de 10 % de la facture d'électricité d'un ménage.

- Évitez les matériaux synthétiques et les matériaux traités par des produits antitaches ou des ignifugeants susceptibles de provoquer des émanations nocives.

L'ACHAT DE MOBILIER

- Pensez à votre confort et à la longévité de vos meubles, et pas seulement à leur aspect. Réfléchissez à deux fois avant de vous laisser séduire par les objets très tendance. Non seulement ils se démodent plus vite, mais ils sont souvent non recyclables.
- Investissez dans des meubles de qualité. Ils coûtent plus cher mais durent plus longtemps.
- Privilégiez les matériaux naturels biodégradables issus d'exploitations durables. Ces matériaux, notamment le bois, sont également plus faciles à réparer que les matières plastiques ou synthétiques.
- Évitez les meubles composés de mousses synthétiques ou de composites de bois. Ces matériaux contiennent souvent des COV, notamment du formaldéhyde, réputé cancérigène.
- Préférez les bois traités avec des huiles, des teintes ou des vernis naturels et à faible toxicité.
- Fuyez les traitements antitaches et ignifugeants. Ces produits chimiques sont responsables d'émanations toxiques.
- Recherchez les étiquettes indiquant l'adhésion du fabricant à une charte éco-environnementale.

HI-FI ET VIDÉO

Le choix et l'utilisation de votre matériel hi-fi et vidéo peuvent avoir une incidence sur l'environnement et votre compte en banque.

- Limitez le nombre d'appareils présents dans votre séjour.
- Privilégiez les appareils combinés, comme les téléviseurs avec lecteur de DVD intégré, ou les lecteurs de CD et de DVD. Vous réduirez à la fois votre consommation énergétique et votre exposition aux rayonnements électromagnétiques.
- Choisissez des marques qui ont éliminé les produits chimiques toxiques de leurs chaînes de production. Vous trouverez ces informations sur les sites Internet des fabricants.
- Quand vous achetez du matériel, recherchez les modèles à hautes performances énergétiques et portant le label Energy Star.
- Quand vous n'utilisez pas un appareil, mettez-le hors tension plutôt qu'en veille : vous économiserez de l'énergie et de l'argent.

ENERGY STAR

Le label Energy Star est décerné aux appareils électroniques et au matériel de bureau à hautes performances énergétiques.

- Les produits labellisés se mettent en veille en cas d'inutilisation prolongée, ou utilisent moins d'énergie en mode veille.
- Ainsi, les appareils électroniques Energy Star économisent environ 75 % d'énergie en mode veille.

ENERGY STAR

LA VÉRITÉ SUR…

LES APPAREILS EN VEILLE

Un appareil est en veille lorsqu'il est sous tension, qu'il paraît éteint, mais qu'il peut être allumé avec sa télécommande. En moyenne, les téléviseurs, lecteurs de DVD, chaînes hi-fi et ordinateurs sont en veille 60 % de leur durée de vie, ce qui peut représenter plus de 10 % de la facture électrique d'un foyer. Ainsi, vous réaliserez d'importantes économies en débranchant vos appareils ou en choisissant du matériel labellisé Energy Star.

Les appareils combinés consomment moins et émettent moins de rayonnements électromagnétiques que les éléments séparés.

Un bureau bien équipé

La plupart des foyers disposent aujourd'hui d'un ordinateur et un coin bureau est aménagé dans de nombreux logements. Un examen attentif de votre espace et de vos pratiques de travail vous permettra d'agir au mieux pour votre bien-être, pour vos ressources et pour l'environnement.

L'ORGANISATION DE VOTRE BUREAU

- Évitez les empilements pour faciliter le nettoyage, l'accès aux dossiers, au matériel et aux câbles.
- Veillez à la bonne aération de la pièce, car le matériel de bureau génère de la chaleur et des émanations nocives.
- Évitez le mobilier de bureau en composites de bois, matériaux qui contiennent souvent des composés organiques volatils (COV). Préférez les meubles en bois massif.
- Exploitez au mieux la lumière naturelle. Si votre écran a besoin d'ombre pour éviter les reflets, vous pouvez cependant installer un deuxième bureau près de la fenêtre pour pouvoir lire à la lumière du jour.
- Pour votre éclairage artificiel, choisissez des lampes fluocompactes à économie d'énergie.

MAÎTRISER SA CONSOMMATION DE PAPIER

✔ Imprimez seulement si besoin.

✔ Corrigez les erreurs et prévisualiser votre document à l'écran avant de lancer l'impression.

✔ Imprimez recto verso.

✔ Envoyez des mails plutôt que des lettres.

✔ Imprimez vos notes au verso de pages déjà imprimées et réutilisez les enveloppes en collant des étiquettes.

✔ Recyclez tous vos papiers de bureau (à l'exception du papier thermique de télécopie).

✘ Évitez d'imprimer les pages contenant peu de caractères.

✘ Évitez les grandes marges et les gros caractères.

✘ Ne jetez pas les enveloppes qui peuvent être recyclées.

✘ N'utilisez pas de page de garde pour vos télécopies.

✘ N'utilisez pas d'étiquettes sur les enveloppes neuves.

✘ N'achetez pas d'enveloppes à fenêtre : le plastique transparent n'est pas recyclable. Ou recherchez les enveloppes avec fenêtre en « glassine ».

L'ACHAT DE MATÉRIEL

- Équipez-vous de matériel à hautes performances énergétiques, si possible étiqueté Energy Star (voir p. 51).
- Donnez la priorité aux fabricants qui appliquent une politique environnementale rigoureuse.
- Choisissez un ordinateur que vous pourrez faire évoluer facilement.
- Envisagez l'achat d'un portable. Sa consommation sera jusqu'à 90 % inférieure à celle d'un modèle fixe et vous pourrez toujours le relier à un moniteur, un grand clavier ou une souris.

LES PÉRIPHÉRIQUES

- Pour économiser de l'énergie, faites installer les périphériques à l'intérieur de votre ordinateur plutôt que de relier des périphériques externes.
- Les appareils multifonctions de type imprimante-fax-scanner peuvent également vous faire économiser de l'électricité.
- Avant de choisir une imprimante, comparez la capacité et le prix des cartouches d'encre.
- Plutôt que d'acheter un télécopieur, installez un logiciel de fax sur votre ordinateur si vous possédez un modem. Si vous avez un

■ ■ ■ **Les philodendrons à grandes feuilles** peuvent contrecarrer les radiations électromagnétiques des appareils électroniques.

scanner, vous pouvez numériser des documents et les envoyer par mail.
- Si vous avez vraiment besoin d'un télécopieur, choisissez un modèle à papier standard pour pouvoir utiliser le papier recto verso. Les modèles capables de numériser les feuilles recto verso vous permettront aussi d'économiser de l'énergie.
- Un photocopieur est un appareil très énergivore. Pour un usage occasionnel, utilisez votre scanner, votre télécopieur ou rendez-vous dans une boutique spécialisée.

LES BONNES PRATIQUES

- Utilisez les fonctions d'économie d'énergie de votre matériel.
- Paramétrez la période d'inactivité la plus courte possible avant que votre ordinateur se mette en veille.
- Débranchez votre matériel lorsque vous ne l'utilisez pas.
- Évitez les économiseurs d'écran. Inutiles sur les écrans LCD, ils ne procurent aucun gain en matière de consommation. Utilisez le mode veille ou éteignez l'ordinateur.
- Si votre ordinateur ne possède aucune fonction d'économie d'énergie, éteignez l'écran lorsque vous quittez votre poste de travail.

LES CONSOMMABLES

- Choisissez des chemises, des classeurs et des intercalaires en matériaux recyclables.
- Utilisez des stylos rechargeables.
- Optez pour du papier et des emballages recyclables.
- Évitez le papier blanchi au chlore. Recherchez la mention « sans chlore » ou « blanchi à l'oxygène ».
- Pour préserver l'encre de votre imprimante, sélectionnez le mode « brouillon » ou « éco ».

LES DÉCHETS ÉLECTRONIQUES

Chaque année, d'énormes quantités de matériel de bureau remplissent les décharges de produits polluants. Réutilisation et recyclage s'imposent.

- Efforcez-vous de réutiliser les périphériques et autres composants.
- Donnez votre vieil ordinateur à une association ou à un ami.
- Depuis 2005, la reprise gratuite de votre ancien appareil par le distributeur lors de la vente d'un nouvel équipement est obligatoire.
- À défaut, confiez votre vieux matériel à une entreprise de recyclage agréée.
- Recyclez ou remplissez les cartouches d'encre vides. Certains fournisseurs peuvent les remplir pour vous.

Chaque année, près de 2 millions de tonnes de déchets d'équipements électriques et électroniques sont générés par les entreprises et les ménages.

liens utiles

Guide Greenpeace pour une high-tech responsable :
www.greenpeace.org/france/vigitox/
Déchets électroniques :
www.ademe.fr (rubrique déchets/à chaque déchet sa solution/DEEE)
Energy Star :
www.eu-energystar.org/fr/index.html
Recyclage de cartouches d'imprimantes :
www.recyclagesolidaire.org/ ; www.cartouche-vide.fr/
Trouver du papier respectueux de l'environnement :
www.papirralp.fr

Le télétravail

Travailler à la maison est aussi un choix écologique. Même à temps partiel, vous vous libérerez du temps et vous contribuerez à la protection de l'environnement.
- **Réduction de la circulation.** Vous pourrez laisser votre voiture au garage, réduisant ainsi les embouteillages.
- **Économie de carburant.** Si vous alliez au travail en voiture, vous réaliserez une économie de carburant.
- **Diminution de la pollution.** Toute réduction d'utilisation d'une voiture ou de tout autre mode de transport motorisé contribue à réduire la pollution atmosphérique.

Les ordinateurs portables sont aussi puissants que les modèles fixes et leur consommation est jusqu'à 90 % inférieure.

CONSTRUIRE ET RÉNOVER

Si vous devez construire ou rénover un logement, choisissez un plan et des matériaux qui seront sources de bénéfices à long terme.

La construction neuve

Une bonne exploitation des caractéristiques naturelles du terrain vous permettra de conjuguer confort, efficacité thermique et fonctionnement économique. Orientez votre maison de façon à exploiter la chaleur du soleil en hiver et les vents rafraîchissants en été, pour un meilleur rendement énergétique.

POUR BIEN DÉBUTER

Avant de vous lancer, réfléchissez au résultat que vous souhaitez obtenir et prenez conseil auprès des bonnes personnes.

- Documentez-vous sur l'écoconstruction ; vous trouverez une pléthore d'ouvrages et de sites Internet sur la question.
- Renseignez-vous sur les règlements d'urbanisme. Demandez conseil sur les aides financières ou fiscales possibles pour la mise en œuvre de technologies écologiques.
- Dressez la liste des caractéristiques souhaitées pour votre maison. Déterminez le nombre de chambres et pensez aux espaces de rangement. Ne voyez pas trop grand : 10 m^2 supplémentaires pèseront lourd sur votre budget.
- Recherchez un constructeur ou un architecte expérimenté dans l'écoconstruction. Rencontrez-en plusieurs.
- Une fois vos plans établis, faites faire au moins trois devis.
- Visitez des maisons dessinées ou construites par les professionnels avec qui vous envisagez de travailler. Évaluez la qualité du plan et la tenue des matériaux dans le temps.
- Renseignez-vous sur les compétences du constructeur ou de l'architecte en matière de maîtrise des coûts, de réutilisation de matériaux, de nettoyage du chantier et d'élimination des déchets.
- Décortiquez votre projet dans ses moindres détails ; une fois les travaux commencés, il sera plus difficile d'apporter des modifications.

LE CHOIX DU SITE

- Avant de signer pour un terrain, considérez sa distance par rapport à votre lieu de travail et aux services et commerces. Moins il sera éloigné, moins vous dépendrez des transports.
- Examinez la topographie du terrain. S'il y a beaucoup de pente, privilégiez un plan de maison qui épouse le relief : les terrassements importants coûtent cher et peuvent détruire des habitats naturels, aggraver les phénomènes d'érosion et polluer les réseaux de collecte d'eaux pluviales.
- Mettez en parallèle les conditions climatiques locales et l'orientation de la parcelle.
- Examinez les maisons du voisinage. À quelle distance se trouvent-elles ? Vont-elles vous priver de lumière ?
- Dans les régions rurales, étudiez la disponibilité des réseaux et services : eau, gaz, électricité, téléphone, collecte des déchets recyclables, etc. Quel impact cela aura-t-il sur vos frais de fonctionnement et vos choix énergétiques ?

~ ***POUR DÉPENSER MOINS*** ~

Ne rejetez pas d'emblée l'idée d'une maison en kit. Il est plus économique d'améliorer une maison en kit avec des technologies environnementales que de faire de l'écoconstruction sur mesure. Il existe aussi des maisons en kit « écologiques » affichant des tarifs intéressants.

Certaines banques proposent des prêts à taux préférentiel pour l'écoconstruction. Faites marcher la concurrence...

L'ARCHITECTURE PASSIVE

L'architecture passive exploite au maximum les caractéristiques naturelles d'un terrain. Elle tire profit de l'ensoleillement pour chauffer naturellement (et gratuitement) la maison, du vent pour la rafraîchir et de la végétation pour l'ombrager.

- Pour chauffer naturellement la maison, orientez-la au sud ou au sud-est et construisez en largeur le long d'un axe est-ouest. Orientez les pièces les plus utilisées au sud et équipez-les de grandes fenêtres pour faire entrer un maximum de soleil.
- Prévoyez des auvents ou des avant-toits pour disposer d'ombre en été. Sous les climats les plus chauds, vous souhaiterez avoir de l'ombre toute l'année et il vous faudra donc des avant-toits importants. Dans les régions froides, prévoyez des avant-toits étroits et des auvents rétractables pour empêcher le soleil d'entrer en plein été, mais profiter d'un maximum d'ensoleillement en hiver.
- Dans les régions tempérées, installez des fenêtres de taille réduite sur les façades est et ouest.
- Le plan de votre maison doit prendre en compte les vents dominants.
- Les ombres projetées par la végétation jouent un rôle important. Les arbres à feuilles caduques offrent de l'ombre en été et laissent passer le jour en hiver, tandis que les arbres à feuilles persistantes filtrent le soleil toute l'année. Plantez du gazon ou des arbustes à port bas au pied des murs orientés au sud pour limiter la réflexion et empêcher la chaleur de s'emmagasiner.
- Choisissez bien vos matériaux de construction. Les matériaux denses comme la brique ou le béton ont une masse thermique élevée ; ils absorbent la chaleur du jour pour la restituer la nuit, et sont donc adaptés aux climats froids. Les matériaux plus légers ont une masse thermique plus faible et emmagasinent peu la chaleur ; ils conviennent mieux aux climats chauds.

liens utiles

Architecture passive et exemples d'écoconstruction :
www.lamaisonpassive.fr
Conseil national de l'ordre des architectes :
www.architectes.org/
Trouver un constructeur spécialisé dans l'écoconstruction :
www.ecobatisseurs-en-regions.fr
Architectes engagés dans une démarche environnementale :
www.architectes.org/developpement-durable ;
batirsain.free.fr (rubrique Professionnels)

Architecture passive et climat

Climat	Orientation	Plan	Matériaux	Isolation	Soleil et ombre
Froid	Exposition maximale au soleil ; protégée contre le vent dominant.	Ramassé, avec un minimum de murs extérieurs ; pièces de vie au sud.	Matériaux lourds, couleurs foncées.	Essentiellement en vrac.	Grandes fenêtres orientées au sud ; avant-toits étroits et auvents rétractables.
Chaud	Exploitation de l'ombre et des vents rafraîchissants.	Long et étroit pour favoriser la ventilation transversale.	Matériaux légers, couleurs claires.	Essentiellement réfléchissante.	Ombre souhaitable toute l'année ; avant-toits importants.

Recommandations générales données à titre indicatif, à ajuster en fonction de la température et du taux d'humidité de votre climat.

■ ■ ■ Judicieusement plantés, des arbres à feuilles caduques offrent de l'ombre en été tout en laissant filtrer le soleil en hiver.

Les solutions énergétiques

Lorsqu'on construit une maison, on peut disposer les pièces de façon à obtenir le meilleur rendement énergétique et le maximum de confort. Chose qui serait trop compliquée et trop coûteuse à mettre en œuvre en cas de rénovation.

UN PLAN COHÉRENT

- Disposez les pièces humides (toilettes, salle de bains, buanderie et cuisine) à proximité les unes des autres afin de limiter la tuyauterie nécessaire à leur alimentation en eau. Plus les tuyaux sont longs, plus l'eau stagne, plus elle a de chemin à parcourir depuis le chauffe-eau et plus il y a de gaspillage.
- Regroupez les pièces qui auront besoin d'être chauffées ou climatisées en même temps, par exemple les chambres ou les pièces à vivre.
- Dans les régions au climat frais, évitez les grands espaces ouverts qui seront difficiles à chauffer. La présence de portes permet de compartimenter les zones à chauffer. Évitez également les plafonds d'une hauteur supérieure à 2,70 m. Au-delà, vos pièces seront difficiles et coûteuses à chauffer.
- En partenariat avec votre architecte, recherchez une utilisation efficace de l'espace. Par exemple, évitez les grands couloirs, ils représentent une perte de place.
- Dans les régions froides, prévoyez des pièces extérieures de type véranda ou buanderie. Elles feront office de sas, empêchant l'air froid de l'extérieur de pénétrer dans les zones chauffées. Dans les régions chaudes, pensez aux espaces de vie extérieurs, mais couverts.

POUR DES GAINS À LONG TERME

- Isolez soigneusement votre maison. L'isolation limite considérablement les déperditions ou les gains thermiques. Sa mise en œuvre est aisée au moment de la construction, mais plus compliquée en cas de rénovation (voir p. 22).
- Si vous prévoyez un chauffage central, la solution à privilégier est un plancher chauffant à énergie solaire avec alimentation auxiliaire au gaz. C'est le système le plus économique à l'usage et le plus respectueux de l'environnement. (Le plancher chauffant électrique engendre des émissions de gaz à effet de serre plus importantes.)
- Pour la production d'eau chaude, choisissez une pompe à chaleur électrique ou solaire, système présentant de loin le meilleur rendement. Si vous pouvez absorber le surcoût d'une telle installation dans votre budget de construction global, vous l'amortirez aisément sur le long terme.
- Pour votre alimentation électrique, envisagez la pose de panneaux solaires reliés au réseau électrique. Le coût initial de l'installation est atténué par les aides publiques, et l'autosuffisance procurée par le système, lorsqu'il est associé à d'autres mesures d'économie d'énergie, peut vous mettre à l'abri des hausses futures du coût de l'électricité. De plus, vous pourrez revendre l'énergie excédentaire à votre fournisseur, ce qui réduira ou annulera vos factures. Enfin, ce dispositif donnera de la valeur à votre maison.
- Prévoyez un récupérateur d'eau de pluie pour l'arrosage de votre jardin. On trouve aujourd'hui une large gamme de modèles (voir p. 38).
- Demandez à votre plombier d'installer une dérivation pour les eaux grises. Ces eaux issues de la douche, du bain, des lavabos et de la machine à laver serviront à alimenter votre système d'arrosage de jardin. Vous pourrez même parfois les utiliser pour les W.-C. et le lave-linge (voir p. 38).
- Choisissez des sanitaires à économie d'eau, et notamment des W.-C. avec chasse d'eau à double commande. Dans certains endroits, ces dispositifs sont obligatoires dans les constructions neuves.

■ ■ ■ **Optez pour votre propre système de production énergétique, vous pourrez revendre l'énergie excédentaire à votre fournisseur.**

~ POUR DÉPENSER MOINS ~

Demandez à votre électricien d'installer un interrupteur par lampe plutôt que plusieurs lampes en série, ce qui représente un gaspillage d'énergie et d'argent. Et prévoyez dès la conception l'utilisation de lampes fluocompactes à économie d'énergie.

LE CHOIX DES FENÊTRES

Importantes sources de déperdition ou de gain thermique, les menuiseries occupent une place primordiale dans toute construction.

- Choisissez des dimensions de fenêtres adaptées à l'orientation de votre maison et au climat de votre région. De grandes fenêtres orientées au sud optimiseront le chauffage naturel de la maison ; orientées au nord, elles entraîneront une forte déperdition.
- Les fenêtres en bois ont de bonnes capacités d'isolation et sont écologiques lorsque le bois provient d'exploitations gérées durablement. Sachez cependant qu'elles sont relativement chères, notamment en dimensions sur mesure, et qu'elles réclament un entretien régulier pour prévenir la détérioration du bois. Elles posent également des problèmes d'étanchéité car le bois travaille en fonction des conditions météorologiques.
- Les fenêtres en PVC durent longtemps, nécessitent très peu d'entretien et ont de bonnes capacités d'isolation. Cependant, elles sont produites à partir de ressources non renouvelables et leur fabrication est source de pollution.
- Les fenêtres en aluminium sont très légères et durent longtemps. Cependant, l'aluminium étant un bon conducteur de chaleur, elles peuvent devenir chaudes au toucher et nécessitent un dispositif de rupture de pont thermique qui leur assure de bonnes performances énergétiques. De plus, la fabrication de l'aluminium est un processus très énergivore.
- Pour faire entrer un maximum de lumière dans la maison, choisissez des fenêtres plus hautes que larges.
- Sélectionnez un vitrage adapté à votre climat. Certains vitrages sont absorbants, c'est-à-dire qu'ils laissent entrer la chaleur dans la maison. D'autres sont réfléchissants, et empêchent donc la chaleur d'entrer.
- Dans les régions froides, ne faites pas l'impasse sur le double vitrage. Bien que coûteux, il divise la déperdition thermique par deux et joue un rôle d'isolant acoustique.
- Dans les régions chaudes, prévoyez des moustiquaires pour empêcher les insectes d'envahir la maison lorsque vous ouvrez les fenêtres pour faire courant d'air.
- Autres éléments très utiles sous les climats chauds : les persiennes. Qu'il s'agisse de panneaux de verre ou d'éléments en bois, elles permettent de faire entrer de l'air et de l'orienter à volonté.

ASTUCE

Le Label ACOTHERM définit les performances acoustiques et thermiques des fenêtres qui bénéficient d'un classement AEV, dont les trois lettres signifient :
A : perméabilité à l'air de niveau 1 (normal), 2 (amélioré) ou 3 (renforcé) ;
E : étanchéité à l'eau de niveau 1 à 3 ou E pour exceptionnel ;
V : résistance au vent de niveau 1 à 3 ou E pour exceptionnel.
Le choix d'une fenêtre A3 est impératif pour limiter les infiltrations.

■ ■ ■ Isoler sa maison lors de la construction est une entreprise plus facile et moins coûteuse qu'en cas de rénovation.

Matériaux de construction

S'il est essentiel de choisir des matériaux adaptés à vos besoins et à votre climat, il est aussi important d'utiliser des matériaux écologiques. Il convient d'évaluer l'impact environnemental de la fabrication, de l'approvisionnement et de l'utilisation d'un matériau, ainsi que son potentiel de recyclage.

HUIT CONSEILS POUR BIEN CHOISIR

1 Choisissez des matériaux qui durent. Vous réaliserez des économies à long terme, et ils auront plus de chances d'être recyclés.

2 Choisissez des matériaux dont l'extraction, la production, le transport nécessitent une faible dépense énergétique. Parfois appelée « énergie incorporée », cette valeur s'exprime en mégajoules par kilogramme.

3 Considérez l'impact environnemental de la fabrication d'un matériau. Par exemple, un arbre absorbe beaucoup plus de gaz à effet de serre durant sa vie qu'il n'en rejette lors de sa transformation en bois de construction. À l'inverse, la fabrication de plastiques, de métaux ou de briques est à la fois énergivore et polluante.

4 Choisissez des matériaux produits à partir de ressources renouvelables. Le bois est renouvelable lorsqu'il provient d'une plantation gérée durablement ; les briques, les plastiques et les métaux sont généralement issus de ressources non renouvelables.

5 Préférez les matériaux produits localement aux matériaux importés. Le transport augmente considérablement le coût des matériaux et produit de grandes quantités de gaz à effet de serre.

6 Évitez les matériaux traités avec des produits chimiques. Ces traitements sont souvent toxiques et produisent des émanations nocives pendant des années. Privilégiez les traitements biologiques, comme les huiles naturelles.

7 Achetez des matériaux recyclés ou comprenant une forte proportion de matériaux recyclés, par exemple de l'aluminium ou du béton recyclés.

8 Privilégiez le réemploi de matériaux. Résistez à la tentation de démolir entièrement pour reconstruire. Si vous démolissez un bâtiment, évaluez quels sont les matériaux réutilisables et ceux qui peuvent être revendus.

L'énergie incorporée des matériaux

Matériau	Énergie incorporée*	Matériau	Énergie incorporée*
Aluminium	170	Panneau de particule	8
Cuivre	100	Ciment	5,6
Matières plastiques	90	Fibres-ciment	4,8
PVC	80	Plaque de plâtre	4,4
Peinture acrylique	61,5	Plâtre	2,9
Acier galvanisé	38	Brique	2,5
Panneaux de fibres	24,2	Bois dur séché au four	2
Verre	12,7	Parpaing	1,5
Médium	11,3	Pisé	0,7
Contreplaqué	10,4	Bois dur séché à l'air	0,5

* Exprimée en mégajoules par kilogramme. Plus cette valeur est faible, plus le matériau respecte l'environnement. Ces valeurs varient en fonction de nombreux facteurs, notamment la distance entre le lieu de fabrication et le lieu de mise en œuvre.

■ ■ ■ **Les bois recyclés** sont souvent d'excellente qualité et proposent des essences qui ne sont plus commercialisées aujourd'hui.

LE PAVILLON INDUSTRIEL BIOCLIMATIQUE

La « Bonne Maison » imaginée par Yann Arthus Bertrand et conçue par l'architecte Emmanuel Coste pour Geoxia est une habitation de 120 m² pensée pour être énergétiquement performante à un coût abordable. Sa consommation est inférieure à 48 kWh/m²/an (chauffage et eau chaude sanitaire). Elle possède notamment les caractéristiques suivantes :

- la bonne température sans aucun système de chauffage grâce à une isolation renforcée des murs et à des fenêtres à triple vitrage ;
- du solaire passif grâce à la disposition des vitrages, une bonne orientation et un contrôle de la surchauffe d'été par un débord de toiture ;
- un éclairage naturel de toutes les pièces ;
- une production d'eau chaude sanitaire par panneaux solaires ;
- une ventilation double flux sur puits canadien garantissant un air propre et tempéré hiver comme été ;
- un poêle à bois haute performance ;
- une bonne gestion de l'eau (récupérateur d'eau de pluie à usage extérieur, robinet limiteur de débit, économiseur d'eau...) ;
- des menuiseries, dalles de façade, clins et volets en bois.

Renseignements :
www.la-bonne-maison.com

ÉVITER LE GASPILLAGE

- Calculez soigneusement les quantités et ne commandez pas plus que nécessaire.
- Intégrez des dimensions standard dans vos plans pour ne pas avoir à commander du sur-mesure.
- Prenez le temps de prendre les bonnes mesures.
- Pour faciliter le retour ou le recyclage des matériaux, stockez-les séparément.
- Réduisez les délais entre la commande et l'utilisation de chaque matériau. Ainsi, vous minimiserez les risques de casse.
- Manipulez les matériaux avec soin pour ne pas les abîmer.
- Choisissez des fournisseurs qui reprennent les matériaux inutilisés.
- Retournez les matériaux inutilisés à vos fournisseurs et recyclez autant que possible les matériaux restants.

ACHETEZ RECYCLÉ

Une large gamme de matériaux recyclés au potentiel de réutilisation et d'économies intéressant est aujourd'hui offerte. Voici les catégories à rechercher.

- Bois de construction : plancher, cloisons de doublage, plinthes.
- Brique : les vieilles briques donnent du caractère et du charme à une maison.
- Pierre : on trouve toutes sortes de belles pierres à réutiliser (marbre, ardoise, grès, etc.).
- Portes : intérieures et extérieures, portes-fenêtres, portes grillagées, portes de sécurité, etc.
- Fenêtres : l'offre va des vieilles fenêtres à vitraux au plomb jusqu'aux baies coulissantes en aluminium.
- Cheminées : grilles de foyer, entourages et manteaux en marbre, en bois sculpté, en fonte, etc.
- Luminaires : lampes Art déco, lustres, etc. Veillez à ce que l'installation électrique réponde aux normes actuelles.
- Porcelaine : baignoires, cuvettes ou lessiveuses peuvent être rajeunies par un réémaillage.

liens utiles

Annuaires des fournisseurs et constructeurs de maisons en bois :
www.maisons-bois.org ; www.maisons-bois.com
Matériaux et fournisseurs respectueux de l'environnement :
www.eco-logis.com
Liste de fournisseurs de bois issu d'exploitations durables :
www.greenpeace.org/france

La réutilisation de matériaux de construction permet de sauvegarder 95 % de l'énergie incorporée, qui autrement sera perdue.

La production de bois de construction génère 1 500 fois moins de gaz à effet de serre que la production d'aluminium.

LES BOIS À PRIVILÉGIER

Le bois de construction issu de plantations gérées durablement étant disponible partout, il n'y a plus aucune raison d'utiliser du bois extrait des forêts pluviales ou autres forêts primaires.

- Évitez les bois comme le méranti et le merbau, qui viennent des forêts pluviales d'Asie du Sud-Est.
- Privilégiez les bois issus de plantations de bois de construction, où de nouveaux arbres sont replantés après chaque prélèvement. Le bois de construction le plus répandu est le pin.
- Recherchez le label FSC (Forest Stewardship Council - Conseil de bonne gestion forestière), garantissant un bois issu d'une plantation gérée durablement.
- Pour limiter le recours aux traitements chimiques, choisissez pour vos planchers des bois qui résisteront aux insectes xylophages. Certains bois sont traités contre les vrillettes et les champignons ; recherchez les bois traités avec des produits non toxiques ou faiblement toxiques, comme les agents de conservation à base d'huile.
- Quand vous le pouvez, achetez du bois recyclé. Faites attention aux peintures au plomb et aux clous.
- Pour vos sols, essayez le bambou, un bois issu d'exploitations durables, bon marché et qui dure longtemps.

LES PRODUITS TOXIQUES

Évitez si possible les bois traités avec les produits suivants.

- Arséniate de cuivre chromaté (ACC). Le bois traité à l'ACC ne peut être ni déchiqueté ni incinéré sous peine de libérer des toxines comme l'arsenic. L'utilisation d'ACC est en cours d'élimination dans les constructions résidentielles, les aires de jeu et les établissements publics dans l'Union européenne, en Amérique du Nord et en Australie.
- Quaternaire de cuivre ammoniacal (QCA). Bien qu'en théorie moins nocif que l'ACC, le QCA reste difficile à éliminer en toute sécurité.
- Créosote. Ce produit hautement toxique peut irriter les yeux et la peau, et il est difficile à éliminer en toute sécurité. S'il n'est plus employé pour des usages domestiques, il le reste pour les poteaux électriques et téléphoniques, ainsi que dans certaines applications industrielles.
- Pentachlorophénol (PCP ou penta). Cet agent de conservation du bois est tenu responsable d'états de fatigue, de nausées, d'allergies et de cancers.
- Conservateur à solvant organique léger (CSOL). Il contient souvent du PCP. Sa production émet beaucoup de gaz solvant hydrocarboné.
- Insecticides chimiques. Ils contiennent du lindane, de l'hexachlorocyclohexanedes et de la dieldrine, présumés cancérigènes.

Les différents maté

Matériau	Usages
Acier	Armatures, piliers.
Aluminium	Moulures, fenêtres.
Béton	Sols, murs, piliers.
Bois de construction	Sols, murs, piliers et charpen
Botte de paille	Murs.
Brique	Murs, chemins, allées.
Brique de terre	Murs, sols.
Fibres-ciment	Bardage.
Matières plastiques	Fenêtres, canalisations d'eau gouttières, revêtements de s et muraux.
Pierre et pierre reconstituée	Murs, sols, piliers.
Plaque de plâtre	Doublage de murs.
Verre	Vitrages, portes, fenêtres de toit ; briques.

Contribuez à la protection de la nature et de la biodiversité en choisissant des bois issus de plantations gérées durablement.

de construction

vantages	Inconvénients	Conseils environnementaux
olide, économique, durable, recyclable.	Procédé de fabrication à forte main-d'œuvre et très polluant ; revêtements souvent polluants.	Acheter de l'acier recyclé ou opter pour du bois de construction renouvelable.
olide, léger, recyclable.	Production très énergivore et polluante.	À éviter à moins d'utiliser de l'aluminium recyclé.
asse thermique élevée ; solide, durable, conomique, résistant aux termites et aux emblements de terre.	Production nécessitant l'exploitation de carrières, fortes émissions de gaz à effet de serre ; mauvais isolant, nécessite des renforts.	Utiliser du béton cellulaire (plus léger, au meilleur rendement et non toxique) ou du béton fabriqué à partir d'agrégats recyclés.
olide, facile à travailler, polyvalent, otentiellement renouvelable, odégradable.	Parfois non renouvelable ; souvent traité avec des produits chimiques toxiques.	Utiliser du bois issu d'exploitations durables et sans traitements chimiques.
on marché, renouvelable, bon isolant.	Encombrante ; nécessite un mode de construction spécialisé.	Éviter les traitements insecticides chimiques et utiliser un crépi naturel.
olyvalente, masse thermique élevée.	Production très énergivore et consommatrice de ressources non renouvelables.	Rechercher des briques recyclées.
oduite sur place à partir de terre locale, rable, biodégradable, masse thermique evée ; résistante aux nuisibles et au feu.	Procédé de fabrication à forte main-d'œuvre, réclame une terre très argileuse ; mauvais isolant.	Il existe des briques de terre toutes faites.
ible énergie incorporée, légères, bon arché, bonnes propriétés thermiques, uvent être crépies.	Pas très solides ; associées aux logements sociaux et à l'amiante (aujourd'hui interdit).	Utiliser un badigeon comme traitement de surface ; conviennent bien et ne nuisent pas à l'environnement.
gères, durables, résistantes à l'humidité, 'eau et aux nuisibles.	Produites à partir de ressources non renouvelables ; procédé de fabrication à forte main-d'œuvre et polluant ; susceptibles de produire des émanations nocives.	Rechercher des alternatives renouvelables ; éviter le PVC – lui préférer le polypropylène sans PVC ou le polybutylène.
oondantes, durables, masse thermique evée, économiques si disponibles sur ace ; pas d'émissions toxiques.	Non renouvelables ; procédé de fabrication et transport à forte main-d'œuvre.	Utiliser de la pierre de réemploi ou des produits créés à partir de déchets de pierre locale.
tentiellement recyclable, respirant, grande partie naturel.	Certaines plaques contiennent des produits chimiques toxiques et des fibres de verre.	Rechercher des plaques de plâtre recyclées et des plaques non synthétiques utilisant des fixatifs naturels.
able, durable, efficace, recyclable.	Production très énergivore et consommatrice de minerai non renouvelable.	Rechercher des fenêtres recyclées ; acheter des fenêtres neuves à haut rendement énergétique.

■ ■ ■ **Calculez soigneusement** les quantités de matériaux requises. Mieux vaut mesurer deux fois que de se tromper dans une découpe.

La rénovation écologique

La mise en conformité d'une vieille maison avec les nouvelles normes énergétiques est une entreprise qui peut réclamer, selon le cas, quelques rénovations mineures ou une transformation structurelle majeure. Si vous vous lancez dans la rénovation, tâchez d'évaluer le coût et la difficulté de cette mise aux normes.

LES QUESTIONS À SE POSER

Quand vous recherchez une maison, étudiez soigneusement son diagnostic énergétique et son potentiel d'amélioration.

- L'orientation de l'édifice est-elle adaptée au climat ?
- Quelles seront les transformations nécessaires pour faire entrer plus de soleil ou d'air ?
- La maison est-elle trop ensoleillée ?
- Les pièces dites humides (cuisine, salle de bains, buanderie) sont-elles proches les unes des autres ?
- La maison est-elle bien isolée ? Son isolation sera-t-elle facile à remplacer ou à améliorer ?
- Y a-t-il des courants d'air et des interstices faciles à calfeutrer ?
- La maison possède-t-elle un système de chauffage et/ou de rafraîchissement ? Si oui, quelle est son efficacité ? Serait-il facile à remplacer ?
- Le bâtiment contient-il des matériaux dangereux ? Recherchez en particulier les peintures et les canalisations au plomb, les panneaux d'isolation ou de toiture en amiante, ou encore les isolants en fibre de verre.
- Le jardin est-il suffisamment grand ? Y a-t-il de la place pour une corde à linge ?

~ *BON À SAVOIR* ~

Il est souvent plus facile et plus économique d'améliorer une maison basique en y ajoutant les solutions écologiques de votre choix que d'acheter une maison tout équipée à la limite de vos capacités financières.

PAR OÙ COMMENCER ?

Au moment de planifier vos travaux, essayez de procéder dans l'ordre suivant.

- Envisagez une refonte des espaces habitables afin de regrouper les pièces en fonction de leur usage. Est-il possible de réunir les pièces humides ou de transférer les pièces à vivre sur le côté sud de la maison ?
- Examinez le potentiel d'amélioration de l'isolation. Les possibilités varieront en fonction de l'étendue des travaux envisagés, votre objectif étant d'atteindre un effet optimal pour un minimum de transformations. La toiture est un excellent point de départ. Choisissez l'isolant qui convient le mieux à votre maison et au climat de votre région (voir p. 22).
- Envisagez la création de fenêtres pour faire entrer plus de lumière et de chaleur. Des ouvertures au sud-est vous permettront de profiter du soleil du matin ; une fenêtre à claire-voie ou une fenêtre de toit au sud éclairera et réchauffera une pièce sombre.
- Étudiez la possibilité de créer une petite pièce extérieure de type véranda ou buanderie devant votre porte d'entrée. Elle fera office de sas, empêchant les échanges thermiques.
- La pose d'une porte entre l'espace jour et l'espace nuit vous permettra de chauffer ou de rafraîchir ces deux zones indépendamment l'une de l'autre. De même, cloisonner un escalier empêchera la chaleur de monter inutilement à l'étage.
- Vérifiez l'état des menuiseries extérieures et calfeutrez tout interstice à l'aide de joint de mousse.

■ ■ ■ En installant de grandes fenêtres sur la façade sud de votre maison, vous optimiserez son éclairage naturel et son chauffage passif.

- Si les menuiseries s'avèrent impossibles à calfeutrer, remplacez-les par des nouveaux modèles à haut rendement énergétique. Dans les régions froides, ne faites pas l'impasse sur le double vitrage.
- Étudiez les possibilités d'améliorer le système de chauffage. Peut-on installer un chauffage d'appoint au gaz dans telle ou telle pièce ? Si la maison se trouve dans une région froide, sera-t-il possible d'installer un chauffage au gaz multizone ?
- Envisagez la pose de panneaux solaires reliés au réseau pour produire votre électricité à partir du soleil. Votre facture se réduira de manière significative (parfois jusqu'à s'annuler) et vous diminuerez considérablement vos émissions de gaz à effet de serre. Vérifiez simplement que le versant sud de votre toiture est assez solide pour soutenir les panneaux solaires.
- Pensez à réagencer le jardin de façon à utiliser les plantations pour améliorer le rendement énergétique de la maison. Du côté sud, installez une pergola, ou bien plantez du gazon ou des arbustes à port bas afin de limiter la réflexion et l'accumulation de chaleur. À l'est comme à l'ouest, vous pourrez planter des arbres à feuilles caduques, qui vous feront de l'ombre en été tout en laissant filtrer le soleil en hiver.

EAU CHAUDE ET EAU FROIDE

- Installez des pommes de douche et des robinets à économie d'eau, et des W.-C. équipés de chasses d'eau à double commande.
- Lorsque vous remplacerez les appareils comme le lave-linge ou le lave-vaisselle, choisissez les modèles les plus performants en termes de consommation d'eau et d'électricité.
- Pensez aussi au rendement de votre système de production d'eau chaude. Un chauffe-eau solaire n'est pas très compliqué à implanter.
- Songez à installer un récupérateur d'eau de pluie pour arroser le jardin.
- Envisagez des dispositifs d'économie d'eau complémentaires, notamment le recyclage des eaux grises pour alimenter les W.-C. et le lave-linge (voir p. 36 et p. 38).

APRÈS LES TRAVAUX

Une fois la rénovation achevée, gardez toujours à l'esprit la notion de récupération. Avec un peu d'idée, vous offrirez une seconde vie à vos matériaux inutilisés.

- Contactez la mairie pour obtenir des conseils en matière de recyclage.
- Souvenez-vous que bon nombre de matériaux peuvent être recyclés : aluminium, brique, verre, béton, plaques de plâtre, papier, plastiques, acier et bois de construction.
- Lors de vos travaux, triez tout ce qui est recyclable (bois, métaux, câbles électriques) séparément.
- Mettez les briques, les pierres et les découpes de bois de côté en prévision d'autres projets.
- Faites don des peintures inutilisées à des organisations caritatives ou à des associations.
- Conservez quelques tuiles et quelques carreaux en cas de casse.
- Réutilisez le bois de construction pour d'autres applications : vieux parquet, chambranle de fenêtre, poutres, etc.

ATTENTION : AMIANTE

L'amiante a été très utilisé jusque dans les années 1980. Il était employé dans les travaux de couverture, mais surtout dans les travaux d'isolation sous forme d'amiante-ciment. Bien qu'il ne soit plus utilisé, sa présence constitue l'un des principaux risques sanitaires en rénovation. En effet, lors de son enlèvement, il peut se fractionner en particules responsables de pathologies respiratoires mortelles.

- Évitez de couper, de poncer ou de percer toute plaque susceptible de contenir de l'amiante.
- Si le matériau est en bon état, le plus sage est de le laisser en place et de le neutraliser avec une couche de peinture.
- Si vous avez de l'amiante à évacuer, faites-le faire par une entreprise spécialisée. Renseignez-vous auprès des autorités compétentes pour savoir si le recours à une entreprise de désamiantage est obligatoire.

■ ■ ■ Pendant les travaux de rénovation, triez vos déchets de matériaux par catégorie pour faciliter leur recyclage.

Les finitions

Lorsqu'on choisit des sols et des revêtements muraux, il convient de considérer l'impact de ces matériaux sur la qualité de l'air que l'on respire à l'intérieur de la maison. Un choix éclairé vous permettra de limiter votre exposition à des produits chimiques nocifs et d'agir pour l'environnement.

LES SOLS ET LEURS REVÊTEMENTS

La production de certains types de revêtements, comme les moquettes synthétiques, ayant un coût environnemental élevé, mieux vaut donner la priorité aux solutions naturelles.

- Évaluez vos besoins pièce par pièce, en vous demandant s'il est nécessaire de poser de la moquette d'un bout à l'autre de la maison.
- Les moquettes neuves peuvent produire des émanations nocives en raison des produits de traitement employés durant leur fabrication. Choisissez une moquette en fibre naturelle et, dans l'idéal, fabriquée sans produit de traitement chimique.
- Si votre moquette nécessite une sous-couche, achetez du caoutchouc recyclé ou du latex.
- Demandez au revendeur de poser la moquette à l'aide de fixations mécaniques (clips ou agrafes) plutôt qu'avec un adhésif synthétique. À défaut, exigez un adhésif non toxique ou à base aqueuse, à faible teneur en composés organiques volatils (COV).
- Quel que soit le type de moquette, aérez la pièce pendant les travaux et attendez 3 jours après la pose avant de réinvestir l'espace.
- Essayez les parquets en bois : ils sont doux sous le pied, faciles à nettoyer, et les acariens ne s'y plaisent guère. Choisissez des bois issus d'exploitations gérées durablement. Le mieux est de trouver un bon parquet d'occasion ; le bois sera souvent de meilleure qualité que ce que l'on propose aujourd'hui. Avant d'acheter un parquet neuf, vérifiez qu'il n'a pas été traité avec des agents de

ATTENTION !

▼ Prenez garde à ne pas annuler les qualités des sols naturels en utilisant des adhésifs chimiques ou des colorants nocifs. Employez exclusivement des produits de finition naturels.

POUR ou CONTRE

LES MOQUETTES

Belles et résistantes, les moquettes procurent une isolation à la fois acoustique et thermique. Cependant, elles soulèvent des problèmes environnementaux à chaque étape de leur fabrication et de leur utilisation. Des dizaines de produits chimiques polluants sont employés au cours du processus industriel. Une fois en place, elles produisent sur le long terme des émanations de substances chimiques parfois nocives, notamment des COV. Même certaines moquettes en fibres naturelles sont traitées avec des produits antitaches et des ignifugeants toxiques. En outre, les moquettes attirent la poussière et sont de véritables nids à acariens, responsables d'allergies et de crises d'asthme.

ASTUCE

Pour décoller un vieux papier peint, utilisez un mélange d'eau et de vinaigre (environ 30 cl de vinaigre dans un seau d'eau). La colle ramollira et le papier sera plus facile à décoller à la spatule. Autre solution : la décolleuse à vapeur.

■ ■ ■ **Le liège se présentant sous forme de dalles, une zone abîmée peut être remplacée sans difficulté et à peu de frais.**

conservation ou des obturateurs chimiques.

- Envisagez les sols en pierre ou en ardoise, surtout si le matériau est produit localement. Bien que non renouvelable, la pierre est un matériau abondant, durable et retenant la chaleur.
- Pour les pièces à fort passage, pensez aux sols en céramique ou en terre cuite. Ils sont fabriqués à partir de matériaux non renouvelables mais abondants, et leur production nécessite peu d'énergie ; ils ne produisent pas d'émanations nocives et sont recyclables.
- Au lieu de couvrir un sol en béton, essayez de le décorer avec un produit de finition. Le béton poli est un matériau résistant, étanche et agréable à l'œil, en particulier lorsqu'il est teinté dans la masse avec un pigment naturel.
- Le granito est une autre solution. Il s'agit d'un agrégat de grains de marbre dans du béton, l'ensemble étant ensuite poli. Le résultat est élégant et nettement moins cher que le marbre.
- Fuyez les sols en PVC (ou en vinyl). Leur production rejette d'importantes quantités de produits chimiques toxiques. De plus, ces revêtements sont déconseillés, comme les moquettes, pour les personnes souffrant d'allergies.

LES REVÊTEMENTS MURAUX

- Évitez les revêtements qui n'apportent rien en termes de rendement énergétique, notamment par une fonction isolante. Choisissez des produits de finition faciles à appliquer, comme les crépis, les badigeons ou les peintures.
- Demandez-vous si vous avez réellement besoin de papiers peints. Certains papiers recèlent quantité de produits nocifs : encres, teintures, fongicides et COV.
- Si vous tenez au papier peint, examinez les options les plus écologiques, comme les papiers recyclés, et utilisez une colle à base aqueuse.
- Pour une isolation phonique et thermique, vous pouvez utiliser des dalles de liège, un matériau renouvelable et recyclable. Le liège s'obture avec de la cire d'abeille ou une huile naturelle.
- Pour les pièces humides comme la salle de bains ou la cuisine, la faïence est un choix intéressant. Facile à nettoyer, elle empêche la prolifération des moisissures et des bactéries. Autre solution pour la cuisine : le verre armé.

LES SOLS ÉCOLOGIQUES

Pour la réalisation de vos sols, vous trouverez une grande variété de matériaux naturels et renouvelables.

BAMBOU (*en haut*) Cette plante donne un parquet durable, résistant aux moisissures, qui ne vrille pas et ne présente pas de nœuds. Vérifiez qu'aucune colle formaldéhyde ni aucun obturateur synthétique n'ont été utilisés durant la fabrication.

FIBRE DE COCO Ce matériau est obtenu en tissant des fibres de l'enveloppe externe de la noix de coco. Le produit fini, relativement grossier, est très résistant et convient aux endroits de grand passage comme les entrées ou les salles de séjour.

LIÈGE (*au centre*) Écorce du chêne-liège, le liège est récolté seulement tous les 9 ans. Sa culture ne réclame ni irrigation, ni engrais, ni pesticides. Matériau doux et chaleureux, le liège est un excellent isolant et il ne prend pas la poussière.

JUTE Réalisé à partir des fibres des tiges du *Cochorus*, le jute est un matériau doux et absorbant qui peut être utilisé dans une chambre, mais pas à la cuisine, à la salle de bains, ni au séjour.

LINOLÉUM (*en bas*) Composé d'un revêtement naturel comme de la toile de jute, enduit d'un mélange de fibre et d'huile de lin, de poudre de liège, de bois, de farine et de résines naturelles, le lino ne produit aucune émanation toxique. Il est antistatique, facile à nettoyer et biodégradable.

JONC DE MER Tissé à partir des fibres d'herbacées maritimes, ce revêtement est dur, résistant, antistatique et résistant aux taches. Il ne convient pas aux pièces humides.

SISAL Réalisé à partir des fibres de l'agave, le sisal est un revêtement durable, naturellement antibactérien et antistatique.

La concentration de COV dans une maison fraîchement peinte peut être mille fois supérieure au niveau moyen mesuré en plein air.

LA COUCHE DE FINITION

Les peintures traditionnelles figurent au rang des substances les plus polluantes qu'on puisse utiliser dans une maison. Heureusement, on trouve aujourd'hui une large gamme de produits à faible toxicité.

- Pour un usage intérieur, choisissez des peintures sans COV ou à faible teneur en COV. Mieux encore, utilisez des badigeons de chaux ou des peintures fabriquées à base d'ingrédients 100 % naturels.
- Réfléchissez avant d'acheter des peintures traditionnelles. Leur fabrication fait appel à des centaines de substances chimiques et le produit fini contient souvent des toxines dont certaines sont réputées cancérigènes. Après application, ces peintures produisent des émanations nocives pendant au moins 6 mois. Elles ne sont pas biodégradables et polluent les sols des décharges.
- Les peintures à base aqueuse (acryliques) sont moins nocives que les peintures à l'huile, mais elles peuvent receler une pléthore d'adjuvants chimiques toxiques.
- Pour la préparation du support, si vous disposez d'une surface suffisamment lisse, il vaut mieux repeindre par-dessus une vieille peinture que de la décaper. Si vous devez poncer, utilisez un masque à poussière pour ne pas respirer de résidus de vernis ou de peintures.
- Pour éliminer une vieille peinture, utilisez un décapant à base aqueuse et sans solvant, un décapeur thermique, ou encore un grattoir. Évitez les décapants chimiques traditionnels : ils contiennent des substances chimiques réputées cancérigènes, comme le chlorure de méthylène ou le dichlorométhane.
- Attention aux vieilles peintures au plomb : elles sont hautement toxiques. En cas de doute, prélevez une écaille de peinture et faites-la tester par un laboratoire agréé, ou faites appel à un spécialiste qui testera votre peinture avec un appareil à fluorescence X. Si la peinture est en bon état, mieux vaut ne pas y toucher.
- Pour lessiver un mur avant de le peindre, utilisez un mélange de cristaux de soude et d'eau. La dilution classique est d'une demi-tasse de cristaux de soude pour 50 cl d'eau.
- Lorsque vous peignez, protégez-vous avec un masque de peinture.
- Quel que soit le type de peinture, travaillez toujours dans un endroit bien ventilé.

LES PEINTURES NATURELLES

- Une fois achetées, les peintures naturelles sont à utiliser sans délai, car elles contiennent peu de conservateurs.
- Ces peintures ne contenant pas de siccatifs chimiques, prévoyez un temps de séchage majoré.

DES PEINTURES PLUS SÛRES

Voici les principales alternatives aux peintures traditionnelles, en commençant par les moins nocives.

PEINTURE AU LAIT Mélange de caséine (protéine présente dans le lait) et de pigments de terre, elle donne un fini lisse et mat.

BADIGEON DE CHAUX Composé de chaux et de pigments naturels, ce badigeon donne à vos murs intérieurs et extérieurs un aspect patiné.

PEINTURES NATURELLES ET ÉCOLOGIQUES Elles sont généralement faites d'extraits végétaux et minéraux liés par des huiles ou des résines naturelles. Certaines peintures naturelles contiennent cependant des pigments traditionnels, comme le dioxyde de titane, et des solvants naturels qui peuvent être irritants.

PEINTURES SANS COV Elles présentent la même composition que les peintures traditionnelles, mais sans la nocivité des COV. Leur prix est souvent élevé.

PEINTURES À FAIBLE TENEUR EN COV À base de produits pétrochimiques, elles ont une teneur réduite en COV, mais peuvent contenir des adjuvants chimiques toxiques.

■ ■ ■ Si vous soupçonnez la présence de plomb dans une peinture ancienne, faites-en analyser un échantillon.

- Les peintures naturelles sont souvent fluides. Pour peindre un plafond sans que la peinture ne coule le long de votre bras, faites une entaille dans une éponge et enfilez-la sur votre pinceau.
- Portez un masque lorsque vous manipulez des poudres, car certaines peuvent être caustiques.
- Souvenez-vous que vous pouvez mettre vos résidus de peintures naturelles dans votre bac à compost.

L'OBTURATION DU BOIS

- Évitez les obturateurs en polyuréthane. Bon nombre d'entre eux contiennent du diisocyanante (un irritant respiratoire) et tous contiennent une sélection de COV. Les plus toxiques sont les obturateurs sous forme de deux substances à mélanger avant application. Les uréthanes modifiés à l'huile produisent généralement moins d'émanations que les uréthanes durcissant à l'humidité.
- Utilisez des huiles naturelles, qui pénètrent le bois tout en le laissant respirer. Privilégiez les produits à base d'huile de bois de Chine, en veillant à ce qu'ils ne contiennent pas de résines synthétiques.
- La cire d'abeille fait briller et protège durablement. Elle peut être appliquée sur une huile naturelle.
- Songez aussi aux colorants naturels. Les badigeons de chaux se présentent sous toute une gamme de coloris. Ils confèrent au bois une finition patinée, tout en mettant le fil du bois en valeur.
- N'oubliez pas que les obturateurs naturels comme les huiles ou la cire d'abeille durent souvent moins longtemps que les obturateurs synthétiques. Le bois a donc besoin d'être traité plus régulièrement.

LE NETTOYAGE

- Pour nettoyer un pinceau après application d'une peinture à l'eau, brossez l'excédent de peinture dans une feuille de papier journal, puis lavez le pinceau dans un seau d'eau. Versez l'eau souillée dans un endroit non planté et éloigné des égouts.
- Pour nettoyer un pinceau après application d'une peinture à base de solvant (à l'huile), utilisez un solvant non toxique ou un produit naturel à base de térébenthine. Vous pouvez faire bouillir votre pinceau dans du vinaigre avant de le laver à l'eau.
- Ne jetez jamais de peintures ou de solvants inutilisés dans l'évier ou à l'égout. Les vieilles peintures naturelles ou à l'eau peuvent aller à la poubelle, mais pas les peintures à l'huile. Renseignez-vous pour connaître les dates de collecte des produits chimiques ou l'adresse des décharges qui les récupèrent.

ASTUCE

Pour peindre des étagères en bois ou obturer du bois traité ou des composites de bois susceptibles de produire des émanations nocives, utilisez de la gomme laque. C'est un produit 100 % naturel, dérivé d'une sorte de résine exsudée par une cochenille, *Coccus lacca*. Facile à utiliser et d'une odeur agréable, elle donne une finition mate.

FABRIQUER VOTRE PEINTURE AU LAIT

Le lait est utilisé comme base de peinture depuis des temps immémoriaux. Bien qu'on trouve aujourd'hui dans le commerce des peintures au lait, vous pouvez utiliser cette vieille recette pour fabriquer votre propre peinture à base de caséine (une protéine présente dans le lait) et de pigment naturel.

250 g de caséine en poudre
465 ml d'eau
50 g de pigment

- Mélangez la caséine en poudre dans 340 ml d'eau. Fouettez jusqu'à obtenir une pâte épaisse et laissez reposer 30 minutes.
- Ajoutez le restant d'eau et fouettez jusqu'à obtention d'une consistance crémeuse. Laissez reposer 15 minutes.
- Délayez le pigment dans un peu d'eau et ajoutez cette pâte fluide dans le mélange de caséine. Mélangez soigneusement pour uniformiser la couleur. Utilisez sans attendre.

■ ■ ■ **Sur vos murs,** utilisez des peintures intérieures de couleurs claires pour faire entrer un maximum de lumière naturelle.

L'hygiène à la maison

Avec quelques nettoyants bio et un peu de bon sens, vous pourrez faire la chasse à la poussière, aux taches et aux nuisibles, et veiller au bien-être de vos animaux domestiques sans recourir à aucun produit chimique nocif.

L'HYGIÈNE À LA MAISON..

LE MÉNAGE EN DOUCEUR

■ Que contiennent les produits de nettoyage du commerce ? Sont-ils nocifs ? p. 74. ■ Fabriquez vos produits de nettoyage et vos désinfectants, p. 76. ■ Pour éliminer les taches du linge, évitez les agents de blanchiment surpuissants ; il suffit parfois d'étendre le linge au soleil, p. 88. ■ Éliminez toutes les taches avec notre panoplie de détachants naturels, p. 90. ■ Utilisez des substances naturelles comme le jus de citron pour nettoyer le verre, le métal et la céramique, p. 94. ■ Nettoyez et entretenez vos objets de valeur avec nos méthodes toutes simples, p. 96. ■ À l'intérieur de votre maison, l'atmosphère peut être trois fois plus polluée qu'en plein air. Nos solutions pour y remédier, p. 98.

DÉCHETS MÉNAGERS

■ « Réduire, réutiliser, recycler » : telle est la conduite à suivre en matière de déchets ménagers. Inspirez-vous de nos suggestions, p. 102. ■ Qu'il s'agisse d'une cartouche d'imprimante ou d'un vieux pot de peinture, si vous ne pouvez le réutiliser dans la maison, éliminez-le de manière responsable, p. 104.

INSECTES ET NUISIBLES

■ Chassez les insectes de votre cuisine à l'aide de répulsifs naturels, p. 108. ■ Créez vos pièges à rongeurs et autres envahisseurs sans aucun produit chimique, p. 112.
■ Maintenez les termites à distance, p. 114.

ANIMAUX DOMESTIQUES

■ Quelle est la meilleure alimentation pour votre animal : la nourriture vendue dans le commerce ou les préparations maison ? p. 118. ■ Pour les petits soucis de santé, vous pouvez traiter vos animaux avec des remèdes naturels tout simples, p. 122. ■ Comment débarrasser vos chiens et chats des parasites qui leur empoisonnent la vie ? p. 126.

LE MÉNAGE EN DOUCEUR

Revoir votre approche du ménage vous permettra d'économiser et de limiter votre impact environnemental.

Une maison propre

La propreté de la maison contribue à son agrément, mais surtout à la santé de ses occupants. Faire le ménage régulièrement permet de réguler la quantité de poussières, de moisissures et autres allergènes présents dans l'air. La meilleure stratégie pour vous dispenser de nettoyants chimiques surpuissants consiste à faire le ménage modérément, mais fréquemment.

DIX CONSEILS POUR UNE MAISON PROPRE

1 Empêchez la poussière d'entrer dans la maison en plaçant des paillassons de qualité à chaque entrée. Vos moquettes seront plus propres et dureront plus longtemps.

2 Demandez à tous les occupants de la maison de retirer leurs chaussures en entrant pour limiter les traces de boue et de graisse. Pour les inciter à obtempérer, installez un porte-chaussures et une chaise à côté de votre porte d'entrée.

3 Ne vous laissez pas envahir par le désordre. Rangez au fur et à mesure.

4 Avant de recourir aux produits chimiques surpuissants, utilisez des produits de nettoyage plus écologiques. Dans la plupart des cas, ils feront parfaitement l'affaire.

5 Lorsque vous faites une tache, agissez le plus rapidement possible. Le nettoyage sera plus efficace et nécessitera moins de produits chimiques.

6 Laissez aux produits le temps d'agir, vous en utiliserez moins. Pour nettoyer le four ou des traces de moisissure, laissez agir le produit toute une nuit.

7 Utilisez le moins possible de nettoyants. Dans bien des cas, il vous suffira d'un coup d'éponge humide.

8 Ne lésinez pas sur l'huile de coude ! Balayettes, tampons à récurer et chiffons sont vos meilleures armes contre la saleté. Employés à bon escient, ils réduisent l'utilité des produits de nettoyage agressifs et à action rapide.

9 Pour nettoyer la cuisine et la salle de bains, utilisez des chiffons recyclés, des vieux T-shirts ou des torchons. Contrairement au papier absorbant et aux lingettes, ils sont réutilisables et gratuits.

10 Astreignez-vous à un programme de ménage hebdomadaire minimum. Ainsi, même si vous êtes débordé, vous aurez toujours fait l'essentiel.

VOS OUTILS

Utilisez des articles recyclés ou investissez dans du matériel de qualité qui durera longtemps.

LES ARTICLES RECYCLÉS

- T-shirts ou torchons en coton : coupez-les pour en faire des chiffons.
- Chaussettes en coton ou en laine : passez la main dedans pour faire les poussières.
- Brosses à dents : elles permettent de nettoyer la base des robinets et autres endroits difficiles d'accès.
- Blaireaux et pinceaux : utilisez-les pour dépoussiérer les objets fragiles.
- Flacons pulvérisateurs : gardez-les pour vos solutions de nettoyage maison.

■ ■ ■ **Les accessoires comme les brosses à récurer ou les tampons métalliques réduisent l'utilité des produits de nettoyage à action rapide.**

LES ARTICLES NEUFS

- Balai à long manche et à poils souples : la qualité des poils influera sur la capacité du balai à attirer la poussière et sur sa longévité.
- Balayette et pelle : achetez-en plusieurs et posez-les aux endroits stratégiques pour les avoir sous la main.
- Balai éponge à long manche et seau : choisissez une bonne éponge et une tête de balai interchangeable de qualité.
- Pour la cuisine : brosse à vaisselle, brosse à récurer végétale et tampon à récurer en acier.
- Pour les W.-C. : brosse à W.-C. et bassine.

LA MAGIE DES MICROFIBRES

- Commencez par un chiffon ou une moufle multi-usages. Il existe différentes qualités en fonction des applications (du nettoyage du verre au lavage des voitures).
- Achetez malin : les chiffons en microfibre les plus chers ne sont pas nécessairement les meilleurs, mais les modèles premier prix sont généralement de mauvaise qualité.
- Quand vous lavez des chiffons en microfibre, ne mettez pas d'assouplissant : il ramollirait les fibres et les rendrait inefficaces. Évitez le sèche-linge.
- Un chiffon en microfibre sortant du lave-linge juste après essorage possède le degré d'humidité idéal pour faire les carreaux.
- Un chiffon en microfibre humide permet d'éliminer les bactéries.

L'ASPIRATEUR

Passer l'aspirateur une fois par semaine pour enlever la poussière avant qu'elle se transforme en saleté et éviter la prolifération des acariens et des anthrènes des tapis. Voici les points à considérer avant d'acheter un aspirateur.

- La puissance en watts d'un aspirateur n'est pas toujours proportionnelle à sa capacité de dépression. Comparez les fiches techniques et vérifiez que l'appareil choisi est adapté à vos surfaces.
- Souhaitez-vous un appareil avec ou sans sac ? Les sacs en papier sont plus faciles à gérer que les sacs en toile ou que les cartouches à poussière, mais ils sont plus chers.
- Renseignez-vous sur les systèmes de filtration, surtout si une personne de votre foyer souffre d'asthme ou d'allergies. Les filtres les plus performants, classifiés HEPA (« high efficiency particulate air »), capturent les particules de poussière et les allergènes.
- Choisissez un modèle équipé d'un voyant indiquant que le sac est plein.
- Un bouton de réglage de puissance vous permettra de moduler la dépression en fonction de la surface à aspirer.
- Une électrobrosse augmente l'efficacité de l'aspirateur (mais aussi sa consommation) sur les moquettes.
- Si vous possédez une grande superficie de moquette, optez pour un aspirateur qui régulera automatiquement sa puissance en fonction de la surface à aspirer.

UNE FOIS PAR SEMAINE

- ✔ Passez l'aspirateur et faites les poussières dans chaque pièce.
- ✔ Nettoyez le four.
- ✔ Passez un coup d'éponge sur les meubles de cuisine.
- ✔ Lavez et désinfectez les poubelles.
- ✔ Nettoyez les toilettes et la salle de bains.
- ✔ Secouez les paillassons.
- ✔ Balayez l'entrée et la terrasse.

POUR ou CONTRE

LES CHIFFONS EN MICROFIBRE

Bien que composés de fibres synthétiques, les chiffons en microfibre ont leur place dans la panoplie de nettoyage écologique. Grâce à la configuration de leurs fibres, ils enlèvent un maximum de poussière sans aucun produit. Nettement plus absorbants que les textiles naturels, ils retiennent la poussière et les matières grasses sans rayer. Utilisables sur toute surface, ils peuvent être lavés et réutilisés un grand nombre de fois. Achetez des chiffons en microfibre de qualité qui dureront longtemps, vous rentabiliserez la dépense énergétique nécessaire à leur fabrication.

L'utilisation fréquente de produits de nettoyage chimiques peut être à l'origine de crises d'asthme et de troubles respiratoires.

Quand vous lavez des chiffons en microfibre, n'ajoutez pas d'adoucissant : il ramollirait les fibres et les rendrait inefficaces.

Des choix judicieux

Il n'est pas évident de savoir quels sont les produits chimiques à éviter dans les nettoyants. En effet, la dangerosité d'une substance est une question complexe. De plus, les étiquettes des produits détaillent rarement leur contenu et les indications qui figurent sont difficiles à déchiffrer. Avant d'acheter un nettoyant chimique, essayez de déterminer ce qu'il est susceptible de contenir.

QUE CONTIENNENT LES AGENTS NETTOYANTS ?

Si vous utilisez régulièrement un nettoyant ou un détergent dont la composition ne figure pas sur l'emballage, vous devrez contacter le fabricant pour en savoir plus.

- Téléphonez au service consommateurs (généralement un numéro vert) indiqué sur l'étiquette. Vous pouvez également demander la fiche technique santé-sécurité qui accompagne tous les produits dangereux. La plupart des fabricants accéderont à votre demande.
- Certains produits d'hygiène corporelle et de nettoyage contiennent des agents de surface appartenant aux éthoxylates d'alkylphénol. Deux d'entre eux (le nonylphénole et l'octylphénol) sont des perturbateurs hormonaux, qui peuvent affecter le système reproducteur des poissons, des oiseaux et des mammifères en imitant l'hormone œstrogène. De plus, ils se biodégradent lentement.
- Certains liquides vaisselle contiennent un agent antibactérien nommé triclosan. Cet agent réagit dans l'eau avec le chlore pour produire du chloroforme. C'est une substance apparentée à la dioxine et qui ne se biodégrade pas facilement.
- Quelques détachants et cires pour parquets abritent des composés organiques volatils (COV) comme le toluène ou le trichloréthylène, qui sont réputés cancérigènes. Certains détergents pour lessive contiennent d'autres COV comme le formaldéhyde (formaline), qui peuvent entraîner des nausées, des troubles respiratoires ou des éruptions cutanées.
- Bon nombre de nettoyants de type germicides, conservateurs et surfactants utilisent des composés d'ammonium quaternaire, comme le chlorure de benzalkonium, le bromure de cétrimonium, le quaternium-15 et le quaternium 1-29. Ces substances peuvent être responsables d'irritations oculaires et de symptômes allergiques.

LES DÉSODORISANTS

- N'utilisez jamais un parfum (surtout synthétique) pour couvrir un autre parfum. Nombre de désodorisants contiennent des COV, qui peuvent être dangereux pour la santé.
- Certains désodorisants contiennent du paradichlorobenzène, un dérivé du chlore associé à une dégradation des fonctions nerveuses et hépatiques.
- Certaines huiles essentielles sont diluées avec des parfums synthétiques dont l'inhalation peut s'avérer dangereuse, surtout chez les personnes souffrant d'allergies. Recherchez la mention « 100 % pure huile essentielle ».

À petite dose

- **L'ammoniaque** est souvent considérée sans danger pour l'environnement. Cependant, elle peut poser problème aux personnes atteintes d'affections respiratoires. Ne l'utilisez que dans une pièce bien aérée et ne la mélangez jamais à des agents de blanchiment chlorés.
- **L'eau oxygénée**, ou peroxyde d'hydrogène, est un agent de blanchiment oxydant qui se décompose en eau et en oxygène. Elle est préférable aux agents de blanchiment chlorés.
- **L'alcool dénaturé** (ou alcool à brûler) se compose à 95 % d'alcool (de l'éthanol issu de plantes) et à 5 % de méthanol (un produit toxique dérivé du pétrole). C'est un produit qu'il ne faut ni inhaler, ni ingérer, ni jeter dans l'égout.

■ ■ ■ **Les lessives** écologiques en poudre sont plus économiques que les lessives traditionnelles car elles font l'impasse sur les diluants superflus.

RÈGLES DE SÉCURITÉ

Si vous utilisez des nettoyants chimiques, respectez les règles suivantes.

- Ouvrez les fenêtres.
- Portez des gants en caoutchouc et un vêtement à manches longues.
- Ne mélangez pas les produits entre eux.
- Utilisez des produits liquides plutôt qu'en spray.
- Après avoir nettoyé une surface, rincez-la soigneusement.
- Utilisez un minimum de nettoyants chimiques là où vous préparez et prenez des repas.

LES NETTOYANTS POUR FOUR

- Évitez les nettoyants pour four à l'hydroxyde de sodium (soude caustique). Cette substance corrosive peut être à l'origine d'irritations, de brûlures et même d'une cécité.
- Des produits dits « non corrosifs » peuvent contenir de l'éthanolamine, susceptible de provoquer des maux de tête et des crises d'asthme.
- Certains nettoyants pour four contiennent des éthers de diéthyl glycol alkyle (éthers d'éthylène glycol ou EEG), qui sont associés à des malformations chez les nouveau-nés.

ATTENTION !

▼ Ne diluez jamais un nettoyant chimique dans une eau très chaude. La réaction pourrait libérer des gaz toxiques.

LES AGENTS DE BLANCHIMENT

- Méfiez-vous du chlore. Il peut réagir avec des matières organiques dans les eaux d'égout pour produire des substances chimiques toxiques, les composés organochlorés.
- Évitez les produits contenant du chlore sous forme d'hypochlorite de sodium, un irritant pulmonaire et oculaire qui produit des émanations toxiques lorsqu'il est mélangé à des nettoyants ammoniaqués ou acides (dont le vinaigre).

LES LESSIVES

- Recherchez la mention « sans phosphates » sur l'emballage, indiquant qu'il n'y a pas de phosphates ajoutés et que le niveau de fond est inférieur à 0,5 %.
- Certains détergents pour la lessive et nettoyants multi-usages sont parfumés avec des muscs artificiels. Ce sont des produits chimiques persistants dont certains sont suspectés d'avoir des propriétés neurotoxiques.

LES NETTOYANTS POUR W.-C.

- Nombre d'entre eux contiennent des acides corrosifs, ainsi que des colorants et des désodorisants réputés cancérigènes et susceptibles d'irriter les yeux et la peau.
- Si vous utilisez des nettoyants à placer dans le réservoir, n'achetez pas de produits qui contiennent du paradichlorobenzène. Ce dernier est lié à des dégradations des fonctions nerveuses et hépatiques.

LA VÉRITÉ SUR...

LES PHOSPHATES

Si nos cours d'eau sont envahis par les algues, c'est en raison des phosphates. Ces derniers entrent dans la composition des lessives et des fertilisants agricoles. Leur concentration entraîne la prolifération des algues, qui privent fleuves et rivières de l'oxygène et des nutriments essentiels à leurs écosystèmes.

liens utiles

Alternatives aux produits chimiques dans la maison :
raffa.grandmenage.info/
Normes d'étiquetage des produits chimiques :
www.inrs.fr/htm/pictogrammes_pour_la_signalisation_sante_securite.html

■ ■ ■ **N'utilisez jamais de produits chimiques surpuissants en présence de vos enfants,** même à faible dose.

Les produits verts

Faire le ménage sans produits chimiques est non seulement possible, mais souvent tout aussi efficace. Les nettoyants naturels sont inoffensifs, aussi bien pour le corps que pour l'environnement. En fabriquant vos produits, vous économiserez de l'argent et vous saurez exactement ce que vous utilisez.

LES NETTOYANTS NATURELS

- Les produits de nettoyage naturels sont souvent meilleur marché. Le fabricant dépense moins d'argent en publicité, ce qui profite au consommateur.
- Les nettoyants maison se composent souvent d'une seule substance, l'agent nettoyant, tandis que les produits du commerce sont souvent dilués avec des adjuvants.
- Au contact de nettoyants naturels, les personnes à la peau sensible ou souffrant d'asthme, d'allergies ou de troubles respiratoires sont moins susceptibles de faire une réaction.

ATTENTION !

▼ Bien que les cristaux de soude ne polluent pas, ils demeurent une substance chimique très active. Pensez toujours à mettre des gants.

- Les produits chimiques à décomposition rapide sont moins nocifs pour les cours d'eau. Si vous ne fabriquez pas vos nettoyants, achetez des produits à faible toxicité et rapidement biodégradables.
- En limitant votre utilisation de substances chimiques dans la cuisine, la buanderie et la salle de bains, vous pourrez réutiliser vos eaux grises de rinçage pour arroser vos plantes.

Le savon pur est l'un des nettoyants les plus inoffensifs et les plus économiques.

VOTRE KIT DE NETTOYANTS BIO

BICARBONATE DE SOUDE

- Légèrement abrasif, le bicarbonate de soude est une substance faiblement alcaline et à faible toxicité. Il réagit au contact des graisses et des huiles pour former un détergent doux.

BORAX

- Sel minéral alcalin présent dans la nature, le borax dissout les graisses, élimine les taches, désodorise, désinfecte, blanchit, freine le développement des moisissures, adoucit l'eau et le linge, et tue les fourmis et les cafards. Bien qu'il ne persiste pas longtemps dans l'environnement, il est toxique par ingestion et doit être utilisé avec précaution.

CRISTAUX DE SOUDE

- Faiblement alcalin, le carbonate de sodium est un bon nettoyant multi-usages pour la cuisine. Il dissout les graisses, élimine les taches et adoucit l'eau.

GLYCÉRINE

- La glycérine favorise la dissolution des graisses dans l'eau. Elle provient souvent d'huiles végétales et de graisses animales (suif), mais environ 10 % sont issus du pétrole.

HUILE ESSENTIELLE D'ARBRE À THÉ

- Cette huile naturelle s'utilise pour désinfecter la maison (quelques gouttes dans l'eau de lavage) et les W.-C. (pur).

JUS DE CITRON

- Un citron pressé remplace l'eau de Javel : il est plus doux et son parfum est plus agréable. Il freine le développement des moisissures, désodorise et élimine les taches.

SAVON EN PAILLETTES

- Vous pouvez acheter du savon pur en paillettes ou fabriquer vos

■ ■ ■ **Pour désodoriser votre poubelle,** versez-y un peu de bicarbonate de soude ou de vinaigre.

LES LABELS BIO

Il devient de plus en plus facile de trouver des articles portant un label bio.

■ Pour vous guider dans la recherche de produits de nettoyage écologiques, recherchez l'Écolabel européen (la petite fleur), les labels Ecocert ou Nature et Progrès.
■ Certains nettoyants bio sont disponibles auprès de revendeurs locaux, d'autres sont vendus uniquement par correspondance. Recherchez sur Internet.

paillettes en râpant un pain de savon pur ou de savon de ménage. Faiblement toxique et 100 % biodégradable, le savon en paillettes ne contribue pas au développement des algues dans les cours d'eau.

SEL

● Le sel est parfait pour récurer, car ses grains sont abrasifs et ont des propriétés désinfectantes.

VINAIGRE BLANC

● Il remplace les produits W.-C., mais s'utilise aussi pour nettoyer la salle de bains, les dépôts calcaires et les métaux ternis.

FABRIQUEZ VOS NETTOYANTS

CRÈME À RÉCURER

Pour nettoyer l'évier, la porte du four, la plaque de cuisson.

4 c. à s. de bicarbonate
1 c. à s. d'eau

■ Mélangez jusqu'à obtenir une pâte épaisse. Appliquez avec une éponge humide.

NETTOYANT AU BICARBONATE

Un nettoyant multi-usages sans risque.

1 c. à c. de bicarbonate
1 c. à c. de savon pur en paillettes
1 trait de citron ou de vinaigre blanc
1 tasse d'eau tiède

■ Mettez les ingrédients dans un pulvérisateur et mélangez jusqu'à ce que le savon soit dissous. Pulvérisez et essuyez.

NETTOYANT AU VINAIGRE BLANC

Pour éliminer les graisses et la saleté. Parfait pour les éviers en Inox, les plans carrelés ou en bois et les surfaces plastifiées.

2 tasses de vinaigre blanc
1 tasse d'eau
1 c. à c. d'huile essentielle d'eucalyptus radiata

■ Mettez les ingrédients dans un pulvérisateur. Mélangez avant usage. Vaporisez sur un chiffon doux humide et frottez. Inutile de rincer.

DÉSINFECTANT À LA LAVANDE

Désinfecte la salle de bains et laisse une agréable odeur.

25 gouttes d'huile essentielle de lavande
2 c. à c. d'alcool dénaturé ou de vodka
50 cl d'eau distillée

■ Mélangez l'huile et l'alcool dans un flacon propre et sec et laissez l'ensemble se dissoudre 24 heures.
■ Ajoutez l'eau et transvasez dans un pulvérisateur.
■ Secouez bien avant usage.

NETTOYANT AU SAVON ET AU BORAX

Idéal pour nettoyer les plans de travail.

2 c. à c. de borax
1 c. à c. rase de savon pur en paillettes
3 tasses d'eau

■ Mélangez les ingrédients. Pulvérisez et essuyez avec une éponge humide.

CRÈME DÉCRASSANTE AU CITRON

Parfait pour nettoyer la baignoire, le lavabo, le plan de travail ou la plaque de cuisson.

1 giclée de détergent sans phosphates
½ tasse de bicarbonate
1 c. à c. de glycérine végétale
Huile essentielle de citron

■ Mélangez suffisamment de détergent dans le bicarbonate pour obtenir une pâte fluide. Ajoutez la glycérine et quelques gouttes d'huile de citron. Appliquez avec une éponge humide. Rincez.

■ ■ ■ **L'eau chaude savonneuse** suffit souvent pour nettoyer une plaque de cuisson. Sinon, utilisez un peu de bicarbonate.

La propreté de la cuisine

La cuisine est la pièce qui accumule le plus de graisses et d'éclaboussures. En vous astreignant chaque jour à un peu de nettoyage, vous garderez une cuisine propre sans avoir recours à aucun produit chimique surpuissant. Si vous pouvez y consacrer encore un peu plus de temps, vous viendrez même à bout des salissures les plus importantes avec des nettoyants doux.

NETTOYAGE QUOTIDIEN

- Nettoyez chaque jour le plan de travail et l'évier avec un peu de bicarbonate de soude sur un chiffon, puis essuyez avec le même chiffon imprégné de 1 goutte d'huile essentielle d'*Eucalyptus radiata*.
- Pour laver l'évier, utilisez de l'eau salée (1 cuillerée à café de sel diluée dans 1 tasse d'eau). Une recette efficace et quasiment gratuite.

- Pour éviter de boucher vos canalisations, filtrez les résidus alimentaires dans une grille d'évier et mettez le marc de café et les feuilles de thé dans votre bac à compost.
- Ne jetez pas l'huile de la poêle dans l'évier. Versez-la dans une brique de lait que vous mettrez au congélateur avant de la jeter à la poubelle. Cela empêchera l'huile de couler.
- Nettoyez régulièrement le réfrigérateur. Vérifiez les dates de péremption et jetez les aliments périmés. N'utilisez pas de nettoyant surpuissant sur les rayonnages du réfrigérateur, car les solvants peuvent abîmer le plastique. Pour l'intérieur, utilisez une crème à récurer faite de bicarbonate et d'eau.
- Tous les 6 mois, vérifiez l'état des bouteilles et autres récipients dans vos placards et nettoyez tout ce qui pourrait attirer des insectes.
- Pour nettoyer et désodoriser le four à micro-ondes, mettez le jus et la peau d'un citron dans un saladier d'eau, passez-le au micro-ondes 2 à 5 minutes à forte puissance. Sortez le saladier et nettoyez l'intérieur du four à l'éponge.
- Un four se nettoie lorsqu'il est encore tiède. Utilisez un chiffon humide trempé dans du bicarbonate. Si le four est très sale, badigeonnez l'intérieur d'un mélange pâteux de bicarbonate et de vinaigre blanc, laissez agir 1 heure, éliminez le résidu et rincez avec un chiffon humide.
- Pour nettoyer les hottes aspirantes ou les extracteurs en Inox mat, passez un chiffon sec de temps en temps. La graisse n'aura pas le temps de s'accumuler.
- Pour les hottes aspirantes ou les extracteurs en Inox brillant, utilisez un chiffon humide saupoudré de bicarbonate, puis polissez avec un chiffon sec.

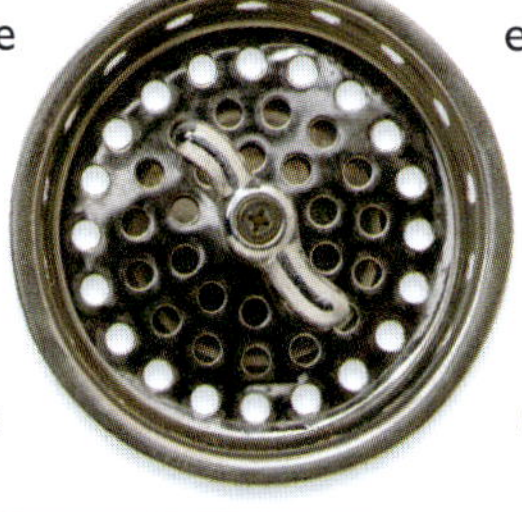

ATTENTION !

▼ Si vous possédez un four à catalyse autonettoyant, n'utilisez pas les méthodes de nettoyage indiquées ici.

LES RÉSIDUS DE CUISSON

- Saupoudrez votre casserole de cristaux de soude. Versez un peu d'eau bouillante et laissez reposer 30 minutes avant de laver. Pour nettoyer une poêle qui a attaché, versez un peu d'huile de cuisson et faites chauffer à feu doux. Laissez refroidir, videz l'huile et nettoyez.
- Pour nettoyer un plat à four, trempez-le dans de l'eau très chaude puis posez-le immédiatement à l'envers sur une surface plate. Laissez reposer 15 minutes. La vapeur emprisonnée décollera la saleté.
- Pour décrasser les plaques du four, faites-les tremper toute une nuit dans une solution de cristaux de soude (1 tasse de soude par litre d'eau). Retournez les plaques pour un nettoyage régulier.

■ ■ ■ **Pour une bonne odeur dans votre réfrigérateur, passez sur les parois intérieures un chiffon imprégné d'essence de vanille.**

● Faites chauffer le four à 200 °C, puis éteignez-le. Posez un petit saladier de solution d'ammoniaque et de savon au centre du four, et un autre saladier d'eau bouillante au bas du four. Fermez la porte et laissez agir toute une nuit. Nettoyez les parois à l'eau chaude savonneuse.
● Posez plusieurs chiffons humides sur la plaque de cuisson et attendez au moins 30 minutes. La saleté devrait s'éliminer facilement.

LES COINS DIFFICILES

● Placez du papier épais ou du journal sur le dessus des meubles hauts, là où se déposent les graisses de cuisson et la poussière. Il vous suffira de remplacer ces papiers deux fois par an.
● Pour éliminer les moisissures qui se développent dans les joints du réfrigérateur, utilisez une brosse à dents imbibée de vinaigre blanc.

~ POUR DÉPENSER MOINS ~

Bon marché et très faiblement toxique, le bicarbonate de soude est un excellent nettoyant multi-usages pour la cuisine. Il est suffisamment doux pour nettoyer le frigidaire, les chromes et l'aluminium sans rayer. Pour laver les casseroles, utilisez un chiffon humide trempé dans un mélange pâteux d'eau et de bicarbonate, puis rincez.

ASTUCE

Lavettes et éponges humides sont des nids à bactéries. Chaque soir, plongez-les dans de l'eau bouillante additionnée d'un trait de vinaigre et de quelques gouttes d'huile d'eucalyptus. Il vous suffira de les rincer.

● Une ou deux fois par an, tirez le réfrigérateur, le four à micro-ondes et le lave-vaisselle pour nettoyer derrière. Ces endroits sombres et chauds peuvent attirer les cafards.
● Pour nettoyer autour des boutons de votre plaque de cuisson, utilisez un manche de cuillère enveloppé d'un bout de chiffon humide.
● Si votre évier se bouche, versez 1 tasse de bicarbonate, puis 1 tasse de vinaigre. Quand le mélange aura fini de mousser, ajoutez 1 litre d'eau bouillante, puis utilisez une ventouse.
● Attachez la capuche d'un vieux sweat-shirt au bout d'un manche à balai et utilisez-la pour ôter les toiles d'araignée aux plafonds.

Détergent maison

Idéal pour nettoyer vos plats.

1 ½ tasse de savon en paillettes
¾ de tasse d'eau
1 ½ tasse de cristaux de soude
1 ½ tasse de vinaigre blanc
Huile essentielle de citron

■ Portez le savon et l'eau à ébullition, baissez le feu et remuez jusqu'à ce que le mélange devienne lisse. Ôtez du feu et incorporez les cristaux de soude, le vinaigre et quelques gouttes d'huile essentielle de citron. Conservez dans une bouteille hermétique.

■ ■ ■ **Pour avoir à nettoyer le moins possible,** ne remplissez pas trop vos casseroles pour éviter que le contenu déborde.

Laver la salle de bains

Certains produits chimiques pouvant traverser la peau, la salle de bains est une pièce où il vaut mieux éviter d'utiliser des agents de blanchiment et des abrasifs durs. Si un membre de la famille est allergique à certains produits chimiques, essayez de laver la pièce avec un shampooing doux. D'autres détergents peu agressifs sont très efficaces sur la faïence et la porcelaine.

LA DOUCHE ET LA BAIGNOIRE

- Vous pouvez employer un mélange pâteux de bicarbonate et d'eau, appliqué sur un chiffon ou un tampon à récurer non abrasif.
- N'utilisez jamais de produit de nettoyage abrasif sur la baignoire, vous risquez de la rayer. Prenez du liquide vaisselle sur un chiffon.
- Pour nettoyer des résidus savonneux sur la paroi de douche, mélangez 2 volumes de sel avec 1 volume de vinaigre. Frottez avec un chiffon, rincez et séchez.
- Si vous avez mal au dos, utilisez une brosse à W.-C. pour nettoyer la baignoire sans trop vous pencher.
- Pour désinfecter le bac de douche et éliminer la moisissure des joints, mélangez ¼ de tasse de borax dans 2 tasses d'eau très chaude avec ¼ de cuillerée à café d'huile essentielle d'arbre à thé. Versez dans un pulvérisateur et mélangez jusqu'à ce que le borax soit dissous. Pulvérisez, laissez agir toute une nuit et rincez.
- Frottez la faïence et la paroi de la douche avec un chiffon imbibé de quelques gouttes d'huile d'amande pour empêcher la mousse de savon d'adhérer.
- Pour empêcher le miroir de s'embuer, appliquez de la glycérine, puis lustrez avec un chiffon sec.

LE LAVABO

- Un bas en nylon constitue un excellent chiffon pour nettoyer la porcelaine, qui se raye facilement. Utilisez-le avec un abrasif léger, comme du bicarbonate de soude ou du sel.
- À défaut de bicarbonate pour nettoyer la porcelaine, vous pouvez utiliser de la crème de tartre.
- Pour éliminer les traces de graisse et de tartre autour de la bonde, frottez avec du jus de citron. Pour venir à bout du calcaire, frottez fort avec un tampon à récurer en plastique et du liquide vaisselle pur.
- Afin de nettoyer les traces brun orangé provoquées par un robinet

ÉLIMINER LES MOISISSURES

Malheureusement, salle de bains et moisi sont souvent indissociables. Une bonne ventilation est essentielle pour freiner le développement des moisissures. Pensez à ouvrir la fenêtre et installez un extracteur si nécessaire. Après la douche, faites sécher vos serviettes à l'extérieur pour évacuer un maximum d'humidité.

- Pour éviter les moisissures, traitez les surfaces sensibles avec un mélange composé de 2 cuillerées à café de borax dans 1 tasse de vinaigre blanc. Appliquez avec un chiffon et laissez agir 30 minutes avant de rincer.
- Utilisez un mélange pâteux de bicarbonate et d'eau pour nettoyer les joints de douche ou de carrelage. Frottez avec une brosse à dents et rincez.
- Pour limiter l'apparition de moisissure sur un rideau de douche, prenez l'habitude de le sécher avec une serviette après la douche.
- Pour nettoyer de la moisissure sur un rideau de douche, frottez avec du bicarbonate.

■ ■ ■ Le vinaigre blanc est un bon détartrant écologique pour la cuvette des W.-C.

qui goutte, mélangez 1 cuillerée à café de sel dans ½ tasse de vinaigre blanc et frottez. Ce mélange viendra aussi à bout des dépôts calcaires.

- Utilisez une vieille brosse à dents saupoudrée de bicarbonate pour nettoyer autour des robinets et des trous d'évacuation. Le dentifrice fera briller les chromes des robinets.
- Pour éliminer les dépôts huileux et calcaires autour d'un robinet, couvrez-les d'un linge imprégné de vinaigre blanc, laissez agir 1 heure et rincez.

ASTUCE

Pour nettoyer les miroirs, les vitres et la faïence, diluez ½ tasse de vinaigre dans 2 litres d'eau. Ce mélange séchera sans laisser de traces d'eau.

LES TOILETTES

- Les toilettes doivent recevoir exclusivement des matières organiques humaines et du papier W.-C. biodégradable.
- Avant de tirer la chasse d'eau, pensez à rabattre le couvercle de la cuvette ; des gouttes d'eau souillée risquent d'éclabousser la pièce.
- N'utilisez pas de nettoyants pour W.-C. du commerce. Ces produits contiennent souvent des acides forts et parfois des substances chimiques toxiques tel le paradichlorobenzène.
- Nettoyez l'intérieur de la cuvette en pulvérisant un mélange de borax et de vinaigre (1 tasse de borax et ¼ de tasse de vinaigre). Laissez agir 1 heure ou 2, frottez et tirez la chasse d'eau.
- Pour venir à bout des traces incrustées, appliquez un mélange pâteux de borax et de jus de citron. Laissez agir toute une nuit, puis frottez avant de tirer la chasse d'eau.
- Pour nettoyer l'extérieur de la cuvette et le couvercle des W.-C., utilisez un nettoyant multi-usages comme un liquide vaisselle sans odeur et incolore ou une solution savonneuse.

- Pour vous débarrasser des mauvaises odeurs, faites brûler des huiles essentielles ou une bougie. Les mauvaises odeurs n'étant pas nocives, il suffit généralement d'ouvrir une fenêtre pour purifier l'air.
- Si vous recyclez vos eaux grises, nettoyez le réservoir de temps en temps, car il peut finir par sentir mauvais. Pour le vider, fermez le robinet d'arrivée d'eau et tirez la chasse d'eau. Le réservoir se videra et ne se remplira pas.

BORAX Tue les bactéries et désodorise. Mélangez-le à de l'eau chaude et du vinaigre ou du jus de citron pour éliminer les taches incrustées dans la cuvette des W.-C. C'est également un bon substitut à l'eau de Javel pour combattre les traces de moisissures persistantes.

HUILES ESSENTIELLES D'ARBRE À THÉ ET D'EUCALYPTUS RADIATA Ces huiles essentielles puissantes sentent bon et se révèlent économiques : quelques gouttes suffisent.

JUS DE CITRON Aussi efficace que l'eau de Javel, avec une bonne odeur en plus. Limite le développement des moisissures et désinfecte. En cas de moisissures incrustées dans un rideau de douche, frottez avec un jus de citron et laissez sécher au soleil.

SAVON Ce produit d'hygiène de base permet d'éliminer les bactéries.

SEL Dilué dans l'eau, il forme un désinfectant peu agressif pour la cuisine et la salle de bains. S'emploie aussi comme abrasif léger pour nettoyer les surfaces délicates. Mélangé à du vinaigre et de l'eau, il fait un bon nettoyant de surface.

DÉSINFECTANTS NATURELS

Les sols

Quel que soit le type de sol, passer l'aspirateur est nécessaire mais pas suffisant. Sur les moquettes, il convient d'éliminer les salissures et les gravillons qui finissent par user les fibres. La saleté peut aussi s'accumuler sur les sols durs. Pour en venir à bout, passez le balai éponge trempé dans de l'eau tiède savonneuse.

LA MOQUETTE

- N'oubliez pas de passer l'aspirateur sous les canapés, derrière les meubles et le long des plinthes pour limiter la prolifération des anthrènes et des mites, et empêcher l'accumulation d'acariens et de poils d'animaux. Ce travail systématique est important pour les personnes souffrant d'allergies.
- Si vous faites tomber un produit solide, commencez par en ramasser le maximum avec une lame de couteau ou une cuillère. Les liquides doivent être épongés avec une lavette propre. Agissez avec précaution si vous avez des craintes sur la tenue des couleurs de votre moquette.
- Pour vous débarrasser de l'odeur qui peut persister après un accident survenu sur une moquette, essayez de frotter l'endroit sali avec de l'eau gazeuse ou avec un peu de bicarbonate de soude sur une lavette humide.
- Lorsque vous renversez un liquide, ajoutez de l'eau minérale gazeuse avant d'éponger. Les bulles feront remonter la saleté à la surface de la moquette.
- Pour éliminer la graisse, la saleté et les mauvaises odeurs d'un revêtement de sol en fibre naturelle ou synthétique, saupoudrez de bicarbonate de soude et laissez agir 15 à 30 minutes avant de passer l'aspirateur. Pour les taches de graisse incrustées, utilisez de la Maïzena.
- Si vous avez fait tomber de la cire de bougie, raclez-la avec un couteau peu tranchant, puis recouvrez la tache avec un mouchoir en papier ou un buvard. Pressez avec un fer chaud pour faire fondre la cire.
- N'utilisez jamais de produit alcalin sur une moquette en laine, vous risqueriez d'abîmer les fibres et de les décolorer.

ASTUCE

En agissant rapidement, vous pouvez effacer une trace de vin rouge sur une moquette : absorbez un maximum de liquide avec une lavette propre, puis saturez la tache de vin blanc et laissez agir 10 minutes. Rincez avec une lavette propre trempée dans l'eau tiède.

LE LINO ET LE VINYLE

- Évitez d'employer des produits ammoniaqués et des nettoyants abrasifs sur les sols en lino et en vinyle, car vous risquez de ternir la surface. Mettez un peu de détergent dans un seau d'eau, passez la serpillière et rincez.
- Évitez de nettoyer un lino avec des produits alcalins surpuissants : il risque de se craqueler, de rétrécir et/ou de se décolorer.
- Pour effacer des traces de chaussures, frottez avec une gomme ou du liquide vaisselle pur, puis passez une lavette humide.
- Si vous renversez un liquide, épongez-le immédiatement pour empêcher que votre lino soit irrémédiablement taché.

■ ■ ■ Pour effacer des traces de chaussures sur un parquet ou un lino, frottez avec une gomme.

POUR ou CONTRE

LES NETTOYEURS VAPEUR

Ils permettent de nettoyer les sols durs sans aucun produit chimique. Ils consomment peu d'électricité et certains produisent leur vapeur avec suffisamment peu d'eau pour pouvoir nettoyer rideaux, moquettes, matelas et tissus d'ameublement. Sachez cependant que le nettoyeur vapeur n'est un outil efficace que s'il est utilisé très régulièrement. Sinon, il se gorge de poussière et la serpillière se salit très vite. Heureusement, cette dernière est généralement amovible et peut passer au lave-linge.

~ ET DEMAIN ? ~

Des fabricants proposent un robot aspirateur, une grosse capsule ronde qui se déplace toute seule dans la pièce, détectant les murs et autres obstacles pour les contourner. Sans fil, il regagne de lui-même sa station pour se recharger. Comme il fonctionne sur batterie, il consomme peu d'énergie.

LE CARRELAGE

- Sur les sols en marbre, céramique ou granito, passez l'aspirateur ou le balai, puis la serpillière trempée dans un seau d'eau chaude avec 2 tasses de vinaigre.
- Afin d'éliminer les traces sur la faïence, utilisez un peu de bicarbonate de soude. Sur une céramique non vernie, frottez délicatement avec un tampon métallique fin.
- Pour nettoyer et désinfecter les surfaces carrelées, employez une solution de borax (1/2 tasse de borax dans un seau d'eau chaude).

LES PARQUETS

- Sur les parquets non vitrifiés, passez le balai puis un chiffon imprégné d'huile de lin.
- Sur les parquets vitrifiés, passez le balai puis lavez à l'eau claire ou avec un peu de détergent.
- Lavez les parquets huilés ou en polyuréthane avec une solution composée de 1 volume d'alcool dénaturé pour 10 volumes d'eau chaude. Séchez avec un chiffon sec.
- En cas de trace collante sur un parquet vitrifié, saupoudrez de farine et frottez avec un chiffon humide.

PRODUITS MAISON

NETTOYANT PUISSANT POUR SOLS DURS

Ce nettoyant contenant des cristaux de soude, pensez à mettre des gants en caoutchouc. Ne s'utilise pas sur les parquets en bois.

1 c. à s. de savon liquide
1/4 de tasse de vinaigre blanc
1/4 de tasse de cristaux de soude
3 litres d'eau chaude

- Mélangez tous les ingrédients dans un seau.
- Rincez à l'eau claire après nettoyage.

MOUSSE POUR MOQUETTES TACHÉES

Cette mousse permet de nettoyer les moquettes et les tissus d'ameublement.

2 tasses de savon pur en paillettes
1/2 tasse d'alcool dénaturé

- Mettez les ingrédients dans un grand pot et secouez jusqu'à obtenir un mélange homogène. Ajoutez un peu d'eau si le mélange est trop épais, mais veillez à ne pas trop le diluer. Conservez la préparation dans un récipient hermétique.
- Utilisation : mélangez 2 à 3 cuillerées à soupe de préparation dans 1 litre d'eau très chaude et fouettez jusqu'à la formation de mousse.
- Déposez la mousse sur la tache de la moquette, frottez et laissez agir 10 minutes. Absorbez la mousse avec une éponge humide imbibée de vinaigre blanc.
- Tamponnez avec un buvard.
- Pour venir à bout de taches incrustées, ajoutez 1/4 de tasse de cristaux de soude dans l'eau chaude après avoir formé la mousse.

■ ■ ■ **En cas de trace de rouille** sur un sol en lino ou en vinyle, frottez avec un demi-citron saupoudré de sel, puis rincez à l'eau.

Des extérieurs impeccables

Une cour, un balcon ou une terrasse constitue un espace supplémentaire consacré à la détente ou aux loisirs, mais cela n'empêche pas qu'il doive rester propre. Exposé aux éléments, il réclame des procédés de nettoyage différents. Voici quelques règles de base qui vous aideront à préserver toute l'année la propreté de vos extérieurs sans produits chimiques surpuissants.

LE BARBECUE

Un barbecue sale cuit moins bien et attire les animaux nuisibles.

- À la fin de chaque repas au barbecue, éliminez autant de particules alimentaires que possible.
- Allumez l'appareil à feu vif pour brûler les graisses et les dernières particules alimentaires.
- Saupoudrez la plaque chauffante de sel pendant qu'elle est encore brûlante, puis laissez-la refroidir avant de la nettoyer à la brosse.
- Nettoyez la grille et la plaque chauffante avec une brosse métallique trempée dans un mélange pâteux de bicarbonate de soude et d'eau. Puis passez une éponge et séchez avec un chiffon sec.
- Après avoir nettoyé le barbecue, enduisez la grille et la plaque chauffante d'huile de colza.

Des gouttières bouchées peuvent être sources d'humidité à l'intérieur de la maison.

LES OUTILS DE JARDINAGE

Nettoyez vos outils de jardinage après chaque utilisation.

- Traitez régulièrement les manches en bois avec un mélange composé à parts égales de vinaigre, d'huile de lin bouillie et de térébenthine naturelle.
- Nettoyez les parties métalliques avec un chiffon humide trempé dans l'huile de lin.
- Pour empêcher l'herbe d'adhérer sous la tondeuse, appliquez une couche d'huile végétale sur les zones métalliques après nettoyage.

ASTUCE

Pour nettoyer à fond votre barbecue, faites chauffer l'appareil, puis récurez la grille et la plaque chauffante à l'aide d'une brosse métallique à long manche trempée régulièrement dans l'eau. Au contact du métal brûlant, l'eau se vaporise et la vapeur produit son action nettoyante.

LE MOBILIER DE JARDIN

Quelques précautions et un entretien régulier prolongeront la vie de votre mobilier de jardin.

- Pour récurer les meubles de jardin, utilisez une brosse en nylon trempée dans de l'eau chaude additionnée d'un peu de liquide vaisselle sans phosphate. Rincez avec des chiffons humides.
- Après avoir récuré un meuble en bois, laissez-le sécher, puis passez-le légèrement au papier de verre afin d'en raviver la couleur. Enfin, huilez le meuble avec une solution composée de 2 tasses d'huile de lin et ½ tasse de térébenthine naturelle.
- Nettoyez le mobilier en aluminium à l'eau chaude additionnée d'un trait de vinaigre, puis séchez-le. N'utilisez ni ammoniaque ni bicarbonate de soude.
- Resserrez périodiquement la visserie des meubles en bois.
- Traitez rapidement tout éclat ou rayure sur un meuble en acier ou en fer forgé pour empêcher la rouille.
- Pour éviter les moisissures, maintenez les meubles en rotin ou en osier à l'abri de l'humidité.

■ ■ ■ **Si des arbres poussent à proximité de votre maison, songez à installer des protections sur les gouttières pour ne pas avoir à les déboucher.**

Pour éliminer les taches

- Pour les traces d'huile ou de graisse sur du béton ou un dallage, saupoudrez de la litière pour chat en granulés, laissez-la absorber le liquide et balayez.
- Mélangez 1 volume de terre à foulon et 1 volume de bicarbonate de soude, ajoutez un peu d'eau et remuez jusqu'à obtenir une pâte bien humide. Étalez cette pâte sur la trace de graisse et laissez sécher. Balayez le résidu.
- Sur du béton, de la brique ou un dallage, utilisez une solution composée de 1 cuillerée à soupe de borax dans 1 litre d'eau chaude. (À forte dose, le borax peut tuer les plantes.)

LE MOBILIER EN TOILE

- Éliminez régulièrement à la brosse la saleté sur vos meubles et auvents en toile, et lavez-les au jet.
- Pour prévenir le développement des moisissures, assurez-vous que vos articles en toile sont bien secs avant de les plier et de les ranger.
- Nettoyez les fientes et les traces de moisissure sur la toile avec un mélange pâteux de sel et de jus de citron. Étendez-la au soleil jusqu'à ce que la tache ait disparu puis rincez.
- Nettoyez les chaises en toile à l'eau et au savon doux. En cas de tache persistante, utilisez un mélange pâteux de bicarbonate de soude. Laissez agir 5 minutes, puis rincez.
- Pour ôter la moisissure d'un parasol en toile, nettoyez l'intérieur et l'extérieur à l'eau savonneuse. Saupoudrez les éventuelles taches de bicarbonate de soude, laissez agir 1 heure environ, puis rincez.

LE MATÉRIEL DE JEU

- Pour protéger un bac à sable des déjections animales et de la saleté, couvrez-le lorsqu'il n'est pas utilisé.
- Pour nettoyer une pataugeoire, utilisez une solution composée de ¼ de tasse de bicarbonate de soude dans 4 litres d'eau.
- Récurez périodiquement le matériel de jeu avec une brosse à poils doux trempée dans de l'eau chaude savonneuse.

RÈGLES DU NETTOYAGE EXTÉRIEUR

- ✔ Les surfaces dures se nettoient au balai et non au jet d'eau. Investissez dans un balai à poils durs pour vos travaux de nettoyage extérieurs.
- ✔ Balayez régulièrement pour empêcher l'accumulation de feuilles, de brindilles et autres déchets organiques sources de moisissures.
- ✔ Curez les regards d'évacuation susceptibles d'être bouchés.
- ✔ Nettoyez régulièrement vos gouttières.
- ✔ Rangez les chaises et les parasols en toile à l'abri de l'humidité pour les empêcher de s'abîmer.
- ✔ Assurez-vous que l'eau de votre bassin est propre et dépourvue de larves de moustiques.
- ✔ Pour prévenir la rouille, rangez vos outils de jardinage après chaque utilisation.
- ✔ Pour gagner de la place et empêcher votre tuyau d'arrosage de faire des nœuds, conservez-le sur un enrouleur.

LES ZONES PAVÉES

Dans les zones pavées, l'apparition de mousse est non seulement disgracieuse, mais aussi dangereuse.

- Mélangez 5 volumes d'eau et 1 volume de vinaigre, ajoutez une poignée de sel. Badigeonnez cette solution sur la mousse, laissez sécher et balayez les résidus.
- Pulvérisez une solution composée de 1 volume de vinaigre pour 1 volume d'alcool dénaturé.
- Versez de l'eau bouillante sur la mousse.
- Si la mousse est très incrustée, nettoyez le dallage au nettoyeur à haute pression.

■ ■ ■ **Pour nettoyer un dallage de piscine,** utilisez un chiffon doux avec un peu de bicarbonate de soude.

Le lavage des vêtements

La longévité de vos vêtements dépend pour beaucoup des soins que vous leur prodiguez. Que vous laviez à la main ou en machine, choisissez la bonne méthode ou le bon cycle de lavage et utilisez des produits non toxiques. Une lessive de qualité évite le pressing, préservant ainsi votre porte-monnaie et la planète.

LAVER DANS DE BONNES CONDITIONS

- Est-il nécessaire de laver un vêtement que vous n'avez porté qu'une fois ? Vous pouvez le rafraîchir en le suspendant dehors.
- De nombreux articles étiquetés « nettoyage à sec » peuvent être lavés à la machine, avec précaution.
- Les soieries et les lainages, y compris les tissus d'ameublement, peuvent souvent se laver à la main.
- Pour laver moins souvent vos articles délicats, alternez simples détachages et nettoyages à sec.
- Faites la lessive avec du savon en paillettes, doux pour vos mains et doux pour le linge.
- Préférez le lavage à la main pour vos articles les plus délicats.

LE LAVAGE À LA MACHINE

- Trier le linge permet de choisir le cycle optimal pour chaque charge et d'obtenir les meilleurs résultats.
- Pour limiter l'usure du linge, pensez à vider les poches, à attacher les rubans, à mettre sur l'envers les jeans et les pantalons en velours côtelé, à attacher les boutons et à remonter les fermetures à glissière.
- Traitez les salissures et les taches avant de faire la lessive. Vous pouvez soit faire tremper les vêtements très sales la veille, soit utiliser un détachant.
- La plupart du linge peut se laver à l'eau froide – une économie d'énergie et d'argent.
- Placez les articles petits ou délicats à l'intérieur d'une vieille taie d'oreiller ou d'une housse de lavage avant de les mettre à la machine.
- À la fin du cycle, essuyez le tambour. En cas d'odeur de moisi, faites un cycle complet avec 2 tasses de vinaigre, mais sans savon.

LESSIVE EN POUDRE MULTI-USAGES

½ tasse de cristaux de soude
1 tasse de savon pur en fines paillettes
½ tasse de sel
½ tasse de borax
½ tasse de bicarbonate de soude

- Mettez les cristaux de soude dans un sac en plastique et broyez-les finement au rouleau à pâtisserie. Mélangez les cristaux broyés avec les autres ingrédients et conservez le tout dans un récipient hermétique.
- Utilisez 1 cuillerée à soupe de poudre pour une petite charge, 1 ½ pour une charge moyenne et 2 pour une grosse charge. Diluez la poudre dans de l'eau chaude et versez dans la machine ou dans le bac à produits.
- Si vous utilisez cette poudre en lavage à la main, mettez des gants en caoutchouc.

ASTUCE

Pour éliminer une trace de fer à repasser trop chaud, faites tremper la zone brûlée dans du jus de citron pendant 30 minutes. Rincez à l'eau chaude et faites sécher au soleil. Votre linge profitera de l'action blanchissante du soleil et du citron.

■ ■ ■ **La veille du lavage,** appliquez sur les taches de transpiration un mélange de glycérine végétale et de crème de tartre.

LA VÉRITÉ SUR...

LE NETTOYAGE À SEC

Il s'effectue à base de perchloroéthylène, un composé organochloré potentiellement toxique. Cette substance chimique persistante peut être responsable de maux de tête, de vertiges ou de nausées, ainsi que d'atteintes hépatiques ou rénales et de cancers en cas d'exposition prolongée. Il existe des solutions plus sûres, notamment le nettoyage au gaz carbonique liquide ou le dégraissage en phase liquide, mais il s'agit là de procédés relativement nouveaux et rares. Demandez à votre teinturier quelle méthode il utilise. Après un nettoyage à sec, laissez vos vêtements s'aérer 1 ou 2 journées dans un endroit bien ventilé pour permettre aux émanations chimiques de se dissiper.

Les assouplissants

Les assouplissants que l'on trouve dans le commerce procurent aux vêtements douceur et bonne odeur, mais ils recèlent des substances chimiques et des parfums synthétiques potentiellement nocifs. Remplacez-les par l'un des assouplissants naturels suivants.

- Mettez 1 tasse de vinaigre blanc dans le lave-linge au moment du rinçage.
- Pour parfumer le linge, ajoutez dans le vinaigre blanc quelques gouttes d'huile essentielle de lavande, de citron, de rose ou d'eucalyptus.
- Le bicarbonate de soude est un excellent assouplissant. Mettez-en ¼ de tasse dans le lave-linge avec quelques gouttes d'huile essentielle.

Pour profiter des propriétés rafraîchissantes, blanchissantes et antibactériennes du soleil, suspendez votre linge en plein air.

LE TRAITEMENT DES TACHES

- Mettez ¼ de tasse de borax dans 50 cl d'eau et transvasez le mélange dans un pulvérisateur. Pulvérisez sur les taches avant de laver le linge, sans oublier de secouer la bouteille avant emploi.
- Pour les taches incrustées, mélangez dans un pulvérisateur 3 cuillerées à soupe de liquide vaisselle doux incolore avec 3 cuillerées à soupe de glycérine végétale et 375 ml d'eau. Pulvérisez sur les taches à traiter 15 à 30 minutes avant de laver.
- Frottez les cols de chemise avec un mélange pâteux composé de 1 cuillerée à soupe de vinaigre et 1 cuillerée de bicarbonate.
- Faites tremper les couches souillées toute une nuit dans un seau d'eau chaude additionnée de ½ à 1 tasse de borax. Lavez comme d'habitude, en ajoutant 1 tasse de vinaigre au moment du rinçage.

SÉCHAGE ET REPASSAGE

- Faites sécher votre linge dehors aussi souvent que possible. Un fil à linge est plus économique, plus durable et moins agressif envers le linge qu'un sèche-linge.
- Si vous devez utiliser un sèche-linge, choisissez de préférence le programme « anti-froissage » ou « repassage facile ». Le séchage étant réalisé à l'air froid, le linge est moins froissé et plus facile à repasser.
- Les jours de pluie, étendez votre linge à l'intérieur de la maison sur un séchoir pliant ou un étendoir mural installé dans la buanderie.
- Une fois vos vêtements secs, lissez-les et pliez-les soigneusement. La plupart n'auront pas besoin d'être repassés.
- Pour éviter d'avoir à repasser certains articles en laine comme les costumes, suspendez-les dans la salle de bains pendant que vous vous douchez. La vapeur éliminera les plis.

Pour raviver la couleur d'un vieux jean, lavez-le avec un jean flambant neuf.

Le lavage du linge

Dans la maison, les travaux de lessive ne se limitent pas aux vêtements. Il y a également l'entretien du linge pour la cuisine, le bain, la table et le lit. Dans le cas des couettes, des duvets et des oreillers, un lavage fréquent ne s'impose pas, il suffit de les secouer, de les retourner et de les aérer régulièrement.

L'ENTRETIEN DES COUVERTURES

- ✔ Lorsqu'une couverture (hors couverture en laine) est très sale, faites-la tremper 20 minutes avant de la laver en machine à l'eau tiède sur cycle doux.
- ✔ Une couverture en laine se lave délicatement à la machine sur programme spécial laine ou à la main, dans une eau tiède.
- ✔ Essorez délicatement la couverture à la main, puis enroulez-la dans plusieurs serviettes pour éponger l'excédent d'eau. Suspendez-la à plat ou à cheval sur plusieurs rangées de votre fil à linge.
- ✘ Pour éviter le matage (ou feutrage) des fibres de laine, ne frottez pas et ne tordez pas la couverture.
- ✘ Ne séchez jamais une couverture en laine au sèche-linge.

LE LINGE DE BAIN, DE CUISINE ET DE TABLE

Lavez vos serviettes et vos torchons régulièrement, en les faisant sécher au soleil.

- Avant d'utiliser une serviette neuve, faites-la tremper dans de l'eau avec une poignée de bicarbonate de soude, puis lavez-la normalement, en ajoutant 1 tasse de vinaigre au dernier rinçage. Cette procédure adoucira le tissu et éliminera les résidus de produits chimiques utilisés durant la fabrication.
- Lavez régulièrement en machine vos serviettes de bain. L'éponge humide est propice à la prolifération des bactéries.
- Pour adoucir et faire bouffer les fibres, secouez vos serviettes en les sortant de la machine et de nouveau en les décrochant du fil à linge.
- Pour adoucir des serviettes éponges, faites-les tremper une nuit dans une bassine d'eau tiède additionnée de ½ tasse de sels d'Epsom. Ne rincez pas.
- Pour nettoyer des torchons très sales, faites-les tremper une nuit dans une solution composée de 2 cuillerées à soupe de crème de tartre par litre d'eau bouillante, puis lavez-les normalement.
- Pour dégraisser et désinfecter du linge de table, ajoutez 2 cuillerées à soupe de borax dans l'eau de lavage.
- Pour blanchir une nappe, faites-la tremper une nuit dans de l'eau additionnée de 1 tasse de crème de tartre, puis lavez-la normalement.
- Pour éliminer de la cire de bougie sur une nappe, faites durcir la cire avec un glaçon, raclez-la et lavez la nappe normalement.

LE LINGE DE LIT

Changez les draps, les taies d'oreiller et les housses de couette une fois par semaine.

- Lavez les draps, les taies d'oreiller, les housses de couette et les alèses à la machine et faites-les sécher si possible sur le fil à linge.
- Qu'ils soient en polyester, en mousse ou en plumes, tous les oreillers sont lavables, mais attendez qu'ils soient parfaitement secs avant de les remettre sur les lits.
- Lavez les oreillers en machine, à l'eau tiède, sur programme doux avec essorage réduit. Ou bien à la main, dans une eau savonneuse ou avec de la lessive pour la laine. Rincez-les plusieurs fois et faites-les

■ ■ ■ **Lorsque vous décrochez vos draps du fil à linge, secouez-les et pliez-les : vous n'aurez pas besoin de les repasser.**

Les assouplissants du commerce réduisent la capacité d'absorption des serviettes et des torchons, aussi doux soient-ils.

sécher à plat, à l'ombre, en les retournant et en les secouant plusieurs fois.

- Aérez vos couettes une fois par semaine.
- La plupart des couettes sont lavables, qu'elles soient en plumes, en polyester, en coton, en laine ou mixtes.
- Pour laver une couette, malaxez-la dans la baignoire avec de l'eau tiède savonneuse. Rincez abondamment.
- Il n'est pas recommandé d'essorer une couette, ni de l'étendre sur un fil à linge. Pressez-la, puis faites-la sécher à plat dans l'herbe (sur un vieux drap), en la retournant et en la secouant plusieurs fois.
- Si nécessaire, faites bouffer oreillers et couettes en les passant au sèche-linge pendant 10 minutes, en ajoutant deux ou trois balles de tennis neuves pour décompacter les plumes de la couette.

ÉLIMINER LES TACHES

- Le citron permet de venir à bout des taches résistantes, y compris les traces de rouille. Et n'oubliez pas les propriétés blanchissantes du soleil.
- L'eau oxygénée est un agent de blanchiment beaucoup plus doux que les agents chimiques chlorés. Elle peut s'utiliser (avec modération) sur la plupart des tissus.
- Pour éliminer des traces de rouge à lèvres sur une serviette ou un col de chemise, absorbez le cosmétique avec un tampon imprégné d'huile d'eucalyptus, puis lavez normalement.
- Pour éliminer les auréoles brunes du linge de table resté trop longtemps dans un placard, frottez-le avec un mélange pâteux de bicarbonate de soude et de jus de citron, puis lavez-le normalement.
- Pour venir à bout d'une tache de sauce tomate, épongez-la à l'eau froide, puis frottez avec un peu de glycérine végétale. Laissez agir 30 minutes avant de laver normalement.

DU BLANC PLUS BLANC

Pour éviter les agents de blanchiment chlorés ou fluorés, essayez les recettes ci-dessous pour raviver l'éclat du blanc.

- Pour mieux dissoudre et déloger la saleté incrustée, ajoutez à l'eau de lavage 1 tasse d'alcool dénaturé et 1 tasse d'une solution d'ammoniaque et de savon.
- Ajoutez à l'eau de lavage ½ tasse de borax. Ce dernier n'agissant qu'à plus de 60 °C, lavez à l'eau chaude.
- Pour bien blanchir, coupez une craie bleue en six morceaux, placez-en un morceau dans le compartiment de rinçage et étendez votre linge au soleil.
- En lavant du linge de lit blanc avec des serviettes de toilette bleues, vous obtiendrez le même effet bleuissant.

LESSIVE POUR LA LAINE

Cette recette est idéale pour les couvertures, les couettes et les oreillers. L'huile essentielle d'*Eucalyptus radiata* préserve la douceur de la laine et repousse les mites.

2 tasses de savon en paillettes
½ tasse d'alcool dénaturé
5 gouttes d'huile essentielle d'Eucalyptus radiata

- Mettez tous les ingrédients dans un flacon et secouez jusqu'à obtenir un mélange homogène.
- Utilisez à proportion de 2 cuillerées à soupe pour 1 litre d'eau tiède. Rincez.

■ ■ ■ **Pour obtenir des gants de toilette** parfaitement propres et désinfectés, ajoutez un peu de vinaigre au dernier rinçage.

Méthodes antitaches naturelles

Pour éliminer les taches qui se forment inévitablement sur le linge, il n'est pas nécessaire d'utiliser des produits chimiques surpuissants. Il suffit de disposer en permanence d'une panoplie de détachants naturels et d'agir rapidement. Dans certains cas, il ne vous faudra que le plus exceptionnel de tous les solvants naturels : de l'eau.

LES DIX RÈGLES D'OR ANTITACHES

1 Agissez aussitôt. Plus vite vous agirez, plus vous aurez de chances d'effacer complètement la tache.

2 Épongez la salissure. Absorbez-en le plus possible à l'aide d'un chiffon sec ou avec une lame de couteau.

3 Ne laissez pas sécher la tache. Si vous ne pouvez pas vous en occuper immédiatement, épongez la salissure à l'eau froide et arrosez-la d'eau gazeuse ou couvrez-la d'une serviette humide.

4 Une tache sèche doit être relubrifiée. Si vous avez laissé sécher une tache, frottez-la de glycérine végétale avant de l'éliminer.

5 N'utilisez pas d'eau chaude. La chaleur risquerait de figer la tache et de la rendre plus difficile à enlever.

6 Adoptez l'approche la plus douce. Dans bien des cas, tout ce qu'il faut pour éliminer une tache, c'est de l'eau gazeuse ou de l'eau savonneuse.

7 Pour ne pas laisser d'auréole, nettoyez la tache en allant de la périphérie vers le centre.

8 N'essayez pas de racler une tache. Placez un tampon absorbant dessous et tamponnez avec le détachant pour que la salissure s'évacue à travers les fibres, en changeant de tampon aussi souvent que nécessaire.

9 Placez le tampon directement sur la tache, sur l'endroit, et appliquez le détachant sur l'envers.

10 Évitez de surdoser. Si un détachant est inefficace, rincez et essayez avec un autre produit.

PANOPLIE DE DÉTACHANTS NATURELS

Au supermarché :

- ✔ Alcool dénaturé.
- ✔ Ammoniaque.
- ✔ Bicarbonate de soude.
- ✔ Borax.
- ✔ Crème de tartre.
- ✔ Cristaux de soude.
- ✔ Eau gazeuse.
- ✔ Jus de citron.
- ✔ Sel.
- ✔ Vinaigre blanc.

Dans les magasins bio :

- ✔ Glycérine végétale.
- ✔ Huiles essentielles d'arbre à thé et d'*Eucalyptus radiata*.
- ✔ Liquide vaisselle sans phosphate et incolore.
- ✔ Savon pur ou savon en paillettes.

Achetés à la pharmacie :

- ✔ Eau oxygénée.
- ✔ Sels d'Epsom.

QUELQUES BONS CONSEILS

Si une catastrophe se produit alors que vous êtes loin de chez vous, l'une des astuces ci-dessous peut vous sauver la mise.

- Épongez la tache dès que possible avec de l'eau froide.
- Versez un peu d'eau gazeuse ou d'eau minérale sur la tache et épongez la salissure.
- Saupoudrez de sel une tache de fruit ou de vin ; le sel absorbera une partie du liquide.
- Saupoudrez de farine ou de Maïzena une tache de gras.
- Recouvrez une tache de betterave avec une tranche de pain mouillé.
- Sur une tache de vin rouge, versez un peu de vin blanc, puis épongez.

■ ■ ■ **Pour éliminer de la sève** sur un tissu, frottez avec une matière grasse (huile alimentaire par exemple), puis avec du savon.

À chaque tache son détachant

Tache	Détachant	Détachage
Bière, betterave	Borax et eau.	Tamponnez avec ou faites tremper dans une solution composée de 2 c. à s. de borax dans 50 cl d'eau.
Boissons gazeuses, thé	Borax et eau tiède.	Tamponnez avec ou faites tremper dans une solution composée de 2 c. à s. de borax dans 50 cl d'eau tiède.
Chocolat, café	Borax et eau.	Tamponnez avec ou faites tremper dans une solution composée de 2 c. à s. de borax dans 50 cl d'eau.
Cirage	Alcool dénaturé.	Posez la tache sur un tampon absorbant et tamponnez plusieurs fois avec de l'alcool dénaturé.
Cosmétiques	Eau et vinaigre blanc.	Frottez la tache avec un coton imbibé d'un mélange composé à parts égales de vinaigre blanc et d'eau.
Curcuma (curry)	Eau oxygénée à 3 %.	Tamponnez la tache avec de l'eau oxygénée pure.
Fruits rouges	Vinaigre blanc ou jus de citron.	Frottez avec du vinaigre blanc ou du jus de citron. Laissez reposer 1 heure ou 2 avant de laver.
Graisse, huile	Maïzena ou cristaux de soude.	Saupoudrez la tache de Maïzena. Mettez la tache entre plusieurs couches de serviettes en papier et passez un fer tiède. Pour les taches incrustées, faites tremper dans de l'eau avec 1 c. à s. de cristaux de soude.
Herbe	Eau, sucre ou vinaigre.	Humectez la tache à l'eau et saupoudrer de sucre. Roulez, laissez reposer 1 heure et lavez. Frottez les taches incrustées avec du vinaigre.
Lait	Eau, savon et vinaigre.	Rincez immédiatement à l'eau savonneuse, faites tremper 10 minutes dans de l'eau avec une giclée de vinaigre, puis rincez.
Moisissure	Crème de tartre et jus de citron, ou eau oxygénée à 3 %.	Couvrez la tache d'un mélange pâteux de crème de tartre et de jus de citron. Laissez sécher et brossez ou lavez. Autre méthode : tamponnez la tache avec une solution d'eau oxygénée à 3 %.
Œuf, jus de fruit	Borax et eau froide (pas d'eau chaude).	Tamponnez avec ou faites tremper dans une solution composée de 2 c. à s. de borax dans 50 cl d'eau froide.
Rouille	Sel et jus de citron.	Frottez la tache avec un mélange pâteux de sel et de jus de citron, laissez reposer 10 à 20 minutes, puis rincez.
Sang (coagulé)	Glycérine végétale et eau froide.	Frottez de glycérine pour ramollir, puis procéder comme pour le sang frais.
Sang (frais)	Eau froide et sel.	Faites tremper dans l'eau froide. Pour les taches résistantes, ajoutez une poignée de sel.
Stylo à bille	Alcool dénaturé et vinaigre.	Épongez avec un chiffon imprégné d'un mélange d'alcool dénaturé et de vinaigre.
Trace de roussi	Glycérine végétale et borax.	Couvrez la trace avec un mélange de glycérine végétale et de borax. Laissez sécher, puis brossez.
Vernis à ongles	Alcool dénaturé.	Tamponnez rapidement avec un chiffon humide, puis avec une éponge imprégnée d'alcool dénaturé.
Vin blanc	Eau gazeuse.	Appliquez immédiatement de l'eau gazeuse, puis lavez normalement.
Vin rouge	Eau gazeuse, borax et eau.	Appliquez immédiatement de l'eau gazeuse. Si la tache persiste, faites tremper dans une solution composée de 2 c. à s. de borax dans 50 cl d'eau.
Vomi	Eau vinaigrée, ammoniaquée ou oxygénée.	Raclez les matières solides. Tamponnez avec ou faites tremper dans de l'eau vinaigrée, ammoniaquée ou oxygénée.

■ ■ ■ **Pour éliminer une tache de cerise** sur un vêtement, frottez avec un quartier de tomate, puis lavez normalement.

L'entretien des meubles

Offrez un traitement régulier, avec des nettoyants et des produits de soin peu agressifs comme la cire d'abeille, le vinaigre ou le savon pur, à un meuble très usé pour lui redonner une nouvelle jeunesse et raviver son brillant naturel.

HUIT CONSEILS POUR LE BOIS

1 Les meubles en bois vieillissent mieux à l'abri du soleil. En effet, les ultraviolets blanchissent et agressent le bois et les tissus.

2 Pour vos meubles de qualité, évitez les emplacements très humides et très secs, proches d'une cheminée ou d'un radiateur. Dans une atmosphère très humide, le bois se dilate et quand l'air s'assèche, il risque de se fendre. Des fissures peuvent également se produire par temps très sec ou très chaud.

3 Protégez vos tables en bois de la chaleur et des accidents en utilisant des dessous-de-bouteille, des sets de table et des dessous-de-plat. Pour atténuer une brûlure de cigarette, frottez avec du dentifrice.

4 Pour nettoyer un meuble, commencez par le dépoussiérer avec un chiffon légèrement humide. Si vous appliquez de l'encaustique sur un meuble poussiéreux, vous ne ferez qu'incruster la saleté.

5 Si nécessaire, lessivez le bois avec de l'eau et un savon doux. Pour les meubles en bois brut ou les finitions autres que les vernis polyuréthanes, utilisez de l'eau savonneuse sur une éponge ou un chiffon à peine humide.

6 Pour nettoyer et nourrir une surface brute ou cirée, essayez cette recette d'encaustique : mélangez à parts égales de l'huile d'olive et du vinaigre blanc, ajoutez quelques gouttes d'huile essentielle. Appliquez avec un chiffon doux.

7 Pour nettoyer du pin brut, utilisez du savon et de l'eau froide. En cas de traces de graisse, passez du papier de verre fin et frottez avec un chiffon humide.

8 Une finition au tampon peut être endommagée par la chaleur et par n'importe quel solvant, y compris de l'eau. Pour la nettoyer, prenez un chiffon à peine humide en frottant délicatement. Si besoin, utilisez de la cire d'abeille pure ramollie, en travaillant le bois dans le sens du fil.

LA VÉRITÉ SUR...

LES PRODUITS POUR LE BOIS

Certaines encaustiques et cires du commerce contiennent des substances comme du phénol, du nitrobenzène ou des distillats de pétrole. Ces produits sont inflammables et nocifs par ingestion, inhalation ou contact avec la peau. Bien que leur durée de vie dans l'environnement soit de quelques jours, ils peuvent persister plus longtemps lorsqu'ils sont relâchés en grande quantité ou de manière prolongée. Certaines encaustiques contiennent des produits abrasifs qui peuvent attaquer la couche de finition du meuble.

CIRE, MODE D'EMPLOI

La cire nourrit et protège les bois bruts et cirés. Elle permet d'estomper les fines rayures et fait briller.

- ✔ Commencez toujours par dépoussiérer et nettoyer le meuble avant de le cirer, sinon vous ne ferez qu'incruster la saleté.
- ✔ Choisissez une cire solide à base de cire d'abeille.
- ✔ Laissez sécher la cire avant de frotter le meuble avec un chiffon doux.
- ✘ Évitez les cires en crème, qui contiennent des solvants susceptibles de ramollir et d'ôter les couches de cire précédentes.

■ ■ ■ **Pour éliminer** une odeur de moisi sur un tissu, saupoudrez-le de bicarbonate de soude et passez l'aspirateur au bout de 1 ou 2 heures.

~ POUR DÉPENSER MOINS ~

Redresser vous-même un fauteuil en rotin affaissé. Mettez-le à l'envers et déposez sur l'assise une serviette trempée dans une solution composée de 1 tasse de sel dissous dans 1 tasse d'eau bouillante et essorée. Laissez poser pendant 30 minutes. En séchant, le rotin va se contracter et se retendre.

QUELQUES ASTUCES

Il est très facile de réparer ou de maquiller les petits défauts de surface des meubles en bois.

- Pour éliminer des traces d'eau blanchâtres, frottez-les avec un peu de dentifrice ou de cendre sur un chiffon humide, en suivant toujours le fil du bois, puis cirez.
- Pour masquer une rayure, tamponnez avec de l'iode (pour un meuble en acajou ou autre bois foncé), avec du café instantané dissous dans de l'huile végétale, ou avec un crayon de cire.
- Pour éliminer une tache de peinture sèche, ramollissez la peinture en la saturant d'huile de lin, puis raclez-la délicatement avec une lame de couteau.
- Pour atténuer une entaille peu profonde dans le bois, recouvrez-la de plusieurs couches de serviettes en papier humides, puis repassez-les délicatement. Les fibres du bois auront gonflé et rempli l'entaille.

LES FIBRES NATURELLES

- Pour garder la beauté des meubles en osier, en rotin ou en bambou, dépoussiérez-les régulièrement.
- Un chiffon humide et un peu de savon suffisent pour ôter la saleté. Pour un nettoyage plus profond, utilisez des cristaux de soude.

- Les meubles en rotin et en osier bruts réclament un soin hydratant une fois par an. Arrosez légèrement le meuble au jet d'eau et frottez-le avec une brosse douce. Laissez le meuble sécher en plein air.
- Le bambou peut se récurer avec une solution d'eau tiède savonneuse additionnée d'un peu de borax. Rincez à l'eau salée et séchez.
- Une fois votre meuble propre et sec, appliquez une fine couche d'huile de lin ou d'agrumes. Cette étape est importante pour l'hydratation des meubles en fibres naturelles brutes.

TISSUS ET CUIRS

- Passez régulièrement l'aspirateur sur vos tissus d'ameublement afin de les dépoussiérer.
- Lavez les tissus d'ameublement sans trop les mouiller. Mélangez au fouet 1 volume de détergent doux dans 4 volumes d'eau tiède. Utilisez uniquement la mousse pour traiter les zones salies. Tamponnez avec un chiffon blanc pour sécher.
- Pour les taches de thé, de café et de vin blanc, appliquez à l'éponge une solution composée de 4 cuillerées à soupe de borax et 60 cl d'eau. Tamponnez avec un bloc de serviettes en papier.
- Le cuir très sale ou taché se nettoie avec une solution composée de 1 cuillerée à soupe de vinaigre dans ½ seau d'eau tiède. Séchez avec une serviette douce.
- Nourrissez le cuir avec une solution composée de 1 volume de vinaigre pour 2 volumes d'huile de lin. Pour faire briller, astiquez avec un chiffon doux.

UNE ENCAUSTIQUE MAISON

125 g de cire d'abeille râpée
50 cl d'huile de lin crue (pour les bois foncés) ou d'huile d'olive (pour les bois clairs)
1 c. à c. d'huile essentielle de lavande ou de romarin

- Faites fondre la cire au bain-marie dans un saladier.
- Ajoutez l'huile et faites chauffer 3 minutes en remuant.
- Ôtez le saladier du feu et ajoutez l'huile essentielle.
- Transférez dans un bocal propre et laissez prendre.
- Utilisez avec parcimonie, en enduisant le bois avec un chiffon doux. Laissez sécher 30 minutes et lustrez.

Pour nettoyer une trace de graisse sur un meuble en cuir, frottez avec de l'huile d'eucalyptus et terminez avec une crème nourrissante.

Les objets en verre, métal et céramique

Les nettoyants pour métaux et verreries sont souvent des cocktails de produits chimiques potentiellement nocifs par inhalation ou par contact avec la peau. Vous pouvez fort bien confier l'entretien de vos objets en verre, en métal et en céramique à des substances naturelles comme le jus de citron ou le sel.

DU VERRE ÉTINCELANT

- L'une des façons les plus simples et les moins toxiques de nettoyer un miroir ou un carreau consiste à le pulvériser avec de l'eau gazeuse puis à le sécher avec un chiffon.
- De l'eau vinaigrée nettoie la plupart des vitres. S'il reste des traces, ajoutez un peu de détergent.
- Pour nettoyer une table en verre, utilisez un peu de jus de citron, puis séchez avec un chiffon doux.
- Les éraflures peuvent être estompées avec du dentifrice sur un chiffon.
- Lorsque vous nettoyez la verrerie, ajoutez du jus de citron ou du vinaigre à l'eau de rinçage pour la faire briller.
- Nettoyez vos verres à l'eau chaude et au savon pur. Pour éviter toute trace, rincez et essuyez sans attendre.

Pour parfumer vos produits de nettoyage maison, utilisez des huiles essentielles.

FAIRE BRILLER LES MÉTAUX

L'ALUMINIUM

Bien que résistant à l'usure, l'aluminium est attaqué par les nettoyants alcalins comme les agents de blanchiment chlorés, les cristaux de soude et le bicarbonate de soude. Au contact de ces produits, le métal se tache et se pique.

- Ne laissez aucun aliment reposer ou tremper dans une casserole en aluminium ; la surface serait irrémédiablement endommagée (voir également p. 284).
- Pour éviter les taches, ne lavez jamais vos casseroles et moules en aluminium au lave-vaisselle.
- Pour nettoyer une casserole en aluminium qui a brûlé, faites-y bouillir un oignon.

LE LAITON ET LE CUIVRE

Les objets en laiton et en cuivre sont souvent recouverts d'un vernis, ils se lavent alors à l'eau savonneuse. Ce qui suit s'applique aux objets non vernis.

- Le nettoyant de base pour le laiton et le cuivre est un mélange pâteux de sel et de jus de citron. Frottez avec insistance, puis rincez abondamment.
- Pour éliminer les marques tenaces sur le laiton, frottez avec du dentifrice blanc mélangé à 2 gouttes d'huile d'olive, puis rincez à l'eau tiède et séchez avec un chiffon.
- Ne récurez jamais une casserole en cuivre. Pour éliminer le vert-de-gris, qui est toxique, nettoyez avec une solution composée de 1 volume

LA VÉRITÉ SUR...

LES NETTOYANTS POUR MÉTAUX ET VERRERIES

La plupart des produits pour vitres du commerce se composent d'ammoniaque, d'alcool et de détergents. Certains contiennent de l'éther monobutylique de l'éthylèneglycol, substance chimique qui peut traverser l'épiderme et être la cause de problèmes de santé. Quant aux produits pour métaux, ils contiennent parfois des abrasifs comme de la pierre ponce ainsi que des substances volatiles et toxiques. Les produits faits maison sont moins toxiques, plus économiques et tout aussi efficaces.

■ ■ ■ **Pour nettoyer du verre taché, sale ou couvert de traces, utilisez un mélange de vinaigre et de sel à parts égales.**

ASTUCE

Pour nettoyer un vase à col étroit, utilisez du vinaigre mélangé soit à du sel gemme, soit à une coquille d'œuf pilée, soit à des feuilles de thé. Faites tourner le mélange dans le récipient et laissez agir plusieurs heures. Rincez.

NETTOYANTS MAISON POUR MÉTAUX

NETTOYANT MULTI-USAGES

Peut s'utiliser sur le laiton, le cuivre, le bronze, l'étain et l'Inox.

Sel, farine, vinaigre blanc

- Mélangez du sel et de la farine à parts égales, puis ajoutez du vinaigre blanc pour obtenir une pâte ferme.
- Appliquez avec parcimonie sur vos objets en métal et laissez sécher pendant 1 à 2 heures.
- Rincez et frottez avec un chiffon doux.
- Veillez à ne pas utiliser trop de produit, sinon vous risquez d'estomper les éventuels motifs gravés sur l'objet.

NETTOYANT POUR LE LAITON

Peu toxique, ce nettoyant s'utilise sur les objets en laiton ternis ou ornés de fines gravures.

25 g d'acide citrique
3 litres d'eau chaude

- Faites dissoudre l'acide citrique dans l'eau chaude dans une grande casserole ou dans l'évier.
- Immergez l'objet en laiton dans la solution et laissez tremper 5 minutes.
- Frottez délicatement avec une vieille brosse à dents, puis rincez et séchez.

de sel pour 2 volumes de vinaigre blanc. Rincez, séchez et frottez.

LE BRONZE

- Les objets en bronze doivent être dépoussiérés souvent. Frottez-les de temps en temps avec un chiffon imprégné d'huile de lin, puis avec un chiffon doux.

LA FONTE

- Pour ôter un point de rouille sur de la fonte, frottez avec du papier de verre fin ou un tampon métallique fin et appliquez de l'huile végétale.
- Nettoyez toujours à la main une casserole en fonte. Séchez-la et enduisez-la d'huile végétale pour l'empêcher de rouiller.

LES CHROMES

- Les chromes se nettoient avec une éponge humide saupoudrée de bicarbonate de soude. Le vinaigre de cidre est également efficace.

L'ÉTAIN

- Lavez un objet en étain dans de l'eau tiède avec du liquide vaisselle.
- Pour nettoyer un objet très sale, mélangez du blanc d'Espagne avec un peu d'huile végétale et frottez avec un chiffon doux.

L'INOX

- Pour faire briller des couverts en inox, trempez-les 10 minutes dans de l'eau bouillante avec 3 cuillerées à soupe de bicarbonate de soude.

LA CÉRAMIQUE

- Pour éliminer les aliments qui ont attaché dans un plat à four en faïence, faites-le tremper dans de l'eau chaude savonneuse et raclez-le.
- Les plats en terre cuite se lavent uniquement à l'eau chaude. N'utilisez pas de détergent.
- Pour nettoyer un plat en terre cuite taché ou brûlé, faites-le tremper dans de l'eau avec 1 à 4 cuillerées à soupe de bicarbonate de soude. Ne le récurez pas.
- Pour éliminer le tanin à l'intérieur d'une théière, remplissez-la d'une solution composée de 1 volume de bicarbonate de soude pour 2 volumes d'eau chaude. Laissez agir une nuit, puis rincez soigneusement.
- Pour nettoyer des tasses à thé, utilisez un chiffon doux trempé dans du gros sel pilé.

Pour les casseroles

Cette recette toute simple vous aidera à laver et raviver vos casseroles en aluminium.

2 tasses de crème de tartre
2 c. à c. de vinaigre

Versez la crème de tartre et le vinaigre dans 1 litre d'eau et faites bouillir 10 minutes.

■ ■ ■ Le cuivre peut se nettoyer avec du babeurre.
Appliquez, laissez agir 10 minutes, puis essuyez.

Les objets de valeur

Que ce soit pour des raisons sentimentales ou financières, vos objets de valeur méritent d'être entretenus, et cela peut se faire sans recourir aux nettoyants chimiques agressifs. Certains détergents, laques ou parfums, mais aussi le soleil ou l'eau, agressifs pour les objets délicats, peuvent les endommager.

L'ARGENTERIE

- Utilisez du dentifrice mélangé à un peu d'huile d'olive pour nettoyer les objets qui ne peuvent pas être trempés dans un liquide.
- Vous obtiendrez un produit écologique pour l'argenterie en mélangeant à parts égales du blanc d'Espagne (carbonate de calcium en poudre, vendu en quincaillerie), une solution d'ammoniaque et de savon, de l'alcool dénaturé et de l'eau.
- Pour nettoyer de l'argent finement ciselé, appliquez le produit à l'aide d'un blaireau ou d'une brosse à pocher. Pour briquer, recouvrez les poils de la brosse d'un chiffon doux.
- Ne lavez jamais un manche en corne ou en ivoire à l'eau chaude, cela en accélérerait le jaunissement.
- Pour blanchir ou détacher un manche en corne ou en ivoire, frottez-le avec un mélange pâteux de jus de citron et de sel, puis rincez à l'eau tiède et séchez.

LES BIJOUX

Mieux vaut confier le nettoyage des bijoux les plus précieux à un bijoutier. Si vous le faites à la maison, placez-vous au-dessus d'une bassine pour ne pas prendre le risque de voir disparaître un héritage familial dans les canalisations.

- Conservez vos bijoux de valeur dans des écrins individuels pour éviter qu'ils s'emmêlent ou se rayent par frottement.
- À moins de connaître la nature d'un bijou et son mode de nettoyage, évitez tout lavage à l'eau, au détergent, au bicarbonate de soude, à l'ammoniaque ou avec des lingettes. Ne lavez jamais à grande eau les bijoux en ambre, en os, en corail, en ivoire, en lapis-lazuli, en malachite, en opale, en coquillage ni en turquoise.
- Pour nettoyer un diamant, brossez-le délicatement avec une vieille brosse à dents souple et du dentifrice blanc. Rincez à l'eau tiède et séchez avec un chiffon doux.
- Pour les pierres dures comme les diamants, les saphirs et les rubis (mais pas les perles) montés sur de l'or ou de l'argent, mélangez de l'eau et une solution d'ammoniaque et de savon à parts égales. Faites tremper vos bijoux pendant 30 minutes, brossez avec une vieille brosse à dents souple, puis rincez et séchez avec un chiffon doux.

LA PORCELAINE ET LE CRISTAL

- Lavez les antiquités et les pièces fragiles ou dorées à l'eau tiède savonneuse.
- Pour ne pas rayer les objets délicats, n'utilisez jamais de brosse, mais une éponge douce.

Astuce pour nettoyer l'argenterie

Cette recette de grand-mère a une explication scientifique : elle repose sur une réaction qui intervient entre deux métaux, processus appelé couplage galvanique.

2 feuilles d'aluminium ménager
1 c. à s. de sel
1 c. à s. de bicarbonate de soude

- Couvrez le fond d'une bassine avec les deux feuilles d'aluminium.
- Ajoutez le sel et le bicarbonate de soude et remplissez d'eau bouillante.
- Mettez les objets à laver (en argent ou en plaqué argent) dans la solution et faites-les tremper pendant 1 à 2 heures. L'aluminium va noircir.
- Sortez les objets de la solution, rincez et séchez. L'argent a retrouvé tout son éclat.

Pour éliminer des traces d'œuf sur une cuillère ou une fourchette en argent, frottez-les avec du sel humide avant de les laver.

PRÉSERVER L'ÉCLAT DES PERLES

Les perles de culture doivent leur éclat remarquable à la couche de nacre enrobant un greffon introduit dans une huître perlière.

✔ Après avoir porté des perles, essuyez-les avec une peau de chamois pour ôter toute trace de transpiration, car cette dernière est acide et attaque la nacre.

✔ Pour éviter d'endommager la nacre, mettez du parfum avant d'enfiler un collier de perles, et pensez à ôter une bague en perle avant de vous passer de la crème pour les mains ou pour le corps.

✔ Pour nettoyer des perles, utilisez un chiffon doux trempé dans une eau savonneuse (au savon doux). Faites sécher vos perles à l'air.

✔ Les perles appréciant l'humidité, hydratez-les de temps en temps avec de l'eau salée et laissez-les sécher à l'air.

✘ Pour préserver la patine de vos perles, ne les lavez jamais avec des solutions ammoniaquées ni avec des détergents.

✘ Ne conservez pas les perles dans des étuis en coton ou en laine, car elles pourraient se dessécher et se fissurer.

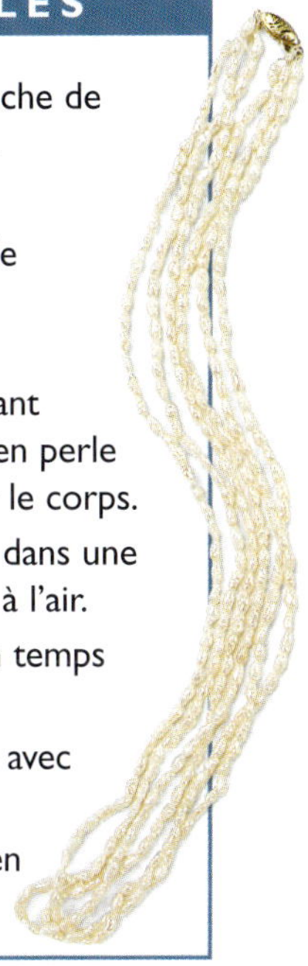

Pour empêcher vos couverts en argent de ternir, lavez-les à la main dans une eau tiède savonneuse, rincez-les, puis séchez-les sans attendre.

ATTENTION !

▼ Une œuvre d'art suspendue dans une cuisine ou une salle de bains peut être endommagée par l'humidité.

- Pour préserver le vernis des objets en porcelaine, lavez-les le plus tôt possible après utilisation.
- Rincez le cristal avec de l'eau chaude additionnée de vinaigre blanc.
- Pour éliminer des traces de vin rouge dans une carafe, versez-y 2 cuillerées à soupe de bicarbonate de soude, 2 cuillerées à soupe de crème de tartre et 1 tasse d'eau tiède, puis remuez. Videz la carafe, puis remettez de l'eau tiède avec un peu de solution d'ammoniaque et de savon. Remuez, videz et rincez.
- Pour estomper les microfissures à la surface de la porcelaine fine, faites tremper l'objet une nuit dans du lait tiède, puis lavez-le à la main.

LES LIVRES ET LES ILLUSTRATIONS

- Dépoussiérez la tranche de vos livres au moins une fois par an.
- Feuilletez vos livres régulièrement pour évacuer l'humidité.
- Pour éliminer une odeur de moisi, placez le livre dans un sac en papier rempli de papier journal froissé.
- Pour nettoyer une jaquette en cuir, frottez-la avec un chiffon humide.
- Peintures et gravures doivent être protégées contre l'humidité, les changements brutaux de température et la lumière directe.
- Un cadre en bois brut se nettoie avec un chiffon doux imprégné d'huile de lin.
- Pour nettoyer un cadre peint, utilisez un chiffon humecté avec de l'eau savonneuse (au savon doux).
- Les photos qui vous sont chères doivent être conservées dans des papiers sans acides, et les négatifs et les vieux tirages sont à garder à l'abri de la lumière et des changements de température.
- Rangez les livres très lourds à plat.
- Utilisez un serre-livres pour empêcher vos livres de se déformer.
- Pour ralentir la décoloration de vos illustrations, protégez-les avec des verres à traitement ultraviolet. Plus chers que les verres ordinaires, ils allongent la durée de vie de l'œuvre exposée.

■ ■ ■ **Ne pulvérisez pas** le verre d'un cadre pour le nettoyer : le produit pourrait s'infiltrer sous le verre et abîmer le tableau ou la photo.

Purifier l'air

Contrairement à ce que l'on croit, l'air à l'intérieur de la maison est souvent deux à trois fois plus pollué que l'air extérieur. Les origines de cette pollution sont nombreuses et variées, mais une gestion intelligente de l'environnement domestique permet d'en minimiser les effets.

ÉVACUER LES FUMÉES

La combustion de carburants et autres substances à l'intérieur de la maison peut libérer des gaz dangereux, notamment le dioxyde d'azote, qui irrite la peau et la gorge, ou encore le monoxyde de carbone, responsable de maux de tête à faible dose, mais mortel à haute dose.

Si votre plaque de gaz produit une flamme jaune, appelez immédiatement votre réparateur.

- Ne fumez pas dans la maison. Le tabac est mauvais pour la santé, et il libère des centaines de toxines dans l'air, dont du benzène, potentiellement cancérigène.
- Choisissez des appareils de chauffage avec évacuation. Sinon, veillez à la bonne ventilation de votre logement. Les enfants vivant au contact d'appareils de chauffage sans évacuation sont plus sujets aux inflammations des voies respiratoires.
- Veillez au bon fonctionnement de votre chaudière et de votre plaque de gaz. Si vous voyez une flamme jaune, il se peut que la combustion libère des gaz dangereux, comme du monoxyde de carbone.
- Faites ramoner régulièrement vos cheminées et conduits d'évacuation, et faites vérifier l'absence de fuites.
- Si vous utilisez un poêle à bois, vérifiez le bon état du joint de porte.
- Installez une porte hermétique ou un sas entre votre garage et votre maison, car les gaz d'échappement contiennent du monoxyde de carbone et du benzène.

LES ENNEMIS INVISIBLES

Des peintures aux moquettes, en passant par les vernis et les meubles, bon nombre d'objets utilisés dans la maison produisent des émanations chimiques.

- Évitez d'acheter des meubles en composites de bois, souvent réalisés avec des composés organiques volatils (COV). Ou bien obturez le matériau avec un vernis non toxique pour bloquer les émanations, ou placez le meuble 1 semaine dans un endroit bien ventilé avant de l'installer.

LA VÉRITÉ SUR...

LES COMPOSÉS ORGANIQUES VOLATILS

Les COV sont des substances qui entrent dans la composition de nombreux produits à usage domestique et dont les émanations, à température ambiante, se poursuivent durant plusieurs années. Ils sont responsables de nombreuses affections : irritations, fatigue, vertiges, etc. Certains d'entre eux, comme le benzène ou le formaldéhyde, sont potentiellement cancérigènes. La mise en place d'un étiquetage pour informer les consommateurs des niveaux d'émission de COV a été jugée prioritaire par le plan national Santé Environnement qui vise, à l'horizon 2010, un taux de 50 % de produits étiquetés. Il reste encore difficile de juger de la nocivité des articles que l'on achète. Orientez-vous vers des produits naturels.

■ ■ ■ **Si vous tenez à avoir de la moquette, choisissez des fibres naturelles et utilisez des fixations mécaniques.**

Principales sources de pollution intérieure

Catégorie	Sources	Dangers	Solutions
Amiante	Amiante-ciment, toitures.	Les particules en suspension dans l'air sont responsables de pathologies respiratoires mortelles, notamment le cancer du poumon.	Neutralisez le matériau ou faites-le évacuer par une entreprise spécialisée.
COV	Peintures, vinyle, moquettes, meubles en composites de bois, détachants.	Les COV peuvent irriter les voies respiratoires, provoquer des allergies, des cancers et des atteintes cérébrales.	Évitez les matériaux synthétiques ; préférez les matériaux naturels et les produits à base de plantes.
Gaz de combustion	Systèmes de chauffage sans conduit d'évacuation, cheminées et plaques de cuisson au gaz.	Les fumées toxiques peuvent irriter les voies respiratoires et provoquer des crises d'asthme et de sinusite.	Choisissez des appareils de chauffage avec tuyau d'évacuation ou des radiateurs électriques.
Ignifugeants bromés	Moquettes, rideaux, téléviseurs, ordinateurs.	Les PBDE (polybromodiphényléthers) perturbent les fonctions hormonales thyroïdiennes et entraînent des malformations fœtales.	Recherchez des produits non traités avec des ignifugeants bromés.
Pesticides	Produits contre les parasites, insecticides en bombes ou en plaquettes.	Certains affectent le système nerveux, d'autres sont cancérigènes ou perturbent les fonctions endocriniennes.	Utilisez des barrières non chimiques (écrans, moustiquaires) et/ou des insecticides à base de plantes.
Plomb	Poussière de vieilles peintures au plomb, eaux contaminées par des canalisations au plomb.	À faible dose, le plomb peut entraîner des déficiences intellectuelles ; un empoisonnement plus sévère peut endommager les reins et le cerveau.	Obturez une peinture suspecte ou faites-la décaper par une entreprise spécialisée ; filtrez une eau suspecte.
Produits de nettoyage	Détergents, produits pour les sols, nettoyants pour four, agents de blanchiment chlorés, etc.	Certains produits pétrochimiques et autres toxines peuvent attaquer le système immunitaire et le cerveau.	Utilisez des substances simples tel le bicarbonate de soude ; achetez des produits à base de plantes.
Solvants	Peintures, colles, produits de nettoyage, pesticides, marqueurs, etc.	Les solvants sont associés à des allergies, des crises d'asthme, des malformations fœtales, des atteintes cérébrales et des cancers.	Recherchez des produits sans solvants ; utilisez ceux à base de solvants uniquement dans des endroits bien aérés.
Tabac	Cigarettes, cigares, pipe.	La fumée contient des substances cancérigènes. Elle irrite le nez, les yeux, la gorge, provoque des troubles respiratoires et le cancer du poumon.	Arrêtez de fumer. Interdisez de fumer à l'intérieur de la maison.

- Préférez les matériaux naturels aux synthétiques. Vous éviterez les émanations de COV.
- Utilisez des produits de nettoyage faiblement toxiques ou du matériel qui fonctionne sans produits, tels les chiffons en microfibre.
- Achetez des produits de toilette, des cosmétiques et des parfums sans produits chimiques ni parfums synthétiques.
- Évitez les aérosols, qui produisent une fine brume facilement inhalée. Utilisez plutôt des sticks et des flacons à pompe.
- Évitez les parfums et les sprays dans les pièces où vous passez beaucoup de temps.
- Pour masquer une mauvaise odeur, mettez quelques gouttes d'huile essentielle (lavande par exemple) dans un diffuseur.
- Lorsque vous construisez, rénovez ou décorez, choisissez des matériaux naturels, des peintures, des vernis et des obturateurs à base de plantes.
- N'achetez pas plus de peinture, de décapant, de colle, de carburant ou de tout autre produit chimique que nécessaire. S'il vous reste du produit, conservez-le dans un endroit bien aéré, si possible à l'extérieur.

■ ■ ■ **Les peintures et les vernis** comptent parmi les principales sources de COV. Recherchez des produits à base de plantes.

Les désodorisants naturels

Problème	Solution
Odeur dans le réfrigérateur	Mettez un petit bol de bicarbonate de soude sur une étagère du frigo et remplacez-le régulièrement.
Odeur dans les toilettes	Faites brûler une bougie parfumée ; les molécules malodorantes seront détruites.
Poubelle de cuisine	Lavez et désodorisez la poubelle avec une solution composée de 1 cuillerée à café de jus de citron pour 1 litre d'eau.
Poubelle extérieure	Mettez 1 poignée de cristaux de soude dans 1 litre d'eau. En cas d'odeur résiduelle, saupoudrez de bicarbonate de soude.

Certaines plantes d'intérieur permettent de réduire le taux de COV de 50 à 70 %.

- Lorsque vous manipulez des produits chimiques (nettoyants, peintures, vernis, obturateurs, adhésifs), suivez à la lettre les consignes de sécurité et les instructions d'usage du fabricant.
- Avant de décaper une vieille peinture, vérifiez qu'elle ne contient pas de plomb. Utilisé jusque dans les années 1970, celui-ci est la cause de troubles neurologiques, notamment chez les enfants. En cas de doute, faites tester la peinture par un laboratoire agréé. Si la peinture est en bon état, mieux vaut ne pas y toucher. Sinon, faites-la décaper par une entreprise spécialisée.
- Ne touchez pas à une plaque d'amiante en bon état : faites-la évacuer par une entreprise spécialisée. Les particules en suspension dans l'air sont responsables de pathologies pulmonaires et de cancers.

POUR MIEUX RESPIRER

La nature apporte sa contribution aux polluants qui nous entoure sous la forme de moisissures, champignons, pollens, acariens, bactéries d'animaux domestiques, excréments d'animaux nuisibles… Dans une atmosphère humide, tous ces éléments prolifèrent et restent en suspension dans l'air. Ils peuvent être à l'origine d'asthme, d'allergies et de maladies graves.

- En cas de problème d'humidité, faites vérifier la couche d'étanchéité. Si votre maison est construite sur une chape en béton, faites vérifier l'étanchéité sous la chape par un spécialiste. Dans certains cas, la formation de trous permet à l'humidité de remonter dans la maison. Un traitement de surface suffit souvent.
- Veillez à la bonne ventilation de l'espace sous-plancher et des combles pour limiter la condensation. Pour l'espace sous-plancher, songez à ajouter des grilles de ventilation métalliques.
- Éliminez toute flaque d'eau stagnante ou toute surface humide sous la maison ou à proximité.
- Si la ventilation ne suffit pas, installez des extracteurs pour chasser l'humidité de la salle de bains ou de la cuisine. Ils serviront aussi à évacuer les éventuelles émanations provenant d'une chaudière ou d'une plaque de gaz.
- En cas de dégât des eaux, nettoyez et séchez les moquettes et matériaux inondés. Dans certains cas, vous devrez vous en débarrasser car les matériaux humides constituent de véritables nids à moisissures et à bactéries.
- Vérifiez fréquemment la propreté de vos humidificateurs et systèmes de climatisation. Les micro-organismes qui s'y développent peuvent être à

Le bicarbonate de soude absorbe les molécules responsables des mauvaises odeurs et constitue un bon désodorisant.

l'origine de nombreuses affections respiratoires.

- Veillez à ce que vos animaux soient toujours propres et exempts de parasites (voir p. 126).
- Nettoyez, dépoussiérez et ventilez votre maison régulièrement pour empêcher l'accumulation de pollens, d'acariens, ainsi que de poils, de déjections et de fragments épidermiques d'animaux. Traitez vos surfaces à l'eau chaude vinaigrée pour éliminer les acariens.
- Aérez régulièrement vos sommiers, votre literie et vos matelas. Lavez la literie à l'eau chaude et suspendez-la 3 heures au soleil pour éliminer toute trace d'acarien et de moisissure.
- Si un occupant de votre foyer souffre d'allergies ou d'asthme, songez à éliminer les moquettes et à les remplacer par des sols en bois, en liège, en lino ou carrelés.
- Dormez la fenêtre ouverte si vous pouvez le faire en toute sécurité. Dans une chambre, on respire beaucoup de dioxyde de carbone et de vapeur d'eau, et il est donc souhaitable de renouveler l'air aussi souvent que possible.

liens utiles

Observatoire de la qualité de l'air intérieur :
www.air-interieur.org
Les dangers des produits chimiques à usage domestique :
www.securiteconso.org
(rubrique produits chimiques)

LES RAYONNEMENTS NOCIFS

Selon des études récentes, les champs électromagnétiques générés par les blocs d'alimentation et les appareils électriques pourraient favoriser certains cancers ou la maladie d'Alzheimer.

- Limitez le nombre d'appareils allumés au même moment.
- Ne restez pas assis trop longtemps à côté d'un appareil en marche.
- Ne laissez aucun appareil inutile dans votre chambre ou débranchez-le avant d'aller vous coucher, surtout s'il possède un transformateur.
- Ne dormez pas avec la tête à proximité d'un bloc d'alimentation ou d'un appareil.
- N'installez pas votre lit contre le mur qui porte le compteur électrique.
- Choisissez un écran à cristaux liquides pour votre ordinateur : ils émettent moins de rayonnements que les tubes cathodiques.

LES PURIFICATEURS D'AIR NATURELS

Pour améliorer la qualité de l'air dans une maison, il faut éliminer les sources de pollution et assurer une bonne ventilation ; vous pouvez utiliser des plantes pour filtrer les toxines. Il a été démontré que trois plantes ou plus dans une pièce permettent de réduire le taux de COV de 50 à 70 %. Si la plupart de l'action purifiante est due aux micro-organismes du terreau de rempotage, les plantes filtrent elles aussi différents polluants. Voici quelques variétés intéressantes.

ARBRE OMBELLE (*Schefflera actinophylla* 'Amate') Cette plante broussailleuse doit être maintenue à plus de 13 °C. Laissez-la se dessécher un peu entre deux arrosages. Pulvérisez les feuilles d'eau tiède et évitez les attaques des cochenilles, tétranyques tisserands et pucerons.

DRAGONNIER (*Dracaena deremensis* 'Janet Craig' et *Dracaena marginata*) Le dragonnier s'épanouit en intérieur. Il réclame une chaleur tempérée (plus de 12 °C), un arrosage régulier et une exposition moyennement à très éclairée.

KENTIA (*Howea forsteriana*) Plante à pousse assez lente, le kentia tolère les endroits sombres et les atmosphères sèches ; arrosez-le uniquement quand la terre commence à se dessécher. De temps en temps, sortez-le en plein air et laissez-le quelques jours dans un endroit ombragé et humide.

LIS DE LA PAIX (*en photo*), (*Spathiphyllum* 'Petite' et 'Sensation') Cette plante pousse dans les endroits moyennement éclairés et accepte la climatisation mais ne tolère pas le soleil direct. Installez-la sur un bac rempli de galets humides et humectez parfois les feuilles pour chasser les tétranyques tisserands.

PHILODENDRON GÉANT (*Epipremnum pinnatum* 'Aureum') Cette plante grimpante rustique d'intérieur apprécie les températures de 15 à 30 °C et un taux d'humidité élevé. Placez-la en pleine lumière et arrosez-la avec parcimonie pour éviter de faire pourrir la racine. Craint les cochenilles, les mites et les thrips.

Citons aussi le palmier nain, la fougère de Boston, le caoutchouc, les chrysanthèmes, le gerbéra, les philodendrons et le chlorophyte chevelu *vittatum*.

DÉCHETS MÉNAGERS

Réduire, réutiliser, recycler : efforcez-vous d'appliquer cette « règle des trois R » et vous serez surpris des économies que vous allez réaliser.

Réduire et réutiliser

Pour diminuer le volume des matériaux qui entrent dans votre maison et iront finalement grossir les décharges publiques, le plus simple est d'acheter des produits avec peu d'emballages, voire non emballés. Mais si vous voulez également faire des économies, pensez à réutiliser au lieu de jeter. Vous verrez combien il peut être amusant d'inventer de nouvelles utilisations pour vos objets domestiques.

RÉDUIRE LES DÉCHETS

- Lorsque vous achetez des fruits et légumes au poids, utilisez des sacs en papier plutôt que des sacs en plastique.
- Quand vous faites vos achats, munissez-vous de cabas réutilisables.
- Recherchez les produits qui possèdent un emballage réduit ou recyclable, qui sont rechargeables ou consignés. Dans certains magasins, le consommateur peut même utiliser ses propres récipients.
- Préférez les produits réutilisables à leurs homologues jetables, utilisez par exemple des batteries rechargeables au lieu de piles.

RÉUTILISER LES MATÉRIAUX

Bon nombre de matériaux qui se retrouvent systématiquement à la poubelle peuvent être détournés de leur utilisation première.

LES PAPIERS

- Récupérez le papier cadeau et enroulez-le autour d'un tube en carton pour ne pas le froisser. Vous pourrez vous en resservir pour tapisser vos étagères ou le fond de vos tiroirs.
- Utilisez vos chutes de papier pour fabriquer de petits blocs de papier brouillon à conserver près du téléphone ou dans la cuisine.
- Utilisez le papier de votre fax ou de votre imprimante recto verso.
- Le papier journal peut servir au jardin, soit déchiqueté en guise de paillis, soit à plat en plusieurs épaisseurs pour empêcher la pousse des mauvaises herbes.
- Utilisez vos vieux journaux pour tapisser le fond de la litière ou le sol du chenil de vos animaux domestiques.
- Prenez du papier journal pour nettoyer la graisse au fond d'une poêle ou sur la grille du barbecue,

DU NEUF AVEC DU VIEUX

Vous trouverez sur Internet une foule d'idées astucieuses pour réutiliser des objets quotidiens. Voici quelques suggestions.

- Si vous manquez de cintres pour jupes, fixez deux pinces à linge aux extrémités d'un cintre ordinaire.
- Un bac en polystyrène vous servira de dessous-de-bouteille pour empêcher votre bouteille d'huile de salir le placard.
- Réutilisez les flacons souples de liquide vaisselle pour conserver vos produits de nettoyage maison.
- Transformez des boîtes de conserve sans couvercle en pots pour plantes épiphytes ou à bulbes.
- Mettez votre rouleau de ficelle dans une boîte à café instantané, faites un trou dans le couvercle et passez le bout de ficelle au travers du trou ; la ficelle ne s'emmêlera jamais.
- Les boîtes à chaussures constituent des rangements très pratiques pour les photos ou les factures.
- Coupez les jambes d'un vieux collant et servez-vous-en pour attacher une plante à son tuteur sans risquer d'abîmer la tige.
- Si vous possédez un stock de vieux collants, utilisez-les pour rembourrer vos coussins ou vos peluches.

~ BON À SAVOIR ~

Un élevage de vers de terre diminuera votre quantité de déchets en transformant les matières organiques et les papiers en turricules, excréments riches en nutriments. Disponible dans certaines jardineries, ce type d'élevage s'installe dans un garage ou un abri de jardin, voire sur un balcon ombragé. Il s'agit là d'un excellent moyen de réduire instantanément les déchets.

Lampe festive

Boîte de conserve propre
Papier et crayon
Ruban adhésif
Marteau et pointe
Étau
Fil de fer 0,9 mm (facultatif)

■ Repliez tout rebord tranchant, puis remplissez la boîte d'eau et placez-la plusieurs heures au congélateur.
■ Découpez un bout de papier assez grand pour entourer la boîte et dessinez-y un motif à trous. Collez le papier autour de la boîte avec du ruban adhésif.
■ Mettez la boîte dans l'étau et serrez. Avec le marteau et la pointe, dessinez le motif en perçant le métal.
■ Si vous voulez suspendre votre lampe, faites deux trous supplémentaires au sommet de la boîte pour y passer un fil de fer.
■ Laissez fondre la glace et essuyez le métal. Disposez une bougie ou une bougie chauffe-plats à l'intérieur de la boîte.

ou pour emballer vos résidus alimentaires qui ne peuvent pas aller dans le bac à compost.
- Tapissez le fond de votre poubelle de cuisine avec du papier journal plutôt qu'un sac en plastique.

BRIQUES, BOCAUX ET BOÎTES DE CONSERVE

- Réalisez vos semis dans des boîtes à œufs ou des briques de lait en carton percées de trous de drainage. Vous pourrez ensuite les mettre en terre tels quels, le carton leur servira de protection puis se biodégradera.
- Les briques de lait ou de jus de fruits plastifiées peuvent être réutilisées pour congeler potages ou sauces. Remplies d'eau et congelées, elles vous serviront en été de blocs de congélation.
- Les briques de lait ou de jus de fruits vous serviront de moules pour réaliser vos savonnettes ou bougies.
- Conservez les bocaux en verre pour vos conserves et confitures.
- Réutilisez les bouteilles en verre originales lorsque vous souhaitez offrir de l'huile aux herbes ou du vinaigre de votre fabrication.
- Les bocaux en verre avec couvercle hermétique forment un mode de conservation idéal pour le riz, les herbes, les lentilles et autres légumes secs.

- Conservez vos vinaigrettes et vos restes de sauces dans des récipients en verre. Le verre se nettoie plus facilement que le plastique.
- Coupez le haut d'une bouteille en plastique pour former un entonnoir.
- Les flacons d'herbes sèches peuvent être réutilisés pour stocker des petits objets : élastiques, épingles, trombones, aiguilles, clous, vis, etc.

VÊTEMENTS ET TISSUS

Habits, literie, serviettes et rideaux usés peuvent se réutiliser ou retrouver un second souffle.

- Gardez vos vieilles chemises pour la peinture et le jardinage.
- Les chaussettes trop usées pour être reprisées vous serviront de chiffon à lustrer ou de balai à toiles d'araignée (enfilées sur un balai).
- Pour amuser les petits, transformez vos vieilles chaussettes en marionnettes. Il suffit d'y coudre deux boutons et quelques bouts de tissu.
- Coupez les jambes d'un vieux pantalon usé aux genoux : vous obtiendrez un short de jardinage.
- Si vous possédez une vieille couverture électrique, retirez le câblage et utilisez-la comme alèse.
- Transformez les rideaux que vous n'utilisez plus en housses de protection pour vos manteaux, vos costumes et vos robes.
- Utilisez des coupons de tissu pour réaliser des ouvrages en courtepointe : couvertures pour bébés, poignées, sacs, etc.

■ ■ ■ **Achetez des étiquettes autocollantes** pour vous permettre de réutiliser les enveloppes en bon état.

Recycler

En matière de recyclage, l'idéal est de donner ce dont on ne veut plus à quelqu'un qui en a besoin. Ensuite, il convient de trier soigneusement les déchets recyclables et les ordures ménagères non recyclables avant le ramassage. En France, le taux de recyclage des emballages ménagers est estimé à 60 %.

APPRENDRE À DONNER

Avant de jeter un objet, demandez-vous s'il ne pourrait pas servir à quelqu'un.

- Les vieux magazines et jouets sont toujours utiles dans les salles d'attente des hôpitaux.
- Certaines associations caritatives reprennent les meubles et l'électroménager.
- Certaines associations caritatives fabriquent de nouvelles cartes de vœux avec des anciennes pour les revendre.
- Donnez vos vieux manuels scolaires à des associations spécialisées dans le don de matériel aux écoles des pays en développement.
- Certaines associations caritatives font la collecte de bouchons de plastique pour les recycler.
- Les cabinets vétérinaires et les animaleries sont souvent à la recherche de journaux.
- Certaines associations caritatives acceptent les pelotes de laine dépareillées ; elles en font des couvertures en patchwork.
- Vous pouvez faire don de vos vieilles lunettes ; renseignez-vous auprès de votre opticien.
- Les associations caritatives récupèrent les vieux vêtements, la literie et autres textiles. Elles en revendent une partie, une autre est donnée aux personnes démunies.

~ *BON À SAVOIR* ~

Il existe des associations, comme le Réseau Envie, qui récupèrent et réparent les appareils électroménagers obsolètes ou en panne pour les revendre à bas prix. Ainsi, les déchets des uns deviennent les trésors des autres.

LES DÉCHETS ENCOMBRANTS

Certains produits ne peuvent pas être recyclés mais ne doivent pas être jetés, au risque de polluer l'environnement ou de blesser quelqu'un.

- Demandez à votre pharmacien comment vous débarrasser de vos vieux médicaments. Vous ne devez les jeter ni à la poubelle ni dans les W.-C.
- Avant de jeter les vieux pots, flacons ou bidons de produits qui s'entassent dans votre garage, renseignez-vous sur le mode d'élimination approprié auprès de votre syndicat de collecte des ordures. Certaines substances peuvent contenir des produits chimiques dangereux.
- Si vous voulez vous débarrasser de vos nettoyants chimiques, prenez conseil auprès de votre syndicat de collecte des ordures.

SAVOIR TRIER

Si vous ne séparez pas les objets recyclables des non recyclables, l'ensemble devient inutilisable. Un simple tesson de céramique suffit à rendre une tonne de verre impossible à recycler.

- Les bouteilles en plastique (PET) font partie des sept catégories de plastiques recyclables (voir p. 13). Renseignez-vous auprès de votre mairie.
- Ôtez systématiquement les bouchons des bouteilles.
- Triez les papiers, leurs élastiques et leurs emballages en plastique.
- Retirez les capuchons et les embouts en plastique des aérosols, mais n'essayez pas de compacter la bombe.
- Les enveloppes à fenêtre ne doivent pas être jetées avec le papier recyclé.
- Ne mettez pas vos déchets recyclables dans un sac en plastique.

■ ■ ■ Les écoles utilisent toutes sortes de matériaux pour leurs activités artistiques et ludiques.

RECYCLABLE OU NON RECYCLABLE ?

La plupart des régions bénéficient d'un service de ramassage des déchets recyclables. Votre mairie vous fournira une liste d'entreprises capables de recycler les matériaux qu'elle n'est pas à même de traiter. Vérifiez quels sont les matériaux recyclables et ceux qui ne le sont pas. Rincez les bouteilles, bocaux, canettes et cartons de lait avant de les mettre au recyclage.

Recyclables

- ✔ Bocaux et bouteilles en verre : ôtez le bouchon ou le couvercle.
- ✔ Papiers : journaux, magazines, annuaires, enveloppes, papier pour imprimantes, emballages, cartons, boîtes à pizzas.
- ✔ Boîtes de conserve.
- ✔ Aérosols et canettes en acier.
- ✔ Couvercles de pots de confitures en acier.
- ✔ Barquettes d'aluminium.
- ✔ Briques de lait et de jus de fruits.
- ✔ Bouteilles en PET : enlevez le bouchon.
- ✔ Déchets verts : mais à utiliser en priorité dans votre bac à compost ou votre élevage de vers de terre.

Non recyclables

- ✘ Sacs en plastique (certains grands supermarchés les récupèrent).
- ✘ Verre résistant au four, vitrage et miroir.
- ✘ Films plastique enveloppant revues et emballages.
- ✘ Lingettes nettoyantes.
- ✘ Récipients alimentaires en polystyrène, pots de yaourts.
- ✘ Carton vitrifié.
- ✘ Cellophane et papier-cadeau en feuille d'aluminium.
- ✘ Papier plastifié.
- ✘ Verres à boire.
- ✘ Ampoules électriques.
- ✘ Faïence.

LES DÉCHETS DANGEREUX

Certains objets, bien que recyclables, contiennent des métaux lourds ou des produits chimiques toxiques et doivent donc être traités avec soin. Renseignez-vous sur la façon de recycler ces objets auprès de votre mairie ou sur Internet.

- Demandez à votre déchetterie si elle recycle les batteries de voitures et d'appareils électriques.
- Si vous vidangez le moteur de votre voiture, récupérez l'huile dans un bidon propre et portez-le chez un garagiste ou à votre déchetterie.
- Emportez vos vieux pots de peinture et de solvants à la déchetterie.
- Demandez à votre magasin de téléphonie si une solution est prévue pour le recyclage de votre ancien portable.
- Recyclez vos cartouches d'encre et vos toners. Certains fournisseurs reprennent les consommables vides et il existe des points de collecte dans toute la France.
- Si vous vous débarrassez d'un ordinateur assez récent, donnez-le à une association caritative ; s'il est plus ancien, envoyez-le au recyclage.
- La plupart des syndicats de recyclage acceptent les appareils de production de froid et autres appareils électroménagers. Les réfrigérateurs sont à manipuler avec précaution pour éviter toute fuite de gaz réfrigérant.
- Demandez à votre mairie les renseignements sur le recyclage des véhicules anciens.
- Les pneumatiques peuvent se recycler. Renseignez-vous auprès de votre mairie ou d'un marchand de pneus.
- Pour recycler de la ferraille, téléphonez à votre mairie ou consultez les « Pages jaunes ».

liens utiles

Opération vidange propre :
www.ademe.fr/htdocs/actualite/operation_vidange_propre/index.html
Le recyclage des médicaments périmés ou inutiles : www.unpf.org/cyclamed/
Le site du verre et son recyclage : www.verre-avenir.fr/
Fédération de la récupération du recyclage et de la valorisation : www.federec.org

■ ■ ■ **Sur les marchés,** les producteurs de volaille sont souvent contents de récupérer des boîtes à œufs pour pouvoir les réutiliser.

Rénover

Dans bien des cas, un article usé mais en bon état de fonctionnement n'a pas besoin d'être remplacé. Pour donner une nouvelle jeunesse à un vieux meuble ou un tissu défraîchi sans dépenser beaucoup d'argent, il suffit souvent d'exercer vos talents créatifs. Quelques techniques de base vous y aideront.

LES BOISERIES

- Pour raviver une laque ou un verni terni, diluez un peu de dentifrice blanc dans de l'eau et frottez le bois avec un chiffon.
- La gomme laque s'enlève en frottant avec de l'alcool dénaturé.
- Lorsque vous démontez un meuble, ne frappez jamais sur le bois avec un marteau, mais intercalez une cale en bois. Sinon, vous risquez de fendre ou de marquer le meuble.
- Lorsqu'un tiroir coulisse mal, réparez les zones endommagées ou poncez les endroits où le bois a gonflé. Sinon, frottez de la cire de bougie sur les parties coulissantes.
- Si un tiroir a du jeu, démontez-le pour le recoller. Défaites les vis et donnez des petits coups sur les assemblages pour les désolidariser. Tamponnez les assemblages de vinaigre chaud pour les desserrer et pour éliminer la colle.
- Pour recoller un placage cloqué, faites une entaille à la lame de rasoir, glissez de la colle à bois sous le placage avec un riflard et recollez.
- Décapez le bois avec une pâte épaisse faite de cristaux de soude et d'un peu d'eau. Neutralisez ensuite la surface avec du vinaigre et essuyez avec un chiffon humide.

Coller une déchirure

Essayez la technique du collage pour réparer le cuir, le vinyle ou certains tissus épais.

- Avec une lame de rasoir, découpez un carré ou un rond autour de la déchirure.
- Collez un support de matériau similaire à l'envers du trou.
- Décalquez le trou sur une feuille de papier, qui vous servira de patron.
- Récupérez un échantillon de cuir ou de tissu et découpez une pièce identique au patron.
- Collez la pièce sur le support.

LE MÉTAL

- Froissez une feuille d'aluminium ménager et frottez les points de rouille sur un meuble ou un robinet chromé pour les éliminer.
- Pour les meubles chromés plus piqués, frottez avec un tampon métallique imprégné d'alcool dénaturé, puis faites briller avec un peu d'huile d'olive.
- Pour protéger des meubles peints en fer ou en aluminium, enduisez-les de cire d'abeille ou de carnauba.
- Sur un meuble en aluminium avec de vieilles sangles en nylon fixées par des rivets impossibles à enlever, vous pouvez remplacer les sangles par des lames de cèdre de Virginie que vous visserez dans le cadre.
- Pour traiter un objet en fonte rouillé, grattez la rouille au racloir, à la brosse métallique et au papier de verre, puis appliquez une sous-couche suivie d'une couche de peinture.
- Pour ramollir une peinture à l'eau, faites tremper l'objet dans de l'eau bouillante. Pour la peinture à l'huile, laissez tremper une nuit

ATTENTION !

▼ Les décapants chimiques contiennent souvent du chlorure de méthylène et du dichlorométhane, deux substances présumées cancérigènes.

■ ■ ■ **Pour éviter les décapants chimiques,** utilisez un décapeur thermique : il ramollit la peinture et facilite son décollage.

dans de l'eau additionnée de 250 grammes de cendre.

LES TISSUS

- Il est possible d'allonger des rideaux avec un liseré de tissu ou une frise.
- Transformez des rideaux délavés en housses de coussins.
- Un bain de teinture ravivera vos serviettes et votre literie.
- Pour prolonger la vie d'un drap très usé, coupez-le en deux dans la longueur et recousez-le avec la partie râpée vers les bords. Renforcez ces derniers avec du galon si nécessaire.
- Fabriquez-vous un jeté en laine bouillie avec des pulls en laine récupérés dans des boutiques d'associations caritatives. Lavez les pulls à la machine à haute température jusqu'à ce que la laine soit rétrécie et feutrée. Découpez des carrés de taille identique et cousez-les bord à bord.

RÉNOVER UN FAUTEUIL DE METTEUR EN SCÈNE

Pour rénover un fauteuil de metteur en scène, il suffit de changer le tissu et de peindre ou de lasurer le bois. Choisissez un tissu épais et résistant à l'humidité, comme du coutil ou de la toile pour transat.

- Découpez l'ancienne assise au cutter et retirez les pointes en veillant à ne pas endommager le bois.
- Défaites les coutures de l'ancienne assise et utilisez-la comme patron. Découpez la nouvelle assise, en ajoutant 2 cm à l'avant et à l'arrière pour les ourlets.
- Cousez les ourlets à la machine, puis repassez un repli de 5 cm sur le bord gauche et droit de l'assise.
- Disposez un bord repassé sur l'extérieur d'une traverse. Repliez le fauteuil et fixez l'assise au moyen de six semences. Renouvelez l'opération pour l'autre côté du fauteuil.

- Retirez l'ancien dossier en burinant les pointes si nécessaire pour permettre au tissu de coulisser.
- Prenez les mesures de l'ancien dossier et ajoutez 5 cm de chaque côté et 2 cm à l'avant et à l'arrière pour les ourlets.
- Découpez le nouveau dossier et cousez les ourlets à la machine.
- En travaillant derrière le fauteuil, fixez le dossier à l'intérieur d'un des montants au moyen de quatre semences.
- Enroulez le tissu autour du montant, tendez-le sur le devant du fauteuil, puis enroulez-le autour du second montant et fixez-le au moyen de quatre autres semences.

Avec des vêtements ou des rideaux déchirés, usés ou tachés, vous réaliserez de magnifiques dessus-de-lit en patchwork.

LES TEINTURES

Les mailles larges se teignent mieux que les mailles serrées, et les textiles naturels donnent de meilleurs résultats que les matières synthétiques.

- Avant de teindre un article, lavez-le à l'eau la plus chaude qu'il puisse supporter afin d'éliminer toute trace de saleté.
- Les teintures à chaud sont celles qui déteignent le moins, mais assurez-vous que le tissu supporte l'eau chaude.
- Ajoutez 1 pincée de bicarbonate de soude dans votre teinture à chaud pour une meilleure répartition de la couleur.
- Pour les tissus fins comme la soie ou la mousseline, utilisez des teintures à froid.
- Vous pouvez fabriquer des teintures naturelles à partir de produits de la maison ou du jardin : peaux d'oignon, thé ou café, fruits rouges, fleurs, etc. Vous devrez utiliser un fixateur chimique appelé mordant ; il s'agit d'un produit toxique, à utiliser avec précaution.

■ ■ ■ Pour nettoyer une vieille chaise en aluminium brut, utilisez un tampon métallique et du savon.

INSECTES ET NUISIBLES

L'absence d'insectes et autres nuisibles dans la maison est indispensable au bien-être de la famille.

Désinsectiser la cuisine

Pièce chaude et pleine de nourriture, la cuisine attire les fourmis, les cafards et les charançons. Mais c'est aussi l'endroit où il est le plus vivement déconseillé d'utiliser des pesticides chargés de substances chimiques toxiques. Heureusement, il existe des solutions alternatives naturelles.

LES RÈGLES DE BASE

Le premier rempart contre les invasions d'insectes relève du bon sens : ne pas laisser de nourriture.

- Veillez à la propreté de vos plans de travail et incitez les membres de la famille à nettoyer derrière eux.
- Rangez tous vos aliments dans des boîtes hermétiques. Les charançons qui entrent dans une maison proviennent souvent des magasins. Si vous laissez traîner vos sachets, non seulement les insectes auront de quoi manger, mais ils risquent d'infester vos placards.
- Surveillez les dates de péremption de vos aliments. N'achetez pas en trop grosses quantités.
- Ramassez tout aliment renversé sur les étagères et nettoyez régulièrement vos placards avec un détergent, en ajoutant à l'eau de lavage quelques gouttes d'une huile essentielle aux propriétés répulsives, par exemple de l'essence de girofle.
- Si vous trouvez ne serait-ce qu'une larve de charançon dans un aliment, jetez tout le paquet.
- Pour repousser les charançons, répartissez des feuilles de laurier ou des clous de girofle dans vos placards.

LE B.A.BA DE LA LUTTE ANTI-INSECTES

- ✔ Bouchez tous les trous dans les murs, autour des canalisations, au pied des plinthes et entre les lames de parquet pour empêcher les insectes d'entrer et de se reproduire.
- ✔ Couvrez votre poubelle de cuisine et videz-la souvent.
- ✔ Utilisez du papier tue-mouche, des appâts et des tapettes.
- ✘ Ne laissez pas traîner vos assiettes sales et veillez surtout à ce que la vaisselle soit faite le soir lorsque vous allez vous coucher.
- ✘ Ne laissez pas la paperasse s'accumuler ; rangez-la dans des boîtes.
- ✘ Ne tuez pas les prédateurs naturels comme les araignées noires ou les faucheux : ils éliminent une grande quantité de mouches.

LES FOURMIS

Les fourmis ne sont gênantes que lorsqu'elles s'invitent à l'intérieur. Incitez-les à sortir avant de prendre des mesures plus drastiques.

- Ne laissez aucun aliment sans protection sur vos plans de travail.
- Nettoyez tout aliment renversé.
- Lavez la plaque du four et du gril après utilisation.
- Gardez vos poubelles extérieures le plus loin possible de votre maison.
- Placez des pots d'herbes répulsives fraîches ou déshydratées (menthe, menthe pouliot, rue ou tanaisie) aux endroits qui posent problème.
- Créez une barrière physique à chaque point d'entrée des fourmis. Par exemple, saupoudrez une ligne

■ ■ ■ **Pour chasser les fourmis,** pulvérisez sur leur parcours une solution composée de 5 millilitres de liquide vaisselle dilués dans 2 tasses d'ea

RÉPULSIF MAISON

Voici un répulsif efficace contre les fourmis. Déposez la moitié d'un citron dans un couvercle de pot à confiture, puis mettez ce couvercle dans les endroits où apparaissent les fourmis. Changer le demi-citron lorsqu'il se couvre de moisissures. Vous pouvez également mettre un peu de bicarbonate de soude et quelques clous de girofle dans vos placards, les fourmis détestent ces produits.

de piment de Cayenne, de poivre noir ou de sel.

- Nettoyez vos appuis de fenêtre avec de l'essence de girofle ou d'eucalyptus. Les fourmis n'aiment pas les odeurs fortes.
- Saupoudrez vos placards de terre de diatomées. Composée de microparticules très tranchantes, elle tuera les insectes rampants sans risque pour les humains ni les animaux domestiques. Ne l'utilisez pas pour la piscine (elle peut irriter les poumons).

LES CAFARDS

Plus les cafards seront dérangés, moins ils auront envie de s'installer, et moins ils se reproduiront.

- Les moustiquaires constituent des écrans infranchissables pour les nouveaux arrivants.
- Réparez toute fuite d'eau sans attendre : les cafards aiment les endroits chauds et humides.
- Chaque soir, rangez tous les aliments, y compris la nourriture pour chats et chiens.
- Changez régulièrement de place vos petits articles comme les sacs en plastique, les torchons ou les produits sous l'évier, car les cafards aiment y faire leur nid.
- Installez des pièges collants à proximité des lieux de reproduction des cafards. Dans un couvercle, mélangez un appât faiblement toxique, comme du borax, avec du sucre ou de la confiture.
- Pour chasser les cafards nichés derrière les placards ou les réfrigérateurs, les désinsectiseurs respectueux de l'environnement utilisent un décapeur thermique. Ainsi, ils leur brûlent les ailes, ce qui les tue à brève échéance.
- Pour repousser les cafards, mettez des bouts de concombres dans vos placards. Parmi les autres répulsifs efficaces, citons les gousses de vanille, les fleurs de pyrèthre séchées et le pyrèthre en poudre (vendu en jardineries).
- Enduisez d'huile l'intérieur d'un pot en verre et remplissez-le à moitié de bière. Les cafards tomberont dans le pot et ne pourront pas en sortir.

Les insecticides à éviter

Produits	Leurs effets sur les humains
Organophosphates : alathion, parathion, chlorpyrifos, diazinon	S'absorbent facilement par voie épidermique. Principaux symptômes d'empoisonnement : maux de tête, vertiges et diarrhée. Ne persistent guère plus de quelques mois dans l'environnement.
Carbamates : aldicarbe, carbaryl, bendiocarbe, propoxur	Modérément à hautement toxiques par ingestion. Certains peuvent être absorbés par voie épidermique. Se décomposent rapidement dans l'environnement.

Les insecticides organochlorés comme l'aldrine et la dieldrine ont été utilisés partout dans le monde jusqu'à la fin des années 1990. Ces produits s'accumulent dans les tissus adipeux des espèces animales et sont responsables de graves problèmes de santé. Les insecticides actuels, tout en restant toxiques, sont moins persistants dans l'environnement.

À PETITE DOSE

Voici les solutions les moins toxiques si vous devez utiliser des produits chimiques.

- Le borax, un puissant alcali, est un poison pour les plantes et les insectes (et pour les humains, pris à haute dose).
- Le pyrèthre, en poudre ou en spray, est issu de la plante à fleurs blanches du même nom. C'est un poison pour les insectes, il est toxique pour les poissons et les batraciens, et légèrement toxique pour les humains.
- Le pyréthrinoïde est une forme synthétique du pyrèthre. Il est hautement toxique pour les insectes et la faune aquatique, et légèrement toxique pour les mammifères. Il est à réserver aux cas difficiles.

Dans vos placards, passez un chiffon imprégné d'une huile essentielle aux pouvoirs répulsifs : théier, menthe poivrée ou citronnelle.

Lutter contre les parasites

Puces et acariens aiment la chaleur et le confort de nos maisons. Quant aux mites et aux anthrènes, ils se nourrissent de nos textiles. Pour vous débarrasser de ces parasites sans recourir à des produits chimiques, rendez-leur la maison moins accueillante et utilisez des répulsifs naturels.

LES PUCES

- Le traitement antipuces de vos animaux doit être une priorité.
- Passez l'aspirateur régulièrement pour éliminer les puces, leurs œufs et leurs larves. Brûlez ensuite le sac d'aspirateur ou enfermez-le dans un sac plastique et placez-le en plein soleil ou au congélateur pendant 48 heures pour tuer les parasites.
- En cas de problème persistant, nettoyez la surface infestée et pulvérisez de pyrèthre tous les endroits pouvant abriter des puces.

UNE TERRE FORT UTILE

La terre diatomée se compose d'algues microscopiques préhistoriques fossilisées. Ses particules siliceuses tranchantes blessent mortellement les insectes qui s'y frottent ou qui les ingèrent.

- Ce produit ne contient aucune substance chimique et ne présente aucun danger pour les mammifères.
- Utilisez de la terre diatomée pour la cuisine ou pour le jardin, mais pas pour la piscine.
- Vous trouverez de la terre diatomée naturelle et non traitée dans les jardineries ou sur Internet. Ne l'achetez pas dans les magasins d'articles pour piscine.

LES MITES ET LES ANTHRÈNES

Ce sont les larves des mites qui dévorent les vêtements dans les placards. De même, ce sont les larves des anthrènes qui attaquent les moquettes.

- Les mites préfèrent les habits sales ou tachés. Il est important de laver vos vêtements avant de les ranger.
- Pour éliminer les mites d'un vêtement infesté, lavez-le en machine à la plus haute température possible (sauf articles en laine), puis suspendez-le 2 heures en plein soleil.
- Conservez vos habits en laine ou en lin dans un coffre en camphrier, un bois que les mites n'aiment pas.
- Au lieu d'acheter de la naphtaline, utilisez des boules de camphrier ou de bois de cèdre de Virginie, ou saupoudrez vos vêtements de sels d'Epsom, d'herbes déshydratées ou de clous de girofle.
- Placez au milieu de vos lainages un mélange d'épices et d'herbes déshydratées dans un petit sachet de mousseline.
- Passez régulièrement l'aspirateur dans votre garde-robe et frottez les parois d'huile essentielle d'eucalyptus ou de lavande.
- Certaines plantes peuvent introduire dans la maison des anthrènes adultes.
- Surveillez la présence d'anthrènes dans le feutre de votre piano. Passez l'aspirateur, puis placez à l'intérieur du piano quelques feuilles d'un répulsif naturel, par exemple du laurier.

SOLUTIONS ANTIPUCES

POUDRE ANTIPUCES

500 g de bicarbonate de soude
20 gouttes d'huile essentielle de menthe pouliot

- Mélangez soigneusement le bicarbonate de soude et l'huile essentielle.
- Saupoudrez le mélange sur vos moquettes ou vos meubles.
- Laissez agir au moins 1 heure, puis aspirez.

SPRAY ANTIPUCES

2 citrons
50 cl d'eau bouillante

- Hachez les citrons sans les peler et versez l'eau bouillante dessus.
- Laissez macérer toute une nuit, puis filtrez et transvasez dans un flacon pulvérisateur.
- Pulvérisez sur une moquette aspirée ou sur une couverture propre d'animal domestique.

Un nettoyeur vapeur permet d'éliminer puces, mites, anthrènes et acariens qui se nichent dans les tapis et les moquettes.

DIFFUSEUR DE PARFUM ANTIMITES

Ce diffuseur reste efficace pendant plusieurs années. La poudre de rhizome d'iris s'achète dans les pharmacies et les herboristeries.

• *Entourez le diffuseur de parfum d'un ruban et suspendez-le dans une armoire.*

1 Avec du ruban adhésif, divisez une orange en quatre. Plantez des clous de girofle.

2 Roulez l'orange dans un mélange de 2 c. à c. de rhizome d'iris, 2 c. à c. de clou de girofle et 2 c. à c. de cannelle.

3 Remplacez l'adhésif par un joli ruban, suspendez l'orange dans un endroit ventilé et laissez-la sécher.

~ BON À SAVOIR ~

L'aspiration régulière des parquets et des moquettes est le meilleur rempart contre les puces, les mites, les anthrènes et les acariens. Soignez particulièrement le dessous des lits et les plinthes, véritables garde-manger pour les larves.

LES ACARIENS

Avec une prédilection pour les endroits chauds et humides, les acariens se développent dans les vêtements, la literie, les moquettes et les tissus d'ameublement.

- Si un occupant de votre foyer est allergique aux acariens, débarrassez-vous de vos moquettes et rideaux.
- Pour limiter le nombre d'acariens dans le lit, lavez régulièrement votre literie à l'eau chaude avec du savon en paillettes et de l'huile d'eucalyptus. Faites sécher au soleil.
- Les acariens n'aiment pas les atmosphères sèches. Aérez et baignez votre maison de soleil. Si votre chambre est humide, utilisez un déshumidificateur. Suspendez régulièrement couvertures, duvets et tapis en plein air, au soleil.
- Investissez dans une literie résistante aux allergènes. Il existe des alèses, des couettes et des oreillers en tissu microporeux, qui empêche les acariens de s'installer en favorisant la circulation d'air.
- Aspirez régulièrement le sol, le sommier et le matelas avec un aspirateur puissant équipé d'un filtre HEPA. Nettoyez à la vapeur les moquettes et les tissus d'ameublement.
- Limitez les nids à poussière en rangeant un maximum d'objets dans des placards fermés. Bibliothèques, dessous de lit encombrés et dessus d'armoire sont des endroits particulièrement propices à l'accumulation de poussière.
- Pour tuer les acariens qui colonisent les peluches, mettez-les 24 heures au congélateur. Un lavage en machine élimine les excréments d'acariens.

liens utiles

Informations sur les pesticides : www.mdrgf.org/
Base de données sur la toxicité des produits phytopharmaceutiques : www.dive.afssa.fr/agritox/index.php
Moyens naturels de lutte contre les insectes : fr.ekopedia.org/Protection_contre_les_insectes

Pour tuer des larves de mites, enfermez l'article infesté dans un sac plastique et placez-le au congélateur pendant 48 heures.

Alerte aux envahisseurs

À l'état naturel, moustiques, rongeurs, araignées et mouches se reproduisent en extérieur, mais ils n'hésitent pas à envahir les maisons dès qu'ils trouvent un point d'entrée. Pour garder le contrôle, la priorité est de les empêcher de pénétrer.

LES MOUSTIQUES

Les moustiques peuvent être vecteurs de maladies. Pour lutter contre ces insectes, vous avez le choix d'installer des moustiquaires ou d'utiliser des répulsifs naturels.

- Pour chasser les moustiques en extérieur, faites brûler une bougie à la citronnelle.
- En intérieur, faites brûler de l'huile essentielle de lavande ou de menthe poivrée dans un diffuseur.
- Plantez de la tanaisie ou du basilic autour de votre terrasse.
- Appliquez sur votre peau un répulsif naturel comme du vinaigre de cidre ou une dilution d'huile essentielle (menthe pouliot, théier, mélisse ou lavande).

ANTIMOUSTIQUES

1 volume d'essence de lavande
1 volume d'essence d'eucalyptus
1 volume d'essence de menthe pouliot
3 volumes de crème hydratante non parfumée ou d'essence d'amande

Bien mélanger. Appliquez fréquemment et généreusement sur la peau. Si vous avez la peau sensible, limitez les applications sur les zones exposées.

Pour repousser les moustiques, placez à côté de votre lit une soucoupe remplie d'essence de clou de girofle.

LES RATS ET LES SOURIS

Si vous voyez un rongeur, soyez sûr qu'il y en a plusieurs. Si vous laissez faire, vous serez vite envahi !

- Rangez tous vos aliments dans des boîtes hermétiques. Les rongeurs recherchent particulièrement le chocolat, la farine et les céréales.
- Bouchez les fentes au travers desquelles rats et souris peuvent s'infiltrer avec du mortier, une plaque de métal ou de la laine d'acier.
- Enduisez les entrées d'essence de menthe poivrée, car les rats et les souris n'en supportent pas l'odeur.
- Veillez à la propreté des alentours de votre maison. Débarrassez-vous des tas de mauvaises herbes ou des casiers à compost ouverts.

LES PIÈGES À RONGEURS

Utilisez des pièges plutôt que des appâts empoisonnés, qui peuvent faire des victimes chez d'autres espèces vivantes.

- Pour déterminer les endroits stratégiques, saupoudrez la zone de farine et observez les empreintes.
- En guise d'appâts, utilisez de la citrouille, du beurre de cacahuètes mélangé à des flocons d'avoine ou des graines de tournesol.

LA GESTION DES MOUSTIQUES

- ✔ Ne laissez pas l'eau stagner dans vos pots de fleurs, seaux et soucoupes.
- ✔ Vérifiez le bon écoulement de l'eau dans vos gouttières et vos systèmes de drainage.
- ✔ Protégez les orifices de vos réservoirs avec du filet de moustiquaire.
- ✔ Changez quotidiennement l'eau de vos animaux domestiques.
- ✔ Mettez des grenouilles ou des poissons dans votre bassin pour qu'ils mangent les larves de moustiques.
- ✔ Faites fonctionner régulièrement votre fontaine artificielle pour brasser l'eau et empêcher les moustiques de s'y développer.

Pour calmer la démangeaison d'une piqûre de moustique, appliquez un mélange de vinaigre et de bicarbonate de soude.

PAPIER TUE-MOUCHES MAISON

Cette méthode traditionnelle et naturelle ne produit ni émission gazeuse ni mauvaise odeur. Il vous faut du sucre roux, du sucre blanc, du sirop de sucre roux et du ruban de masquage.

• *Attachez votre papier tue-mouches avec une ficelle près d'une fenêtre ou d'une porte. Attirées par le sucre, les mouches viendront s'y coller et ne pourront pas s'enfuir.*

1 Coupez six bandes de 60 cm de ruban adhésif et collez-les en les repliant en deux, de façon à obtenir des bandes de 30 cm. Percez un trou à une extrémité et mettez vos bandes de côté.

2 Mélangez 20 cl de sirop de sucre roux, 2 c. à s. de sucre roux et 2 c. à s. de sucre blanc. Faites-y tremper les bandes toute la nuit. Sortez-les, raclez le surplus de sucre et passez un bout de ficelle à travers chaque trou.

- Si vous pensez avoir plusieurs rongeurs, utilisez plusieurs pièges. Prévoyez deux fois plus de pièges que vous pensez avoir de rongeurs et regroupez-les par deux ou trois.
- Attendez 3 jours avant de relever vos pièges, puis attendez 1 semaine avant de les retendre.
- Par temps froid, les rongeurs recherchent la chaleur. Faites une petite ouverture dans une boîte et placez une lampe à l'intérieur avec un piège appâté.

LES MOUCHES

En cas d'invasion, vérifiez que rien ne les attire dans votre maison.

- Avez-vous songé à installer des moustiquaires sur vos fenêtres et vos portes ?
- Avez-vous bien nettoyé votre plan de travail ?
- Le chien aurait-il laissé son os sur le paillasson ?
- Est-ce votre poubelle de cuisine qui attire les mouches ?
- La litière du chat est-elle propre ?

ÉVITER LES BOMBES INSECTICIDES

- Utilisez une tapette.
- Suspendez du papier tue-mouches.
- Faites brûler de l'huile essentielle de basilic, de lavande, de menthe poivrée ou d'eucalyptus.

LES ARAIGNÉES

Dans la majorité des cas, ignorez-les. Dans la maison, évitez simplement leur prolifération en enlevant les toiles d'araignée.

- Avant d'enfiler votre tenue de jardinage, secouez-la pour vérifier qu'il n'y a pas d'araignée à l'intérieur.
- Ne chassez pas les faucheux. Très venimeux à l'égard des autres arachnides, ils sont inoffensifs pour les humains car leurs crochets ne sont pas assez puissants pour percer l'épiderme. Nettoyez la plupart des toiles, mais laissez-en quelques-unes.
- Pour vous débarrasser d'une tarentule (voir photo page précédente), recouvrez-la d'un grand verre, faites-la glisser sur une feuille de papier et relâchez-la dehors.

ATTENTION !

▼ Évitez les pulvérisations d'insecticides à grande échelle autour de la maison. Cela ne ferait qu'inciter les araignées à se réfugier en lieu sûr, notamment à l'intérieur de la maison.

■ ■ ■ **Appliquez un peu de vinaigre** sur vos vitres et miroirs pour empêcher les mouches de s'y poser et de les salir.

Les ennemis invisibles

Une maison infestée de termites est la hantise de tout propriétaire. En effet, qui pourrait voir son bien le plus cher dévoré par des insectes sans s'en inquiéter ? Heureusement, il existe des moyens de protéger sa propriété contre une invasion. Même lorsqu'on doit faire appel à un professionnel, il est possible de choisir un traitement respectueux de l'environnement.

LES 10 RÈGLES DE LA LUTTE ANTITERMITES

Également appelés fourmis blanches, les termites sont des insectes qui se propagent d'une maison à l'autre.

1 Chaque année, faites inspecter votre maison par un professionnel du traitement des bois.

2 Vérifiez que tous les recoins de votre maison sont accessibles.

3 Cherchez d'éventuelles traces boueuses provenant de termitières (parfois enfouies sous un arbre) et se dirigeant vers des sources d'alimentation comme des poteaux de véranda, des murs de soutènement en lambourdes ou des boiseries intérieures.

4 Soyez attentif à d'éventuels signes d'activité de termites, comme des parquets devenant souples, des boiseries sonnant creux ou des peintures qui se décolorent.

5 Recherchez d'éventuels bruits d'activité près des boiseries. Les termites pénètrent au cœur du bois pour se nourrir et lorsqu'ils sont profondément enracinés, il arrive parfois qu'on les entende, particulièrement de nuit.

6 Les termites appréciant les sols humides, ne laissez pas l'humidité s'installer au pied de votre maison. Récupérez les eaux provenant de votre système de climatisation, de votre chauffe-eau, et videz le réservoir dans votre jardin. Vérifiez également le bon drainage des eaux de pluie à l'écart des murs.

7 Veillez à la bonne ventilation du vide sanitaire de votre maison, en dégageant les bouches d'aération si nécessaire. Un taux d'humidité élevé et le développement de moisissures attirent les termites. Au besoin, installez des bouches d'aération supplémentaires.

8 Ne stockez jamais de bois (pas même du bois de chauffe) à proximité de votre maison.

9 Ne créez jamais de talus accolé à la maison. En obstruant des bouches d'aération ou des trous d'évacuation d'humidité, un talus favoriserait l'accès des termites.

10 Si vous êtes confronté à un problème de termites, faites appel à un professionnel et ne dérangez pas la colonie : elle risquerait de se déplacer et de s'installer dans un endroit plus difficile à repérer.

ATTENTION !

▼ Certains produits chimiques utilisés dans les traitements antitermites sont dangereux. Refusez les traitements à base d'organophosphates ou d'arsenic.

ASTUCE

Il arrive que les termites colonisent les paillages à base de bois que l'on utilise au jardin. Si votre région est infestée, il est préférable d'utiliser des galets en guise de paillis.

■ ■ ■ Si vous traitez votre maison contre les termites, prévenez vos voisins. Ils devraient faire traiter leur maison en même temps.

Choisir un traitement antitermites

Traitement	Descriptif	Points positifs	Points négatifs
Barrière physique	Pierre calibrée ou membrane infranchissable par les termites.	Non toxique.	Doit être installée durant la construction ; inapplicable aux constructions existantes.
Barrière chimique	Appliquée dans le sol autour de la construction. Tue et chasse les termites ; isole la colonie.	Action rapide.	Ne détruit pas la colonie ; injection dans le sol de produits chimiques de toxicité variable.
Poudrage chimique	Application d'insecticide directement sur les lieux de travail des termites.	Peut éradiquer la source si employé correctement.	Même les inhibiteurs de mues (ou IGR) de dernière génération sont légèrement toxiques.
Appâts chimiques	Disposition d'appâts chimiques aux endroits stratégiques.	Toxicité réduite pour les appâts de nouvelle génération ; quantité plus faible de toxines.	Action parfois très lente.

Le traitement antitermites le moins toxique est réalisé sans barrière chimique, avec un appât imprégné d'un inhibiteur de mues.

LA CONSTRUCTION NEUVE

- Demandez à votre constructeur les règles en vigueur dans votre région concernant les termites.
- Avant de construire, prenez conseil sur les mesures préventives auprès d'un professionnel.
- Faites installer des barrières antitermites physiques et non toxiques, par exemple de la pierre calibrée ou une membrane infranchissable par les termites.
- Surélevez les poteaux en bois du sol au moyen d'étriers métalliques.
- Faites équiper les piliers en brique et autres structures sous-plancher de barrières et autres dispositifs antitermites.
- Si nécessaire, faites poser des drains sur le site.
- Veillez à ce que le constructeur accorde suffisamment d'importance à la ventilation du sous-plancher.
- Prévoyez autant de trappes d'accès que possible pour ne laisser aucun endroit inaccessible.
- Faites évacuer toutes les souches et racines de l'emplacement de la construction. Faites compacter le sol avant de couler les fondations pour limiter les risques de fissuration de la chape. Si les termites ne mangent pas le béton, ils peuvent s'infiltrer dans le bois au travers de fissures de surface.
- À l'achèvement des travaux, débarrassez-vous de tout le bois de construction, sans l'enfouir.
- Demandez à votre constructeur d'utiliser un bois de construction traité avec un conservateur sans arsenic ou choisissez du bois dur qui résiste aux termites.

Besoin d'aide ?

Si vous devez faire appel à un professionnel, vous pouvez faire des choix écologiques.

- Interrogez plusieurs professionnels quant à leur expérience, leurs accréditations, aux méthodes et aux produits chimiques qu'ils emploient, et aux solutions les moins toxiques.
- Cherchez sur Internet des informations sur les produits qu'ils vous proposent.
- Méfiez-vous des devis gratuits. Un diagnostic exhaustif et un rapport détaillé prennent du temps, et c'est une prestation qui mérite salaire : à long terme, vous rentabiliserez cet investissement de départ.
- Un professionnel sérieux vous fournira des références. Téléphonez à ses clients et demandez-leur s'ils sont satisfaits de sa prestation.

■ ■ ■ **Si vous construisez** dans une région infestée par les termites, vous avez intérêt à choisir une structure en béton et en acier.

ANIMAUX DOMESTIQUES

Il est de notre responsabilité d'assurer le bien-être et la bonne santé de nos animaux domestiques.

Un animal, naturellement

Un animal domestique apporte de la gaieté dans une maison. Un maître responsable veillera non seulement au bien-être de son compagnon, mais aussi à ce que l'animal ne perturbe ni la faune ni l'environnement.

CHOISIR UN ANIMAL

L'adoption d'un animal de compagnie doit être un acte réfléchi. Voici les questions que vous devez vous poser avant.

- Tous les membres du foyer sont-ils disposés à s'occuper de l'animal ?
- Y a-t-il chez vous une personne qui souffre d'allergies ?
- Quel est l'animal qui correspond le mieux à votre mode de vie, à la taille et au type de logement que vous occupez ? Pourra-t-il s'adapter à son environnement ?
- Souhaitez-vous un animal jeune ou adulte, sachant que les chiots et les chatons réclament beaucoup d'attention ?
- Quelle taille fera l'animal une fois adulte ? Aura-t-il besoin de beaucoup d'exercice ? Renseignez-vous, notamment sur Internet, sur les caractéristiques et les besoins des espèces envisagées.
- Quels sont les animaux les mieux adaptés aux jeunes enfants ?
- Quelles dépenses devez-vous prévoir à long terme (alimentation, frais de vétérinaire, assurance, etc.) ?

PAS DE VAGABONDAGE !

Les animaux domestiques qui vagabondent présentent un danger aussi bien pour la faune sauvage que pour eux-mêmes. Quelques précautions suffisent à minimiser l'impact des animaux domestiques sur l'environnement.

- Ne laissez pas votre chien divaguer. Veillez à ce qu'il ne puisse quitter votre propriété durant la journée.
- La nuit, essayez de garder votre chat ou votre chien enfermé. C'est l'une des manières les plus efficaces de l'empêcher de chasser.
- Faites stériliser ou castrer votre animal. Il sera moins susceptible de vagabonder et donc de rencontrer des espèces sauvages.
- Équipez votre chat d'un collier à grelot pour avertir les animaux terrestres et les oiseaux lorsqu'il s'approche trop près.
- Ne nourrissez pas les chats et les chiens errants. Demandez à la SPA ou à votre mairie de venir les chercher.

■ ■ ■ **Si vous construisez une cage ou un chenil** pour votre animal, utilisez des peintures et des conservateurs non toxiques.

POUR ou CONTRE

LES ANIMAUX DE COMPAGNIE

Un animal domestique est généralement un excellent compagnon et le fait de promener régulièrement un chien maintient en bonne santé. En effet, les propriétaires d'animaux de compagnie sont moins sujets aux problèmes d'hypertension artérielle et d'infarctus. Quant aux enfants, grandir au contact d'un compagnon à quatre pattes leur inculque le respect des animaux.
Malheureusement, le plus docile des chats ou des chiens garde au fond de lui un instinct d'animal sauvage et peut donc présenter une menace pour les espèces indigènes.

~ BON À SAVOIR ~

Adopter un animal issu d'un refuge ou d'une association de protection des animaux est une expérience passionnante et apporte une pierre à la lutte contre les animaux abandonnés. La participation demandée est inférieure au prix des espèces vendues en animaleries et, la plupart du temps, l'animal est vacciné, stérilisé ou castré et équipé d'une puce électronique.

LA PROPRETÉ

Les excréments d'animaux sont porteurs de parasites susceptibles de contaminer les humains et de polluer l'environnement. Il convient donc de prendre certaines précautions.

- Empêchez votre animal de faire ses besoins dans les endroits piétonniers, dans les bacs à sable et près des bouches d'égout. En ville, les excréments de chiens sont considérés comme une source de pollution des eaux.
- Ramassez les crottes de votre chien avec un sac plastique biodégradable. De plus en plus de municipalités proposent aujourd'hui des poubelles et des sacs dédiés à la collecte des excréments d'animaux.
- Nettoyez régulièrement le bac à litière de votre chat à l'eau très chaude ou avec un désinfectant à faible toxicité pour tuer tous les microbes. Il existe des litières écologiques et biodégradables, mais vous pouvez utiliser du papier journal déchiqueté.
- Pour éviter les maladies, lavez-vous les mains après avoir touché un chat ou un chien.
- La toxoplasmose se transmet par contact avec des excréments de chats qui ont contracté cette maladie systémique en mangeant des aliments crus infectés. Les femmes enceintes doivent être très vigilantes durant leur grossesse.

LES ESPÈCES INDIGÈNES

Si votre chat ou votre chien blesse un animal sauvage, vous pouvez améliorer ses chances de survie par quelques gestes simples.

- Couvrez l'animal blessé d'une serviette et placez-le dans une boîte, dans un endroit chauffé et calme. Ne le nourrissez pas, ne le manipulez pas, le stress pourrait le tuer.
- Conduisez l'animal chez un vétérinaire ou téléphonez à une association de protection des animaux.
- Si vous trouvez un animal blessé au milieu de la route, déplacez-le à l'abri de la circulation.
- Si l'animal se rétablit, sachez que vous ne pourrez pas forcément le garder. La possession de certaines espèces peut nécessiter des autorisations ; renseignez-vous auprès des autorités compétentes.

liens utiles

Choisir un animal de compagnie : www.animalinfos.fr/Choisir-un-animal.html
Pacte « animalement correct » : www.animalement-correct.fr/le-pacte
Informations sur l'identification et les puces électroniques : www.jidentifiemonanimal.com
Faites-en un bon citoyen : www.30millionsdamis.fr/mon-animal-et-moi/conseils/pratique/faites-en-un-bon-citoyen.html

Équipez votre chat ou votre chien d'un collier avec une plaque d'identité ou d'une puce électronique.

Un régime équilibré

Comme les humains, les animaux domestiques ont besoin d'exercice et d'un régime alimentaire équilibré. La qualité et la variété des aliments pour animaux sont aujourd'hui en net progrès et l'on trouve même sur le marché des produits naturels. Il est donc possible de nourrir son animal en évitant au maximum les produits chimiques et conservateurs artificiels.

LE CHOIX DU RÉGIME

Les aliments du commerce sont pratiques mais coûteux. Les repas maison reviennent moins cher mais réclament plus de travail.

- Un animal de compagnie a besoin d'une alimentation variée, pour sa santé et sa stimulation. Si vous souhaitez changer son régime, faites-le progressivement.
- Examinez l'apparence, le comportement et la santé de votre animal. Ces trois éléments, lorsqu'ils sont positifs, sont souvent révélateurs d'un régime alimentaire sain et equilibré. Si vous n'êtes pas sûr de lui donner tous les éléments nutritifs dont il a besoin, demandez conseil à votre vétérinaire.

LES ALIMENTS CRUS

Nombre de vétérinaires recommandent un régime cru pour les chiens et les chats.

- Un régime cru à base de viande, d'os et de légumes est ce qui se rapproche le plus du régime idéal génétiquement programmé.
- Les aliments crus renforcent les dents et les gencives de votre animal, et contribuent à une bonne haleine.
- Les os crus sont une excellente source de calcium. Leur faible apport en cartilage, en moelle et en sels minéraux est essentiel à la solidité et à la santé du système osseux de votre animal.
- Un os de qualité contribue à l'apport en aliments de lest nécessaire à votre animal.
- Ne donnez aucun os cuit à votre chien. Les os cuits peuvent se briser en morceaux pointus, émousser les dents de l'animal et induire un risque d'étouffement. De plus, la cuisson réduit considérablement la teneur en calcium.

LES ALIMENTS DU COMMERCE

Les industriels ont consenti de gros efforts d'étiquetage et le discours publicitaire laisse entendre qu'on trouve aujourd'hui des aliments de qualité, offrant tous les éléments nutritifs nécessaires à un régime équilibré.

- Choisissez des aliments secs vendus dans les animaleries ou les cabinets vétérinaires. Ils sont souvent plus chers mais de qualité supérieure par rapport aux produits de supermarché.
- Les aliments haut de gamme contiennent souvent des fibres de qualité, tandis que les aliments en conserve bon marché recèlent des fibres fermentescibles responsables de flatulences, d'excréments plus volumineux et de mauvaises odeurs. En préparant vous-même les repas de votre animal, vous maîtriserez plus facilement la teneur en fibres de son régime alimentaire.
- Privilégiez les produits contenant des antioxydants et dont l'étiquetage mentionne précisément les taux de vitamines et de sels minéraux ajoutés. Ces informations figurent souvent sur l'emballage.

✓ ACHETER MALIN

- Chez le boucher, recherchez les morceaux de viande ou d'os les moins chers et éliminez le gras. Si vos moyens vous le permettent, achetez de la viande bio.
- Le foie est particulièrement recommandé, mais évitez le foie de mouton pour les chiens, car un mouton infecté peut leur transmettre le ténia échinocoque.

■ ■ ■ En vous promenant dans la campagne, ramassez des pissenlits pour vos lapins ou vos cochons d'Inde.

LES REPAS FAITS MAISON

En règle générale, un repas préparé à la maison revient moins cher que l'achat d'aliments du commerce. L'idéal est de combiner les deux.

- Renseignez-vous sur les besoins nutritionnels de votre animal, en fonction de sa race, de son âge, de son poids et de son mode de vie.
- Privilégiez l'alimentation maison pour les animaux souffrant de problèmes médicaux. Un âge avancé ou une allergie peut nécessiter un régime spécifique.
- Vous pouvez compléter l'alimentation de votre animal avec vos restes de repas s'ils ne sont pas trop riches en graisse, en sel ou en conservateurs.

POUR ou CONTRE

LES ALIMENTS BIO POUR ANIMAUX

Les aliments portant un label bio sont produits sans engrais chimiques, sans pesticides, sans hormones et sans antibiotiques. De plus, ils sont garantis sans OGM. En achetant de la viande bio, vous êtes sûr d'utiliser un aliment issu d'un animal en bonne santé. Vous trouverez également des aliments bio en conserve ou déshydratés, mais le transport peut avoir un coût important. Les aliments dits « naturels » sont moins chers que les aliments bio, mais les producteurs sont souvent avares en informations quant à leurs modes de production.

LES LÉGUMES

Certains légumes contiennent des antioxydants qui participent à la lutte contre les radicaux libres, molécules qui contribueraient au développement de cancers, de maladies cardio-respiratoires et de la cataracte.

- Mélangez un peu de légumes crus aux repas de votre chat. Les vieux chats qui ont un régime exclusivement carné sont plus sujets à des défaillances rénales.
- Pour permettre une bonne digestion, émincez finement les légumes ou faites-les légèrement cuire. De gros morceaux de légumes crus seront évacués en entier et l'animal n'en tirera aucun bénéfice.
- Pour éviter les flatulences, servez les légumes en faibles quantités.
- Si vous imposez un régime végétarien à votre chien, vérifiez auprès d'un vétérinaire que vous fournissez tous les éléments nutritifs essentiels à votre animal.

EN-CAS ET COMPLÉMENTS

Les animaux de compagnie aiment une alimentation variée. Faites-leur plaisir en ajoutant quelques compléments naturels à leurs repas.

POUR LES OISEAUX

- Faites durcir au four un vieux morceau de pain complet. Laissez-le refroidir, puis suspendez-le dans la cage. Les oiseaux viendront le picorer.
- Donnez une pomme de pin à votre perroquet. Picorer les graines lui permet de s'aiguiser le bec.

ASTUCE

Essayez de donner à manger à votre chien ou à votre chat un peu de brocoli, de chou de Bruxelles ou de chou-fleur. Ces trois légumes contiennent des composés qui stimulent les défenses naturelles permettant de neutraliser les substances cancérigènes. Faites-les cuire brièvement avant de les mélanger au repas de votre animal.

RECETTE POUR CHATS

Cette recette facile assure un apport en fibres important pour votre chat.

2 tasses de riz complet
1 kg de bœuf maigre haché
1 c. à c. de sel
2 c. à c. de germes de blé

- Faites cuire le riz et réservez.
- Faites cuire les autres ingrédients dans un peu d'eau pendant 15 minutes.
- Mélangez la viande et le riz.
- Divisez la préparation en portions individuelles et conservez-les au congélateur jusqu'à utilisation.

Si votre chat ou votre chien ne mange pas, essayez de faire chauffer ses aliments. L'odeur peut stimuler un estomac paresseux.

- Les oiseaux aiment la plupart des fruits, mais évitez les pépins de pomme et les noyaux de cerise, de pêche et d'avocat.

LES ALIMENTS INTERDITS

✗ Ne donnez pas de chocolat aux chats ni aux chiens, c'est une substance qui leur est toxique. Évitez également de leur donner du café, de l'alcool et des champignons sauvages.

✗ Ne donnez pas de produits laitiers aux oiseaux. Évitez aussi les aliments salés, comme les chips, qui peuvent provoquer des attaques.

✗ N'ajoutez pas d'oignons à la nourriture de votre animal. L'oignon peut être à l'origine d'une anémie hémolytique, caractérisée par la destruction des globules rouges.

✗ Ne donnez pas de blanc d'œuf cru aux chats. Il contient une substance chimique qui neutralise la biotine, une vitamine essentielle à la santé des chats.

Essayez de donner à votre chien ou à votre chat de la citrouille cuite, source de fibres et de vitamines.

- Donnez régulièrement à vos oiseaux une poignée de chardons ou de graminées ramassés dans les champs, avec les racines encore pleines de terre. Ne leur donnez pas d'herbe tondue : elle a pu être traitée avec des insecticides ou des engrais toxiques.
- Accrochez une poignée de foin à l'extérieur de la cage. Les oiseaux prélèveront les brins à travers les barreaux.
- Lavez vos fruits et légumes avant de les couper pour éliminer tout produit chimique.

POUR LES CHATS ET LES CHIENS

- Mélangez quelques copeaux de carotte ou de pomme au repas de votre chat. Les fruits et les légumes sont bons pour la ligne, les dents et l'haleine de votre chat. Les chiens en mangeront également sans difficulté.
- Si vous n'avez pas de jardin, donnez de l'herbe de blé à votre chat. L'herbe stimule son système immunitaire, rafraîchit son haleine et l'aide à régurgiter les boules de poils.
- Faites pousser de la cataire (ou herbe-aux-chats) ou du persil, sources de fibres pour votre chat.

POUR LES POISSONS

- Ajoutez des plantes aquatiques fraîches dans votre aquarium ou votre bassin. Les plantes sont un bon aliment complémentaire, constituent des lieux de refuge aux poissons et contribuent à l'oxygénation de l'eau.
- Faites blanchir à l'eau bouillante une feuille de laitue ou une tranche de courge et accrochez-la à la paroi de votre aquarium à l'aide d'une ventouse. Vous pouvez aussi essayer d'accrocher une tranche d'orange ou de citron.
- Ajoutez quelques larves de moustiques dans votre aquarium. Les poissons adorent et les aliments vivants constituent un bon complément à un régime artificiel ou préparé. De plus, si vous avez un bassin infesté de moustiques, c'est là un moyen de lutte efficace.

liens utiles

Informations sur la santé des chiens et des chats : www.animal-services.com/sites
Informations sur les parasites : www.30millionsdamis.fr/mon-animal-et-moi/conseils/sante/petits-parasites-gros-soucis.html
Conseils pour soigner les oiseaux : www.ornithomedia.com/pratique/conseils/conseil_index.htm

■ ■ ■ **Si vous nourrissez votre animal d'aliments en conserve, donnez-lui des produits frais une ou deux fois par semaine.**

Exercices et jeux

Tous les animaux domestiques ont besoin de se dépenser. L'exercice est indispensable non seulement à leur santé, mais à leur éveil et à leur perception du monde qui les entoure. Un chien se contentera de 15 à 30 minutes de promenade par jour. Pour un chat, prévoyez une séance de jeu d'au moins 15 minutes.

LES AVANTAGES

- Vous dépenserez moins chez le vétérinaire. Les animaux en surpoids et manquant d'exercice sont plus sujets aux problèmes de santé.
- Votre maison et votre jardin seront plus beaux. Les animaux qui s'ennuient évacuent souvent leur frustration en causant des dégâts dans leur environnement immédiat.
- Vous resterez en meilleurs termes avec vos voisins. Un chien enfermé est un chien malheureux, ce qui peut se traduire par des troubles comportementaux : aboiements intempestifs, agressivité, jalousie, etc.
- Une promenade quotidienne aux côtés de votre chien contribuera à votre bonne forme.

JOUER SANS SE RUINER

Il n'est pas nécessaire d'acheter des jouets coûteux pour vos animaux. Il suffit d'un peu d'imagination pour recycler des objets quotidiens.

- Recyclez une boîte en carton. Coupez dans le couvercle et les côtés des trous suffisamment grands pour que votre chat puisse se faufiler. Placez un ou deux jouets à l'intérieur et observez le manège.
- Dépliez un sac en papier. Les chats adorent s'y cacher et sauter sur la première personne passant à proximité.
- Attachez un bout de ficelle avec du ruban adhésif au sommet d'un bambou planté verticalement et accrochez l'autre bout de la ficelle à une boule de papier ou une fausse souris parfumée à l'herbe-aux-chats.
- Si votre chiot fait ses dents, donnez-lui un vieux ballon de foot, en le dégonflant suffisamment pour qu'il puisse l'attraper à pleines dents.

ASTUCE

Faites nager votre chien. La nage est un excellent entraînement et ne coûte rien.

LES SPORTS CANINS

Si votre chien est vif et plein d'énergie, pourquoi ne pas lui faire faire du sport ?

- L'obéissance : le chien doit réaliser différents exercices en obéissant aux ordres vocaux et aux signes de la main de son maître.
- L'agility : sous la conduite de son maître, le chien évolue le plus rapidement possible sur un parcours d'obstacles (bascules, tunnels, tremplins, etc.).
- La poursuite à vue sur leurre : ce sport, habituellement réservé aux lévriers, consiste à chasser un leurre non pas à l'odorat, mais à vue. C'est un sport très physique qui réclame rapidité, agilité et endurance.
- Le travail sur moutons : ces concours sont réservés aux chiens de berger et de bouvier. Renseignez-vous auprès des clubs canins de votre région.

ATTENTION !

▼ Si vous faites faire de l'exercice à votre chien en pleine chaleur, il risque l'insolation. Le chien utilise le halètement pour évacuer les calories, mais ce système se révèle peu efficace par temps chaud.

En promenant votre chien sur des surfaces dures, vous maintiendrez ses ongles à la bonne longueur sans avoir à les couper.

Remèdes naturels

Si votre animal de compagnie souffre d'une affection mineure, vous pouvez le soigner à domicile. Il est possible de concocter certains remèdes à partir d'ingrédients de cuisine, de produits de salle de bains et de produits cultivés au jardin. Si les symptômes persistent, consultez votre vétérinaire.

LES AFFECTIONS COURANTES

ACNÉ

- En cas d'apparition de vésicules croûteuses sous le menton ou autour de la bouche de l'animal, nettoyez la zone avec un savon doux, rincez à l'eau tiède et séchez soigneusement. Les plats en plastique pouvant abriter certaines bactéries, utilisez de préférence des récipients en porcelaine, en verre ou en métal.

ARTHRITE

- Chaque jour, massez délicatement mais fermement les hanches, le dos, le cou et les jambes de votre animal pour favoriser la circulation sanguine et détendre les muscles et les articulations. Insistez sur les zones autour des articulations et effectuez des gestes d'amplitude maximale avec les membres de l'animal.
- Enveloppez une bouillotte d'une serviette et appliquez-la sur les zones douloureuses.
- La nage est un excellent exercice pour un chien arthritique.
- Mélangez aux aliments de l'animal un peu de persil, de gingembre râpé ou d'huile de lin ou de tournesol.

BRÛLURES

- Toute brûlure doit être immédiatement tamponnée d'eau froide. Placez des glaçons dans un chiffon et maintenez-le sur la brûlure pendant 10 minutes. Puis appliquez du gel d'aloès ou des feuilles de consoude officinale et recouvrez d'un bandage.

CONSTIPATION

- Mélangez 1/4 de cuillerée à café de fibre de psyllium en poudre dans un aliment humide.
- Faites boire l'animal et complétez son régime avec un peu de potiron cuit et de légumes verts.

COUPS DE SOLEIL

- Votre animal est-il susceptible d'attraper des coups de soleil ? Les chiens à la peau claire ou blanche (comme les dalmatiens) le sont particulièrement, ainsi que les chats à poils blancs et courts.

INFUSION AU ROMARIN

Cette infusion est recommandée pour les animaux arthritiques.

1 tasse d'eau bouillante
1 c. à c. de feuilles de romarin frais

- Versez l'eau bouillante sur le romarin. Couvrez et laissez infuser 15 minutes.
- Filtrez et placez au réfrigérateur.
- Mélangez un peu d'infusion au repas.

POUR ou CONTRE

LES MÉDECINES DOUCES

Peut-on appliquer aux animaux les thérapies naturelles développées pour les humains ? Bien que l'efficacité de ces thérapies soit sujette à débat, la réponse est un non catégorique pour ce qui concerne l'aromathérapie. En effet, les animaux ont des organes olfactifs beaucoup plus sensibles que ceux des humains et l'inhalation de senteurs concentrées peut être dangereuse. Si vous êtes favorable aux médecines douces, renseignez-vous auprès d'un vétérinaire spécialisé dans les traitements holistiques.

Si votre chat n'est pas très en forme, donnez-lui un peu de bouillon de poule tiède à l'aide d'une pipette.

Faites castrer votre chat, il se battra moins souvent.

- Faites en sorte que votre animal ne s'expose pas au soleil durant les heures les plus chaudes de la journée. Soyez vigilant si votre chat ou votre chien aime se prélasser au soleil, car il peut se brûler le bout des oreilles ou la truffe ; les coups de soleil répétés pouvant entraîner des cancers de la peau.
- Pour soulager le tiraillement d'un coup de soleil, pulvérisez la zone avec une solution d'eau froide et d'hamamélis de Virginie, une plante aux vertus anesthésiantes. Du gel d'aloès appliqué sur la peau aura un effet rafraîchissant et apaisant.

ASTUCE

En cas de brûlure, de coup de soleil ou de dermatite, coupez une feuille d'aloès en deux et appliquez le gel qui s'en échappe directement sur la plaie. L'aloès soulagera la démangeaison ou la douleur. Prélevez toujours les feuilles les plus anciennes.

DIARRHÉE

- Privez votre animal de tout aliment solide pendant 2 jours.
- Donnez-lui beaucoup d'eau et faites-le boire une solution électrolytique pour éviter la déshydratation. S'il refuse de boire, donnez-lui des glaçons, qu'il s'amusera à lécher ou à croquer.
- Pour soulager ses maux d'estomac pendant le premier jour de jeûne, donnez-lui un mélange pâteux composé de quelques cuillerées à café de poudre d'orme rouge et de jus de pomme. Cette préparation accélérera la reformation de la flore intestinale.
- Si votre animal mange de la viande rouge, donnez-lui plutôt de la viande blanche, comme du poulet. Il se peut qu'il soit allergique aux protéines ou aux conservateurs présents dans la viande rouge.
- Une fois la crise terminée, donnez à l'animal une alimentation neutre pendant 1 à 4 jours, par exemple du riz blanc et du poulet bouilli sans la peau. Rétablissez progressivement le régime habituel.
- La diarrhée étant parfois provoquée par le ver solitaire, pensez à vermifuger votre animal.
- Si la diarrhée se prolonge plus de 2 jours, si votre animal a des saignements ou semble souffrir, consultez votre vétérinaire.
- La diarrhée peut également survenir lorsqu'un animal a trop mangé après avoir fait les poubelles. Veillez à ne pas trop remplir votre poubelle et à la conserver en lieu sûr.

DOULEURS

- Si votre animal semble souffrant, ménagez-lui un lieu de repos tranquille. Mettez des journaux et une vieille couverture au fond d'un carton et installez-le dans une pièce où il ne sera pas dérangé.
- Pour un animal vivant en plein air, recouvrez un pneu de voiture d'une vieille couverture et mettez-le dans votre garage ou sous un abri. Ajoutez une bouillotte enroulée dans une couverture.

ÉGRATIGNURES

- Nettoyez l'égratignure avec un tampon de gaze imprégné d'eau tiède savonneuse ou d'une dilution antiseptique d'huile de théier. Rincez à l'eau tiède et séchez avec un tampon de gaze sec. N'utilisez pas de coton, car les fibres risqueraient de coller à la plaie.

■ ■ ■ **Un animal souffrant de diarrhée doit être privé de produits laitiers. Le lait peut être à l'origine du problème.**

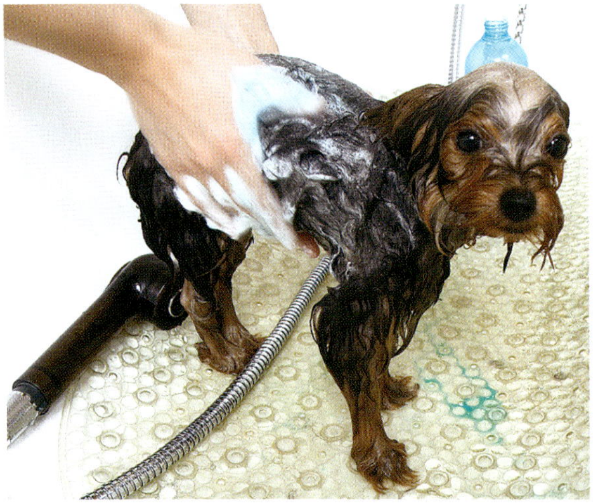

POUR ou CONTRE

SHAMPOUINER UN ANIMAL DOMESTIQUE

Les chats et les chiens possèdent un pelage imperméable, qui n'a pas besoin d'être lavé, à moins que l'animal se soit roulé dans une immondice ou dans une substance qui irrite la peau. Les chats consacrent beaucoup de temps à faire leur toilette et un lavage s'impose très rarement. En revanche, les chiens peuvent réclamer deux à trois lavages par an. Cependant, un shampooing ordinaire risque de fragiliser l'imperméabilité du pelage en éliminant l'huile présente dans la fourrure. Choisissez ou fabriquez un shampooing spécialement adapté au pelage de votre animal ainsi qu'au pH de sa peau. Brossez-le régulièrement.

- Appliquez un onguent à l'arnica, remède phytothérapique et homéopathique aux propriétés anti-inflammatoires et analgésiques, qui s'utilise également pour soulager les ecchymoses, les entorses et les tuméfactions. Mais n'utilisez pas d'arnica sur une plaie ouverte.
- Recouvrez si nécessaire l'éraflure d'un bandage en gaze. Cela empêchera peut-être votre chien de se gratter.

Si votre chien est allergique à l'herbe, mettez-lui un vieux tee-shirt en coton pour le protéger lorsqu'il sort dans le jardin.

INFECTIONS URINAIRES

- Mélangez à la nourriture de votre animal un peu de jus de canneberge ou 250 à 1 000 mg de vitamine C afin d'acidifier son urine et d'arrêter la prolifération des bactéries responsables de l'infection dans sa vessie. Les jus d'agrumes produisent le même effet et peuvent parfois soulager une miction douloureuse.

ATTENTION !

▼ Une plaie ouverte, profonde, sale ou qui ne cesse de saigner nécessite des soins vétérinaires d'urgence.

- En cas de sang dans l'urine, consultez votre vétérinaire. Il s'agit d'un signe d'infection et votre animal doit prendre des antibiotiques.

IRRITATIONS CUTANÉES

- Il peut s'agir de puces, du contact avec certaines herbes ou plantes, de la gale, de larves de tiques, ou d'une allergie à un aliment ou à des particules inhalées (pollen, acariens, etc.).
- Lavez les pattes de votre chien à l'eau froide après qu'il a joué dans de l'herbe fraîchement tondue ou couverte de rosée.
- Si votre animal est allergique à l'herbe, confectionnez-lui des bottillons dans un vieux tee-shirt et attachez-les avec du sparadrap.
- Si votre chien ne cesse de se gratter, donnez-lui un bain à l'eau froide. De l'eau tiède ne ferait qu'aggraver la démangeaison. Jetez dans l'eau une poignée d'avoine colloïdale. L'avoine réhydratera la peau de l'animal et calmera la démangeaison.
- Après avoir lavé votre animal, appliquez un après-shampooing à l'avoine.

PELLICULES

- Mélangez de l'acide linoléique à la nourriture de votre chien. Les meilleures sources d'acide linoléique sont les huiles de carthame et de tournesol. Utilisez 1/2 cuillerée à café pour un petit chien, et 1 cuillerée à soupe pour un gros chien.

■ ■ ■ **En cas de crise d'allergie,** prenez l'animal malade avec vous pendant que vous vous douchez. La vapeur soulagera son nez irrité.

SHAMPOOING MULTI-USAGES

2 tasses d'eau
2 c. à c. de savon de Castille (très riche en huile d'olive)
2 c. à s. de gel d'aloès
1 c. à s. de glycérine ou d'huile végétale

- Mettez tous les ingrédients dans un bocal et secouez.
- Mouillez le pelage, versez du shampooing et frottez en faisant mousser.
- Rincez soigneusement et séchez l'animal avec une serviette.

PROBLÈMES DE DENTS ET DE GENCIVES

- Donnez régulièrement à votre animal des légumes croquants ou des os crus à rogner. Le frottement des aliments sur les dents empêchera la formation de plaque dentaire, qui peut entraîner des maladies des gencives.
- Si l'animal veut bien se laisser faire, massez-lui les dents et les gencives. Effectué régulièrement, ce geste peut contribuer à une bonne hygiène buccale. Vous trouverez dans les animaleries et les cabinets vétérinaires des brosses à dents et du dentifrice pour chiens et chats.
- Pour soulager le mal de dents chez un chiot, donnez-lui un vieux torchon en lin ou un gant de toilette en coton à mâchonner. Humectez au préalable le gant de toilette et placez-le 1 heure au congélateur car le froid apaise les gencives douloureuses, gonflées et irritées.

SÉCHERESSE DES COUSSINETS

- Si vous vivez dans une région froide, surveillez les coussinets des pattes de votre chien. Un chien qui passe beaucoup de temps dans la neige sera particulièrement exposé à ce problème. Une fois par jour, appliquez un onguent au souci sur les zones desséchées.

LE TOILETTAGE

- Brossez les chats et les chiens à poil long au moins une fois par semaine pour empêcher la formation de nœuds.
- Pour démêler le pelage de votre animal, saupoudrez un peu de Maïzena sur les nœuds avant de les brosser délicatement.
- Par temps chaud, passez un peigne fin pour éliminer les puces.
- Pour que le pelage de votre chien brille et sente bon, mettez un peu d'huile de théier sur la brosse.
- Vérifiez les oreilles de votre animal une fois par semaine.
- Nettoyez les oreilles de votre animal une fois par mois avec un mélange d'alcool à 90° et d'eau oxygénée. Faites tremper un morceau de gaze dans la solution, enroulez-le autour de votre index et utilisez-le pour ôter la saleté.
- Parmi les autres solutions de nettoyage des oreilles, essayez un mélange de 1 volume de citron et de 3 volumes d'eau, ou encore l'extrait d'hamamélis de Virginie, plus doux. N'allez pas trop profond dans l'oreille de l'animal.
- Nettoyez le pourtour des yeux avec un coton trempé dans de l'eau tiède ou du thé noir tiède. Vous pouvez essayer de remplacer l'eau par de l'huile d'olive, mais certains chats ne la supportent pas.

MASSER UN CHAT

Les chats, et en particulier les vieux chats, aiment être massés. Un massage a des vertus apaisantes pour un chat angoissé, voire thérapeutiques pour un chat arthritique. On constate même des changements de comportement, un animal pouvant devenir plus affectueux.

- Laissez le chat s'installer tranquillement sur vos genoux. L'animal doit se sentir détendu au moment où débute le massage.
- Commencez lentement, en appliquant une pression légère et constante. Les vieux chats ont souvent les os fragiles et les articulations raides. Procédez sur tout le corps de l'animal, en utilisant les différentes parties de la main.
- Caressez délicatement les différentes zones, sans oublier le cou, l'arrière des oreilles, le sommet de la tête et le menton. Poursuivez par les articulations des membres et des hanches, et profitez-en pour leur faire délicatement effectuer des mouvements de rotation.

■ ■ ■ **Une collerette** empêchera votre animal de se gratter et d'arracher ses pansements ou ses points de suture après une intervention.

Parasites et virus

La lutte contre les parasites et les maladies est essentielle à la santé et au bien-être de votre animal domestique, mais aussi de toute votre famille. Pour lutter contre les parasites, vous pouvez combiner l'utilisation de traitements antiparasites sans produits chimiques et l'application de règles d'hygiène écologiques. Le meilleur moyen de lutter contre les maladies virales est le plus souvent la vaccination.

LES MESURES PRÉVENTIVES

Au contact du milieu environnant et d'autres espèces vivantes, nos animaux domestiques rencontrent inévitablement des parasites. Il existe des mesures préventives qui permettent de limiter les risques d'infestation.

LES PUCES

- Peignez régulièrement votre animal au peigne fin. Un collier antipuces peut avoir une certaine efficacité, même si les puces sont de plus en plus résistantes aux produits chimiques utilisés.
- Utilisez un inhibiteur de mues. Ce produit est non toxique. Il régule la population de puces en introduisant des hormones dans les œufs et les larves. Veillez à ce que tous les animaux du foyer soient traités avec le même produit.
- Mélangez un peu de levure de bière aux aliments de votre animal. Cette levure confère à la peau une odeur qui déplaît aux puces. Utilisez-la avec des aliments humides, à hauteur de 2 cuillerées à soupe de levure pour 4 kilos de masse corporelle.
- Une fois par semaine, lavez la couche de votre animal à l'eau la plus chaude possible et faites-la sécher au soleil. De même, lavez régulièrement les jetés, les carpettes et les rideaux de votre maison.
- Passez l'aspirateur une fois par semaine sur vos moquettes, vos rideaux et vos meubles rembourrés. Saupoudrez un peu de sel de table sur vos moquettes et tissus et laissez agir une nuit avant d'aspirer.

POUR L'EMPÊCHER DE SE GRATTER

SPRAY ANTIPUCES

Pour les chats et les chiens.

1 tasse d'eau
4 à 6 gouttes d'huile d'arbre à thé
4 à 6 gouttes d'essence de lavande

- Mélangez les ingrédients et transvasez-les dans un flacon pulvérisateur.
- Conservez le pulvérisateur près de la porte d'entrée et aspergez votre chien ou votre chat à chaque fois qu'il sort, en prenant soin d'éviter les yeux.

SHAMPOOING ANTIPUCES ET ANTITIQUES

4 gouttes d'huile d'arbre à thé
1/4 de tasse de shampooing à l'avoine
1/4 de tasse d'eau

- Mélangez les ingrédients dans un flacon et secouez.
- Lavez votre chien une fois par semaine ou en fonction des besoins.

■ ■ ■ Si votre chien refuse d'avaler un cachet, glissez ce dernier dans une boulette de viande.

Infestation parasitaire et infection virale

Parasite/virus	Description	Symptômes
Puce	Petit insecte doté de pièces buccales puissantes. Mord son hôte et se nourrit de son sang. Se propage par contact avec des animaux infestés.	Irritation cutanée, l'animal se mord la peau et se gratte, réactions allergiques. Quelques rares cas de décès par infection secondaire.
Tique	Arthropode qui s'accroche à la peau par morsure. Sa salive peut transmettre des maladies affectant les systèmes musculaire et respiratoire.	Démarche instable, fièvre, faiblesse, douleurs musculaires, perte d'appétit.
Ver du cœur	Ver rond (nématode) qui s'installe dans les vaisseaux sanguins reliant le cœur et les poumons.	Difficultés respiratoires à l'effort, toux persistante, vomissements, paresse, perte d'appétit, perte de poids.
Ver solitaire	Ver parasite segmenté. S'attrape en mangeant de la viande ou des abats contaminés.	Poil terne, ventre gonflé, gencives claires, l'animal se lèche la région anale et se frotte le derrière par terre, présence d'anneaux dans les selles.
Virus	Maladie de Carré, hépatite, parvovirus, entérite féline, sida du chat, leucémie du chat.	Perte d'appétit, vomissements, ventre gonflé, selles molles ou liquides, sang dans les selles, gémissements.

LES TIQUES

- Les tiques se rencontrent aussi bien en ville qu'à la campagne. Examinez votre animal régulièrement.
- Si vous soupçonnez un problème lié à une piqûre de tique, consultez votre vétérinaire, surtout si votre animal a des difficultés respiratoires et une démarche hésitante.
- Recherchez des petites boules en passant vos mains dans le pelage de votre animal d'avant en arrière.
- Pour décrocher une tique, utilisez une pince à épiler ou une pince à tique. Ne le faites pas à main nue, car vous risquez de comprimer le corps du parasite et d'injecter encore plus de poison dans l'organisme de votre animal. Ne vous inquiétez pas si la tête reste accrochée à la peau : elle finira par tomber.

LE VER DU CŒUR

- Ce parasite est véhiculé par les moustiques. Il est donc important de supprimer les sources d'eau stagnante où les moustiques peuvent se reproduire.
- Faites rentrer vos animaux aux heures où les moustiques sont le plus virulents.

LE VER SOLITAIRE

- Vérifiez que vos enfants se lavent les mains après avoir joué dans un bac à sable ou avec un animal.
- Les puces peuvent véhiculer le ténia. Si votre animal a des puces, commencez par résoudre ce problème.
- Ne laissez pas votre animal manger des rongeurs, car ils peuvent être vecteurs du ténia.
- Si votre animal présente les symptômes du ver solitaire, procurez-vous un vermifuge auprès de votre vétérinaire.

LES VIRUS

- Pour les chiots et les chatons, les fabricants de vaccins recommandent de pratiquer une première vaccination entre 6 et 8 semaines, suivie d'une seconde injection à l'âge adulte, ou entre 12 et 14 semaines.
- La pratique des rappels annuels étant sujette à controverse, demandez conseil à votre vétérinaire ou à un spécialiste des traitements holistiques.

liens utiles

Conseils sur la vaccination :
www.spa.asso.fr/30-aide-question-animaux-spa.htm
Conseils vétérinaires : www.animols.com/
L'acquisition d'un animal de compagnie en bonne santé :
www.30millionsdamis.fr/acces-special/lois/lacquisition-dun-animal-de-compagnie.html

Environ 80 % des tiques que l'on trouve chez le chat ou le chien piquent dans la région de la tête et du cou.

Un corps sain

Manger sain et équilibré et faire de l'exercice physique régulièrement sont les préalables pour être bien dans son corps et rester en bonne santé. En suivant nos conseils, vous vous nourrirez toute l'année de produits sains et frais.

UN CORPS SAIN...

BIEN MANGER

■ De précieux conseils d'achats de vos fruits et légumes frais, p. 134. ■ Plus de 3 000 additifs sont utilisés dans l'industrie alimentaire. Certains sont à éviter, p. 138. ■ Apprenez à déchiffrer l'étiquetage des produits alimentaires, p. 141. ■ Retrouvez des moyens traditionnels de conservation des aliments et profitez toute l'année du meilleur des produits frais, p. 144. ■ Transformez les restes en petits plats à congeler, p. 151.

MANGER ÉQUILIBRÉ

■ Suivez notre guide du bien-manger pour faire d'une alimentation saine un principe de vie, p. 152. ■ Qu'est-ce que la pyramide alimentaire ? Comment peut-elle vous aider à manger équilibré ? p. 155. ■ Comment mettre un arc-en-ciel dans votre assiette avec les fruits et légumes frais, p. 158. ■ Essayez nos stimulants naturels, p. 160.

FAIRE DE L'EXERCICE

■ Il existe nombre de façons d'introduire l'exercice dans votre activité quotidienne sans vous inscrire dans un club coûteux, p 162. ■ Commencez votre programme d'exercice physique : mettez de bonnes chaussures et marchez tout simplement, p. 164. ■ Essayez nos séances d'entraînement à la musculation, p 166. ■ Découvrez les bienfaits du stretching et d'autres gymnastiques douces, du yoga au tai-chi, p. 168. ■ Lisez nos conseils pour un sommeil réparateur, p. 170.

BIEN MANGER

Des aliments frais et savoureux, voici bien l'un des grands plaisirs de la vie. Faites les bons choix…

Les produits frais : le top

La plupart des fruits, légumes et aliments périssables commencent à perdre leur saveur et leurs vertus nutritives dès la récolte. En faisant du « frais, local, de saison » votre credo, en les consommant le plus rapidement possible, vous profitez du meilleur goût, des atouts santé, tout en économisant et en ayant un impact minimal sur l'environnement.

LES DIX COMMANDEMENTS FRAÎCHEUR

1 Les produits les plus frais sont ceux que vous récoltez dans votre jardin. Si vous n'avez pas de jardin, optez pour les produits frais locaux. Plus le produit est conservé avant la vente, plus il doit voyager, plus faible est son intérêt nutritionnel. Du maraîcher à la table, la perte est d'environ 10 %, en particulier en vitamine C.

2 Achetez les produits de saison. Renseignez-vous mois par mois sur les produits frais et évitez les produits conservés au froid depuis longtemps.

3 Achetez les produits frais en petites quantités et utilisez-les rapidement, même si vous devez pour cela faire vos achats plus souvent. Vous mangerez ainsi des produits toujours frais et de qualité.

4 Manipulez avec délicatesse les légumes fragiles, car ils s'abîment rapidement.

5 Faites le point sur les bonnes méthodes de conservation. Demandez conseil à votre maraîcher ou à votre boucher.

6 Préparez les légumes juste avant de les cuire ou de les manger. Une fois coupés, ils perdent rapidement leurs vitamines et les faire tremper contribue à éliminer des éléments nutritifs. Conservez sous plastique bien fermé les portions non utilisées.

7 Laissez mûrir les fruits à température ambiante mais à l'abri du soleil direct, qui peut dégrader certaines vitamines. La réfrigération bloque le processus de maturation.

8 Consommez viande et poisson dans les 2 jours suivant l'achat. Réfrigérez ou congelez le poisson dès que possible. Conservez toujours viande et poisson dans la partie basse du réfrigérateur, sur une assiette, pour éviter tout risque d'écoulement de jus sur d'autres aliments, des légumes par exemple.

9 Lorsque vous faites vos courses, pensez à vos menus de la semaine et prévoyez de manger d'abord les denrées les plus périssables. Légumes verts et salades sont riches en eau et ont tendance à flétrir rapidement, tandis que les fruits rouges sont fragiles. Les légumes racines, au contraire, ainsi que les courges, brocolis, pommes et oranges se conservent assez longtemps.

10 Buvez les jus de fruits ou de légumes frais dans les 3 ou 4 heures suivant le pressage. Plus le jus est exposé à l'air, plus il s'oxyde et perd ses qualités nutritionnelles. Incorporez-y un peu de pulpe, riche en fibres.

Recherchez dans les librairies ou sur Internet des livres de recettes « faciles et rapides ».

POUR ou CONTRE

L'IRRADIATION DES ALIMENTS

L'irradiation est utilisée pour améliorer la conservation des aliments et limiter ainsi les pertes. Il s'agit d'exposer les aliments à une source radioactive qui détruit les micro-organismes tels que levures et moisissures, ainsi que les bactéries. Les aliments ne sont pas contaminés par la radioactivité, mais des études ont montré que, dans certains cas, le processus réduit la quantité de nutriments ayant une action préventive bénéfique contre le cancer et d'autres maladies. L'irradiation peut aussi altérer le goût, la texture et l'aspect des aliments traités. Les aliments pouvant être irradiés en France sont les herbes aromatiques surgelées, les épices, les condiments, l'oignon, l'ail, les échalotes, les légumes et fruits secs...

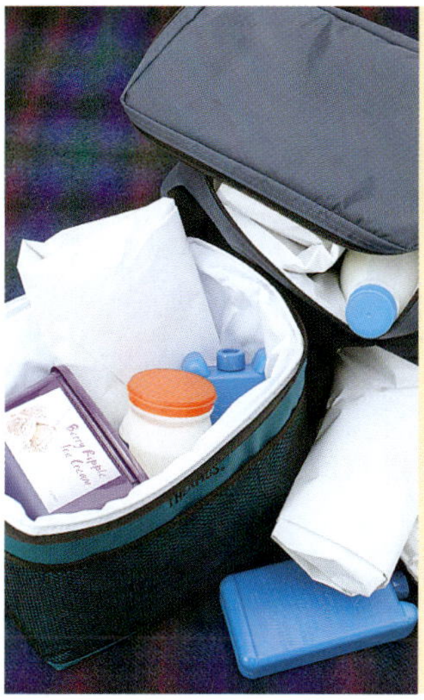

ASTUCE

En été, laissez des sacs isothermes dans le coffre de la voiture pour transporter dans de bonnes conditions les denrées périssables. Glissez quelques plaques réfrigérantes pour maintenir une température fraîche dans le sac.

ET SINON...

Si les produits frais sont les meilleurs, ils ne sont pas toujours disponibles. Envisagez les solutions suivantes pour les endroits ou les périodes où les produits frais sont limités.

La transformation des aliments dégage des gaz à effet de serre lors de la phase industrielle et du transport.

- Les légumes surgelés représentent la meilleure alternative aux légumes frais. Congelés dès la récolte, ils ont une teneur en vitamines similaire à celle des produits frais.
- Les conserves sont souvent additionnées de sucre ou de sel. Préférez les fruits en conserve au naturel, sans sucre ajouté, et les légumes sans ajout de sel.
- La mise en conserve implique d'exposer les fruits et légumes à de très hautes températures, qui peuvent détruire une partie des vitamines. Évitez de constituer des stocks importants d'aliments en conserve et de consommer des boîtes anciennes. La perte en vitamines est de l'ordre de 5 à 10 % par an une fois les aliments mis en conserve.
- Le processus de raffinage élimine une partie des fibres des céréales. Or ces fibres sont essentielles dans la prévention des cancers du tube digestif, y compris le cancer du côlon. Les céréales raffinées sont par ailleurs moins riches en nutriments essentiels tels que fer, vitamines E et B, magnésium.
- Achetez légumes secs et céréales en grains en petites quantités et conservez-les au réfrigérateur. Ils sont sujets aux attaques de mites alimentaires et s'abîment rapidement en conditions humides.
- Riches en fer et en potassium, les fruits secs peuvent être réhydratés pour préparer de délicieux desserts. Faites tremper abricots, poires, pommes séchés et pruneaux avec un bâton de cannelle dans de l'eau ou du jus de pomme durant une nuit et servez chaud le lendemain avec un peu de ricotta.
- Les aliments conservés en salaison (comme certains poissons) augmentent les risques de cancer s'ils sont consommés en grande quantité. Lorsque c'est possible, rincez-les avant usage.
- La consommation de charcuteries telles que salami, jambon fumé et saucisses à hot-dog augmente le risque de certains cancers.
- Achetez des épices entières : elles sont moins chères, ont un goût plus prononcé et se conservent plus longtemps que les épices en poudre. Il suffit de les écraser dans un mortier.
- Conservez les fruits à écale, riches en huile et qui ont tendance à rancir rapidement, au congélateur, ils demeureront frais plus longtemps.

■ ■ ■ **La quantité d'énergie fossile** nécessaire à la production de bœuf et d'agneau est plus importante que pour les volailles de plein air.

Acheter les produits frais

Soyez vigilant lorsque vous achetez des produits frais. La différence est de taille entre les fruits et légumes très frais, aux qualités avérées, et ceux ayant dépassé la date de péremption ou manquant de fraîcheur, bien décevants. Suivez ces conseils d'un acheteur averti.

FRUITS ET LÉGUMES

Choisissez des fruits et légumes fermes, bien colorés, sans défauts. Proscrivez les peaux ridées ou craquelées, les tiges sèches, et choisissez des fruits bien denses.

- Ananas : certaines variétés demeurent plus vertes que d'autres, aussi la couleur n'est-elle pas un critère. Intéressez-vous plutôt à son parfum.
- Aubergines : choisissez-les bien colorées, presque brillantes et non ternes, fermes au toucher.
- Avocats : la couleur de la peau n'est pas un indicateur de maturité. Seul l'épiderme de la variété 'Hass' vire du vert foncé au noir pourpré à maturité. L'avocat est mûr lorsque la chair est souple au toucher près du pédoncule.
- Maïs : choisissez des épis entourés de feuilles vert pâle et non pas sèches ni jaunies, car les grains seront durs.
- Melons : une cicatrice nette et déprimée à la place du pédoncule est signe d'une bonne maturité. Plus son parfum est puissant, plus le melon est mûr.
- Pêches et nectarines : recherchez la teinte rouge caractéristique, nuancée de blanc ou de jaune, et bien parfumée. Évitez les fruits durs ou verts : ils flétrissent vite et manquent de goût.
- Poires : les fruits ayant mûri sur l'arbre peuvent être rapidement blets. C'est un fruit à cueillir tôt et à faire mûrir en fruitier.
- Pommes de terre : évitez celles dont la peau pèle, qui sont tachées de vert ou ont déjà germé.
- Tomates : choisissez-les bien colorées, pas trop fermes au toucher.

VIANDES, POISSONS ET FRUITS DE MER

L'odeur est toujours un bon indicateur de fraîcheur. La viande doit être rosée ou rouge, les poissons entiers brillants, avec des ouïes rougeâtres, des yeux clairs et protubérants.

- Délaissez les viandes sous emballage présentant beaucoup de liquide, la viande risque d'être sèche.
- Choisissez la viande de bœuf rouge et non brune, avec de la graisse blanche et non jaune. Certains rayons disposent d'un éclairage fluorescent faisant paraître la viande plus rouge. Examinez la viande loin de la lumière artificielle.

Noix et fruits à écale

Les graines et les fruits à écale sont savoureux et bons pour la santé. Mais, attention, avec le temps, leurs huiles s'oxydent et les fruits rancissent. Mieux vaut les acheter dans leur écale, ce qui est aussi moins coûteux. Choisissez des noix et noisettes qui « pèsent » par rapport à leur taille. Si elles sont légères, elles sont sûrement desséchées à l'intérieur.
Si vous achetez des fruits décortiqués, vérifiez la date de péremption. Évitez de les acheter en vrac, car ces fruits décortiqués sont sensibles à la lumière et à la chaleur et s'oxydent vite.

LES POISSONS

À éviter

- ✗ Cabillaud de l'Atlantique
- ✗ Espadon
- ✗ Lingue (julienne)
- ✗ Lotte
- ✗ Perche du Nil
- ✗ Requin
- ✗ Saumon sauvage de l'Atlantique
- ✗ Thon rouge, thon albacore

À privilégier

- ✔ Cabillaud du Pacifique
- ✔ Colin d'Alaska
- ✔ Églefin
- ✔ Hareng
- ✔ Lieu noir
- ✔ Maquereau
- ✔ Sardine
- ✔ Truite d'élevage

■ ■ ■ **Sur les marchés ou dans les magasins bio, recherchez les variétés anciennes de tomates, souvent très savoureuses.**

● Agneau et porc : ils doivent être rosés, peu gras, avec une texture lisse et ferme. Les extrémités des os de porc doivent être rouges : plus elles sont blanches plus l'animal était âgé.
● Choisissez le poulet avec une peau et une chair sans défauts. Sur les volailles entières, testez le bréchet : plus il est souple, plus jeune était la volaille et plus tendre est sa chair.
● Évitez d'acheter des poissons dont l'espèce est menacée et ceux pêchés selon des techniques néfastes, piégeant d'autres poissons ou crustacés.
● Choisissez des filets de poisson d'aspect ferme et souple à la fois. Proscrivez toute chair molle ou décolorée. L'humidité n'est pas un critère lié à l'âge, car les poissons sont souvent aspergés d'eau pour conserver un aspect frais.
● Lorsque vous achetez des moules, des huîtres et autres coquillages, les coquilles doivent être bien fermées, ou se refermer si vous les tapotez.
● Examinez la chair des moules et des huîtres ouvertes. Elle doit être renflée et luisante, avec un peu de liquide dans la coquille. Les coquilles Saint-Jacques doivent être sèches, bien rondes, de teinte crème et d'une odeur agréable.

● Si vous achetez des crevettes crues, choisissez-les fermes. Les crevettes molles ne sont plus très fraîches.
● Si vous achetez des crabes vivants, vérifiez qu'ils bougent les pattes et les pinces.

Soupesez les fruits que vous achetez. Plus ils sont lourds, meilleurs ils sont.

Acheter au bon moment

Saison	Fruits et légumes
Début d'été	Ail, cassis, cerises, fèves, framboises, pommes de terre primeurs.
Été	Abricots, aubergines, concombres, groseilles, maïs, melons, nectarines, pêches.
Été à automne	Haricots, poivrons, prunes, tomates.
Été et automne	Brocolis, carottes, choux-fleurs, courgettes, poirées.
Fin d'été à début d'automne	Figues, fraises, framboises, mûres, pastèques, raisin.
Fin d'été, automne et fin d'hiver	Batavias, choux pommés, fenouils.
Début d'automne	Artichauts, épinards, framboises remontantes, maïs.
Automne	Betteraves, champignons, coings, navets, potirons, raisin.
Automne et hiver	Choux de Bruxelles, noix, pommes, poireaux, poires, scaroles.
Hiver	Oranges, frisées, choux, céleri-rave, salsifis.
Fin d'hiver	Oranges de Séville, crosnes du Japon, pissenlit.
Hiver et début de printemps	Clémentines, endives, mâche, topinambours.
Hiver et printemps	Bananes, ananas, kiwis, citrons.
Fin d'hiver et printemps	Céleri branche, oignon blanc, mandarines.
Printemps	Rhubarbe, épinards, laitues romaines, navets.
Printemps et début d'été	Asperges, fraises, haricots, laitues, petits pois, radis.

■ ■ ■ **N'achetez pas de crevettes qui commencent à noircir aux extrémités :** c'est signe qu'elles s'abîment.

Qu'y a-t-il dans ce que nous mangeons ?

Les insecticides, fongicides et herbicides autorisés dans l'agriculture en Europe se comptent par centaines. Si ces produits sont considérés comme sans danger par les autorités sanitaires, il n'est pas certain qu'ils le soient tous réellement. Sauf à ne manger que les produits de votre production ou à acheter des produits certifiés biologiques, les fruits et légumes du commerce sont issus de cultures ayant subi des traitements.

RÉDUIRE VOTRE CONSOMMATION DE PRODUITS CHIMIQUES

Les pesticides et herbicides, antibiotiques et hormones sont souvent utilisés dans l'agriculture pour obtenir de meilleurs rendements. Voici comment en consommer le moins possible.

- Cultivez si possible vos fruits et légumes.
- Achetez directement auprès des producteurs et demandez-leur s'ils utilisent des produits de traitement. Certains, en effet, n'ont pas le label « bio » mais n'utilisent que des engrais naturels et peu ou pas de produits phytosanitaires.
- Questionnez votre marchand de légumes sur la provenance de ses produits.
- Lavez tous les fruits et légumes.
- Éliminez les feuilles externes des légumes, épluchez les fruits et légumes non « bio » pour réduire significativement leur teneur en pesticides.
- Hormones et antibiotiques peuvent s'accumuler dans les graisses animales. Choisissez des viandes peu grasses.
- Cuisez suffisamment la viande et le poisson, consommez des légumes

crus comme cuits. La cuisson aide à la dégradation des résidus de produits chimiques.
- Mangez des légumes secs, riches en protéines végétales, et moins de viande (donc moins d'antibiotiques et d'hormones).

POUR ou CONTRE

LES ALIMENTS GÉNÉTIQUEMENT MODIFIÉS

Ces produits sont obtenus par introduction du matériel génétique d'une espèce dans l'ADN d'une autre espèce, dans l'objectif d'en améliorer certaines qualités, comme la résistance à des parasites ou pesticides, mais aussi pour une meilleure saveur ou qualité nutritionnelle. Les risques associés à la consommation d'aliments contenant des organismes génétiquement modifiés (OGM) ne sont pas encore bien connus. Comme il est difficile de protéger les cultures non OGM de la pollinisation par des variétés OGM, on peut craindre que les cultures OGM modifient la biodiversité agricole et soient à l'origine de maladies ou de parasites dangereux car « super-résistants ».

Culture GM	Produit élaboré
Betterave à sucre	Édulcorants pour les boissons, desserts et confiseries.
Colza	Huile de colza, biscuits apéritifs.
Coton	Huiles végétales en mélange, additifs alimentaires.
Maïs	Huile de maïs, maïs doux, farine ou amidon de maïs, pétales de maïs (corn flakes), barres de céréales, maltodextrines de maïs dans les compléments alimentaires.
Soja	Huile de soja, lécithine de soja, sauce soja, lait de soja et boissons à base de lait de soja, tofu.

■ ■ ■ **Une nourriture diversifiée est un atout nutritionnel, mais cela réduit aussi le risque d'une consommation excessive d'un même pesticide.**

ALERTE SUR LE POISSON
Certains poissons renferment de petites quantités de méthylmercure, une substance toxique naturellement présente dans le milieu aquatique.

- Pour limiter les risques, surtout pour les femmes enceintes ou qui allaitent, modérez votre consommation de poissons gras, situés en début de chaîne alimentaire, comme l'espadon, le requin, le thon ou la lingue (ou julienne).

PAR PRÉCAUTION

Si les produits alimentaires commercialisés font l'objet de contrôles et ne dépassent pas, en principe, les normes autorisées concernant les résidus de pesticides, certains font l'objet de plus de traitements ou les fixent plus. Achetez donc de préférence dans un magasin bio les produits suivants.

- Pommes de terre et oignons.
- Tous les choux (choux pommés, choux de Bruxelles, choux-fleurs…).
- Pommes et fraises.
- Chocolat, café, thé.
- Fruits secs.
- Fruits à écale et graines.

LES OGM

La Communauté européenne n'autorise à l'heure actuelle la culture que de quelques produits génétiquement modifiés pour l'alimentation humaine, mais de nombreux additifs et arômes sont obtenus à partir d'OGM. Certains OGM, tel le maïs, sont autorisés pour l'alimentation animale.

- On peut estimer à 60 % environ les produits alimentaires transformés qui contiennent des OGM. Leur présence doit être mentionnée sur l'étiquette, aussi soyez attentif à la composition des produits.
- Malheureusement, les étiquettes ne disent pas tout. Lorsque la présence d'OGM est très faible, moins de 0,9 %, la mention n'est pas obligatoire.
- Si vous préférez être sûr de ne pas consommer d'OGM, recherchez les produits avec la mention « sans OGM » et évitez les produits mentionnés dans le tableau de la page précédente, ou bien achetez-les dans la filière « bio ».

liens utiles

Guide Greenpeace des produits avec et sans OGM :
www.greenpeace.org/france/
Observatoire des résidus de pesticides :
www.observatoire-pesticides.gouv.fr/
Additifs alimentaires : mangersain.medicalistes.org/index.php

LE BON ŒUF

Chacun sait que le choix est vaste lorsqu'il s'agit d'acheter des œufs dans une grande surface. Voici ce que signifient les différentes appellations.

■ **CALIBRES** Une lettre figure sur l'emballage et indique le calibre des œufs : S pour petits (moins de 43 g), M pour moyens (53 à 63 g), L pour gros (63 à 73 g) et XL pour très gros (plus de 73 g).

■ **CATÉGORIE A** La lettre A figure également sur l'étiquette. Elle indique qu'il s'agit d'œufs n'ayant pas subi de traitement de conservation. Elle sert uniquement à faire la différence avec les catégories B et C, réservées à l'industrie agroalimentaire mais non commercialisées directement.

■ **EN CAGE** Cette mention, plus souvent remplacée par le chiffre 3 sur l'emballage et sur l'œuf, correspond aux produits d'élevage des poules en batterie, dans des conditions très contrôlées mais inconfortables pour les poules.

■ **AU SOL** Cette mention figure sur l'emballage et chaque œuf porte le chiffre 2. Il s'agit d'un type d'élevage confiné, mais où les poules ont plus d'espace que dans les cages des batteries.

■ **PLEIN AIR** La mention correspond au chiffre 1 sur les œufs ; les poules ont accès à un espace extérieur.

■ **LABEL ROUGE** Ce label de qualité correspond à des poules de plein air, qui disposent d'un certain espace et de végétation, et sont nourries à 100 % de végétaux.

■ **AB** Correspond au label « issu de l'agriculture biologique », toujours pour un élevage de plein air, avec une nourriture comprenant plus de 90 % de produits issus de l'agriculture biologique et sans aucun usage d'antibiotiques.

■ ■ ■ **Tous les sondages montrent** que les consommateurs demandent un étiquetage clair des produits contenant des OGM.

Les additifs alimentaires

Selon la réglementation européenne, environ 350 additifs alimentaires peuvent être utilisés dans l'industrie, pour améliorer l'aspect, le goût ou la conservation des produits alimentaires. Ces produits sont bien sûr homologués, mais certains peuvent provoquer des réactions allergiques.

ZOOM SUR LES ADDITIFS ALIMENTAIRES

Les additifs alimentaires utilisés figurent obligatoirement dans la liste des ingrédients sur l'emballage des produits.

N'oubliez pas vos lunettes pour aller au supermarché : les informations concernant les additifs figurent en très petites lettres sur les emballages.

- Les réactions aux additifs alimentaires varient selon les individus. Si vous êtes sujet aux allergies, à l'asthme ou souffrez de phénylcétonurie (trouble du métabolisme d'origine génétique), consultez la liste des additifs à éviter page suivante.
- Si vous êtes végétarien, regardez de près les étiquettes des produits alimentaires. Nombre d'additifs courants, comme les émulsifiants, la gélatine, des maltodextrines et certains colorants naturels, sont d'origine animale.
- Évitez les produits comportant une longue liste d'additifs : ils ont subi de nombreuses transformations, et leur valeur nutritionnelle est sans doute faible.
- Sachez que les plats cuisinés achetés en grande surface contiennent souvent des arômes de synthèse. Préférez les fruits et légumes frais, les produits peu ou pas transformés.
- Si vous souhaitez éviter la caféine dans les boissons de type soda sans alcool, cela devient plus facile. La législation impose maintenant la mention « teneur élevée en caféine » sur les boissons contenant plus de 150 mg de caféine par litre.
- Exhausteur de goût, le glutamate de monosodium (MSG) entre souvent dans la composition des sauces de salade, soupes et chips. Son utilisation permet de réduire les quantités d'autres ingrédients.
- Si vous préférez ne prendre aucun risque avec votre santé et votre alimentation, essayez de n'acheter que des produits certifiés d'origine biologique.

ADDITIFS NATURELS

Certains additifs, comme ceux cités ci-dessous, sont extraits de produits naturels et agissent comme des éléments nutritifs végétaux, intéressants dans la prévention de certaines maladies. Ils sont dérivés des caroténoïdes, ces substances qui colorent les plantes, et utilisés pour colorer les aliments.

- ✔ Anthocyanes E 163 : raisin ou cassis
- ✔ Bêta-carotène E 160 a : pigment végétal
- ✔ Lutéine E 161 b : soucis et feuilles vertes
- ✔ Lycopène E 160 d : différentes plantes
- ✔ Capsanthine E 160 c : poivron (*Capsicum annuum*)
- ✔ Bétanine E 162 : betterave

■ ■ ■ Les produits d'importation contiennent peut-être des substances chimiques interdites chez nous. Soyez vigilant.

Les additifs à éviter

Additif	Usage	Effets secondaires possibles
Aspartame 951	Édulcorant chimique très utilisé dans les boissons peu sucrées, dites « light ».	Risques pour les personnes souffrant de phénylcétonurie. Peut provoquer des migraines.
Benzoates E 210, 211, 212, 213, 216, 218	Le benzoate de sodium est utilisé comme conservateur dans la margarine, les confitures, les jus de fruits et les boissons sans alcool. L'acide benzoïque est un ingrédient courant dans les chocolats ajoutés aux boissons, les bonbons, les pâtisseries industrielles et les chewing-gums.	Peuvent avoir des effets néfastes chez les personnes sensibles, à déconseiller en particulier aux enfants hyperactifs.
Butylhydroxyanisol E 320 Butylhydroxytoluène E 321	Composé phénolique antioxydant utilisé pour éviter le rancissement des huiles, matières grasses et aliments contenant des matières grasses. Parfois aussi ajouté aux matériaux d'emballage des aliments.	Effets néfastes possibles chez des personnes sensibles. Limiter si possible la consommation par les enfants. Effet cancérigène suspecté.
Colorants E 102, 107, 110, 122, 123, 124, 127, 129, 132n 133, 142, 151, 155, 160b	Ils ajoutent ou renforcent la coloration, ou encore assurent une coloration uniforme d'une gamme variée d'aliments. L'addition de colorants n'est pas autorisée pour la viande, le poisson, la volaille, les fruits et légumes.	Chez les enfants sensibles, les colorants peuvent favoriser l'hyperactivité. D'autres peuvent susciter des réactions allergiques (plaques et démangeaisons), d'autres encore être la cause de problèmes respiratoires.
Sodium 5 ribonucléotide E 635	Exhausteur de goût, souvent présenté comme le « nouveau MSG » (voir ci-dessous). Il peut être ajouté aux aliments présentés comme « sans MSG ».	Peut avoir des effets néfastes chez les personnes sensibles.
Glutamate de monosodium (MSG) E 621	Exhausteur de goût incorporé dans de nombreux produits alimentaires, en particulier les sauces chinoises en bouteille.	À déconseiller aux femmes enceintes, aux nourrissons et aux enfants, aux asthmatiques et aux personnes allergiques à l'acide salicylique. On peut observer nausées et maux de tête chez les personnes sensibles.
Nitrites E 249, 250, 251, 252	Conservateurs très utilisés dans les conserves de viande et les charcuteries.	Peuvent avoir des effets néfastes chez les personnes sensibles, en particulier les enfants hyperactifs.
Sulfites E 220, 221, 222, 223, 224, 226, 228	Conservateurs utilisés dans les fruits séchés, ainsi que dans les pommes de terre déshydratées, les moutardes, les yaourts aux fruits.	Peuvent causer des réactions allergiques chez les personnes sensibles.
Butylhydro-quinone tertiaire (BHQT) E 319	Antioxydant dérivé du pétrole, utilisé dans les plats préparés, en pulvérisation sur les emballages alimentaires pour éviter les changements de coloration et le rancissement.	Peuvent avoir des effets néfastes chez les personnes sensibles, en particulier les enfants hyperactifs.

■ ■ ■ **La caféine** est naturellement présente dans le thé, le café et le chocolat, mais elle est souvent ajoutée aux boissons énergétiques.

Apprenez à lire l'étiquette

Si vous êtes sujet aux allergies alimentaires, si vous suivez un régime particulier, si vous voulez limiter les calories, les sucres, les matières grasses dans votre alimentation, si vous préférez éviter les aliments contenant des OGM ou des additifs, il est indispensable de lire les informations figurant sur les étiquettes des produits alimentaires.

« Sans sucre ajouté » signifie qu'aucun sucre n'a été ajouté au produit, mais l'aliment contient souvent des sucres naturels, par exemple le fructose dans le cas des fruits.

LISEZ LES PETITS CARACTÈRES

- Examinez la liste des ingrédients, présentés par ordre décroissant de poids. Ainsi, si sur la liste des ingrédients d'un jus d'orange figurent, dans l'ordre, glucose, saccharose, oranges, colorants, arômes et conservateurs, vous saurez que les sucres (glucose et saccharose) sont les composants essentiels de cette boisson.
- Comparez les produits en regardant les pourcentages des ingrédients essentiels indiqués dans la composition.
- Basez-vous sur les informations nutritionnelles données pour 100 g pour comparer les produits. L'étiquette comporte parfois une double information : pour 100 g et par ration. Attention, cependant, la « ration » peut être définie par le fabricant et varier d'un produit à un autre, et dans certains cas être si réduite qu'elle masque l'apport énergétique du produit.
- Si vous ou un membre de votre famille êtes sujet aux allergies alimentaires, recherchez les mises en garde sur la présence éventuelle d'allergènes tels que l'arachide, le lait, les crustacés, le soja, les céréales contenant du gluten… Les fabricants ont l'obligation d'inclure cette information, même s'il n'y a que des traces d'allergènes. L'étiquette doit mentionner par exemple « peut contenir des traces de… ».
- Voyez aussi les autres informations sur des éléments potentiellement dangereux pour la santé, comme la quinine, la phénylalanine ou le guarana.
- Si vous voulez donner la préférence à des produits locaux, soyez attentif à la formulation employée : « Produit de France » signifie que le produit a été fabriqué en France, avec des ingrédients locaux, tandis que « Fabriqué en France » signifie qu'il a été élaboré en France, à partir d'ingrédients français ou d'origine étrangère.
- Si vous voulez être assuré d'acheter des produits sans OGM, recherchez l'indication « sans OGM » sur l'emballage. À noter que les produits alimentaires issus ou contenant des ingrédients provenant d'animaux ayant été nourris avec des aliments GM n'ont pas l'obligation de porter cette mention.
- Soyez particulièrement attentif à l'information nutritionnelle figurant sur les emballages des produits alimentaires en cas de pathologie

ASTUCE

Soyez très attentif lorsque vous achetez des aliments parfumés. Préférez ainsi un produit « à l'abricot » à un produit « aromatisé à l'abricot ». La différence est qu'un yaourt à l'abricot, par exemple, doit contenir des morceaux d'abricot alors qu'un yaourt aromatisé à l'abricot n'en a généralement que l'arôme.

■ ■ ■ Les restaurateurs n'ont pas l'obligation de mentionner une éventuelle présence d'OGM dans les plats qu'ils proposent.

impliquant le respect d'une certaine hygiène alimentaire, par exemple diabète ou troubles cardiaques. Ainsi la teneur en sel (sodium) est-elle importante à prendre en compte pour les personnes souffrant d'une affection cardiaque.

- Les produits alimentaires portant le logo « AB », pour agriculture biologique, font l'objet d'une réglementation et de contrôles stricts, mais ils ne garantissent pas une absence totale d'additifs, certains conservateurs étant autorisés. Ainsi l'anhydride sulfureux, SO2, est le seul conservateur autorisé, selon certaines normes, pour l'élaboration des vins dits biologiques.

PETIT LEXIQUE DES MATIÈRES GRASSES

Même les étiquettes les plus informatives demandent un peu de décryptage.

- **Sans matières grasses** Ce n'est pas tout à fait exact, car il s'agit de produits ne contenant pas plus de 0,5 g de matières grasses pour 100 g.
- **Faibles en matières grasses** Ces produits ne doivent pas excéder 1,5 % de matières grasses pour les liquides, 3 % pour les solides.
- **À teneur réduite en matières grasses** Le produit doit présenter une teneur réduite d'au moins 25 % par rapport à la teneur normale du produit type.
- **Produits « light » ou allégés** Ces produits doivent contenir au moins 30 % de matières grasses, de sucres ou de calories de moins que la version classique du produit. La mention ne s'applique donc pas nécessairement aux matières grasses.
- **Produits naturels** Cette mention n'exclut pas les matières grasses du produit, mais celles-ci sont d'origine naturelle, huile par exemple, ce qui ne signifie pas qu'elles sont bonnes pour la santé.
- **Sans cholestérol** Le produit peut être riche en matières grasses et donc augmenter la teneur énergétique, mais il s'agit de graisses mono-insaturées, qui n'entraînent pas d'augmentation du cholestérol.

La nomenclature internationale des additifs

Numéro	Additifs	Utilisation
100 à 181	Colorants alimentaires	Restaurent la coloration d'origine perdue dans le processus de transformation ; ravivent les couleurs ; donnent une coloration uniforme au produit.
200 à 297	Conservateurs	Empêchent ou retardent le développement de bactéries et moisissures dans les aliments. Certains assurent un niveau constant d'acidité du produit.
300 à 385	Antioxydants	Préservent les produits du rancissement et de la décoloration. Certains améliorent aussi la texture du produit.
400 à 492	Émulsifiants, gélifiants, stabilisants	Les émulsifiants stabilisent les émulsions, empêchant la séparation des sauces en deux phases. Les gélifiants épaississent et donnent une consistance de gel. Les stabilisants assurent une répartition homogène des particules.
500 à 586	Acidifiants	Ces additifs contribuent à préserver la texture naturelle du produit, évitant en particulier que dans certains cas les particules ne s'agglutinent.
600 à 641	Exhausteurs de goût	Rehaussent et améliorent la saveur des aliments.
900 à 1202	Édulcorants et agents blanchissants ; agents propulseurs	Donnent un goût plus sucré et ont un effet blanchissant ; donnent au produit un aspect brillant ; évitent la formation de mousse à l'ébullition. Les agents propulseurs sont utilisés dans les aérosols pour faciliter la libération du produit.
1400 à 1450	Épaississants	Épaississent et lient les produits.
1505 à 1521	Solvants	Agissent comme des conservateurs ; les solvants permettent de conserver les solutions ou suspensions.

■ ■ ■ **Privilégiez les yaourts** à base d'*acidophilus*, de *bifida* et de *caseii*. Ces bactéries contribuent au bon équilibre du système digestif.

Manger bio

Comment être sûr de choisir les aliments les plus sains, sans produits chimiques, substances pharmaceutiques ni OGM ? En optant pour les produits certifiés « bio », issus de l'agriculture biologique. Manger des produits frais et bio assure saveur et qualité nutritionnelle, tout en contribuant au respect de l'environnement.

POURQUOI ACHETER BIO ?

- Le mode de production biologique interdit l'usage d'engrais, de pesticides et d'herbicides de synthèse, largement utilisés dans l'agriculture conventionnelle, ce qui est une sécurité pour les producteurs comme pour les consommateurs. Il interdit également le recours aux OGM, l'usage d'antibiotiques et d'hormones de croissance pour les animaux d'élevage.
- L'agriculture biologique présente moins de risques pour l'environnement que l'agriculture conventionnelle. Les excès de pesticides et d'engrais contaminent en effet les cours d'eau et les nappes phréatiques, et polluent l'eau potable. Nombre d'animaux, oiseaux et poissons en particulier, meurent d'avoir consommé des plantes traitées avec des produits chimiques, ou d'avoir absorbé ces produits par le biais de la chaîne alimentaire.
- L'agriculture conventionnelle utilise aussi plus de pétrole, essentiellement pour la production d'engrais et de pesticides de synthèse.
- Les chartes d'agriculture biologique assurent un meilleur traitement des animaux que dans l'élevage traditionnel. Les éleveurs bio n'utilisent par exemple pas d'éclairage artificiel pour augmenter la productivité.
- Les agriculteurs bio considèrent le sol comme l'élément fondateur de la chaîne alimentaire et travaillent à améliorer sa structure. Ils réduisent ainsi les risques de lessivage de la couche superficielle du sol, et donc l'érosion.
- Les pratiques biologiques favorisent la biodiversité, tandis que l'agriculture conventionnelle se focalise sur la monoculture, qui a pour effet de rendre les cultures plus sensibles aux maladies et attaques de ravageurs.

ATTENTION !

▼ Une viande étiquetée « sans hormones » n'est pas nécessairement issue de l'agriculture biologique. L'étiquette précise simplement que les animaux n'ont pas reçu d'hormones de croissance.

~ POUR DÉPENSER MOINS ~

Faites des économies sur les produits bio en achetant directement aux producteurs : chez les agriculteurs, les éleveurs ou les viticulteurs, ou encore sur les marchés bio locaux. Les commandes faites sur Internet, avec livraison à domicile, sont souvent intéressantes aussi car les intermédiaires sont moindres.

POUR ou CONTRE

LES ALIMENTS BIO

La plupart des produits biologiques sont plus chers que les produits alimentaires classiques, et ce pour deux raisons : les unités de production bio sont généralement plus petites que les élevages ou cultures classiques, et la production demande plus de travail et de suivi. Cependant, en achetant des produits de la filière bio, vous êtes assuré que le producteur n'a utilisé aucune méthode ni aucun produit dangereux pour la santé ou pour l'environnement. Un investissement que vous pouvez juger « rentable », puisqu'il permet de préserver tant votre santé que l'environnement.

■ ■ ■ **Les agriculteurs bio combattent les insectes parasites avec des techniques telles que la rotation des cultures et la diversité végétale.**

- Les produits bio ont meilleur goût, tout simplement ! Il suffit de poser la question à tous les jardiniers bio.

QUELQUES CONSEILS POUR PASSER AU BIO

Si vous n'êtes pas un adepte inconditionnel du bio, minimisez les risques par rapport aux engrais et pesticides utilisés en agriculture en achetant des versions bio des produits que vous utilisez le plus.

- Recherchez les étiquettes présentant un logo certifié par la filière agriculture biologique ou biodynamique (voir p. 13).
- Les fruits et légumes bio n'ont pas une taille et une forme standard. Ils sont cultivés pour leurs qualités nutritionnelles et leur goût, non pour leur aspect.
- Ne soyez pas déconcerté par la coloration de certains fruits séchés biologiques. Ainsi les abricots secs d'origine biologique sont plus foncés, mais aussi plus savoureux, car ils ne contiennent pas d'agent conservateur appelé anhydride sulfureux.
- Certains produits alimentaires bio ont une durée de conservation plus courte que les produits classiques, tout simplement car ils ne contiennent pas de conservateurs. Consommez-les rapidement. Pour limiter les emballages perdus, achetez en vrac céréales, riz et légumes secs bio. Faites vos achats dans un magasin dont les ventes assurent un renouvellement rapide des produits.
- Examinez attentivement les produits avant d'acheter. Une étiquette « bio » n'est pas forcément un gage de fraîcheur et de parfait état.
- Ne vous alarmez pas si vous découvrez un ou deux petits insectes sur des fruits ou légumes bio. Cela prouve bien qu'ils n'ont pas été traités avec des produits chimiques.

La filière bio : réglementation et organismes certificateurs

On considère en France qu'un produit est dit biologique s'il comprend plus de 95 % d'ingrédients bio. Le produit, agricole ou transformé, doit alors porter les mentions suivantes : « Agriculture biologique », « Produit de l'agriculture biologique » ou « Produit issu de l'agriculture biologique », ainsi que le nom de l'organisme certificateur qui a contrôlé le produit.

Lorsque le produit transformé comprend entre 70 et 95 % d'ingrédients bio, il doit porter les mentions suivantes : « X % des ingrédients d'origine agricole ont été obtenus selon les règles de la production biologique », ainsi que le nom de l'organisme certificateur et la liste des ingrédients précisant ceux qui sont d'origine biologique.

Pour les produits contenant moins de 70 % d'ingrédients bio, aucune référence au mode de production biologique n'est autorisée.

Les vins constituent un cas particulier. Les mentions autorisées sur les étiquettes des vins bio sont : « vin issu de raisins de l'agriculture biologique » et le nom de l'organisme certificateur.

Les organismes de contrôle et de certification des produits alimentaires biologiques sont au nombre de six en France : Ecocert, Qualité France SAS, Agrocert, Ulase, Aclave et SGS ICS.

liens utiles

Agence française pour le développement et la promotion de l'agriculture biologique : www.agencebio.org/
Fédération nationale d'agriculture biologique des régions de France : www.fnab.org
Fédération internationale des mouvements d'agriculture biologique : www.ifoam.org

Essayez la bière bio, préparée à partir d'eau de source, de houblon, d'orge et de malt non traités.

La conservation des aliments

Mettez les fruits et légumes de saison en bouteille ou en conserve en pleine saison : quand ils abondent, sont le plus savoureux et le moins chers. La conservation des produits frais dans de bonnes conditions préserve leur fraîcheur, mais n'oubliez pas que, plus longtemps vous conservez un produit frais, plus sa valeur nutritionnelle diminue.

DU JARDIN À LA CUISINE

Choisissez des produits du jardin sans défauts. Conservez-les dans un endroit frais, sombre et sec, loin de produits à forte odeur.

- Choisissez des fruits qui mûrissent tard en saison, ce sont ceux qui se conservent le mieux. Certaines variétés de pommes se conservent plus longtemps que d'autres, comme 'Cox's Orange'. Cueillez les poires avant maturité complète.
- Gardez pommes et poires sur des étagères ou dans des cagettes, dans un endroit sombre. Les fruits ne doivent pas se toucher, pour éviter la propagation de bactéries ou de champignons pathogènes.
- Ne lavez pas les légumes avant de les conserver.
- Pour tresser oignon et ail, attendez que les bulbes soient parfaitement secs, puis suspendez les tresses en hauteur. Vous pouvez aussi les suspendre dans des sacs en papier ou de vieux bas nylon.
- Pour bien garder les potirons, laissez-les sur la plante jusqu'à ce que les feuilles sèchent, puis exposez les fruits quelques jours au soleil. Rentrez-les ensuite et placez-les sur des étagères en veillant à ce qu'ils ne se touchent pas. Ils se conserveront quelques mois.

- Conservez les légumes racines tels que carottes ou pommes de terre dans des caisses de sable à peine humide, de telle sorte que les racines ne se touchent pas.
- Pour réaliser une guirlande de piments, utilisez une grosse aiguille et de la ficelle fine en double épaisseur, et passez-les à travers chaque piment, sous le pédoncule. Suspendez votre guirlande au soleil pour la faire sécher.
- Faites sécher les aromates en petits bouquets suspendus tête en bas (les huiles essentielles sont ainsi concentrées dans les feuilles) dans un endroit chaud et aéré. Puis détachez les feuilles des tiges et conservez-les dans des boîtes étanches.
- Vérifiez régulièrement l'état des produits en conservation, éliminez tout fruit ou légume qui s'abîme.

Des réserves pour la cuisine

Type de produit	Durée de conservation
Fruits en bocaux	6 à 12 mois.
Coulis de tomates	Jusqu'à 1 an après stérilisation.
Chutneys	6 mois ; à conserver au frais après ouverture.
Confitures, gelées	18 mois ; à conserver au frais après ouverture.
Conserves au vinaigre	6 mois ; à conserver au frais après ouverture.
Vinaigres	3 à 6 mois.

Attention !

Si vos conserves montrent l'un des signes suivants, jetez-les.
- Le contenu gicle à l'ouverture.
- Le couvercle présente des traces de moisissure ou il y a eu des fuites pendant la conservation.
- Le liquide contenu semble mousser ou présenter une décoloration.
- Les aliments paraissent visqueux, spongieux ou flétris.
- Le contenu dégage une odeur désagréable.

■ ■ ■ **Retrouvez en hiver les saveurs de l'été grâce aux conserves de coulis de tomates ou d'aubergines à l'huile.**

~ POUR DÉPENSER MOINS ~

Préparez vos vinaigres aux aromates ou aux fruits. C'est facile et cela revient beaucoup moins cher que de les acheter dans les épiceries fines. Conservez-les dans de belles bouteilles (de vin) fermées avec un bouchon. C'est également une charmante idée cadeau.

MODES DE CONSERVATION

La conservation des aliments permet de tirer parti de l'offre abondante et bon marché des produits de saison.

BOCAUX ET CONSERVES

- Une technique qui demande du temps et du matériel mais assure une excellente conservation de nombreux fruits et légumes. La chaleur permet d'éliminer bactéries, levures et moisissures, et de stopper l'activité enzymatique.
- La fermeture étanche évite la pénétration d'autres micro-organismes pathogènes.

SÉCHAGE

- Il inactive les bactéries, levures, enzymes et champignons pathogènes. On trouve dans le commerce des déshydrateurs pour fruits et légumes.

CONGÉLATION

- Cette technique retarde la croissance et l'activité des micro-organismes, ce qui permet de préserver les qualités des aliments pendant plus d'un an. Il suffit d'avoir un congélateur.

TOMATES SÉCHÉES AU SOLEIL

Si vous habitez dans une zone peu polluée, avec des étés chauds et secs, faites sécher vos tomates au soleil. Sinon, séchez-les au four.

AU SOLEIL

- Préparez des cadres carrés avec quatre baguettes de bois non traité, de 1 m de long. Tendez ou fixez dessus mousseline ou filet en nylon. Renforcez l'ensemble par un maillage de ficelle sous le filet.
- Évidez des tomates Roma et coupez-les en deux.
- Placez les fruits en une seule couche sur le cadre, laissez-les toute la journée en plein soleil. Enlevez les tomates au fur et à mesure qu'elles sont sèches et rentrez le tout sous abri pour la nuit.
- Répétez cette opération pendant 3 ou 4 jours si nécessaire (les tomates-cerises sèchent dans la journée).
- Pour éliminer d'éventuels œufs d'insectes, placez les tomates séchées sur la plaque du four, à 100 °C, pendant 10 à 15 minutes.

AU FOUR

- Étalez des demi-tomates Roma, évidées et face coupée vers le haut, sur les grilles du four.
- Saupoudrez-les de sel, laissez-les 6 à 8 heures dans le four à très basse température (60 °C si possible). Retournez-les régulièrement jusqu'à ce qu'elles soient bien sèches.

POUR LES CONSERVER

- Mettez vos tomates séchées dans des bocaux, couvrez d'huile d'olive et fermez hermétiquement.
- Autre solution : placez-les dans des boîtes hermétiques, sans huile, et gardez-les au réfrigérateur.
- Si vous voulez les conserver longtemps, mieux vaut les congeler.

■ ■ ■ **Sur le même thème,** et pour changer du basilic, essayez de préparer le pesto avec d'autres herbes comme estragon, coriandre, origan.

Recettes gourmandes

La transformation en vinaigres ou chutneys, en confitures ou marmelades est une façon d'utiliser un surplus de récoltes. Ces préparations ne contiennent aucun additif, sont savoureuses et vous coûteront moins cher que les produits élaborés du commerce. Enfin, ce sont des idées cadeaux gourmandes.

VINAIGRES AUX HERBES

Estragon, basilic, aneth et romarin sont des classiques pour parfumer le vinaigre ; essayez aussi origan, thym, persil, menthe et feuilles de capucine ou d'autres plantes aromatiques.

1 tasse d'herbes aromatiques
2 tasses de vinaigre de vin ou de cidre, avec un taux d'acidité de 5 %
Filtre à café non blanchi

- Cueillez vos herbes favorites le matin, après évaporation de la rosée, mais avant le soleil brûlant.
- Lavez-les, puis séchez-les soigneusement dans du papier absorbant.
- Détachez les feuilles des tiges (sauf les feuilles les plus fines).
- Glissez les feuilles dans une bouteille en verre propre, puis versez le vinaigre.
- Fermez la bouteille et mettez-la dans un endroit frais et sombre. Agitez tous les 2 jours.
- Au bout de 1 semaine, si le vinaigre est assez parfumé, filtrez-le et versez-le dans une bouteille stérilisée. Fermez avec un bouchon en liège, étiquetez et gardez dans un endroit frais et sombre.

VINAIGRES AUX FRUITS

Une excellente façon d'utiliser des fruits avancés ou un peu abîmés. Les framboises, cassis, fraises et cerises s'y prêtent bien.

1 tasse de fruits lavés, séchés, écrasés ou grossièrement hachés
2 tasses de vinaigre avec un taux d'acidité d'au moins 5 %, rouge pour les fruits foncés, blanc pour les fruits clairs
Environ 30 g de sucre ou ½ c. à s. de miel

- Mettez les fruits et le vinaigre dans un récipient en verre propre. Couvrez, laissez macérer pendant 1 semaine dans un endroit frais et sombre.
- Goûtez le vinaigre. Pour un arôme plus intense, filtrez et remplacez les fruits par des fruits frais.
- Laissez macérer encore 1 semaine ou 2. Renouvelez les fruits jusqu'à obtenir l'arôme voulu.
- Lorsque le vinaigre est assez parfumé, filtrez-le dans une petite casserole.
- Ajoutez du sucre ou du miel.
- Portez à ébullition pour faire fondre le sucre, puis baissez le feu et poursuivez la cuisson 3 minutes.
- Laissez refroidir puis mettez en bouteille. Fermez avec un bouchon en liège, étiquetez et gardez dans un endroit frais et sombre.

CHUTNEY DE TOMATES VERTES

500 g de pommes Granny Smith, épluchées et coupées en dés
2 kg de tomates vertes et rouges en mélange, pelées et grossièrement hachées
500 g d'oignons hachés
4 grosses gousses d'ail écrasées
1 c. à s. de sel
3 ou 4 clous de girofle
1 c. à s. de cannelle
1 c. à s. de gingembre
1 c. à s. de graines de coriandre
60 cl de vinaigre de cidre
500 g de sucre

■ ■ ■ Rien de mieux que les conserves pour garder toute la saveur des produits du jardin ou des fruits et légumes de votre région.

Dans une bassine à confiture ou un fait-tout, mélangez pommes, tomates, oignons, ail, sel, épices et ajoutez la moitié du vinaigre.
Portez à ébullition, puis laissez cuire à feu doux pendant 1 heure en mélangeant souvent, jusqu'à ce que le chutney épaississe.
Faites dissoudre le sucre dans le reste de vinaigre et versez-le sur le chutney. Prolongez la cuisson à feu doux, en mélangeant toujours, jusqu'à ce que le chutney soit très épais.
Éliminez les graines de coriandre, puis versez le chutney dans des pots stérilisés. Fermez, étiquetez et gardez dans un endroit frais et sombre. Pour plus de saveur, attendez 1 mois avant de consommer votre chutney.

CONFIT D'OIGNONS ROUGES

2 gros oignons rouges, épluchés et très finement émincés
65 g de sucre brun
25 cl de vin rouge sec
3 c. à s. de vinaigre balsamique
1 pincée de sel
Poivre noir fraîchement moulu
Bocal de 50 cl

Mélangez les oignons et le sucre dans une sauteuse et faites cuire à feu moyen environ 25 minutes, en remuant fréquemment, jusqu'à ce que les oignons soient bien dorés.
Ajoutez le vin et le vinaigre, et portez à ébullition. Faites cuire ensuite à feu doux 15 minutes, en mélangeant souvent, jusqu'à ce que l'essentiel du liquide se soit évaporé.
Assaisonnez puis remplissez le bocal et laissez refroidir. Fermez le bocal, étiquetez-le et conservez-le au réfrigérateur. À consommer dans les 3 semaines, ou bien à congeler.

MARMELADE D'AGRUMES

Ces proportions permettent de remplir trois pots de 450 g.

Le zeste de 3 oranges Navel non traitées
1 citron non traité
75 cl d'eau filtrée
1 kg de sucre

Émincez les zestes d'orange.
Détaillez le citron en dés.
Placez les zestes d'orange et le citron dans un saladier en verre, couvrez d'eau filtrée et laissez macérer 24 heures.
Versez dans une bassine à confiture. Portez à ébullition, puis laissez cuire à feu doux jusqu'à ce que les zestes soient très tendres.
Enlevez la bassine du feu, couvrez et laissez encore macérer 24 heures.
Ajoutez 230 g de sucre pour 25 cl de préparation.
Portez à ébullition, mélangez pour faire fondre le sucre, puis poursuivez la cuisson jusqu'à ce que la marmelade se gélifie.
Pour vérifier la prise de la marmelade, versez-en 1 cuillerée à café dans une soucoupe, attendez 1 minute et posez le doigt dessus : elle plisse lorsqu'elle a bien pris.
Versez dans des pots stérilisés, fermez et étiquetez.

CITRONS CONFITS

Les proportions permettent de remplir un bocal de 75 cl.

5 citrons non traités
80 g de sel
4 clous de girofle
4 gousses de cardamome écrasées
1 c. à s. de graines de coriandre
2 feuilles de laurier
40 cl d'huile d'olive

Lavez et séchez les citrons, puis coupez-les en quartiers.
Mettez-les dans une passoire au-dessus d'un saladier et saupoudrez uniformément de sel.
Laissez macérer 24 heures. Les zestes deviennent plus tendres lorsque les quartiers perdent du jus.
Placez les quartiers dans un bocal stérilisé, avec le laurier et les épices, puis couvrez d'huile.
Fermez le bocal et gardez-le 1 mois au réfrigérateur avant d'utiliser les citrons.
Servez les citrons confits finement émincés ou hachés, dans une salade grecque, dans les tajines, ou encore avec du poisson.

CERISES À L'EAU-DE-VIE

1 kg de grosses cerises douces
450 g de sucre
75 cl d'eau-de-vie pour fruits

Lavez délicatement puis séchez les cerises. Vous pouvez enlever noyaux et queues ou les laisser, à votre goût.
Serrez bien les fruits dans un grand bocal stérilisé.
Mélangez le sucre et l'eau-de-vie et versez-les sur les cerises.
Fermez le bocal, gardez-le pendant 1 mois dans un endroit frais et sombre, en le retournant chaque jour pour bien mélanger le sucre.

Suivez les conseils donnés dans les recettes. En changeant les quantités, vous risquez d'altérer la qualité et la conservation.

La congélation

Ne congelez que des produits très frais et de belle qualité. Pour préserver saveur et qualités nutritionnelles, congelez les légumes, surtout petits pois et haricots, dès la récolte. Quant aux restes ou aux plats cuisinés, congelez-les sans attendre après cuisson et refroidissement.

DU JARDIN AU CONGÉLATEUR

- Cueillez le basilic tout au long de l'été pour éviter qu'il ne fleurisse. Transformez-le en pesto, en petites portions d'environ 60 ml, et congelez-les. Le pesto congelé ne brunit pas, contrairement à celui conservé au réfrigérateur.
- Râpez grossièrement des courgettes, faites-les dégorger dans une passoire en les pressant bien. Préparez des portions de 25 à 40 cl et congelez-les. Vous les utiliserez dans des tartes ou des pizzas, avec des pâtes ou dans une soupe.
- Découpez les poivrons en quartiers, éliminez les graines et les membranes blanches, puis placez-les sur la grille du four, peau vers le haut. Passez-les au gril jusqu'à ce que la peau noircisse. Couvrez alors les poivrons d'un vieux torchon, laissez-les refroidir puis pelez-les. Congelez-les en petites portions pour les utiliser tels quels.
- Supprimez les tiges des épinards. Faites blanchir les feuilles quelques secondes dans l'eau bouillante ou passez-les rapidement à la poêle avec un peu d'huile d'olive. Égouttez-les, pressez-les, puis congelez-les en portions adaptées à vos besoins. Les épinards surgelés font un délicieux accompagnement des viandes et poissons.
- Ne jetez pas les zestes des agrumes bio ou cultivés dans le jardin. Avant de presser les fruits, prélevez les zestes et conservez-les dans une boîte étanche au congélateur.
- Lavez et hachez finement les herbes aromatiques. Mettez-en une petite quantité dans les compartiments d'un bac à glaçons. Couvrez d'eau bouillie ou filtrée et placez au congélateur. Lorsque les glaçons ont pris, transférez-les dans des sachets congélation. Vous ajouterez ces glaçons dans vos sauces, soupes ou plats mijotés.
- Congelez le jus de citron dans un bac à glaçons pour l'utiliser ultérieurement.

BLANCHIMENT DES LÉGUMES

La plupart des légumes doivent être blanchis, c'est-à-dire rapidement cuits, pour conserver leurs teinte, saveur et texture à la congélation.

- Utilisez un grand cuit-vapeur avec deux paniers, versez 15 cm d'eau et amenez à ébullition.
- Placez les légumes en fine couche dans chaque panier, couvrez et surveillez le blanchiment. Il doit être d'autant plus court que les légumes sont tendres et de petite taille.
- Plongez les légumes blanchis dans l'eau froide.

ASTUCES POUR LA DÉCONGÉLATION

✔ Utilisez le poisson décongelé dans les 24 heures.

✔ Faites décongeler lentement la viande hachée au réfrigérateur.

✔ Les aliments précuits ont une faible teneur en eau : vous pouvez les laisser décongeler à température ambiante.

✘ Ne faites jamais décongeler les produits fragiles sur le plan de travail de la cuisine, même dans une pièce fraîche. Cela peut activer des micro-organismes pathogènes et favoriser une intoxication alimentaire.

■ ■ ■ **Congelez les blancs d'œufs que vous n'utilisez pas lorsque vous préparez un gâteau. Ils serviront plus tard.**

SAUCE TOMATE

Cette sauce se congèle à merveille, alors n'hésitez pas à en préparer de grandes quantités en plein été, quand les tomates sont gorgées de soleil.

1 kg de tomates bien mûres, de taille moyenne
Huile d'olive
5 à 10 gousses d'ail émincées
1 ½ c. à s. de vinaigre balsamique

- Coupez les tomates en deux et placez les demi-tomates sur une plaque du four huilée.
- Aspergez-les de quelques gouttes d'huile d'olive.
- Placez quelques lamelles d'ail sur chaque demi-tomate.
- Glissez-les au four préchauffé à 190 °C, et laissez griller environ 1 heure, jusqu'à ce que les bords noircissent légèrement et que tout liquide soit évaporé.
- Passez les tomates au mixeur puis à travers un chinois pour éliminer les graines et les peaux.
- Ajoutez le vinaigre balsamique. Goûtez et assaisonnez de poivre fraîchement moulu.
- Servez cette sauce savoureuse avec des pâtes et des copeaux de parmesan.

LES GRANDES RÈGLES DE LA CONGÉLATION

- Pour éviter le développement de bactéries, congelez dès que possible vos restes cuisinés, surtout s'ils contiennent de la viande.
- Pour éviter déshydratation et pertes de saveur dues au froid, utilisez des contenants étanches.
- N'oubliez pas que la congélation d'aliments liquides ou semi-liquides se traduit par une augmentation de volume. Laissez toujours un espace d'environ 3 cm sous le rebord du contenant que vous utilisez.
- Évitez de trop charger le congélateur en une seule fois avec de nouvelles préparations. Si vous prévoyez de cuisiner en quantité puis de congeler, réglez le congélateur sur la température la plus basse au moins 24 heures à l'avance. Lorsque tout est congelé, ramenez le thermostat à la température habituelle.
- N'oubliez pas d'indiquer sur tous les contenants la date de congélation et le contenu. En règle générale, les légumes maison se conservent jusqu'à 10 mois, 8 mois s'ils ont été achetés surgelés. Vérifiez ces informations dans le manuel accompagnant votre congélateur, mais évitez de garder quoi que ce soit plus de 12 mois.

- Plus un poisson est gras, moins bien il se congèle. Les poissons maigres, comme la morue et l'églefin, se conservent jusqu'à 6 mois, alors que les poissons gras comme le saumon doivent être consommés dans les 3 mois.
- Les crustacés congelés crus se conservent jusqu'à 6 mois. Si vous les congelez après cuisson, faites-les cuire le plus rapidement possible après l'achat et ne les gardez pas plus de 3 mois congelés.
- Vous pouvez aussi congeler un reste de vin et l'utiliser dans un ragoût ou une marinade.

À ne pas congeler

De très nombreux aliments se prêtent bien à la congélation, aussi est-il utile de préciser ceux qui ne la supportent pas.

- Les œufs crus dans leur coquille.
- Les œufs durs.
- Les pommes de terre cuites.
- Les pommes de terre crues.
- Le fromage blanc.
- Les terrines ou desserts comportant de la gélatine.
- Les crudités.
- Les gâteaux à la crème ou avec un glaçage réalisé à partir de blancs d'œufs.
- Les tartes meringuées ou à la crème.

ATTENTION !

▼ Ne congelez du poisson cru que si vous êtes certain qu'il est très frais, et surtout qu'il n'a pas été décongelé.

La dégradation de la texture causée par la congélation est plus perceptible avec des fruits crus qu'avec des légumes cuits.

Cuisiner sans gaspiller

Avec un peu d'organisation, vous pouvez cuisiner et congeler les produits en saison, lorsqu'ils sont à la fois savoureux et bon marché. Vous passerez aussi moins de temps à la cuisine et ferez des économies si vous apprenez à utiliser les restes et à cuisiner selon des techniques rapides et économes en gaz et électricité.

PRÉPARER UN PEU PLUS

Lorsque vous cuisinez, augmentez les proportions pour avoir des restes pour le lendemain. Vous gagnerez du temps et économiserez de l'énergie. Vous pouvez aussi congeler les portions en trop.

- Quand vous faites cuire des filets de poulet, prévoyez-en un peu plus et utilisez-les le lendemain dans une salade ou un sandwich.
- Faites cuire un peu plus de pâtes pour les préparer en salade. Après cuisson, versez un peu d'huile dessus pour éviter qu'elles ne sèchent et couvrez-les.
- En préparant de la pâte à pizza, multipliez les proportions et congelez des boules. Elles se gardent jusqu'à 2 mois au congélateur.
- Lorsque vous faites cuire des œufs durs, ajoutez-en un ou deux. Ils agrémenteront une salade ou un sandwich aux crudités.
- Plutôt que de faire revenir un ou deux oignons, préparez-en une grande quantité et congelez le surplus en petites portions. La dépense énergétique pour 1 kilo n'est pas beaucoup plus importante que pour deux oignons.
- Si vous faites des crêpes, doublez les proportions de pâte. Cuisez toutes les crêpes et congelez celles que vous n'aurez pas mangées en les séparant par du papier sulfurisé. Elles seront ainsi très faciles à utiliser et rapides à décongeler.
- Lorsque vous préparez une pâte sablée ou brisée, doublez les proportions et congelez la quantité nécessaire pour une autre tarte, en boule ou bien déjà étalée et roulée dans du papier sulfurisé.
- Pour profiter au mieux des produits de saison, cuisinez en double cakes aux fruits ou aux légumes. Congelez en tranches ce que vous ne consommez pas aussitôt, vous les apprécierez pour un goûter ou un dîner léger.
- Quand vous préparez de petites quiches, des feuilletés aux légumes, congelez tous les ingrédients dont vous n'avez plus besoin.
- Si vous utilisez souvent des noix dans vos pâtisseries, achetez de belles noix fraîches en automne, hachez grossièrement les cerneaux au mixeur et congelez-les en petites portions prêtes à l'emploi.

Stoppez la cuisson des légumes dès qu'ils sont tendres. La cuisson à la vapeur préserve mieux les nutriments que la cuisson à l'eau.

POUR ou CONTRE

LA CUISSON AU MICRO-ONDES

Le four à micro-ondes permet des économies d'énergie, avec un temps de cuisson bien inférieur à celui du four traditionnel. Mais les ondes utilisées ont-elles un effet néfaste sur les aliments et sur notre santé ? Il semble que ce mode de cuisson préserve mieux les qualités nutritionnelles des aliments que la cuisson à l'eau et qu'il ne soit pas dangereux, car les radiations cessent dès que le four s'arrête. Il y a cependant un risque que les aliments ne soient pas cuits uniformément, ce qui peut favoriser une contamination bactérienne.

■ ■ ■ Utilisez vos restes de légumes cuits à la vapeur dans une omelette. Ajoutez des œufs battus et un peu de fromage râpé.

DES RESTES DÉLICIEUX

Ne jetez pas les restes. Avec un peu d'imagination, ils serviront dans d'autres préparations.

POMMES DE TERRE

- Écrasez un reste de pommes de terre, ajoutez un oignon haché et cuit, du persil et du poivre, passez à la poêle avec un peu d'huile d'olive.
- Enduisez les pommes de terre d'un peu d'huile et réchauffez-les au four. Servez avec une sauce épicée ou un chutney.
- Les restes de pommes de terre peuvent agrémenter une omelette ou une terrine de poisson.

LÉGUMES SECS

- Réduisez les restes de haricots blancs ou de pois cassés en purée et congelez-les. Vous les ajouterez à une soupe.
- Réduisez un reste de lentilles en purée, ajoutez un filet de citron et du yaourt à la grecque, et vous aurez un délicieux dip pour un apéritif.
- Servez un reste de haricots blancs avec des tacos, accompagnés d'oignons hachés, de dés de tomate et d'avocat et de fromage râpé.

RIZ

- Faites une pâte à tarte avec un reste de riz : mélangez deux verres de riz et un œuf battu, et étalez-les au fond d'un plat à tarte huilé. Faites cuire 10 minutes à 180 °C, ajoutez la garniture et poursuivez la cuisson.
- Utilisez un reste de riz dans une salade composée ou un riz au lait.

- Le risotto est difficile à réchauffer car il a tendance à sécher. Préférez en faire des galettes : liez avec un œuf battu, formez de petites galettes que vous roulerez dans la farine avant de les cuire à la poêle.

BOUILLON

- Préparez et congelez de savoureux bouillons. Faites cuire à feu doux pendant 1 heure ou 2 des restes de légumes – chou, feuilles de radis, vert de poireau –, éventuellement accompagnés de restes de poulet ou de bœuf.

ASTUCE

Les pains plats ou galettes – chapati, tortillas... – sont parfaits pour « emballer » les petits restes et composer de délicieux sandwichs. Assaisonnez avec un peu de poivre, de vinaigre balsamique ou de sauce au chili douce, ajoutez quelques feuilles de salade... et dégustez.

CHALEUR RÉSIDUELLE

Pour cuire les aliments ci-dessous, qui sont des sucres lents, arrêtez l'eau une fois qu'elle bout et laissez simplement cuire dans l'eau en profitant de la chaleur résiduelle.

COUSCOUS Délicieux et rapide à préparer : mélangez dans un plat creux un volume égal de couscous et d'eau bouillante (ou de bouillon), couvrez et laissez gonfler 10 à 15 minutes. Aérez à la fourchette et servez aussitôt.

RIZ Portez à ébullition une grande casserole d'eau, ajoutez le riz, mélangez et portez à nouveau à ébullition. Retirez la casserole du feu, couvrez et laissez gonfler. Attendez 5 minutes avant de contrôler la cuisson si c'est un riz blanc, 15 minutes s'il s'agit d'un riz complet. Il faut parfois jusqu'à 40 minutes pour certains types de riz, et les variétés à long grain cuisent plus vite que celles à grain rond.

NOUILLES CHINOISES ET VERMICELLES DE RIZ Placez-les dans un saladier, versez une grande quantité d'eau bouillante, mélangez pour séparer les nouilles, puis attendez environ 10 minutes ; elles seront parfaitement cuites et prêtes à servir.

Ne jetez pas vos restes de pain : réduisez-les en miettes et congelez-les. Vous disposerez de chapelure prête à l'emploi.

MANGER ÉQUILIBRÉ

Une alimentation naturelle et diversifiée vous aidera à mener une vie saine et active.

De saines habitudes

Il n'y a pas de règle d'or pour avoir une alimentation saine, mais deux principes élémentaires : offrir chaque jour à votre corps une grande variété d'aliments ; manger avec modération. Si les aliments miracle et les régimes suivent les modes, ces deux conditions, elles, sont immuables.

Les experts estiment qu'il faut 21 jours pour prendre une nouvelle habitude, donc pour passer à un régime alimentaire plus sain.

QUINZE ÉTAPES POUR MIEUX VOUS NOURRIR

Il vous sera plus facile de changer de comportement alimentaire si vous procédez par étapes. Chacune de ces étapes contribue à un mode de vie sain et naturel.

1 Débutez la journée par un petit déjeuner riche en fibres, par exemple du muesli avec des fruits, qui vous garantit une bonne forme physique et mentale.

2 Limitez café et boissons riches en caféine : l'énergie qu'ils apportent n'est qu'un coup de fouet éphémère. Optez plutôt pour une ou deux tasses par jour de thé vert ou noir. Le thé contient des antioxydants qui ont un effet bénéfique dans la prévention des cancers et des maladies cardio-vasculaires. Une tasse de thé vert contient deux fois moins de caféine qu'une tasse de café.

3 Réduisez progressivement la quantité de sucre ajouté dans votre thé ou votre café plutôt que d'utiliser des édulcorants artificiels.

4 Lorsque vous faites de la pâtisserie, remplacez la moitié de la farine blanche par de la farine complète, puis augmentez progressivement la proportion en vous habituant au nouveau goût. Préférez aussi les pains complets aux pains blancs, plus riches en vitamines B et surtout deux fois plus riches en fibres.

5 Achetez du riz brun et des pâtes au blé complet pour augmenter vos apports en fibres et en vitamines B. Si la famille n'est pas convaincue, introduisez graduellement ces aliments.

6 Augmentez progressivement le nombre de portions de fruits et de légumes dans votre régime alimentaire pour parvenir à sept par jour. Ajoutez par exemple un fruit à votre petit déjeuner, mangez-en un dans la matinée, prenez une salade au déjeuner et une bonne assiette de légumes cuits le soir.

7 Remplacez les grignotages riches en sucres et en graisses par un fruit. Pour varier, alternez fruits frais et fruits secs ou salade de fruits.

8 Évitez les aliments frits pour réduire votre apport en graisses saturées. Utilisez une margarine riche en acides gras mono-insaturés ou polyinsaturés plutôt que du beurre. Essayez aussi l'avocat écrasé en tartine. Pour la cuisine, optez pour l'huile de colza, de tournesol ou d'olive.

■ ■ ■ **À la place de votre café, essayez le thé vert, riche en agents antioxydants : une bonne prévention contre le vieillissement et le cancer.**

UN BON HAMBURGER

Si vous aimez les hamburgers, voici une version « santé », avec les proportions pour deux personnes. Pour gagner du temps, doublez les proportions et congelez le reste.

75 g de bœuf haché
2 gousses d'ail écrasées
½ carotte râpée
½ petite betterave crue râpée
1 c. à s. de persil haché
1 œuf
2 c. à s. de miettes de pain complet
1 c. à s. d'huile d'olive
¼ d'oignon coupé en rondelles
2 tranches de tomate
2 tranches d'aubergine cuite
Quelques feuilles de laitue coupées en lanières

■ Mélangez bœuf haché, ail, carotte et betterave râpées, persil, œuf et miettes de pain dans un saladier. Modelez deux galettes assez épaisses.

■ Faites chauffer l'huile puis faire revenir les rondelles d'oignon à feu doux pendant 10 minutes environ.

■ Pendant ce temps, faites cuire les galettes de viande en les retournant.

■ Ouvrez deux petits pains ronds à la farine complète. Placez les hamburgers et les rondelles d'oignon, puis empilez les rondelles de tomate et d'aubergine, les lanières de salade.

LA VÉRITÉ SUR…

LA RESTAURATION RAPIDE OU FAST-FOOD

La restauration rapide présente bien sûr des aspects positifs côté pratique, mais bien des aspects négatifs pour la santé. Si certaines chaînes ont fait des efforts pour introduire plus de légumes et de fruits dans leurs menus, d'autres ont augmenté les portions – et leurs profits. Même les choix les plus sains, par exemple les salades, sont souvent compromis par la présence de sauces peu diététiques et de pain riche en sucres et pauvre en fibres. Si vous adorez hamburgers ou hot dogs, essayez de n'en manger qu'une fois par semaine, en évitant les extras que sont fromage, oignons frits et sauces.

9 Buvez beaucoup d'eau. Un adulte a besoin d'environ 2 litres d'eau par jour. Contrôlez votre hydratation à la couleur de votre urine, qui doit être jaune pâle.

10 Utilisez moins de sel ou supprimez-le. Au fil des années, un excès de sel peut se traduire par une augmentation de la tension. Vous éviterez l'excès de sel si vous consommez essentiellement des aliments frais, car l'essentiel du sel de notre ration alimentaire provient des aliments transformés. Au lieu de saler, ajoutez des herbes et des épices ou un filet de citron.

11 Consommez avec modération les produits laitiers et préférez les laitages écrémés.

12 Source de protéines végétales, le soja aurait la vertu de diminuer les risques de maladies cardio-vasculaires en faisant baisser le taux de cholestérol. Des études montrent un effet protecteur contre le cancer du sein et de la prostate. Essayez d'en consommer une fois par jour, sous forme de lait de soja ou de yaourt au soja, de tofu ou de tempeh.

13 Choisissez des morceaux maigres de viande rouge et limitez votre consommation de charcuterie. La viande maigre est une bonne source d'oligoéléments comme le zinc, le fer, la vitamine B12 et les protéines. Une consommation élevée de charcuterie augmente les risques de cancer des intestins.

14 Pour augmenter les apports en acides gras essentiels, mangez plus de poisson – deux à quatre fois par semaine –, en choisissant des poissons gras tels le saumon, le maquereau, la sardine…

15 Préparez des repas végétariens. Cuisinez des légumes secs comme lentilles, pois chiches ou pois cassés, à faible index glycémique, ce qui donne une impression plus durable de satiété. Leur teneur élevée en fibres prévient la constipation.

■ ■ ■ **Épicez vos plats.** Cumin, romarin, curcuma, gingembre et basilic seraient bénéfiques contre l'asthme, le diabète et l'arthrose.

Un régime équilibré

La consommation d'aliments sains, en proportions équilibrées, non seulement est essentielle à notre santé et à notre vitalité, mais nous permet aussi de mieux résister au stress de la vie moderne. Vérifiez ci-dessous que vos besoins nutritionnels en protéines, glucides et lipides sont bien couverts.

PROTÉINES

Les aliments d'origine animale contiennent tout le spectre des acides aminés essentiels nécessaires pour la fabrication des protéines. Si vous êtes végétarien ou végétalien, il est indispensable de consommer une large gamme d'aliments d'origine végétale pour satisfaire ces besoins en acides aminés.

VIANDE ET SANTÉ

La consommation de viande maigre est une importante contribution nutritionnelle du régime alimentaire. Mais attention, les produits gras ou transformés apportent trop de graisses saturées et de sel par rapport à nos besoins journaliers. En général, mieux vaut pour la santé manger moins de protéines animales et plus d'aliments frais.

- Mangez de la viande rouge, sans gras, trois à quatre fois par semaine, du poisson, du poulet (sans la peau) et prévoyez plusieurs repas à base de légumes par semaine. Trop de protéines animales associées à des graisses saturées est un facteur aggravant des maladies cardiaques, de l'hypertension et de certains cancers.
- Limitez-vous à un morceau de viande de la taille d'une paume de main par personne et augmentez les portions de légumes et de salade.
- Les viandes grasses, les charcuteries, la peau des volailles sont riches en graisses saturées, mauvaises pour le cœur. Évitez canard et oie, plus gras, et préférez poulet ou dinde, sans la peau.
- Si la mastication de la viande devient difficile avec l'âge, pensez aux viandes hachées, à celles mijotées longuement, et apportez d'autres sources de protéines telles qu'œufs, légumes secs ou produits à base de soja.
- Essayez de temps à autre le gibier, comme le chevreuil. Une option saine d'un point de vue nutritionnel, car ces viandes sont relativement pauvres en graisses saturées.
- L'élevage intensif de bétail a souvent des effets néfastes sur l'environnement, accélérant l'érosion des sols et augmentant la production de méthane, un gaz à effet de serre. Préférez les produits issus de l'agriculture biologique ou d'élevages de plein air.

POUR LES VÉGÉTARIENS

- Composez des menus associant céréales entières, graines et légumes secs comme lentilles et pois cassés ; ensemble, ces aliments vous apportent tous les acides aminés essentiels. Essayez ainsi les associations riz et dal (purée de lentilles), houmous et pain pita, haricots rouges et tortillas. Mangez plus de produits à base de soja, tels que tofu ou tempeh. Les protéines de soja sont riches en isoflavones, qui contribuent à faire baisser le cholestérol, à inhiber le développement des cellules cancéreuses et à atténuer les symptômes de la ménopause.

■ ■ ■ **Les légumineuses sont très bénéfiques pour la santé, contre le cancer, abaissant le cholestérol et favorisant la régulation de la glycémie.**

LE BON ÉQUILIBRE

Le triangle ci-dessous est très différent de la pyramide alimentaire telle qu'on la présentait il y a encore une dizaine d'années. Il est aujourd'hui reconnu que les céréales complètes, les huiles et matières grasses végétales ont un rôle important à jouer dans notre alimentation.

MANGEZ BEAUCOUP D'ALIMENTS D'ORIGINE VÉGÉTALE
Pain complet et céréales complètes
Riz brun, pâte au blé complet
Fruits et légumes secs
Fruits et légumes frais

CONSOMMEZ AVEC MODÉRATION
LES ALIMENTS D'ORIGINE ANIMALE
Lait, fromage, yaourt
Viande, volailles et œufs

MANGEZ PEU DE
Céréales raffinées
Graisses animales
Margarine animale
Aliments frits
Confiseries

ASTUCE

Commencez la journée par un petit déjeuner à base de céréales complètes, riches en fibres. Les hydrates de carbone sont digérés lentement, d'où une source d'énergie plus durable.

Ne faites pas d'un seul aliment, aussi bon soit-il pour la santé, l'élément dominant de votre régime alimentaire. Il en résulterait inévitablement des déséquilibres.

- Essayez les pâtes à base de farine d'épeautre, une excellente source de protéines pour les végétariens, avec 10 à 25 % de protéines de plus que les pâtes classiques, à base de blé.
- Mangez germes de blé, graines de cucurbitacées et fruits secs non salés, riches en protéines.
- Mangez beaucoup de légumes secs, comme les pois cassés. Ils sont riches en protéines et en fibres, très pauvres en graisses saturées.
- Si vous n'êtes pas végétalien, ajoutez œufs ou produits laitiers. Ils offrent des protéines de qualité, surtout pour les jeunes enfants et les personnes âgées, qui peuvent trouver difficile de consommer chaque jour le volume de céréales et légumineuses nécessaire.

GLUCIDES

Les glucides ou hydrates de carbone sont présents dans les aliments sous forme de sucres ou de féculents. Les féculents, ou hydrates de carbone complexes, sont présents dans le pain, les céréales, le riz, les pâtes, les légumes tels que pomme de terre ou maïs. Ce type de glucides apporte au corps l'énergie dont il a besoin quotidiennement.

- Essayez de limiter votre consommation de sucres raffinés, qui se trouvent dans le sucre, les confiseries et pâtisseries. Ils vous donnent un coup de fouet énergétique, mais celui-ci est de courte durée.
- Préférez les aliments riches en sucres lents, comme les céréales et le riz complet ou les légumes secs. Ils constituent un apport énergétique plus durable que les formes raffinées et sont plus riches en nutriments essentiels.
- N'hésitez pas à essayer toute la gamme des céréales, comme avoine, orge ou seigle, mais aussi les céréales « anciennes » récemment redécouvertes : quinoa, épeautre ou sarrasin. Qui plus est, vous favorisez en les achetant la biodiversité des cultures.
- Prévoyez plusieurs fois par semaine un plat à base de légumes secs, lentilles, pois cassés ou autre. Incorporez-les à vos menus familiaux : des haricots rouges dans

■ ■ ■ **Un régime essentiellement végétarien** favorise la digestion et diminue les risques de cancer et maladies cardio-vasculaires.

des spaghettis bolognaise, des pois cassés dans une purée de pommes de terre.

- Ajoutez une boîte de cocos roses dans un minestrone ou une soupe de légumes. Ils augmentent les apports en fibres, en zinc et en fer.
- N'hésitez pas à grignoter graines de sésame ou de tournesol fraîches, à en saupoudrer pain et gâteaux maison. Les graines de sésame sont délicieuses aussi dans les salades, les pâtes ou les légumes.

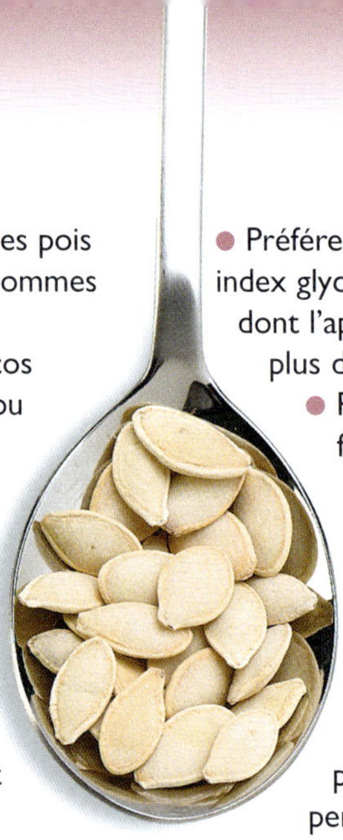

INDEX GLYCÉMIQUE

L'index glycémique a été établi par les nutritionnistes pour mesurer la capacité d'un glucide à élever la glycémie (le sucre contenu dans le sang) après le repas. Les glucides qui augmentent la glycémie lentement et en petite quantité sont meilleurs pour la santé que ceux qui provoquent une augmentation rapide de la glycémie. Recherchez la mention de cet index (IG) sur certains emballages alimentaires. L'index glycémique se mesure sur une échelle de 0 à 100.

- Préférez les aliments à faible index glycémique (inférieur à 55), dont l'apport énergétique est plus durable (sucres lents).
- Parmi les aliments à faible index glycémique figurent les produits laitiers, les légumes secs et légumes verts, les céréales et le pain complets, tous à recommander aux diabétiques comme aux personnes qui veulent perdre du poids. Digérés plus lentement, ils donnent une impression de satiété plus durable.
- Consommez des aliments à index glycémique élevé (supérieur à 70), tels que pommes de terre, pain blanc ou sucreries, avant de faire du sport, car ils assurent un apport énergétique rapide (sucres rapides).
- L'index glycémique n'est pas le seul critère à prendre en compte dans le choix des aliments. L'IG de certains aliments peut être plus élevé qu'un autre aliment à moindre valeur nutritionnelle. Ainsi 50 grammes d'ananas mûr présentent un IG plus élevé que la même quantité de chocolat, parce que le fruit contient plus de glucose.

MATIÈRES GRASSES OU LIPIDES

Notre corps a besoin d'acides gras essentiels pour donner des cellules aux membranes souples et solides. Choisissez des lipides insaturés plutôt que des graisses saturées, qui augmentent les risques de maladies cardio-vasculaires.

- Évitez de consommer trop de matières grasses saturées, présentes dans les viandes grasses et la charcuterie, les gâteaux et pâtisseries, le beurre et la crème. Ces matières grasses sont solides ou semi-solides à température ambiante et augmentent les risques de maladies cardiaques et de diabète de type 2.
- Optez pour des matières grasses mono-insaturées, l'huile d'olive par exemple, ou polyinsaturées, telle l'huile de tournesol ou de colza, qui sont liquides à température ambiante. Les matières grasses et huiles riches en oméga-3 sont les meilleures : huiles de noix, de soja, de germes de blé.
- Mangez plus de poissons gras d'eau douce, comme le saumon ou la truite. Ils contiennent des acides gras bénéfiques, les oméga-3, qui sont essentiels à la constitution

POUR ou CONTRE

LA PISCICULTURE

Les fermes piscicoles permettent d'avoir toute l'année du poisson frais, ce qui est un atout pour les apports nutritifs en oméga-3 et peut préserver les populations sauvages de poissons, de mer ou de rivière. Hélas, certaines espèces sauvages sont en danger car pêchées uniquement pour « alimenter » les poissons d'élevage. Enfin, la pisciculture peut être source de pollution des eaux environnantes, par les déjections des poissons. L'idéal : le poisson frais d'eau profonde, en choisissant une espèce locale et non menacée !

Lisez attentivement les étiquettes des emballages alimentaires. Comparez les teneurs en graisses saturées de produits similaires.

■ ■ ■ **Pour les cuissons à haute température, utilisez une huile d'olive vierge extra, riche en antioxydants.**

BONS ET MAUVAIS

Révisez la terminologie utilisée pour notre santé nutritionnelle.

■ ANTIOXYDANTS Ils inhibent les radicaux libres et protègent ainsi les cellules. Nombre de substances présentes dans les aliments d'origine végétale agissent comme antioxydants.
■ « BON » CHOLESTÉROL (HDL) Il récupère le mauvais cholestérol pour l'éliminer. Le taux de HDL peut être augmenté par une perte de poids et la pratique régulière d'exercice physique.
■ « MAUVAIS » CHOLESTÉROL (LDL) Il se dépose dans les artères et freine le flux sanguin. Une consommation excessive de graisses saturées augmente le taux de LDL dans le sang.
■ RADICAUX LIBRES Ce sont des molécules qui circulent dans notre organisme et endommagent les cellules. Naturellement présentes dans notre corps, elles sont stimulées par des facteurs externes (soleil, pollution).

■ **AVOCAT** Écrasez un avocat mûr et tartinez-en vos sandwichs. Un délice, sans compter sa richesse en acides gras bénéfiques, en vitamines, minéraux et fibres.
■ **DIPS** Recherchez dans votre supermarché au rayon frais des « dips » à tartiner sains et savoureux, par exemple tatsiki ou houmous.
■ **FROMAGES FRAIS PEU GRAS** Remplacez le beurre des tartines par de la ricotta, fromage frais facile à associer à des crudités.
■ **HUILES** Complétez vos sandwichs par un filet d'huile d'olive vierge extra ou d'huile de noix pressée à froid.
■ **PÂTES À TARTINER** À la noisette ou à la cacahuète, recherchez si possible un produit sans huiles hydrogénées. Autre solution, la préparation « maison », à base par exemple de noisettes en poudre, sucre, lait, huile de tournesol, margarine végétale et cacao pour une pâte à tartiner aux noisettes.

de notre système nerveux et contribuent à faire baisser le « mauvais » cholestérol.

● Réduisez votre consommation de produits laitiers à base de lait entier, riches en matières grasses saturées. Préférez lait écrémé, yaourt à 0 % de matières grasses et ricotta.
● Minimisez vos apports de graisses animales. Éliminez par exemple la peau des volailles.
● Ajoutez chaque jour l'équivalent de 1 cuillerée à soupe d'huile d'olive (première pression à froid) par personne dans vos sauces à salade ou en filet sur les légumes, pour un apport en acides gras mono-insaturés et polyinsaturés.
● Proscrivez les fritures et beignets. Pour faire revenir ou griller des aliments, choisissez une huile qui supporte bien d'être chauffée : huile d'olive, de soja ou de carthame.
● Consultez attentivement les étiquettes des produits alimentaires, en particulier biscuits, conserves et plats cuisinés, pour y traquer les « mauvaises » graisses. À proscrire : huile de palme, margarine animale et mayonnaise.

● Sachez que les aliments transformés « cuits au four » ou « grillés » peuvent être riches en matières grasses. Évitez aussi tout ce qui contient une forte proportion de graisses hydrogénées ou acides gras « trans », matières grasses saturées, néfastes pour la santé.
● Si vous ne pouvez vous passer de chips, recherchez des chips à l'huile d'olive, sans huile végétale hydrogénée.

■ ■ ■ **Optimisez vos apports nutritionnels** en privilégiant la diversité alimentaire.

Fruits et légumes

En mangeant plus de fruits et de légumes frais, vous donnez un sérieux coup de pouce à votre santé et à votre forme. Vous serez mieux protégé contre les maladies chroniques et dégénératives ; votre organisme sera mieux armé pour combattre les toxines de notre environnement.

Une alimentation riche en fruits, légumes et céréales complètes peut réduire les risques de cancer du sein.

POURQUOI MANGER DES LÉGUMES VERTS ?

On nous l'a souvent dit dans notre enfance, il faut manger des légumes verts. Voilà pourquoi.

- Les fibres présentes dans les légumes verts agissent comme une brosse dans les intestins, réduisant l'absorption de toxines microbiennes par l'organisme.
- Manger plus de fruits et légumes apaise la faim et évite de se tourner vers des aliments pauvres en fibres mais riches en graisses et en sucres.
- Un régime riche en aliments naturels, du sport et de la détente sont les clés d'une bonne santé.
- Les légumes verts sont riches en folates et en fer, qui favorisent le bon développement des cellules de l'organisme.
- Les substances phytochimiques présentes dans les légumes et autres végétaux de notre alimentation peuvent aider à nous protéger contre les effets toxiques de l'ozone.

LES ANTIPOISONS

Pour garder la santé et la forme, ajoutez ces « super-aliments » à votre liste de courses.

- Baies : riches en antioxydants, elles renforcent le système immunitaire, préservent l'acuité visuelle et peuvent être bénéfiques pour la mémoire. Faites votre choix parmi myrtilles, framboises, fraises, mûres, canneberges…
- Brocolis : riches en sulforaphane, une substance qui protège notre organisme contre les radicaux libres et les polluants avant qu'ils n'attaquent les cellules saines. Chou-fleur, chou de Bruxelles et chou pommé en contiennent également.
- Agrumes : riches en vitamine C et substances phytochimiques, ils ont des propriétés antioxydantes importantes pour le système immunitaire.

ASTUCE

Manger chaque jour un bol d'épinards frais ou un demi-bol d'épinards cuits diviserait par deux le risque de développer un cancer des poumons, même si vous avez été un gros fumeur.

Des légumes pour la santé

Légumes	Propriétés
Légumes rouges, jaunes et orange	Protègent contre les maladies de cœur, le diabète et l'arthrite. Préservent aussi la vision.
Légumes-feuilles verts et choux (brocoli, chou fleur, chou de Bruxelles, chou pommé)	Neutralisent les radicaux libres, stimulent les enzymes anticancer ; actifs aussi dans la prévention de l'asthme.
Famille de l'oignon : ail, oignon, poireau, ciboule et ciboulette	Luttent contre les infections, stimulent la santé cardio-vasculaire et font baisser le taux de mauvais cholestérol. Propriétés anti-inflammatoires.
Champignons asiatiques : shiitakes, matsutakes, enokis, champignons noirs	Protègent contre les virus et les tumeurs ; stimulent le système immunitaire.
Légumes marins (algues) : agar-agar, dulse, kombu, nori, wakamé	Renforcent les os ; préviennent le cancer du côlon ; diminuent le cholestérol LDL, stimulent les défenses naturelles.

■ ■ ■ Mangez sept portions de fruits et légumes par jour. Découvrez toute la palette des espèces et cherchez des recettes originales.

LES ANTI-CHOLESTÉROL

Les antioxydants présents dans les fruits et légumes empêchent le cholestérol de se déposer sur les parois des vaisseaux sanguins.

- Avocat et pamplemousse : riches en glutathion, un antioxydant efficace pour neutraliser les radicaux libres.
- Myrtille : contient plus d'anthocyanines (antioxydants) que tous les autres aliments. Canneberges, framboises et fraises en contiennent aussi. Ces antioxydants luttent contre le vieillissement cellulaire.
- Chou : riches en antioxydants puissants. Mangez chou rouge comme chou vert crus, émincés en salade ; délicieux avec de l'ail, une pincée de sucre brun et un filet de jus d'orange.
- Carotte : le bêta-carotène, pigment coloré des carottes, est un antioxydant puissant.
- Raisin : la quercétine, présente dans le raisin noir (et les oignons) empêche le « mauvais » cholestérol (LDL) de s'attaquer aux artères.
- Oignon : consommez tous les types d'oignons. Ajoutez-les crus dans les salades pour profiter au mieux des sulfides qu'ils contiennent, des substances chimiques qui diminuent les risques de cancer du côlon et de l'estomac. Ils ont aussi pour effet de faire baisser la tension artérielle.
- Haricot de soja : riche en vitamines B, fer et calcium, le soja contient des antioxydants qui réduisent le « mauvais » cholestérol (LDL) et augmentent le bon (HDL).
- Tomate : la meilleure source de lycopène, qui lutte contre l'accumulation de cholestérol sur les parois des artères. C'est dans les tomates cuites qu'il est le mieux assimilé. Préparez des tartines avec des tomates sautées et des champignons.

POUR ou CONTRE

FAUT-IL PRESSER LES FRUITS ET LÉGUMES ?

Les jus frais et naturels sont précieux comme apport énergétique à effet rapide, surtout lors des chaudes journées d'été. Pour un impact nutritionnel optimal, cependant, il est préférable de consommer l'intégralité du fruit ou du légume, car le pressage élimine l'essentiel des fibres si importantes dans la prévention de la constipation et des cancers du tube digestif. Pour profiter des fibres, mixez les fruits, puis servez par exemple la purée de fruits obtenue avec un peu de lait écrémé ou de lait de soja et 1 cuillerée de miel, pour un dessert délicieux, nourrissant et vite préparé.

DE LA COULEUR DANS VOTRE ASSIETTE

Les caroténoïdes, pigments colorés des fruits et légumes, leur donnent de belles couleurs, mais sont aussi bénéfiques pour notre santé et la protection contre les maladies. Essayez d'inclure dans votre ration journalière au moins un fruit ou un légume, cru ou cuit, de chaque couleur.

FRUITS • abricot • banane • pamplemousse • citron • mangue • nectarine • orange • fruit de la Passion • papaye • pêche • poire • kaki • ananas • clémentine • melon.

LÉGUMES • carotte • poivron • potiron • courgette • maïs • patate douce • pomme de terre • navet.

FRUITS • myrtille • cassis • cerise • mûre • figue • raisin noir • prune.

LÉGUMES • betterave • aubergine • certaines pommes de terre • chou rouge.

FRUITS • pomme • raisin blanc • melon • kiwi • citron vert • poire.

LÉGUMES • artichaut • asperge • avocat • haricot • brocoli • chou de Bruxelles • chou pommé • poivron • céleri branche • concombre • chicorée • épinard • laitue • persil • pois • roquette • mâche • cresson • courgette.

FRUITS • pomme • orange sanguine • cerise • airelle • pamplemousse rose • grenade • framboise • rhubarbe • fraise • pastèque.

LÉGUMES • betterave • poivron • piment • oignon • pomme de terre • radis • chicorée rouge • tomate.

FRUITS • datte • litchi • raisin sec.

LÉGUMES • champignon • topinambour • oignon • panais • pomme de terre • navet • chou fleur.

■ ■ ■ **Mangez des pommes sans compter.** Elles sont riches en pectine, une fibre soluble qui fait baisser le taux de cholestérol.

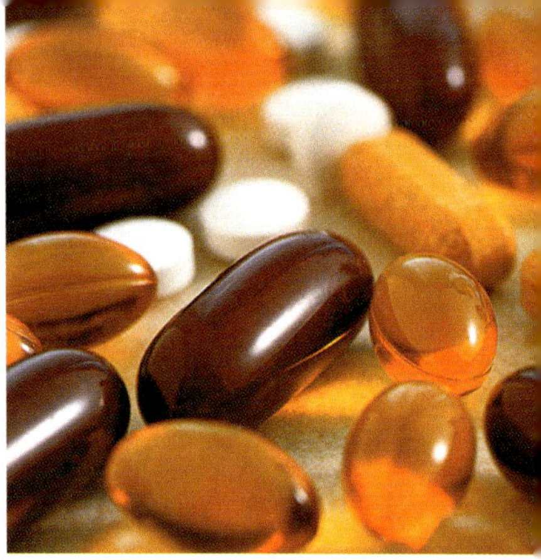

Stimulants énergétiques

Nous tirons notre énergie de notre alimentation, et notre tonus dépend donc en grande partie de notre régime alimentaire. Avec des aliments bien choisis, de l'eau en quantité suffisante, vous résisterez très bien au stress de la vie moderne. Parfois, cependant, une aide complémentaire est nécessaire.

L'ÉLÉMENT ESSENTIEL

L'eau est essentielle pour la santé et la vitalité. Présente pour 60 % dans notre organisme, elle est indispensable pour véhiculer les nutriments et éléments constitutifs vers les cellules et les tissus, pour réguler la température du corps.

- Contrôlez votre consommation quotidienne d'eau, surtout lorsque vous avancez en âge. Les personnes âgées ont en effet tendance à perdre la sensation de soif et à ne pas boire assez d'eau, ce qui peut mener à la déshydratation des cellules.
- Veillez à boire de l'eau tout au long de la journée, si possible 2 litres.
- L'eau est un antidote efficace contre les sensations de fatigue ou de confusion mentale, qui peuvent être des symptômes de déshydratation.

LES COMPLÉMENTS

Si les compléments nutritionnels ne doivent jamais remplacer une alimentation saine et équilibrée, ils sont précieux pour donner un coup de pouce à l'organisme.

- Pendant la grossesse, après une maladie ou une période de stress important.
- Si vous sentez le poids des ans. Après 50 ans, envisagez la prise quotidienne d'un complément multivitaminé.
- Pour protéger au mieux les adultes contre cancer, ostéoporose et maladies cardio-vasculaires.
- Pour éviter les carences nutritionnelles marginales, qui ne se manifestent souvent que par de vagues symptômes, comme fatigue ou léthargie.
- Pour absorber suffisamment de nutriments si vous suivez un régime strict. Ainsi les régimes végétariens et végétaliens peuvent être carencés en fer, calcium et vitamine B12.
- Si vous suspectez une intolérance alimentaire et avez en conséquence éliminé tout un groupe d'aliments de votre assiette.

LE JUSTE PRIX

- Achetez les compléments nutritionnels de préférence chez un spécialiste, pharmacien ou magasin spécialisé, de façon à bénéficier d'un avis sérieux et à faire le bon choix.

TONIQUES, LES JUS !

Essayez ces délicieux cocktails faciles à préparer et très tonifiants.

- **RÉVEIL TONIQUE** : mixez 1 tasse de lait de soja, 1 banane, 4 abricots secs, 1 cuillerée à soupe d'un mélange d'amandes et de graines de tournesol, 1 cuillerée à soupe de miel, 1 pincée de muscade. Riche en vitamines B.
- **ANTIFATIGUE** : pressez oranges ou pamplemousses, mixez-les avec de la betterave, de la pomme, de la carotte et un peu de gingembre râpé, pour un cocktail riche en antioxydants.
- **SUPERVITAMINÉ** : mixez fraises et myrtilles, ajoutez du jus de canneberge, un filet de citron… et faites le plein de vitamine C !

GARDER LA FORME

- ✔ Mangez chaque jour un peu de fruits et légumes crus.
- ✔ Buvez 2 litres d'eau par jour.
- ✔ Manger légumes secs, céréales complètes, graines et fruits secs.
- ✘ Ne sautez pas de repas.
- ✘ Évitez de fumer.
- ✘ Proscrivez les aliments à effet « coup de fouet ».

Mangez des aliments riches en potassium (abricots, oranges, bananes) pour refaire le plein d'énergie après une activité intense.

Si vous souffrez d'hypoglycémie, ayez toujours une corbeille de pommes à la maison ou au bureau.

- Comparez le nombre de comprimés par boîte entre marques, de façon à trouver le meilleur rapport qualité-prix.
- Vérifiez le dosage des nutriments sur l'emballage. Il figure souvent sous forme d'équivalence. Par exemple, 1 gramme de complément à base de carbonate de calcium vous apporte l'équivalent de 400 mg de calcium, tandis que 1 gramme de poudre de coquille d'huître n'en apportera peut-être que 350 mg.
- Une formulation riche en minéraux et vitamines offre un bénéfice maximal. Si ces compléments nutritionnels sont coûteux, c'est aussi que vous payez pour un bon dosage thérapeutique et un bon équilibre entre les différents nutriments.
- C'est en poudre que la vitamine C est le plus économique.
- Préférez les formes naturelles de vitamine E (d-alpha-tocophérol) à celles synthétiques (dl-alpha-tocophérol) car, bien que plus chères, elles sont plus efficaces. Pour un résultat optimal, recherchez une formulation de vitamine E naturelle avec un mélange de tocophérols.
- Pour l'achat d'extraits de plantes sous forme liquide, adressez-vous à un herboriste qui vous préparera une formulation appropriée, plutôt que d'acheter les marques classiques en magasin.
- Pensez aussi à acheter vos compléments nutritionnels sur Internet. On observe des prix parfois jusqu'à 50 % moins chers qu'en magasin.

ASTUCE

En mangeant des fruits frais, vous augmentez aussi l'absorption de liquides et avez besoin de boire moins d'eau. Optez en été pour la pastèque, qui renferme 98 % d'eau.

Différents aliments et boissons donnent un coup de pouce immédiat lorsque l'on manque de tonus. Les effets de ces produits sont éphémères et ne représentent donc pas le meilleur choix pour une bonne forme à long terme, aussi n'en abusez pas.

■ **ALIMENTS SUCRÉS** Selon le type d'aliment, ces produits entraînent une rapide augmentation du glucose sanguin, puis une chute tout aussi rapide, laissant place à une sensation de faim et de fatigue. Ces aliments sont souvent très caloriques pour un moindre intérêt nutritionnel.
Les alternatives santé : abricots et raisins secs, fruits frais.

■ **CAFÉ et THÉ** La caféine qu'ils contiennent (même si le thé est moins dosé) entraîne la libération de différents agents chimiques, notamment l'adrénaline, qui stimulent le système nerveux et le rythme cardiaque, d'où une sensation d'éveil et de dynamisme. L'effet est cependant très passager.
Les alternatives santé : infusions de plantes aromatiques et de fruits.

■ **CÉRÉALES RAFFINÉES** Faciles à digérer, rapides à cuire, ces aliments assurent un apport énergétique rapide, donnant un coup de pouce au glucose sanguin. Ils contiennent moins de fibres que les céréales complètes, dont ils sont dérivés.
Les alternatives santé : céréales complètes, quinoa, riz brun.

■ **SODAS et BOISSONS SUCRÉES** Les moins intéressants des produits « coup de fouet », car ils apportent sucres et calories sans intérêt nutritionnel. Le sucre agit rapidement, ainsi que la caféine parfois présente.
Les alternatives santé : jus de fruits naturels, milk-shakes aux fruits à base de lait écrémé ou lait de soja.

FAIRE DE L'EXERCICE

La pratique régulière d'un exercice physique n'est que bénéfice à long terme pour la santé.

Pour être en forme

Il est essentiel pour la santé de pratiquer quotidiennement un exercice physique. Cette pratique permet de rester en forme en évitant de prendre du poids et réduit les risques de maladies cardio-vasculaires. Inutile de vous inscrire dans un club coûteux, et sachez qu'il n'est jamais trop tard pour faire du sport.

SPORT ET ENVIRONNEMENT

Il y a deux questions importantes à vous poser pour faire du sport dans de bonnes conditions : le pratiquez-vous dans un environnement préservé ? Les locaux ou terrains utilisés sont-ils respectueux de l'environnement ?

- Évitez de marcher ou de courir près de grands axes routiers pour éviter la pollution automobile. Soyez particulièrement vigilant si vous êtes asthmatique.
- Lorsque vous marchez, courez ou faites du vélo de nuit, portez des vêtements réfléchissants pour être bien visible.
- Pratiquer un sport dehors le soir demande des éclairages puissants, qui impliquent une forte consommation énergétique, provoquant des émissions de gaz contribuant au réchauffement climatique.
- Si vous jouez au golf ou pratiquez un sport sur gazon, assurez-vous que l'eau d'arrosage est une eau de récupération, les produits utilisés respectueux de l'environnement.
- Avant d'aller à la plage, renseignez-vous sur les conditions sanitaires et privilégiez les plages arborant le « pavillon bleu ». Sachez aussi que l'eau risque plus d'être polluée dans les 2 ou 3 jours suivant de fortes pluies. Attention, certaines plages sont proches de lieux de déversement de déchets d'usine.
- Si vous pratiquez le surf mais souffrez tout l'été d'infections microbiennes, restez hors de l'eau. Il est possible qu'elle soit polluée, même si cette pollution n'est pas officiellement déclarée.

- Commencez vos séances de sport en douceur et augmentez graduellement effort et intensité. Ainsi si vous n'avez jamais fait de course à pied, ne commencez pas par 5 km. Votre corps n'est pas prêt et vous serez forcément déçu.
- Allez à votre rythme, même s'il n'est pas celui que vous souhaitez. C'est votre corps qui vous dira quand passer « à la vitesse supérieure ».
- Choisissez un sport ou une activité qui vous plaise, impliquant un effort physique soutenu sans être trop ardu. Si vous avez l'impression que les séances de gym sont une corvée, recherchez quelque chose qui vous attire plus.
- Si vous disposez d'une piscine, pourquoi ne pas mettre en place un groupe d'aquagym avec des amis et voisins ? Vous pourrez ainsi partager les frais permettant de faire venir un moniteur à domicile.
- Tenez-vous à l'activité que vous avez choisie, même si cela vous paraît rude au début. La clé de la réussite est la pratique régulière d'un sport.
- Pour éviter l'ennui qui peut accompagner la routine, et pour passer plus de temps dehors au soleil (source de vitamine D, qui favorise l'absorption du calcium et contribue à la prévention du cancer du sein), pratiquez régulièrement votre sport favori d'extérieur – tennis ou golf, par exemple.
- Si vous n'aimez pas être seul, demandez à un ou une amie de vous accompagner. Vous vous encouragerez mutuellement et serez moins tenté de renoncer les jours où vous êtes moins motivé !
- Si cela vous aide de vous fixer des objectifs, faites-le, mais restez raisonnable et n'espérez pas des résultats immédiats. Veillez par contre à fêter vos progrès et réussites.

~ ***POUR DÉPENSER MOINS*** ~

Recherchez dans les grandes librairies en ligne les vidéos de gymnastique ou de fitness : il en existe des centaines, de l'aérobic à la musculation, des exercices d'amincissement à la danse, de la marche rapide au yoga. Vous pouvez acheter plusieurs vidéos de la méthode de votre choix pour bien moins cher qu'un abonnement annuel à un club de gym et vous les utiliserez pendant des années !

Des séances de 10 minutes

Voici comment consacrer 30 minutes par jour au fitness si vous ne parvenez pas à vous libérer pendant ½ heure d'affilée.

- Divisez votre entraînement en 15 séquences de 10 minutes par semaine, comprenant 10 séances de fitness, 3 séances de musculation et 2 séances de stretching ou de yoga.

Vous pouvez opter pour d'autres combinaisons, selon ce qui vous convient le mieux.

- Divisez les 10 minutes en 2 minutes d'échauffement, 6 minutes de travail plus intense et 2 minutes de rythme plus doux ou de relaxation.
- La plage centrale de l'entraînement doit être intense pour que ces sessions courtes soient efficaces.

UNE PRATIQUE RAISONNABLE

Ne commencez pas une séance de sport par des étirements. Cette pratique fait plus de mal que de bien, car il est impossible d'étirer correctement des muscles encore froids.

- Pour éviter les courbatures, buvez beaucoup d'eau filtrée, avant, pendant et après une séance de sport.
- Commencez en douceur pour réduire les risques de blessure avec des muscles non échauffés. Au bout de 5 à 10 minutes, augmentez l'intensité de l'entraînement. Plus la température de votre corps est élevée, mieux vos muscles répondent à la sollicitation et utilisent l'oxygène et les nutriments.
- À la fin de votre séance, donnez-vous du temps pour récupérer et ramener votre rythme cardiaque à la normale. L'idéal est d'avoir assez de temps pour faire des étirements en profondeur, quand les muscles sont encore chauds et pour un peu de relaxation.
- Attendez 5 à 10 minutes avant de prendre une douche tiède. Si vous la prenez aussitôt, la température encore élevée de votre corps dans l'effort associée à l'eau chaude peut provoquer étourdissement ou sensation de fatigue.

LES PETITS PLUS

Notre vie quotidienne demande beaucoup moins d'efforts physiques qu'autrefois, grâce aux voitures, aux appareils électroménagers... Voici quelques astuces pour faire un peu plus d'exercice au quotidien.

- Au lieu de payer quelqu'un pour laver la voiture, faire les carreaux, tondre la pelouse, ramasser les feuilles mortes ou faire le ménage, faites-le vous-même. Ce sont de bons exercices physiques et vous ferez des économies.
- Montez les étages à pied plutôt qu'en ascenseur. Le travail musculaire sera d'autant plus intense si vous ne tenez pas la rampe.
- Prenez part aux jeux des enfants plutôt que de les surveiller depuis une chaise longue. Accompagnez-les à pied à l'école. L'exercice quotidien donne de saines habitudes aux enfants.
- Lorsque vous vous asseyez, essayez de le faire lentement, en utilisant vos muscles pour contrôler vos mouvements et non en vous laissant tomber sur le siège.
- Lorsque vous vous levez, laissez vos muscles abdominaux faire le travail. N'utilisez pas vos bras, ne prenez pas d'élan.
- Ne prenez pas systématiquement la voiture pour une petite course, imposez-vous un peu de marche à pied quotidienne.
- Lorsque vous sortez vos sacs de provisions du coffre de la voiture, veillez à bien solliciter vos muscles.

■ ■ ■ **Des exercices réguliers** et raisonnables de lever de poids renforcent les os et préviennent l'apparition de l'ostéoporose.

Exercice physique

Toute activité vous amenant à respirer plus profondément, à augmenter votre rythme cardiaque et à faire travailler vos muscles est un bon exercice physique. Si les corvées ménagères en font partie, marche et course à pied, natation et cyclisme sont des moyens plus agréables de pratiquer une activité.

LES BÉNÉFICES

- Les personnes qui pratiquent quotidiennement de courtes séances d'exercice physique perdent du poids plus efficacement que celles qui adoptent des programmes d'entraînement plus classiques de trois fois 45 minutes par semaine.
- Outre une vitalité accrue, l'exercice physique limite les risques de maladies cardio-vasculaires, d'hypertension ou de cancer.
- La pratique intensive d'un sport entraîne la libération par le cerveau de substances opiacées naturelles appelées endomorphines, qui provoquent une sensation agréable.
- Cette pratique de l'exercice retarde aussi le vieillissement. Certains effets du vieillissement sont ralentis parce que l'exercice aide à contrer l'inévitable déclin de la consommation maximale en oxygène qui apparaît avec l'âge. La preuve en est évidente, même chez les personnes âgées de 70 ou 80 ans.
- L'exercice en plein air donne l'occasion d'apprécier son environnement naturel. Les avenues bordées d'arbres ou les parcs sont des lieux plaisants pour marcher ou courir, tandis que les randonnées du week-end sont une excellente occasion de se détendre et de renouer avec la nature.
- La pratique régulière et modérée d'un sport permet de prévenir ou de traiter des états peu marqués de dépression et ne présente bien sûr pas les inconvénients de la prise de médicaments.
- Vous économisez de l'argent et préservez l'environnement. La pratique de la marche, de la course ou du vélo, au lieu de prendre la voiture ou les transports en commun, vous fait faire des économies tout en limitant votre consommation énergétique.

ACHETER MALIN

- Si vous voulez faire du sport chez vous, n'achetez pas un vélo d'appartement ou un autre appareil de ce type sans l'essayer. Ces appareils sont coûteux et, même s'ils permettent d'obtenir de très bons résultats, leur usage quotidien peut vite devenir ennuyeux. C'est pourquoi on les retrouve souvent en vente dans les petites annonces. Si vous le pouvez, louez l'appareil pendant 3 mois pour le tester, puis voyez si vous pouvez en acheter un d'occasion, par les petites annonces, vous ferez des économies.

MARCHER POUR LA SANTÉ

Pour marcher, il vous suffit de sortir de chez vous ! C'est gratuit, libre, et vous ne contribuez pas ainsi au réchauffement de la planète comme avec votre voiture.

- Mettez tout simplement des chaussures confortables, sortez et marchez dans votre quartier. Faites la même chose le lendemain, le jour suivant, chaque jour pendant 1 mois même si vous n'en avez pas toujours envie. L'important est de créer l'habitude, qui deviendra ensuite un besoin.
- Une fois que vous vous sentez prêt, fixez-vous comme objectif 30 minutes de marche à un rythme soutenu, trois à quatre fois par semaine au moins.
- Si vous voulez contrôler votre rythme et votre effort, achetez-vous un pédomètre, appareil qui compte le nombre de pas. Essayez d'atteindre 10 000 pas par jour. Il suffit parfois de descendre du bus un arrêt plus tôt.

En allant travailler à vélo, vous apportez votre contribution à la lutte contre le réchauffement climatique et vous soignez votre forme.

- Révisez vos objectifs à la hausse si la routine devient ennuyeuse ou si vous sentez que vous pouvez faire mieux. Variez vos trajets. Commencez par des côtes douces, puis plus raides.
- Pour une pratique plus intensive, alternez les phases de marche. Commencez par des intervalles de 30 secondes, en augmentant votre rythme pour passer à environ 75 % de votre vitesse maximale, puis revenez à votre rythme habituel pour 30 secondes. Augmentez progressivement les intervalles jusqu'à parvenir à 3 minutes.
- Faites de plus petits pas si vous voulez adopter un rythme plus rapide. Si la tendance naturelle est d'allonger le pas, il est plus efficace de faire de plus petits pas pour vous concentrer sur la rapidité.

LES OPTIONS POUR BOUGER

■ **VÉLO** Un excellent exercice pour le cœur et les poumons. Attention, cependant, si vous ne disposez pas de pistes cyclables en site propre, les risques de chute sont plus importants.
■ **JARDINAGE** Pratiqué dans le respect de l'environnement, c'est un exercice physique qui peut être doux ou intense selon les tâches.
■ **NATATION** Elle fait travailler tous les groupes de muscles essentiels, avec peu de risques de se faire mal. Nagez si possible en eau douce ou dans la mer, pour éviter les effets néfastes du chlore de l'eau des piscines.
■ **MARCHE ET COURSE À PIED** Deux moyens faciles, efficaces et gratuits pour rester en forme. Tout ce dont vous avez besoin est une bonne paire de chaussures.
■ **AUTRES** Roller, skateboard, danse ou patinage sur glace sont d'autres activités physiques qui sollicitent le cœur, les poumons et les muscles, tout en étant très plaisantes.

Comptez vos pas : 100-110 par minute est un rythme de promenade ; 120-130, une marche modérée ; 140-150, une marche tonique.

DE BONNES CHAUSSURES

Ne lésinez pas sur la qualité de vos chaussures de sport. Si vos pieds ne sont pas bien maintenus, vous serez vite « hors jeu ».

- Choisissez des chaussures conçues pour votre activité. Faites la différence entre les chaussures de marche, marche urbaine ou marche sportive, et celles pour la course à pied ou running.
- Profitez des soldes. Le reste de l'année, ouvrez l'œil sur les promotions ou recherchez les magasins d'usine.
- N'hésitez pas à acheter des marques peu connues de chaussures de sport, qui offrent souvent une qualité équivalente pour un moindre prix. Certaines grandes marques ont été associées ces dernières années à des pratiques contraires à l'éthique en matière de travail dans les pays pauvres.
- Prenez vos vieilles chaussures de sport lorsque vous allez en acheter de nouvelles. Le vendeur pourra parfois vous conseiller utilement en observant l'usure de votre chaussure. Ainsi si votre pied montre un appui vers l'intérieur, il vous recommandera une chaussure présentant un support renforcé dans cette partie.
- Prenez l'avis d'un pédicure ou d'un podologue si vous avez des problèmes de pieds.

■ ■ ■ **Si vous n'aimez pas faire du sport seul,**
pratiquez un sport collectif ou inscrivez-vous à des cours de gymnastique.

Fitness et musculation

Le travail avec des poids et haltères (sans charge lourde) est recommandé à tous les âges, particulièrement après 55 ans, quand il est important d'entretenir sa force musculaire. Le fitness présente de nombreux avantages, qu'il s'agisse de vous faciliter les corvées quotidiennes ou de contribuer à soulager l'anxiété.

CE QU'IL VOUS FAUT

- ✔ Le feu vert de votre médecin si vous avez plus de 40 ans.
- ✔ Des vêtements confortables, pas trop serrés.
- ✔ Des haltères réglables (du commerce ou bricolés maison).
- ✔ Un espace suffisant si vous vous entraînez chez vous.
- ✔ Trois séances ininterrompues de 5 à 10 minutes par semaine.

Quels que soient l'âge et le sexe, des exercices réguliers avec des poids se traduisent par une augmentation de la densité osseuse.

LES BÉNÉFICES

- Inutile de faire un régime. Les muscles tonifiés « consomment » plus de calories, de telle sorte que même au repos, votre corps utilise 7 % d'énergie en plus, ce qui réduit les risques de prise de poids.
- La musculation contribue à prévenir l'ostéoporose en augmentant la densité osseuse et en freinant la dégradation des os, qu'il s'agisse de lever de poids, de marche ou de course à pied.
- Le fitness est bon pour le dos. Les muscles abdominaux tonifiés supportent mieux la base de la colonne vertébrale et vous risquez moins de vous faire mal.
- Vous constaterez vos progrès. En fortifiant par exemple les muscles utilisés pour la marche, vous verrez que vous serez rapidement capable d'accélérer le pas ou de pratiquer sur terrain plus difficile.
- Vous réduisez vos excès de tissu adipeux. Ne soyez pas déçu si la balance ne reflète pas cette perte. Il est possible que votre poids ne change pas, parce que les muscles que vous tonifiez sont plus lourds que la graisse que vous perdez.
- Votre état de santé général est amélioré. Fitness et exercice font baisser les taux de cholestérol et de triglycérides, diminuant les risques de maladies cardio-vasculaires. Ce type d'entraînement stimule aussi l'utilisation du glucose sanguin par le corps, ce qui réduit les risques de diabète.
- En augmentant votre force musculaire et votre souplesse, vous aurez moins de problèmes articulaires ou musculaires.

TRAVAIL PERSONNEL

Il n'est pas utile de s'inscrire dans un club de gym pour travailler fitness et souplesse, même si cela peut vous aider à mieux comprendre le travail musculaire. Voici quelques conseils pour le faire chez vous.

- Achetez ou louez des vidéos de fitness pour découvrir les exercices et suivre les démonstrations afin de ne pas vous faire mal.
- Attendez pour acheter des haltères d'être sûr que vous aimez ce type d'exercice. Dans un premier temps, exercez-vous avec des boîtes de conserve de 450 grammes.
- Commencez votre programme d'entraînement par des séances de 5 à 10 minutes avec des poids très légers (pas plus de 500 g) et en répétant le mouvement huit fois pour chaque exercice.
- Augmentez progressivement la durée des séances, jusqu'à 20 ou 30 minutes, en augmentant aussi les répétitions de chaque mouvement, jusqu'à seize fois, puis le nombre de séries.

■ ■ ■ Fitness et musculation développent les muscles, mais améliorent aussi l'image que l'on a de son corps et son estime de soi.

● Lorsque vous vous sentez prêt pour des poids plus lourds, utilisez une bouteille en plastique de 1 litre remplie de sable ou d'eau. Il vous faudra, selon vos progrès, différents poids pour travailler différentes parties du corps.

● Si vous recherchez un bon développement musculaire, mais pas le volume, utilisez des poids légers et augmentez plutôt le nombre de répétitions. Pour augmenter le volume musculaire, adoptez des charges lourdes et faites moins de répétitions.

● Utilisez aussi les élastiques de musculation. Peu coûteux, ils existent dans différentes tailles.

ASTUCE

Pour ne pas perdre votre entraînement lorsque vous voyagez, achetez un élastique de musculation dans un magasin de sport. Un tel accessoire pèse très peu et ne prend pas de place dans vos bagages.

FLEXION-EXTENSION DES BICEPS

● Asseyez-vous sur une chaise, jambes écartées, coude droit sur la cuisse droite, main gauche sur la cuisse gauche pour soutenir le haut du corps.

● Saisissez un haltère de la main droite, placez-le près de la clavicule, bras replié. Abaissez lentement votre bras droit, jusqu'à ce qu'il soit presque en extension complète, mais sans bloquer le coude. Ramenez lentement le bras vers l'épaule.

● Faites le même mouvement avec le bras gauche.

● Faites une série de 4, 8, 12 ou 16 mouvements. Répétez 3 à 4 séries pour les deux bras.

FLEXION-EXTENSION DES TRICEPS

● Tenez-vous debout, jambes écartées à l'aplomb des hanches. Tenez un haltère dans chaque main, bras tendus au-dessus de la tête.

● Pliez lentement les coudes et ramenez les haltères derrière la tête, au niveau des épaules (illustration en haut à droite), puis tendez à nouveau les bras au-dessus de la tête.

● Faites une série de 4, 8, 12 ou 16 mouvements. Répétez 3 à 4 séries.

TRAPÈZES

● Tenez-vous debout, jambes écartées à l'aplomb des hanches. Tenez un haltère dans chaque main, les bras pendants devant le corps, les pouces se touchant.

● Soulevez lentement les poids vers le haut du corps, jusqu'à presque toucher l'extérieur des épaules, les bras repliés sur le côté comme des ailes de poulet. Revenez lentement à la position initiale.

● Faites une série de 4, 8, 12 ou 16 mouvements. Répétez 3 à 4 séries.

ÉPAULES, ÉLÉVATION ANTÉRIEURE

● Tenez-vous debout, jambes écartées à l'aplomb des hanches. Tenez un haltère dans chaque main, les bras à nouveau devant le corps, les pouces se touchant.

● Levez lentement le bras droit tendu jusqu'à hauteur de l'épaule, de telle sorte qu'il soit à angle droit avec le buste. Ramenez lentement le bras dans sa position initiale.

● Répétez le mouvement avec le bras gauche.

● Faites une série de 4, 8, 12 ou 16 mouvements. Répétez 3 à 4 séries.

■ ■ ■ **Une pratique régulière du fitness** vous assure un meilleur sommeil, une plus grande vitalité et de l'énergie dans la journée.

Gymnastiques douces

Depuis les années 1990 se sont développées des méthodes de gymnastique douce, considérées comme tout aussi efficaces que les méthodes plus intensives et présentant de moindres risques de se faire mal. Inspiré du yoga, de la méthode Pilates et du tai-chi, le stretching est simple à pratiquer, même chez soi.

FLEXIBILITÉ DE LA COLONNE VERTÉBRALE

La colonne vertébrale est l'axe vital du corps. Que vous ayez un travail sédentaire ou physique, il est important de veiller à ce qu'il conserve toute sa flexibilité.

- Essayez les enroulements et torsions, excellents pour garder la souplesse de la colonne vertébrale ; ou bien pratiquez le yoga pour apprendre des postures comme l'arc ou le cobra.
- Allongez-vous sur le sol, une serviette pliée sous la tête. Tendez les bras à hauteur des épaules, paumes vers le haut. Relaxez-vous ainsi 15 minutes pour relâcher les tensions nerveuses, la pression au niveau des articulations et laisser les « amortisseurs » de la colonne vertébrale refaire le plein de fluide.
- Asseyez-vous sur une chaise, les pieds écartés de la largeur des épaules. Penchez-vous lentement en avant et vers le bas, pour aller poser les mains à l'extérieur de vos pieds. Laissez pendre la tête entre vos genoux, sans essayer d'étirer la nuque. Maintenez la position 30 secondes, puis revenez très lentement en position assise initiale.

ATTENTION !

▼ Si vous êtes enceinte ou si vous souffrez de la colonne vertébrale ou de la nuque, prenez l'avis de votre médecin avant de faire du stretching.

ENROULEMENTS DE LA COLONNE

Essayez de pratiquer ces exercices d'enroulement deux à trois fois par jour. Si votre dos est très raide, vous aurez l'impression au début de rouler sur des roues carrées ! Persévérez cependant, car votre corps va s'échauffer.

LES BÉNÉFICES DU STRETCHING

Le stretching décontracte le corps et apaise l'esprit. Sa pratique est indispensable pour une bonne souplesse du corps. En voici les bénéfices.

- Augmente les possibilités de mouvements du corps.
- Développe la perception corporelle, ce qui permet d'être sensible aux modifications de performances et de prévenir les risques de blessure.
- Permet d'éviter ou de soulager les maux de dos, d'épaules, de nuque.
- Réduit les efforts et la tension musculaire dans les mouvements de la vie quotidienne.
- Augmente endurance et force musculaire.
- Accroît la confiance physique et mentale.
- Stimule la circulation sanguine.
- Aide à maîtriser la respiration, d'où une meilleure relaxation.
- Rend plus faciles les exercices plus intenses de fitness ou de musculation, parce que les muscles sont plus souples et moins sujets aux tensions.

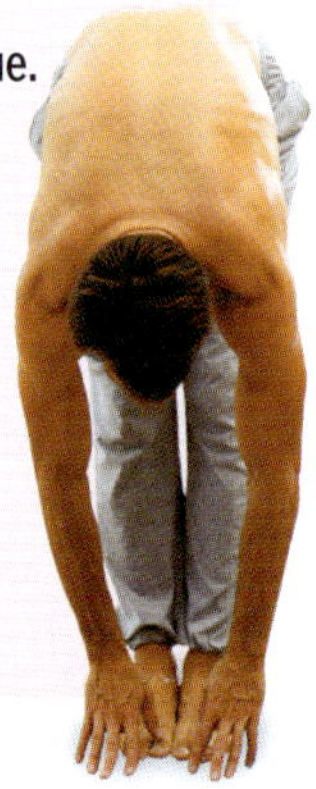

ASTUCE

Essayez le ballon d'exercice. Asseyez-vous dessus, vous serez obligé de vous tenir droit. Vous pouvez l'utiliser pour de nombreux mouvements de stretching.

■ ■ ■ **La pratique du stretching aide à rester souple, à garder des mouvements physiques harmonieux jusqu'à un âge avancé.**

Le stretching est une méthode simple et douce pour conserver toute la souplesse du corps tout en travaillant l'endurance.

- Asseyez-vous sur le sol, sur une surface bien capitonnée (tapis épais).
- Ramenez les genoux sur la poitrine et la tête vers les genoux. Maintenez les genoux serrés sur la poitrine avec les mains.
- En conservant la colonne bien arrondie, roulez légèrement vers l'avant puis vers l'arrière, sans aller cependant jusqu'au contact de la nuque avec le sol.
- Sans vous arrêter, roulez en position assise.
- Commencez par répéter ces roulements quatre à six fois.
- Observez un temps de repos.
- Renouvelez l'ensemble trois à quatre fois.
- Passer à 12 roulements par série.

EXERCICES POUR LE BUREAU

Voici un exercice très bénéfique pour éviter les raideurs si vous passez des heures assis. Pratiquez-le si possible toutes les 2 ou 3 heures.

- Levez-vous, pieds joints, et tendez les bras au-dessus de la tête, en étirant tout le corps vers le haut, à la verticale.
- Abaissez les bras.
- Répétez la première étape.
- Placez maintenant vos pieds à l'aplomb des hanches et pliez les bras au-dessus de votre tête en tenant vos coudes dans vos mains.
- Penchez-vous lentement vers l'avant, toujours en vous tenant les bras, de façon à étirer tout le dos vers le bas et vers l'avant, jusqu'au coccyx. Essayez de toucher le sol avec vos avant-bras, sans forcer.
- Restez quelques secondes dans cette position. Vous allez sentir votre colonne s'étirer progressivement. Remontez lentement en enroulant le dos.

liens utiles

Fédération française de tai-chi-chuan : www.ffwushu.fr/
Technique Alexander : www.techniquealexander.info
Méthode Feldankrais : www.feldenkrais-france.org/
Portail de l'Union nationale du yoga : www.lemondeduyoga.org/

BIKRAM YOGA Développé en Inde, le yoga allie travail physique et mental. Le yoga bikram est une forme plus contemporaine de la pratique du yoga, qui stimule la circulation sanguine, l'état cardio-vasculaire, et favorise l'élimination des toxines par une respiration accrue. Les cours sont donnés dans des salles chauffées à 37 °C, pour accroître l'élasticité des tissus et des muscles et réduire les risques de blessure.

HATHA YOGA C'est l'école de yoga la plus populaire dans les pays occidentaux. La méthode fait appel aux postures (*asana*) et à la respiration (*pranayama*), ce qui permet de maîtriser l'esprit, les sens et le corps sans tension.

IYENGAR YOGA Cette méthode de yoga fait appel à des supports tels que des sangles, pour maintenir le corps dans une position correcte. L'accent est mis sur des postures tenues longtemps.

MÉTHODE FELDENKRAIS Apparue dans les années 1940, il s'agit d'une forme d'« anti-gymnastique » qui permet de développer la conscience et la maîtrise du corps. L'objectif est d'identifier les tensions et de les corriger par de petits mouvements précis.

MÉTHODE PILATES Mise au point au début du XXe siècle par Joseph Pilates, cette méthode allie gymnastique et principes de yoga, corps et esprit. Les exercices sont destinés à oxygéner, puis étirer, muscler, puis à nouveau étirer un groupe de muscles particulier.

TAI-CHI Le corps et l'esprit sont associés dans cette discipline chinoise. Nombre de personnes âgées pratiquent ses mouvements gracieux. Particulièrement intéressant pour ceux qui souffrent d'arthrite, car les exercices tonifient et améliorent en douceur la souplesse des mouvements.

TECHNIQUE ALEXANDER Inventée par un Australien dans les années 1890, cette méthode vise à relâcher les tensions corporelles et à retrouver la maîtrise des mouvements du corps, en particulier au niveau de la tête et des vertèbres cervicales. Il s'agit pour le corps de retrouver tout son potentiel.

Une bonne nuit de sommeil

Il faut bien dormir la nuit pour être en bonne santé. Si c'est une évidence pour beaucoup, une bonne nuit de sommeil est pour d'autres un objectif quasi inaccessible, souvent à partir d'un certain âge. Il y a heureusement des méthodes douces pour apprendre ou réapprendre à bien dormir sans avoir recours aux somnifères.

QUATORZE CONSEILS POUR S'ENDORMIR

1 Essayez de vous coucher et de vous lever chaque jour à la même heure, ou du moins avec moins d'une heure d'amplitude.

Prenez un bain avant de vous coucher. L'eau chaude augmente votre température corporelle, ce qui provoque la somnolence.

2 Évitez les petits sommes dans la journée, qui peuvent interférer avec votre sommeil nocturne.

3 La caféine est un excitant présent dans le café et le chocolat. Évitez l'un comme l'autre plusieurs heures avant de vous coucher.

4 L'alcool et le tabac peuvent également perturber le sommeil, aussi cessez toute consommation 3 heures avant d'aller au lit. Là encore, il vous faut peut-être une plus longue abstinence.

5 Essayez de manger au moins 3 heures avant de vous coucher, pour que la digestion ne vous maintienne pas éveillé. Sinon, préférez prendre votre repas principal à midi et vous contenter le soir d'un repas léger.

6 Si vous dormez peu, attendez pour aller vous coucher de vous sentir vraiment fatigué. Vous constaterez peut-être qu'en passant moins de temps au lit, vous avez un sommeil plus profond et réparateur.

7 L'exercice physique favorise le sommeil, mais il est préférable de terminer votre pratique sportive au moins 2 heures avant d'aller au lit.

8 Établissez un rituel apaisant pour le coucher, la méditation ou un bain chaud. Ajoutez quelques gouttes d'huile essentielle de lavande.

9 Votre chambre doit être confortable, sombre et rangée.

10 Si votre chambre à coucher est exposée au bruit, achetez un appareil émettant un « bruit blanc » qui neutralise les bruits extérieurs, ou bien passez de la musique New Age à faible volume.

11 Ne buvez pas trop le soir. Si vous allez aux toilettes dans la nuit, n'allumez pas, vous risqueriez de déclencher un signal « jour » auprès de votre glande pinéale, bloquant ainsi la sécrétion de mélatonine qui induit le sommeil, empêchant l'endormissement.

12 Si vous suivez un traitement médical, regardez si les risques d'insomnie figurent dans les effets secondaires.

13 N'utilisez votre chambre à coucher que pour y dormir. Installez-vous ailleurs pour réfléchir ou faire des projets.

14 L'activité sexuelle ne favorise pas toujours le sommeil. Il arrive que cela soit au contraire stimulant et que le sommeil ne vienne pas.

Lorsque vous voyagez, munissez-vous de bouchons antibruit et d'un masque de repos pour vous protéger du bruit et de la lumière.

Pour être efficaces, remèdes naturels et tisanes doivent être absorbés juste avant d'aller au lit. Prenez les préparations à base de plantes sous forme d'infusion ou de teinture préparée par un herboriste.

- **CAMOMILLE** (*Matricaria recutita*) Sédative, elle soulage aussi la nervosité et les crampes menstruelles.
- **FLEUR D'ORANGER** (*Citrus aurantium*) Effet calmant, apaise les tensions nerveuses et les troubles digestifs, favorise l'endormissement.
- **MÉLATONINE** Cette hormone produite par la glande pinéale (au niveau du cerveau) régit en partie notre horloge biologique et peut avoir des effets réparateurs dans certains cas d'insomnie. Elle n'est cependant pas en vente libre en France et son emploi nécessite un avis médical. Elle est déconseillée en particulier aux femmes enceintes et aux personnes souffrant de certaines maladies.
- **PASSIFLORE** (*Passiflora incarnata*) Elle calme la nervosité, le stress, les troubles du sommeil liés à l'anxiété.
- **TILLEUL** (*Tilia x europaea*) Les fleurs de tilleul ont des propriétés calmantes, surtout pour les difficultés d'endormissement, fébrifuges et soulagent les migraines.
- **VALÉRIANE** (*Valeriana officinalis*) (ci-contre) Les racines de cette plante, en infusion ou en comprimés, ont des propriétés calmantes, réduisant l'anxiété et le stress, pour les personnes ayant du mal à s'endormir.

SYNDROME DES JAMBES SANS REPOS

Ce désordre neuromusculaire est une cause fréquente d'insomnie.

- Prendre 35 à 60 mg de vitamine B9 par jour est efficace chez les personnes touchées par ce syndrome de façon héréditaire.
- Si ce syndrome n'est pas connu dans la famille, voyez avec votre médecin si vous ne souffrez pas d'une carence en fer. Ne prenez jamais de complément alimentaire riche en fer sans carence avérée, car un excès de fer peut être dangereux.
- La prise de magnésium et de vitamine E peut soulager ce syndrome ainsi que les crampes musculaires. Prenez 250 mg de magnésium le soir, 400 à 800 UI de vitamine E naturelle dans la journée. Si vous avez plus de 50 ans, essayez de prendre trois fois par jour 80 mg d'extrait liquide de *Ginkgo biloba*.

CESSEZ DE RONFLER !

Les ronflements peuvent être causés par le nez bouché, une allergie respiratoire, le fait de dormir sur le dos, d'avoir bu trop d'alcool ou d'être en surpoids.

- Évitez alcool et sédatifs qui ont un effet relaxant sur les muscles de la gorge.
- Faites des inhalations pour dégager le nez si vous êtes enrhumé.
- Pour ne pas dormir sur le dos, portez un tee-shirt avec une petite balle cousue dans une poche dorsale.
- Les magasins bio proposent des remèdes homéopathiques ou à base de plantes qui peuvent soulager les ronflements.
- Consultez un médecin si vous suspectez des apnées du sommeil – lorsque les voies respiratoires se bloquent de façon transitoire durant le sommeil.

TECHNIQUE DE RELAXATION

- Allongez-vous sur le dos et fermez les yeux.
- Inspirez et repliez les orteils en direction des talons, en les contractant. Comptez jusqu'à 10, puis relâchez et soufflez.
- Répétez cette séquence « inspiration-contraction-maintien-relâche et expiration » pour tous les groupes musculaires du corps, en partant des pieds et en remontant jusqu'aux fesses, aux épaules, enfin au cou.
- Souriez, maintenez, relâchez et détendez-vous. Étirez-vous… puis dormez.

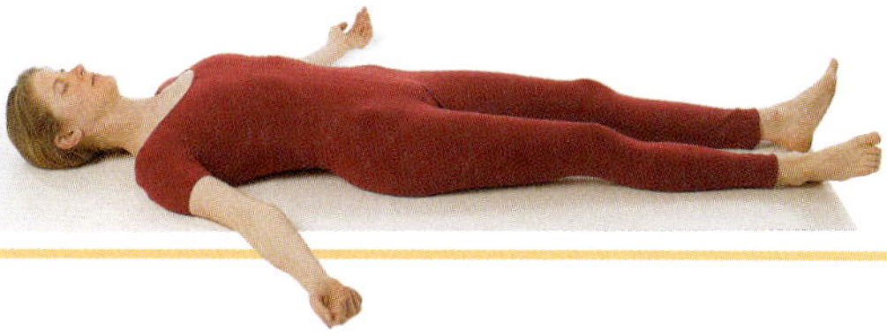

■ ■ ■ **Évitez la prise de somnifères.** Ils présentent souvent des effets secondaires et entraînent à terme une accoutumance.

Se sentir bien

La pratique d'une activité physique et une alimentation équilibrée sont les garants d'une bonne santé. Mais si vous souffrez d'une affection légère – ou même d'une maladie plus grave –, de nombreux remèdes naturels peuvent vous aider.

SE SENTIR BIEN...

PROGRAMME BEAUTÉ

- Préparez vous-même votre soin de beauté, p. 176.
- Déterminez le traitement qui convient le mieux à votre type de peau, p. 178.
- Essayez un soin digne d'un institut de beauté à base d'ingrédients naturels, p. 180.
- Colorez vos cheveux avec une préparation sans produits chimiques, p. 185.
- Bichonnez votre corps avec des gommages, des huiles de massage et des poudres parfumées, p. 186.

BIEN-ÊTRE INTÉRIEUR

■ Le stress fait partie de la vie moderne. Essayez de le chasser de votre quotidien avec nos conseils, p. 190. ■ Appréciez les bienfaits de la pensée positive, de la méditation et autres techniques de relaxation, p. 194. ■ Les différentes médecines naturelles et la portée de leur action sont expliquées p. 196. ■ Découvrez le pouvoir des massages p. 198.

REMÈDES NATURELS

■ Des stratégies simples vous aideront à éviter les maladies hivernales, p. 202.

■ Soignez les petits maux de façon naturelle et à la maison, p. 204. ■ Venez naturellement à bout de vos maux de tête grâce aux solutions proposées p. 206. ■ Pour faire face à une maladie, adoptez un mode de vie sain, p. 212. ■ Consultez notre liste des trente remèdes indispensables dans une armoire à pharmacie p. 216.

PROGRAMME BEAUTÉ

Teint éclatant, cheveux brillants et sourire resplendissant sont autant d'indicateurs de santé et de vitalité.

Un teint éclatant

Si vous mangez sainement, dormez bien, pratiquez une activité physique régulière et respectez votre peau, il n'est pas nécessaire de dépenser une fortune dans les cosmétiques et autres traitements. Pour des résultats probants, prenez soin de vous en utilisant des produits naturels et évitez le soleil.

DIX CONSEILS POUR AVOIR BONNE MINE

1 Évitez autant que possible les rayons du soleil. C'est le principe de base pour prévenir un vieillissement prématuré et les risques de développer un cancer de la peau. Dehors, portez un chapeau à bord large et préférez les vêtements amples, légers et longs aux shorts et débardeurs.

2 Ne sortez jamais au soleil sans avoir protégé votre peau avec de la crème solaire, de préférence à base d'oxyde de zinc. Appliquez la crème une demi-heure avant l'exposition.

3 Adoptez un régime riche en fibres naturelles. En effet, les impuretés de la peau sont souvent dues à des problèmes digestifs. Une bonne santé commence par une bonne nutrition, alors n'hésitez pas à consommer fruits, crudités et céréales complètes en quantité.

4 Écartez les ennemis naturels de votre peau : stress, nuits courtes, café, alcool, cigarette…

5 N'utilisez pas de savon. Ses propriétés alcalines ont tendance à détruire le manteau acide naturel de la peau. Préférez une huile ou une crème démaquillante douce.

6 Hydratez votre visage au quotidien. Un soin nourrissant enrichi minimise l'apparition de ridules, évite les tiraillements et le dessèchement et « regonfle » les cellules, donnant un aspect plus lisse et régulier à la peau.

7 Buvez huit verres d'eau par jour. La peau doit contenir 15 % d'eau. Dans les bureaux climatisés, où l'hygrométrie ne dépasse pas 8 à 10 %, l'eau cutanée s'évapore plus rapidement que le temps nécessaire à sa régénération.

8 Laissez votre peau se reposer et respirer de temps en temps, en pratiquant un nettoyage en profondeur, sans appliquer ensuite de crème hydratante ni de maquillage. Pour obtenir de meilleurs résultats, procédez à ce nettoyage après un bain de vapeur.

9 Appliquez des masques faciaux à base d'acides de fruits. En utilisation régulière, les acides et enzymes que contiennent les fruits aident à se débarrasser des peaux mortes, atténuent les taches de sénescence et rendent la peau éclatante. Pour alléger les dépenses, créez vos propres masques plutôt que d'acheter des produits onéreux.

10 Une activité physique pratiquée de façon régulière redonne de la vitalité à votre peau et reste le meilleur moyen naturel pour garder la forme. Choisissez un sport qui vous plaît et intégrez-le à votre quotidien.

■ ■ ■ **Faites un soin du visage régulièrement,** c'est idéal pour libérer les tensions et renforcer la tonicité musculaire.

SOINS DE BEAUTÉ MAISON

MASQUE FACIAL AUX FRUITS

Ce masque contient des acides de fruits pour gommer en douceur, des vitamines A en grande quantité pour apaiser et revitaliser la peau, et enfin des enzymes pour éliminer les cellules mortes.

1 pêche mûre pelée
1 c. à c. de cognac
Un peu de farine de maïs

- Mixez tous les ingrédients jusqu'à obtention d'une pâte.
- Étalez sur le visage, en évitant les lèvres et le contour des yeux.
- Laissez poser 20 minutes et rincez.

GOMMAGE EN PROFONDEUR

Vous constaterez rapidement les bienfaits de ce gommage sur la texture et l'aspect de votre peau.

1 c. à s. de yaourt nature
1 c. à c. de levure de bière
1 c. à c. de son moulu
1 c. à c. de sucre

- Mélangez bien tous les ingrédients.
- Appliquez la mixture en massant soigneusement, avant que le sucre se dissolve. Rincez à l'eau tiède.

MASQUE NOURRISSANT À LA BANANE ET AU MIEL

Ce masque à base de banane délasse les traits fatigués, adoucit et apaise les irritations cutanées et la sensation de brûlure ressentie après une trop longue exposition au soleil.

1 banane bien mûre
1 c. à c. de miel
1 c. à c. d'huile d'amande douce

- Écrasez la banane à la fourchette.
- Dans un bol, mélangez le miel et l'huile d'amande douce.
- Incorporez la pulpe de banane et mélangez bien le tout.
- Appliquez sur le visage et laissez poser 15 minutes.
- Rincez à l'eau claire.

LIFTING NATUREL

Les massages du visage améliorent la circulation sanguine et la tonicité musculaire, libèrent les tensions et assouplissent la peau. Faites des économies en pratiquant l'automassage.

- Plongez le bout des doigts dans un peu d'huile d'olive ou d'amande et fermez les yeux. Faites glisser vos doigts du menton vers les joues. Procédez par massages circulaires au niveau des tempes. Puis, en partant d'une ligne médiane imaginaire, lissez votre front.
- Par mouvements brefs, pincez votre menton. Tirez vos oreilles vers le haut, l'arrière et l'avant, en effectuant de petits cercles.
- Massez votre cuir chevelu lentement mais fermement, puis terminez par des pressions au creux de la nuque.
- Quand vous maîtriserez ces gestes, apprenez-les à un proche afin de vous masser réciproquement.

TRAITER LA COUPEROSE

- Vous pouvez atténuer la couperose sur les joues et le nez en mangeant beaucoup d'aliments riches en vitamine C et en bioflavonoïdes (agrumes, persil, poivre de Cayenne, pommes de terre…).

LA VÉRITÉ SUR…

LES CRÈMES SOLAIRES

Pour se protéger du soleil, les professionnels recommandent, entre autres, de s'enduire de crème solaire. Pourtant, de nombreux produits solaires contiennent des substances chimiques douteuses, comme le diéthanolamine (DEA) et le triéthanolamine (TEA), potentiellement cancérigènes, ainsi que des parabens, qui augmenteraient la production d'œstrogènes dans le corps. Si vous devez appliquer de l'écran solaire, préférez l'oxyde de zinc, véritable barrière naturelle contre les ultraviolets.

Appliquez votre soin hydratant sur une peau légèrement humide. Il pénétrera plus facilement et sera efficace plus longtemps.

Bien connaître sa peau

De nombreux facteurs peuvent affecter la peau : alimentation, sommeil, mais aussi déséquilibre hormonal et pollution. S'il est impossible de lutter contre certains éléments, vous pouvez au moins manger sainement, faire du sport et prendre soin de votre peau de manière naturelle.

QUEL EST VOTRE TYPE DE PEAU ?

Peau grasse, sèche ou mixte ? Voici un petit test pour le savoir.

- Coupez trois bandes de tissu fin et uni.
- Le matin, avant de laver votre visage, appliquez une bande sur le nez et le menton, une autre sur le front et la troisième sur une joue.
- Si les trois bandes restent immaculées, vous avez la peau sèche.
- Si elles deviennent translucides et collent à votre peau, vous avez la peau grasse.
- Si les bandes appliquées sur le front, le nez et le menton (la zone T) deviennent translucides alors que la dernière reste intacte, vous avez une peau mixte.
- Dans le cas d'une nature mixte, suivez les conseils prodigués pour les peaux grasses comme pour les peaux sèches, en les adaptant selon la partie du visage. Essayez plusieurs produits sur différentes zones. Votre préférence ira sans doute aux soins légers et sans huile.

LES PEAUX SÈCHES

Une peau peut être sèche à cause de glandes sébacées qui ne remplissent pas leur rôle, d'un climat aride, des effets de la climatisation ou d'une mauvaise alimentation.

- Consommez suffisamment d'acides gras essentiels, en agrémentant par exemple vos salades d'huile d'olive ou de lin.
- Diminuez, voire supprimez, vos visites dans les fast-foods.
- Mangez beaucoup de fruits et de légumes frais. Évitez le plus possible les plats préparés.
- Consommez des vitamines A et D, présentes dans l'huile de foie de morue, le jus de carottes frais, mais aussi dans les compléments alimentaires tels que l'EPA (acide eicosapentaénoïque) et le DHA (acide docosahexaénoïque).
- Réalisez vos masques, cataplasmes, bains de vapeur et nettoyages de peau avec des ingrédients naturels : avocat (revitalise), carotte (hydrate, source de vitamines A et E), raisin (favorise la régénération des cellules et ravive le teint), pêche (apaise grâce à son action anti-inflammatoire).
- Utilisez, de jour comme de nuit, une crème riche. Préférez les ingrédients très nourrissants et apaisants, comme la vitamine E et l'huile de primevère vespérale.
- Après un bain ou une douche chaude, appliquez un lait hydratant sur tout le corps.
- Évitez les produits contenant de l'alcool, à l'effet très asséchant.
- Essayez les huiles essentielles à base de géranium, de camomille, de rose et de bois de santal.

L'huile de noyau d'abricot première pression à froid est riche en vitamine E. Appliquez-la sur le contour des yeux.

■ ■ ■ **Rétablissez le pH de votre peau** en faisant pénétrer par petites touches, après la douche, du vinaigre de cidre dilué.

POUR ou CONTRE

LES HUILES ESSENTIELLES

Les huiles essentielles étant des concentrés de plantes, elles sont très puissantes. Bien qu'elles soient « naturelles », il faut les manipuler avec précaution et bien se renseigner sur leurs propriétés et leurs usages. À de rares exceptions près, il est recommandé de ne pas les utiliser directement sur la peau et de les diluer dans une huile végétale (amande douce, jojoba, olive…). Certaines ont des propriétés photosensibilisantes, notamment les huiles essentielles d'agrumes (bergamote, citron, orange, mandarine…), et doivent être évitées avant une exposition au soleil. Leur utilisation est déconseillée aux femmes enceintes ou qui allaitent et aux enfants de moins de 12 ans sans avis médical.

ASTUCE

Pour apaiser une peau sèche et irritée, trempez un linge dans du lait froid et appliquez par touches sur la zone concernée. Vous pouvez aussi verser du lait dans votre bain.

LES PEAUX GRASSES

Une peau grasse est souvent due à une alimentation trop riche en graisses, à des glandes sébacées trop stimulées par la chaleur ou à un déséquilibre hormonal.

- Mangez des légumes crus et des fruits, et prenez des vitamines B.
- Utilisez des produits de beauté tonifiants et légèrement astringents, à base notamment de lavande et d'hamamélis.
- Employez des lotions toniques sans alcool.
- Si vous avez des boutons, préférez les produits à base de plantes aux propriétés antibactériennes et antiseptiques, tel le calendula.
- Les soins préparés avec les aliments suivants permettent de rééquilibrer les peaux grasses : concombre (apaise, tonifie, atténue les taches de rousseur), citron (décolore légèrement, désinfecte), tomate (soulage les irritations, rééquilibre l'acidité cutanée).

SOINS DU VISAGE

MASQUE ANTITACHES

En usage régulier, ce masque se révèle très efficace et peu coûteux par rapport aux soins similaires proposés dans les instituts de beauté et aux produits anti-âge vendus dans le commerce.

2 blancs d'œufs
2 c. à s. de miel liquide
1 c. à c. d'huile d'amande
Le jus de 1 citron

- Fouettez tous les ingrédients ensemble dans un bol.
- Appliquez par effleurements sur une peau propre et humide, en évitant le contour des yeux.
- Laissez agir pendant 15 minutes avant de rincer.

SOIN RAFRAÎCHISSANT AU CONCOMBRE

Les bienfaits du concombre pour corriger les taches et les impuretés sont connus. Le benjoin est un agent conservateur doux qui combat les problèmes de peau.

1 gros concombre
½ c. à c. de teinture de benjoin

- Coupez en rondelles un gros concombre non pelé. Mettez-le dans un bol et recouvrez d'eau chaude. Laissez refroidir pendant 1 heure.
- Filtrez la préparation à travers un chinois.
- Ajoutez le benjoin en remuant et versez le tout dans une bouteille en verre.
- Appliquez à l'aide d'une boule de coton pour rafraîchir la peau. Se conserve au réfrigérateur 1 semaine.

Si vous avez la peau sèche, prenez chaque jour 1 cuillerée à soupe d'huile de noyau d'abricot afin d'augmenter la production de sébum.

Nettoyer, tonifier, hydrater

Le choix d'utiliser des produits naturels plutôt qu'artificiels s'impose après avoir répondu à deux questions : puisque la peau absorbe tout, pourquoi lui infliger des substances chimiques inutiles ? Et pourquoi payer pour des produits et des emballages onéreux alors que vous pouvez préparer des remèdes tout aussi efficaces chez vous ? Le chapitre qui suit vous propose des soins de beauté à domicile à un prix dérisoire.

INGRÉDIENTS NATURELS

De nombreux aliments font office de soins de beauté pratiques et bon marché. Soyez créatif ! Adaptez les quantités en fonction de votre type de peau, tout en tenant compte des qualités et de l'efficacité des ingrédients de base.

- Pour un masque nourrissant, écrasez la chair d'un avocat avec 1 à 2 cuillerées à café de miel et ajoutez des flocons d'avoine fins. Appliquez en massage sur le visage et la gorge, en évitant le contour des yeux et les lèvres. Laissez reposer 10 minutes avant de rincer à l'eau chaude.
- Pour une lotion rafraîchissante légèrement astringente, faites infuser 2 à 3 cuillerées à café de feuilles de thé vert dans 20 cl d'eau bouillante pendant 5 à 10 minutes, puis filtrez. Conservez au frais dans un flacon pulvérisateur en plastique.
- Étalez 1 à 2 cuillerées à soupe de mayonnaise sur une peau propre et sèche, en évitant le contour des yeux et les lèvres. Allongez-vous 10 minutes. Rincez à l'eau chaude et séchez en tamponnant. Ce soin est destiné tout particulièrement aux peaux plus âgées.
- Pour éliminer les cellules mortes et revitaliser votre peau, mixez 5 à 6 fraises avec des flocons d'avoine fins ou de la farine de maïs pour obtenir une pâte. Étalez-la sur une peau propre et sèche, en évitant le contour des yeux et les lèvres. Laissez agir 15 minutes, rincez à l'eau chaude et séchez en tapotant.

ATTENTION !

▼ Si vous avez la peau sensible, testez les gommages et masques du visage achetés dans le commerce sur l'intérieur de votre bras avant de les utiliser.

DILATER LES PORES

Les bains de vapeur améliorent la circulation, dilatent les pores pour un nettoyage en profondeur et ramollissent les cellules mortes afin de faciliter leur élimination.

- Versez 3 tasses d'eau bouillante dans un bol. Ajoutez 4 gouttes d'huile essentielle : ylang-ylang pour les peaux sèches, calendula pour les peaux normales ou menthe poivrée pour les peaux grasses.

- Penchez-vous sur le bol, en restant à une distance d'au moins 25 cm, et recouvrez votre tête d'une serviette. Au bout de 5 minutes, ôtez la serviette et rincez votre visage à l'eau fraîche.

■ ■ ■ **Pour atténuer la brillance du visage,** utilisez un mélange composé à parts égales de jus de citron et d'hamamélis.

Ustensiles

- Cuillères et verres mesureurs
- Casseroles sans aluminium, une casserole à double fond
- Passoire non métallique (essayez l'étamine, la mousseline ou les filtres à café)
- Entonnoir
- Pipette (facultatif)
- Cuillères en bois
- Bocaux en verre hermétiques et bouteilles à bouchon non métallique
- Robot, mixeur

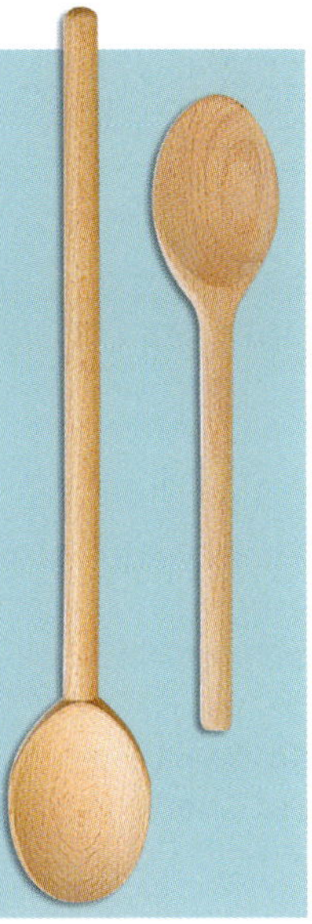

LAVANDE

Les huiles essentielles peuvent coûter cher. Si vous devez n'en acheter qu'une, choisissez la lavande. Son odeur a des effets relaxants et elle peut être utilisée pour tous types de peau et de cheveux.

- Les vertus antiseptiques de la lavande sont particulièrement adaptées aux peaux à problèmes. Pour empêcher un bouton de gonfler et de démanger, et éviter ainsi les infections, diluez 5 gouttes d'huile de lavande dans 1 cuillerée à café d'eau chaude. Trempez-y un Coton-Tige et appliquez-le sur la tête du bouton (attention à ne pas toucher les yeux).
- Mixez 2 gouttes d'huile de lavande avec ½ tasse d'hamamélis, 1 cuillerée à soupe de vinaigre de cidre et 1 cuillerée à soupe d'eau de rose pour obtenir une lotion tonique rafraîchissante. Appliquez sur une peau propre.
- Pour une lotion du visage relaxante et parfumée, mélangez 5 gouttes d'huile de lavande et 5 cl d'huile d'amande douce. Versez dans une bouteille en verre opaque. Agitez avant utilisation et appliquez à l'aide d'une boule de coton.

SOINS NATURELS

Vous trouverez tous les produits ci-après dans les magasins bio et en pharmacie.

NETTOYANT AUX CÉRÉALES

1 tasse de flocons d'avoine
½ tasse d'amandes effilées
1 c. à c. de lavande séchée
1 c. à c. de romarin séché
½ tasse de farine de riz

- Hachez l'avoine, les amandes, la lavande et le romarin. Ajoutez la farine de riz et remuez. Versez le mélange dans un bocal en verre hermétique.
- Au moment de l'utilisation, prélevez 1 cuillerée à soupe de cette poudre et ajoutez-y un peu d'eau.
- Appliquez en massant puis rincez.
- Jetez le reste de la préparation.

LOTION TONIQUE À LA MENTHE

1 c. à s. de menthe poivrée séchée
½ tasse d'hamamélis
½ tasse d'eau de rose
1 c. à c. de glycérine végétale

- Placez la menthe dans un bocal et versez l'hamamélis. Fermez.
- Laissez macérer 1 semaine en agitant le bocal une fois par jour. Filtrez et ajoutez l'eau de rose et la glycérine.
- Secouez le tout et appliquez sur le visage à l'aide d'une boule de coton.

HUILE HYDRATANTE

1 c. à s. d'huile d'avocat
1 c. à s. d'huile d'amande
1 c. à s. d'huile de sésame
2 capsules de vitamines E (500 U.I.)

- Versez les trois huiles dans un petit bocal en verre opaque.
- Videz le contenu des capsules dans le pot. Remuez bien.
- Versez quelques gouttes dans vos mains, que vous frottez l'une contre l'autre. Étalez doucement sur la peau.

Une lotion tonique maison, sans produits chimiques, peut servir de soin après-rasage rafraîchissant et apaisant.

Ne rien négliger

Les yeux sont le miroir de l'âme, dit-on. Ils reflètent votre humeur, mais aussi votre mode de vie et votre alimentation. Des dents et des gencives saines indiquent également que vous prenez soin de vous et avez de bonnes habitudes alimentaires.

LES YEUX

Des changements simples et peu coûteux dans votre mode de vie et votre alimentation peuvent freiner la baisse d'acuité visuelle. Des exercices faciles permettent de « rééduquer » et de renforcer les muscles oculaires, afin de retarder le vieillissement de l'œil.

- Portez des lunettes de soleil pour réduire les risques de cataracte.
- Utilisez des lunettes de protection chaque fois que vous pratiquez une activité risquée pour les yeux.
- Nourrissez les vaisseaux sanguins et les nerfs oculaires en consommant des vitamines A, C et E (présentes dans les fruits frais et les légumes aux feuilles vert foncé).
- Limitez votre consommation de graisses saturées et évitez la fumée de cigarette, sources de radicaux libres qui agressent la rétine et entraînent une dégénérescence maculaire.
- Chaque matin, rafraîchissez vos yeux en aspergeant vos paupières d'eau chaude puis froide.
- Pour reposer vos yeux, recouvrez-les avec la paume de vos mains pendant au moins 1 minute. Recommencez plusieurs fois par jour.
- Pour renforcer vos muscles oculaires, tendez l'index à 20 cm de vos yeux. Déplacez-le de l'épaule gauche à l'épaule droite, et vice versa, tout en le suivant du regard. Recommencez dix fois.
- Touchez votre nez avec le bout de votre index. Fixez votre doigt du regard et éloignez-le doucement jusqu'à avoir le bras tendu. Toujours en le fixant, ramenez-le lentement sur votre nez. Répétez l'exercice une vingtaine de fois.

ATTENTION !

▼ Une infection oculaire qui dure plus de 3 jours, une baisse de l'acuité visuelle ou une douleur doivent vous inciter à consulter un spécialiste.

LA MAUVAISE HALEINE

Une mauvaise haleine peut résulter d'une infection des gencives. C'est aussi l'un des effets secondaires de certains médicaments : pénicilline et autres comprimés contre le rhume réduisent la quantité de salive, causant une sensation de « bouche sèche ».

- Évitez les aliments trop épicés, comme l'ail, l'oignon, le piment, le saucisson, les fromages forts ou les mets fumés.

~ POUR DÉPENSER MOINS ~

Inutile de dépenser une fortune pour blanchir vos dents. Mélangez simplement 1 cuillerée à soupe de bicarbonate de sodium (ou de soude) et 1 cuillerée à café de sel. Trempez votre brosse à dents humide dans ce mélange, brossez-vous les dents puis rincez-vous la bouche abondamment. Ne renouvelez l'opération qu'une fois par mois.

■ ■ ■ **Essayez l'extrait de myrtille** pour freiner la cataracte. La myrtille est une plante bon marché aux propriétés antioxydantes.

BAUME À LÈVRES

Avec cette recette, vous faites des économies et vous évitez les additifs artificiels présents dans de nombreux sticks à lèvres.

1 ½ c. à s. de grains de cire d'abeille
1 c. à s. d'huile d'amande
½ c. à s. de beurre de cacao

- Mettez tous les ingrédients dans une casserole à fond épais.
- Faites chauffer à feu doux en remuant soigneusement.
- Retirez du feu et versez dans un bocal en verre hermétique.
- Laissez refroidir et appliquez.

POUR ou CONTRE

L'UTILISATION DE GOUTTES POUR LES YEUX

Les gouttes pour les yeux ne sont pas contre-indiquées si vous n'en abusez pas. Elles décongestionnent les vaisseaux sanguins oculaires, atténuant ainsi les irritations et les rougeurs. Cependant, si vous portez des lentilles de contact ou souffrez d'un glaucome, certaines d'entre elles peuvent déclencher des allergies. En cas de sensation fréquente de sécheresse et de démangeaison dans les yeux, évitez les gouttes. L'autre solution consiste à utiliser l'euphraise qui contient des glucosides à l'action anti-inflammatoire, apaisante et rafraîchissante.

- Buvez beaucoup d'eau. Café, bière et alcool laissent des résidus qui s'infiltrent dans le système digestif et ressurgissent à chaque expiration, plusieurs heures après leur absorption.
- Essayez les rafraîchissants naturels. Mâchez quelques brins de persil ou ajoutez-en à votre sandwich.
- Clous de girofle, fenouil et graines d'anis se révèlent tout aussi efficaces, si vous ne craignez pas leur goût très fort. Mixez une petite quantité de chacun de ces ingrédients, glissez-les dans un sachet pour en mastiquer après les repas.
- Frottez doucement le haut de votre langue avec votre brosse à dents afin d'éliminer particules alimentaires et bactéries.
- La lavande rafraîchit la bouche. Versez quelques gouttes d'huile essentielle de lavande dans de l'eau chaude et faites des gargarismes.
- En cas d'haleine un peu forte, préparez un bain de bouche avec 1 cuillerée à café de clous de girofle en poudre dilués dans 1 tasse de vinaigre blanc. Agitez avant l'emploi.

L'HYGIÈNE BUCCO-DENTAIRE

- La plaque dentaire, fine pellicule de bactéries qui se colle sur les dents et les gencives, est la principale responsable des caries. Pour l'éliminer, mais aussi pour atténuer les taches sur les dents, un brossage après chaque repas est indispensable.
- Utilisez souvent du fil dentaire. Passez le fil entre deux dents et faites-le glisser d'avant en arrière. À la limite émail-gencive, courbez le fil contre une dent, que vous frottez vers le bas pour les dents du haut, et vers le haut pour les dents du bas.
- Une brosse à dents électrique s'avère plus efficace dans le temps qu'une brosse classique pour lutter contre la plaque dentaire.
- Faites des gargarismes avec du thé noir froid. Le tanin agit comme astringent et renforce les gencives.
- Avec le bout du doigt ou un appareil électrique (jet rotatif), massez vos gencives par petits cercles, plusieurs fois par semaine, pour améliorer irrigation sanguine et hygiène buccales.
- Faites un bain de bouche en diluant dans de l'eau 2 gouttes d'huile d'arbre à thé (tea tree), un antiseptique fort (veillez à ne pas l'avaler). Vous pouvez aussi remplacer l'huile par du sel, qui présente des propriétés désinfectantes. L'eau salée est également conseillée pour soulager les maux de gorge.
- Pour diminuer les inflammations de la bouche et combattre la plaque dentaire, faites des gargarismes avec 1 cuillerée à café de gel d'*Aloe vera* dilué dans de l'eau chaude.
- Un aphte buccal se traite en se rinçant la bouche avec 1 cuillerée à café d'eau oxygénée à 3 % diluée dans 5 cl d'eau. Enfin, protégez l'aphte en appliquant par petites touches de la glycérine végétale dessus.
- Si vos gencives saignent, rincez-les avec 1 cuillerée à café d'hamamélis diluée dans 5 cl d'eau.

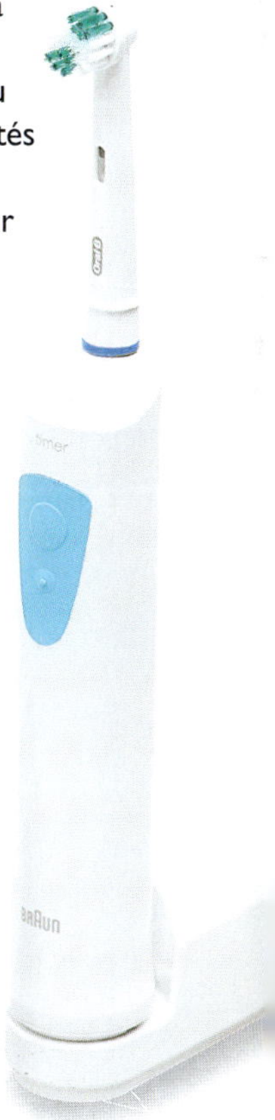

Évitez les plombages contenant du mercure, métal supposé toxique. Demandez un amalgame en composite.

Des cheveux brillants

Cheveux secs ou gras, fins ou épais, bouclés ou raides, tout est question d'hérédité. Mais leur aspect dépend des soins que vous leur prodiguez et de votre alimentation. Pour avoir de beaux cheveux, nourrissez-les et choisissez judicieusement vos produits capillaires, toujours potentiellement agressifs et nocifs.

SIX CONSEILS POUR DES CHEVEUX EN PLEINE SANTÉ

1 La beauté de vos cheveux dépend de votre état de santé. Une alimentation riche en vitamines et minéraux, notamment en silicium, fer, soufre, zinc, vitamines B et C, s'avère essentielle.

2 Évitez les sèche-cheveux, les fers à friser et les bigoudis chauffants, qui rendent le cheveu cassant. Préférez le séchage naturel.

3 Protégez vos cheveux des agents extérieurs, comme le soleil, le sel et le chlore. Optez pour un chapeau en été et un bonnet de bain en mer ou en piscine. Pour une protection optimale, appliquez un peu d'huile d'olive sur les pointes avant de vous baigner.

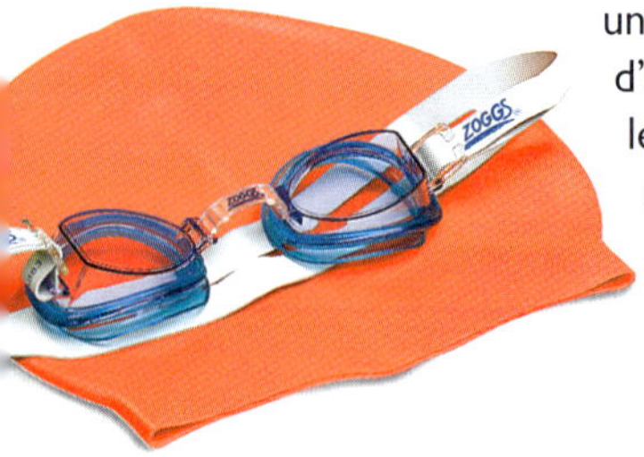

4 Les pilules contraceptives, la cortisone et les antibiotiques, entre autres, fragilisent et peuvent provoquer la chute des cheveux.

5 En plus d'un brossage quotidien, le massage du cuir chevelu favorise la circulation. Avec le bout des doigts et la paume des mains, massez-vous par mouvements circulaires durant 3 à 5 minutes tous les jours.

6 Pour préparer un baume capillaire nourrissant, faites chauffer ½ tasse d'huile de noyau d'abricot ou d'amande douce et appliquez-le en massage sur le cuir chevelu et les cheveux. Enveloppez votre tête d'une serviette chaude et humide, laissez agir 45 minutes puis lavez-vous les cheveux.

ATTENTION !

▼ La pilule contraceptive affecte l'équilibre hormonal, et par conséquent la production de sébum. Si vos cheveux sont très gras, parlez-en à votre gynécologue.

RINÇAGE

Les sels d'Epsom (du sulfate de magnésium), produit de base bon marché, permettent d'éliminer les résidus de laque et de gel capillaires.

1 tasse de jus de citron
1 tasse de sels d'Epsom

- Mélangez les ingrédients dans 1 litre d'eau et versez sur cheveux secs.
- Laissez agir 15 minutes puis faites votre shampooing.

TRAITEMENT DES PELLICULES

Si vous avez tendance à avoir des pellicules, essayez ce qui suit.

- Les shampooings antipelliculaires coûtent cher et risquent d'aggraver le problème si vous les utilisez trop souvent. Ils peuvent provoquer une sécrétion excessive de sébum, ou séborrhée, qui entraîne une desquamation plus rapide de la peau.
- Faites bouillir pendant 10 minutes 2 tasses d'eau additionnée de 4 cuillerées à soupe de thym séché. Filtrez, laissez refroidir et versez sur cheveux lavés et encore humides. Ne rincez pas.
- Massez votre cuir chevelu avec du jus de pomme. Ses acides de fruits naturels favorisent la disparition des pellicules. Après le massage, lavez-vous les cheveux et rincez-les avec du vinaigre de cidre, qui est exfoliant et astringent.
- Ajoutez 10 gouttes d'huile d'arbre à thé (tea tree) à 1 tasse de thé noir

■ ■ ■ **La mayonnaise** constitue un excellent soin capillaire. Laissez reposer sur les cheveux entre 5 minutes et 1 heure.

filtré. Faites pénétrer ce liquide dans le cuir chevelu. Dans la mesure du possible, laissez agir toute une nuit avant de vous laver les cheveux.

- Un soin à base de vitamine E redonne de l'éclat aux cheveux et soulage les démangeaisons et la sécheresse du cuir chevelu. Videz le contenu de 1 ou 2 capsules de vitamine E sur le bout de vos doigts et appliquez sur les racines en massant doucement.

CONSEILS DE COIFFAGE

- Pour lisser des cheveux épais et indisciplinés, étalez 1 à 2 gouttes d'huile de romarin dans la paume de vos mains et appliquez sur cheveux secs. Ils seront plus faciles à coiffer.
- Entourez votre brosse d'un vieux foulard en soie ; passez-la ainsi dans vos cheveux pour les rendre brillants et éliminer l'électricité statique.

- Pour maîtriser une chevelure récalcitrante : faites chauffer à feu doux 2 citrons coupés en rondelles dans 2 tasses d'eau, jusqu'à réduire la quantité de liquide à ½ tasse. Vaporisez sur vos cheveux.

CONTRE LA CHUTE DES CHEVEUX

Stress, régimes et médicaments ne sont que quelques-uns des facteurs susceptibles de provoquer la chute des cheveux. Une perte soudaine et importante peut être liée à une maladie grave. Dans ce cas, consultez votre médecin.

- Pour donner du volume à des cheveux fins, massez-vous le cuir chevelu avec de l'œuf puis rincez abondamment. Source de protéines, l'œuf gaine la tige capillaire et lui donne plus de corps et de ressort.
- Pour combattre la chute des cheveux, buvez du thé d'ortie brûlante ; à utiliser aussi en rinçage. L'ortie brûlante, plante tonifiante, est vendue séchée dans la plupart des magasins bio.
- En cas de calvitie naissante, prenez des comprimés de silicium. Le silicium est connu depuis toujours pour faciliter la pousse des ongles et des cheveux. Respectez les doses prescrites.

TEINTURE NATURELLE

Faire colorer vos cheveux chez un professionnel peut vous coûter une petite fortune. Économisez du temps et de l'argent en préparant votre propre teinture à base de plantes séchées.

- Pour une teinte blonde : 2 cuillerées à soupe de fleurs de camomille. Pour une couleur plus foncée : 1 cuillerée à soupe de romarin séché, 1 cuillerée à soupe de sauge séchée et 1 sachet de thé noir. Pour des reflets roux : 2 cuillerées à soupe de fleurs de souci séchées.
- Faites bouillir l'herbe de votre choix dans ½ tasse d'eau pendant 15 minutes. Filtrez, laissez refroidir et ajoutez ½ tasse de shampooing doux. Appliquez sur vos cheveux et laissez agir de 5 à 10 minutes. Rincez.
- Plus les herbes macèrent, plus la teinte sera foncée. L'intensité et la tenue de la couleur dépendent, en partie, de la texture de vos cheveux, mais aussi de l'ancienneté et de la qualité des plantes.

Une exposition limitée au soleil est conseillée dans le traitement contre les pellicules.

Prendre soin de son corps

Le corps en dit long sur la personnalité : la façon de penser, la sensibilité, le souci de prendre soin de soi et l'importance d'une activité physique. Soins des mains et des pieds, poudres parfumées et huiles de massage ne sont pas de simples fantaisies, mais bien des marques de respect de soi.

PEAU SOYEUSE

- Éliminez les peaux mortes et stimulez la circulation en frottant votre corps à l'aide d'une brosse en poil de sanglier naturel ou d'un gant de massage luffa. Avec des mouvements circulaires, partez des pieds et remontez vers les hanches, le ventre, les bras, la poitrine, les épaules et le dos.
- Appliquez de l'huile d'amande sur tout votre corps et détendez-vous une quinzaine de minutes dans une pièce chaude et confortable. Prenez ensuite un bain ou une douche et ôtez l'huile avec un gant de massage luffa ou un gant de toilette.
- Pour atténuer la décoloration de la peau racornie des coudes et des genoux, trempez des carrés de coton dans du jus de citron et passez-les sur vos genoux. Placez vos coudes dans les deux moitiés de citron – préalablement pressées – pendant 5 minutes. Rincez et séchez délicatement.
- Sur des mains sèches et gercées, essayez ce remède de grand-mère à l'efficacité garantie. Mélangez 2 pommes de terre bouillies et écrasées, 1 cuillerée à soupe de glycérine végétale et du lait en quantité suffisante pour former une pâte. Massez soigneusement vos mains avec cette mixture, laisser agir 5 minutes puis rincez.
- Pour soulager les démangeaisons cutanées, ajoutez 2 cuillerées à soupe de bicarbonate de soude à l'eau du bain. C'est une solution idéale si vous êtes sensible aux produits du commerce très parfumés.
- Pour adoucir votre peau, mettez une poignée de son de riz dans un bas et plongez-le dans le bain. Le son de riz va libérer des huiles riches en vitamines. Au Japon, ce procédé s'appelle *nuka*. Vous pouvez également dissoudre ½ tasse de lait en poudre dans le bain, ou y faire tremper ½ tasse de flocons d'avoine placés dans un sac en mousseline.

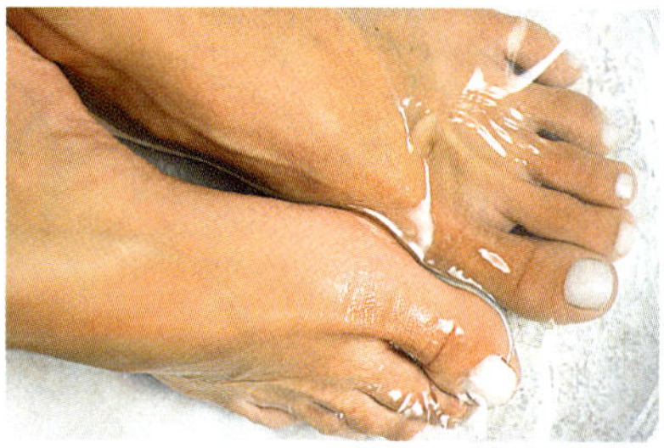

LA VÉRITÉ SUR...

LES SELS D'ALUMINIUM

Présents dans la plupart des déodorants, les sels d'aluminium possèdent d'importantes propriétés astringentes qui réduisent l'action des glandes sudorales et freinent la transpiration. L'aluminium est parfois ajouté au talc afin d'augmenter son effet absorbant et aux ombres à paupières pour donner un fini argenté. Malgré les discours rassurants des industriels, les partisans des médecines naturelles continuent d'en proscrire toute ingestion et application locale.

ODEURS CORPORELLES

- Lavez-vous soigneusement tous les jours pour ôter toute trace de transpiration et de bactéries, sources d'odeurs corporelles.
- Portez des vêtements en tissus naturels, qui absorbent mieux la transpiration que les matières synthétiques.
- Remplacez votre déodorant par une pierre d'alun, composée de sels minéraux qui anéantissent les bactéries sans agresser la peau.
- Faites attention à votre alimentation. Certains mets et épices, comme le poisson et le curry, renforcent les odeurs corporelles.
- Fabriquez vous-même votre déodorant parfumé. Associez 10 gouttes d'huile essentielle de lavande à ½ tasse d'hamamélis. Versez ce liquide dans un flacon pulvérisateur.

■ ■ ■ **Pratiquez des peelings régulièrement** pour éliminer les peaux mortes à l'aide d'un gant exfoliant ou d'un gommage maison.

SE BICHONNER À LA MAISON

SELS DE BAIN

L'eau chaude stimule la transpiration, tandis que les huiles essentielles et les sels facilitent l'élimination et la circulation.

1 tasse de sels d'Epsom
4 gouttes d'huile essentielle de romarin
4 gouttes d'huile essentielle de genévrier
4 gouttes d'huile essentielle de pamplemousse

▪ Versez les ingrédients dans un bain chaud et relaxez-vous 20 minutes.

HUILE DE MASSAGE

Les huiles végétales redonnent à la peau son élasticité et sa brillance naturelles. Cette recette soulage les tensions musculaires.

2 c. à s. de vinaigre de cidre
1 pincée de moutarde en poudre
3 gouttes d'huile essentielle de gaulthérie
5 gouttes d'huile essentielle de romarin
2 gouttes d'huile essentielle de genévrier
20 cl d'huile d'olive

▪ Réchauffez le vinaigre et mixez-le avec la moutarde.
▪ Ajoutez les huiles essentielles et mixez à nouveau. Versez dans un flacon puis ajoutez l'huile d'olive. Agitez.

GOMMAGE CORPOREL

Ce soin vise à régénérer la peau et à améliorer la circulation sanguine et lymphatique.

1 tasse de gros sel marin
2 c. à s. d'huile d'olive

▪ Mélangez l'huile et le sel jusqu'à obtention d'une pâte.
▪ Sous la douche, posez de petites quantités de produit sur vos jambes, vos bras et votre ventre. Procédez par massages circulaires, toujours vers le haut et vers le cœur, en évitant la poitrine.
▪ Rincez et prenez une douche froide pour une sensation de fraîcheur.

SPRAY CORPOREL

Après un gommage, vaporisez sur tout votre corps cette préparation effervescente. Elle se conserve 6 semaines au réfrigérateur. Jetez-la dès que le parfum s'évanouit.

15 cl d'eau gazeuse
10 cl de vinaigre de cidre
1 c. à s. de vodka
2 à 3 gouttes d'huile essentielle de pamplemousse
2 à 3 gouttes d'huile essentielle de citron

▪ Mélangez les ingrédients et versez-les dans un flacon pulvérisateur en plastique avec un bouchon non métallique.
▪ Conservez ce spray au réfrigérateur. Agitez avant l'emploi.

POUDRE PARFUMÉE

Pour éviter les démangeaisons provoquées par les fragrances artificielles des talcs industriels, préparez vous-même votre poudre.

1 tasse de farine de riz
1 ½ tasse de farine de maïs
8 gouttes d'huile essentielle d'ylang-ylang
4 gouttes d'huile essentielle de citron
4 gouttes d'extrait de vanille

▪ Mêlez les farines, puis tamisez-les pour enlever les grumeaux éventuels.
▪ Ajoutez les huiles essentielles et l'extrait de vanille, et tamisez le tout encore une fois.
▪ Conservez dans un récipient hermétique.

DÉODORANT

Ce déodorant parfumé remplace efficacement ceux du commerce, qui contiennent souvent des sels d'aluminium.

20 gouttes d'huile essentielle de lavande
12 gouttes d'huile essentielle d'arbre à thé (tea tree)
10 gouttes d'huile essentielle de citron
10 cl de vinaigre de cidre
5 cl d'hamamélis

▪ Mixez le tout et versez-le dans un flacon pulvérisateur.
▪ Agitez avant l'emploi.

▪ ▪ ▪ **Pour adoucir les rugosités et les durillons, trempez les pieds dans un thé chaud à la camomille légèrement infusé.**

Des plantes pour une peau naturellement éclatante

Abricot

L'huile à la texture délicate obtenue à partir des noyaux constitue un bon hydratant universel et favorise la disparition des vergetures. Elle peut également être utilisée en soin antirides.

Amande

L'huile d'amande est utilisée depuis les débuts de la cosmétique. Elle entre dans la composition de nombreuses crèmes et lotions pour ses propriétés purifiantes et nourrissantes. Idéales pour les peaux sensibles et sèches.

Angélique

Belle plante feuillue qui s'épanouit dans le plus petit des potagers. Ses tiges et ses feuilles s'emploient dans la préparation d'eaux de toilette et de fragrances légères.

Anis

Les graines aromatiques possèdent des qualités antibactériennes douces, indiquées pour rafraîchir l'haleine. L'huile essentielle peut servir d'huile de massage ; à éviter en cas de rougeurs et d'éruptions cutanées.

Aurone

Cultivée depuis toujours comme herbe médicinale et cosmétique, l'aurone s'ajoute au bain pour un effet apaisant et sert d'après-shampooing et de lotion tonique capillaire.

Avocat

Il contient de la lécithine, une protéine conseillée dans le traitement des cheveux secs ou abîmés. Sous forme d'huile essentielle, il est utilisé en soin capillaire. Il est aussi recommandé pour adoucir les ongles et les cuticules.

Banane

La pulpe écrasée, riche en vitamines A et en potassium, agit en douceur sur la peau, notamment sous forme de masques pour resserrer les pores et purifier la peau.

Basilic

Plongez les feuilles séchées dans de l'eau chaude, laissez refroidir et filtrez. Utilisez l'infusion obtenue, qui diffuse une odeur rafraîchissante, dans l'eau du bain.

Bleuet

En infusion, le bleuet s'emploie pour les lavages oculaires, les bains de bouche, les bains de vapeur du visage ou dans l'eau du bain. Il agit comme pansement sur les démangeaisons.

Calendula

Faites infuser des feuilles de calendula, égouttez et laissez refroidir, pour obtenir une lotion tonique efficace pour la peau. Utilisez-le en rinçage après-shampooing pour raviver les mèches des cheveux bruns et roux.

Camomille

Elle ravive les cheveux clairs mais apaise aussi les yeux fatigués, les peaux desséchées et gercées. Efficace en lotion tonifiante et douce pour la peau, elle peut être introduite dans un grand nombre de soins pour le bain et de masques.

Cerfeuil

En infusion froide, il aide à éliminer les impuretés de la peau ; en jus frais, il traite différents problèmes cutanés, notamment les boutons.

Ciboulette

Riche en soufre et en fer, la ciboulette constitue une excellente lotion tonique et purifiante ; appliquez son jus par petites touches sur la peau.

Citron

Son jus est efficace en bains de bouche et, grâce à son apport en vitamines C et en bioflavonoïdes, il aide à garder une peau saine. Il présente également des qualités tonifiantes et déodorantes douces.

Clou de girofle

L'huile essentielle de clou de girofle présente des qualités antiseptiques, ce qui explique qu'on la retrouve dans les dentifrices. Utilisez-la en bains de bouche et autres préparations pour l'hygiène buccale.

Concombre

Pour dégonfler vos paupières, appliquez des rondelles de concombre sur vos yeux. Utilisez sa pulpe dans les lotions après-soleil, les nettoyants et les masques apaisants.

Coriandre

L'huile récoltée à partir des graines se retrouve dans la composition de nombreux parfums. Essayez-la dans les eaux de toilette et les fragrances pour le bain.

Cresson

Fleurs, feuilles et téguments du cresson contiennent une grande quantité de vitamine C et de soufre, préconisés dans le traitement des impuretés de la peau. En infusion, appliquez-le pour éliminer les boutons.

Estragon

L'huile essentielle d'estragon combat efficacement les petits problèmes de peau, en tonifiant sans agresser.

Euphraise

Ses glucosides végétaux anti-inflammatoires sont indiqués pour les yeux irrités et les poches. Elle s'utilise en infusion, à appliquer sur les yeux ou en lavage oculaire.

Fenouil

Mâchez ses graines pour combattre la mauvaise haleine. Faites infuser les graines pour apaiser les paupières enflammées et gonflées. Un bain de vapeur aux graines de fenouil nettoie les pores en profondeur.

Fraise

Ses principes légèrement astringents font de ce fruit un soin naturel rafraîchissant pour nettoyer et tonifier la peau. Les fraises fraîches contiennent un acide qui blanchit les dents.

Hamamélis

Lotion tonique sans alcool idéale pour les épidermes secs, elle possède un pouvoir antiseptique et aide la circulation sanguine. Son tanin aide à éliminer les boutons.

■ ■ ■ **Plongez des sachets de camomille** dans l'eau bouillante, laissez refroidir et appliquez-les sur vos yeux s'ils sont rouges et gonflés.

Des plantes pour une peau naturellement éclatante

Jojoba	L'huile de jojoba est en fait une cire qui reste liquide à température ambiante. Elle coûte cher mais de petites quantités suffisent pour préparer des soins du visage ou des après-shampooings.
Livèche	Un thé fort préparé à base de feuilles fraîches de livèche agit comme décolorant et désodorisant doux. Essayez-la dans les lotions toniques et les parfums.
Mélisse 	Son parfum agréable a un effet vivifiant et relaxant, idéal pour atténuer la sensation de nervosité et de panique. Les feuilles écrasées s'utilisent en sachets dans le bain ou dans les vinaigres de toilette.
Melon 	Riche en vitamines B et C, la chair du melon est utilisée en masques rafraîchissants pour le visage et en soins nutritifs pour la peau.
Menthe poivrée	Buvez du thé à la menthe poivrée associée à de la menthe verte pour rafraîchir l'haleine. Froid, le breuvage peut servir de stimulant fraîcheur ou, mélangé à d'autres ingrédients, de soin purifiant, de produit de rinçage pour les cheveux ou de bain de pieds.
Noisette	Huile onéreuse qui se caractérise par sa consistance très fine et légère et ses propriétés pénétrantes. À utiliser dans les soins de peau, comme base d'huile de massage et en alternance avec l'huile d'amande.
Noix de coco	Mêlée à d'autres ingrédients, la noix de coco possède des vertus nutritives conseillées dans les masques capillaires. Elle peut aussi être utilisée comme hydratant intense.
Noix de macadamia	Huile épaisse qui apaise la peau. Vous pouvez l'appliquer sur les peaux sèches et gercées ou la mélanger avec une huile parfumée pour redonner de la brillance à vos cheveux.
Olive	L'huile d'olive extravierge se révèle un choix judicieux dans la préparation de produits de beauté naturels, malgré son parfum particulier. Si l'odeur vous gêne, optez pour une huile d'olive pure (en vente en pharmacie).
Ortie	Herbe astringente qui nettoie l'épiderme en profondeur et accélère la guérison. Ses principes stimulants sont bénéfiques dans les lotions toniques pour la peau et les cheveux, ainsi que dans l'eau du bain.
Oseille	Utilisée davantage en salade, l'oseille a pourtant des vertus antiseptiques. Appliquez-la en infusion froide sur les peaux à problèmes acnéiques.
Pépins de raisin	Cette huile essentielle à la texture fine, légère et incolore, convient aux soins de massage et de beauté car elle laisse une pellicule presque invisible sur la peau et les cheveux.
Persil 	Les infusions de persil s'utilisent en bains de bouche et en lotions contre les taches de rousseur. Mixez les feuilles au robot et ajoutez la pulpe obtenue à vos lotions toniques et nettoyants pour la peau.
Pomme de terre 	Utilisez la purée de pommes de terre froide comme soin nourrissant riche et masque du visage, notamment si vous avez une peau à tendance sèche. Elle peut également apaiser les paupières gonflées et les coups de soleil.
Primevère vespérale	Les médecines traditionnelles d'Amérique du Nord emploient cette huile pour soigner les imperfections cutanées et les pellicules. Elle est préconisée pour lutter contre l'acné et renforcer les ongles.
Romarin	Son action rafraîchissante et stimulante est indiquée dans les bains de vapeur faciaux, les bains corporels et les bains de pieds. En infusion, les feuilles combattent les pellicules.
Rose 	Vos parfums, produits pour le bain, masques, lotions pour les mains et démêlants dégageront une odeur agréable grâce à l'huile de rose. L'eau de rose constitue un excellent bain de bouche et adoucit les épidermes secs.
Sarriette	Les herboristes emploient parfois ses feuilles pour leur pouvoir légèrement astringent et antibactérien. Utilisez l'huile essentielle dans vos lotions toniques et rafraîchissantes si vous êtes sujet aux problèmes de peau.
Sauge 	Une infusion à base de feuilles de sauge devient un bain de bouche antiseptique actif qui renforce les gencives. La sauge fonce naturellement les cheveux. Elle est également connue pour son action déodorante puissante.
Sésame	Sous forme d'huile, le sésame s'intègre dans un grand nombre de soins nourrissants. De texture fine et légère, il possède de grandes qualités lubrifiantes et constitue de ce fait une bonne huile de base pour les massages.
Thym 	Faites gargarismes et bains de bouche avec du thym. Une infusion froide agit comme soin tonique et astringent léger. Ajouté au bain, c'est un bon stimulant.
Varech	Riche en vitamines et minéraux, le varech entre dans la composition des masques pour le visage et de soins corporels destinés aux peaux à problèmes.

■ ■ ■ **Coupez une feuille d'*Aloe vera* et appliquez son jus apaisant sur les coupures, coups de soleil, irritations et gerçures.**

BIEN-ÊTRE INTÉRIEUR

Pour garder la forme, il nous faut tenir compte des nombreux facteurs qui agissent sur notre santé.

Affronter la vie moderne

Selon la pensée holistique, le corps et l'esprit forment un tout indissociable ; le déséquilibre de l'un peut affecter l'autre. S'il est impossible de bannir totalement le stress du quotidien, il existe des moyens de vivre en harmonie avec soi-même sans recourir aux stimulants et aux médicaments.

SIX CONSEILS PRATIQUES POUR CHASSER LE STRESS

Travail exigeant, vie personnelle très prenante et pollution sont quelques facteurs de stress parmi d'autres susceptibles d'entamer notre capital santé et notre bien-être. Pour y faire face, suivez ces règles simples et 100 % naturelles.

1 Riez plus. Le rire balaie les pensées négatives, renforce le système immunitaire, détend les muscles et libère les endorphines, ces substances produites par le corps qui procurent une sensation de bien-être. Dans certains pays, les clubs de rire sont en plein essor.

2 Bougez. L'activité physique aide le métabolisme à transformer les hormones de stress libérées en cas de tension ou de colère. Si vous pouvez vous défouler à l'air pur et au soleil, c'est encore mieux.

3 Respirez correctement. En cas de stress, la respiration est courte, ce qui accentue le sentiment d'anxiété. Essayez de respirer profondément une fois toutes les 6 secondes, deux fois par jour pendant 10 minutes. Cet exercice deviendra vite une saine habitude.

4 Fuyez les situations sources d'angoisse. Si par exemple la foule vous fait peur, réorganisez-vous de façon à éviter les déplacements aux heures de pointe.

5 Triez vos médicaments. Souvent, les cachets destinés à lutter contre l'anxiété n'ont pas l'effet voulu. Ainsi, les pilules pour dormir peuvent entraîner une sensation de « gueule de bois » le lendemain. De même, certains sirops contre la toux et comprimés prescrits en cas d'hypertension risquent d'entraîner des troubles du sommeil.

6 Réduisez votre consommation de cigarettes (nicotine), de café et de chocolat (riches en caféine). Bien que ces stimulants destressent de façon temporaire, ils rendent nerveux certains sujets.

SIGNAL D'ALARME

Nous sommes parfois trop occupés au quotidien pour nous rendre compte que le stress nuit à notre santé. Si vous ressentez un ou plusieurs des symptômes suivants, il est grand temps d'agir.

- ✘ Rhumes et maux de gorge fréquents.
- ✘ Insomnie ou sommeil agité.
- ✘ Maux de tête ou de dos.
- ✘ Sentiment de fatigue générale.
- ✘ Palpitations cardiaques.
- ✘ Problèmes de peau.
- ✘ Sautes d'humeur, émotivité excessive, agressivité.
- ✘ Troubles digestifs et maux d'estomac.
- ✘ Dépendance accrue à l'alcool ou aux pilules pour dormir.

■ ■ ■ **Le jardinage** constitue une excellente thérapie ; le plaisir d'être en plein air et au soleil agit comme un véritable remontant.

COMBATTRE LA POLLUTION

La pollution, sous toutes ses formes, est inévitable en ville. Cependant, en suivant quelques règles simples, vous pouvez limiter votre exposition aux agents extérieurs nuisibles à votre santé.

■ Restez à l'intérieur et fermez les fenêtres en cas de pic de pollution ou d'air chargé de pollen. Faites tondre la pelouse par quelqu'un d'autre si vous êtes allergique au pollen.
■ Aux feux tricolores et aux intersections, éloignez-vous de la bordure du trottoir pour fuir les gaz des pots d'échappement des véhicules.
■ Si vous prenez habituellement votre vélo aux heures de pointe, portez un masque pour prévenir les maux de tête ou les irritations des yeux et de la gorge, notamment les jours sans vent. Les bienfaits du cyclisme sur votre cœur compensent de loin les risques liés à la pollution.
■ Renseignez-vous sur le niveau de pollution de l'air avant de sortir.
■ Portez des bouchons d'oreille pour réduire les agressions sonores. Ou choisissez le bruit qui vous plaît, par exemple en écoutant de la musique sur un baladeur, pour neutraliser les nuisances extérieures.

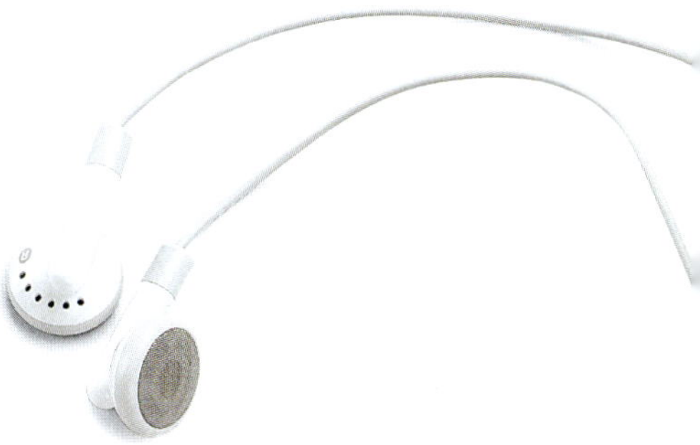

ATTENTION !

▼ Si vous vous sentez submergé par un pessimisme persistant, des difficultés de concentration, une indifférence envers des activités courantes (manque d'appétit et désintérêt sexuel), consultez rapidement un psychothérapeute.

ANTICIPEZ

L'attente et les retards sont des situations stressantes, alors prenez les devants.

- Prenez rendez-vous longtemps à l'avance chez les médecins et autres professionnels très demandés, et choisissez le premier créneau horaire de la journée.
- Faites vos courses en début de semaine et de bonne heure pour éviter les files d'attente aux caisses.
- Gardez votre téléphone portable sur vous pour prévenir en cas de retard.
- Prévoyez du travail ou de la lecture pour tirer parti du temps perdu. Dans les embouteillages, écoutez de la musique.
- Si vous devez patienter lors d'un appel téléphonique, profitez de cette attente pour accomplir des tâches simples. Ou raccrochez et rappelez en dehors des heures de pointe.
- Utilisez le plus possible votre ordinateur pour les démarches quotidiennes : opérations bancaires, paiement de factures, commande de vêtements, achat de livres… peuvent se faire en ligne, sans le moindre déplacement.

SOLUTIONS RAPIDES

Pour combattre les petits maux, adoptez les remèdes ci-dessous.

- Pour vous calmer, buvez du thé de paille d'avoine, ingrédient bon marché aux vertus apaisantes. Vous pouvez également essayer la camomille, la valériane, la fleur de citron vert ou la mélisse.
- Les lendemains de soirées arrosées, buvez du jus de pamplemousse. Il stimule le foie et contient du fructose, qui aide le corps à brûler l'alcool.
- Vitamines et extraits naturels permettent de contrer le rhume des foins : la vitamine C a un effet légèrement antihistaminique ; la vitamine A agit de manière bénéfique sur la membrane muqueuse ; les infusions à la réglisse et à la guimauve calment les irritations ; les gélules de raifort contiennent une huile volatile qui dilate les sinus et décongestionne.
- Contre les maux de tête, prenez des comprimés d'écorce de saule, qui renferme une forme naturelle de salicylate, ingrédient actif de l'aspirine.
- En cas d'indigestion, essayez quelques gestes simples de réflexologie. Les points réflexes de la main gauche correspondent à ceux de l'estomac ; massez avec votre main droite la base de la paume gauche jusqu'à la base des doigts.
- Pour modérer les nausées, grignotez du gingembre confit. Vous pouvez aussi boire une infusion de menthe poivrée.
- Les douleurs d'estomac dues au stress ou aux excès peuvent être bien atténuées avec du charbon actif en comprimés (vendus en pharmacie).

■ ■ ■ **Envie de sucré ?** **Grignotez des abricots secs biologiques, source naturelle de minéraux. Ils ont un effet relaxant.**

Trouver un équilibre

Si votre qualité de vie vous semble plus qu'acceptable, alors vous avez su trouver un juste équilibre entre les activités accomplies par obligation et celles effectuées par plaisir. Au contraire, si vous êtes stressé, essayez de retrouver une harmonie en suivant ces quelques principes de base.

FAITES UNE PAUSE

Nous sommes tous différents. Certains agissent rapidement, d'autres prennent leur temps. Mais pour tous, la nécessité de respirer s'impose de temps à autre.

- Accordez-vous des moments rien qu'à vous en les notant dans votre agenda. Respectez ces rendez-vous aussi sérieusement qu'un engagement professionnel. Demandez à votre entourage d'en tenir compte également.
- Évitez de surcharger vos journées en apprenant à dire non, à vous-même et aux autres. En acceptant trop de responsabilités, dans le travail comme dans la vie privée, vous prenez des risques.
- Si vous travaillez dans les domaines financier, juridique ou économique, consacrez un peu de votre temps libre à des activités plus créatives. Créativité ne signifie pas obligatoirement peinture ou musique. Le jardinage, la cuisine ou le travail du bois font tout autant appel à votre imagination.
- Si la pression devient insoutenable, octroyez-vous quelques distractions : un déjeuner avec votre amie la plus drôle, un massage à l'aromathérapie ou l'achat de votre parfum préféré.
- Lorsque vous atteignez un objectif, offrez-vous une récompense. Il est important de reconnaître ses succès et de se faire plaisir de temps en temps.
- Allouez du temps à la méditation. Si vous avez une vie trépidante, 20 minutes à méditer à la maison suffisent pour savourer un pur moment de tranquillité.

GÉREZ VOTRE TEMPS

Pour ne pas éprouver le sentiment oppressant de courir après votre vie, restez maître des événements et ne vous laissez pas déborder.

- Faites réparer les objets aux premiers signes de défaillance. N'attendez pas que le coût des réparations soit plus élevé que l'achat d'un nouveau produit.
- Ne laissez pas le désordre s'accumuler. Rangez au fur et à mesure et donnez tout ce qui ne

Continuez à vous émerveiller devant la nature. C'est un excellent antidote contre le stress.

RECHARGER LES BATTERIES

Le *qi gong* est une pratique chinoise ancestrale visant à guérir et à apaiser en utilisant les mêmes « méridiens » (réseaux de flux énergétiques) que l'acupuncture. Les gestes d'étirement qui suivent renforceront votre énergie.

- Installez-vous confortablement par terre en tailleur. Croisez vos bras en plaçant une main sur chaque genou. Inspirez longuement en comptant jusqu'à 10.
- Expirez en vous penchant vers l'avant et en laissant tomber votre tête. Comptez jusqu'à 10.
- Inspirez de nouveau tout en vous redressant. Répétez le geste, en inversant cette fois le croisement de vos jambes et de vos bras.

■ ■ ■ **Contribuez à rendre le monde meilleur** en devenant bénévole. Vous en tirerez une expérience enrichissante.

ASTUCE

Faites fonctionner vos cellules grises pour éviter la perte de mémoire liée à l'âge. Adonnez-vous par exemple aux mots croisés ou au bridge.

Faites un geste pour l'humanité en vous impliquant dans une bonne cause. Vous en tirerez une grande satisfaction. Et en sortant du cercle fermé de la famille et des amis, vous oublierez temporairement vos problèmes personnels.

BÉNÉVOLAT Il existe un nombre incalculable d'associations caritatives, humanitaires et environnementales auxquelles vous pouvez apporter vos compétences et donner de votre temps. Choisissez un domaine qui vous passionne et faites-le coïncider avec votre emploi du temps. Pour trouver une association proche de chez vous, renseignez-vous auprès de la Maison des associations de votre ville ou de votre arrondissement.

S'IMPLIQUER DANS LA VIE DE QUARTIER Chaque citoyen peut participer aux conseils de quartier ou aux conseils locaux de l'environnement qui assistent le conseil municipal dans sa mission d'amélioration de la vie commune. Renseignez-vous auprès de votre mairie. Si vous aimez jardiner, vous pouvez également participer à l'entretien d'un jardin collectif. Il s'agit d'un terrain mis à la disposition par la mairie, planté et entretenu par les habitants. Directement inspirés des *community gardens* new-yorkais, ces jardins fleurissent aussi dans les grandes villes françaises. Il en existe déjà une trentaine à Paris.

sert plus depuis longtemps à une association caritative.

- Rangez votre espace de travail ou de loisirs à la fin de la journée. Vous vous sentirez bien mieux en retrouvant chaque chose à sa place.
- Faites les courses avant la pénurie. Vous n'aurez pas à courir les magasins à un moment mal choisi.
- Dès que vous sortez un document d'un dossier, triez les autres papiers qu'il contient avant de le replacer dans le tiroir. C'est un moyen simple de réorganiser votre système de classement.
- Lorsque vous faites le tour du jardin, profitez-en pour arracher quelques mauvaises herbes, couper les fleurs fanées et enlever les feuilles mortes. En jardinant un peu régulièrement, vous aurez un terrain toujours entretenu.

RESTEZ ACTIF

L'apathie nuit au moral et peut avoir un impact négatif sur votre condition physique. De temps en temps, lancez-vous dans une nouvelle occupation. Il n'y a rien de plus motivant que de se découvrir un nouveau talent.

- Élargissez un peu plus vos connaissances chaque jour. Essayez une nouvelle activité ou visitez un lieu qui vous est inconnu. Ou réorganisez simplement vos tâches quotidiennes afin de les rendre plus agréables.
- Suivez des cours du soir : de langue, de peinture, de photographie, de danse ou de chant…
- Décollez de votre canapé. La fascination qu'exerce la télévision ne doit pas vous faire passer à côté de la vie. Efforcez-vous de moins la regarder et d'être plus sélectif dans le choix des émissions. Vous pourrez ainsi consacrer plus de temps à des occupations plus variées et valorisantes.

liens utiles

Trouver une mission bénévole près de chez vous :
www.francebenevolat.org et www.espacebenevolat.org
Connaître les réseaux de jardins familiaux :
jardinons.com et perso.wanadoo.fr/jardins-familiaux/
À Paris : www.jardins.paris.fr (rubrique Jardinage - Jardins partagés)

Égayez la journée des autres : envoyez un mot de remerciement, faites un compliment sincère ou souriez à un voisin.

Rester maître de soi

Il est désormais admis que la condition physique et l'état psychique sont liés, l'un ne pouvant exister sans l'autre. Méditation et pensée positive améliorent le bien-être du corps et, inversement, relaxation et massage apaisent l'esprit. Prenez soin de vous en suivant quelques techniques simples de relaxation.

LA BONNE ATTITUDE

- Concentrez-vous sur les cadeaux de la vie. Vous en trouverez toujours, même les jours difficiles. Les simples pirouettes du chat, les premières tomates du jardin ou un bon livre peuvent illuminer une journée.
- Restez calme. C'est la meilleure attitude à avoir pour ne pas vous sentir mal physiquement et moralement. Vous serez d'autant plus stressé si vous réagissez mal face aux événements contrariants ou aux personnes blessantes.

Profitez des beaux jours pour méditer en plein air.

- Rédigez un journal pour vous aider à déterminer et à vous remémorer tous les points positifs de votre quotidien. Choisissez un beau cahier dans lequel vous inscrivez chaque jour au moins trois belles choses qui vous sont arrivées.
- Écoutez de la musique New Age ou baroque. Ces genres musicaux agissent sur les ondes cérébrales alpha, agents favorisant la relaxation physique et mentale.
- Mettez en avant ce qui vous fait envie, et non ce dont vous ne voulez pas. Avec le temps, votre pensée se tournera vers le positif.
- Si un projet ne se réalise pas, profitez-en pour en échafauder un autre. Pourquoi ne pas concrétiser une envie dont vous rêvez depuis longtemps ?
- Apprenez à vous détourner des soucis. Cela demande beaucoup d'efforts, mais il existe des techniques pour vous aider (voir l'encadré ci-contre). Pour éviter de tomber dans un cercle vicieux où le stress engendre le négativisme, remplacez les idées noires par un sentiment d'optimisme.
- Ne cherchez pas à atteindre la perfection dans l'optique du « tout ou rien ». Personne n'est parfait.
- Pour vous aider à vous relaxer, écoutez de la musique méditative et des enregistrements de textes de méditation, disponibles dans les librairies spécialisées. Ils s'avèrent utiles pour se préparer à une bonne nuit de sommeil.

PENSEZ POSITIF

Cette technique est employée en psychologie cognitive pour aider les patients à adopter un état d'esprit optimiste. Pratiquée régulièrement, elle se révèle très efficace.

- Réfléchissez à une situation qui vous procure des émotions négatives. Imprégnez-vous de cette idée avant d'exprimer un « Stop ! » ferme. L'idée et les émotions qui l'accompagnent disparaîtront.
- La deuxième étape consiste à substituer à cette pensée négative une réflexion positive et apaisante.
- Pour vous y préparer, notez vos sources de souci et remplacez-les par une pensée positive.
- Restez maître de votre mental. Dès que vos idées noires reviennent, formulez un « Stop ! » catégorique et choisissez la pensée positive correspondante.

■ ■ ■ **La méditation** aide à neutraliser le stress, stimule le système immunitaire et améliore la mémoire et les fonctions cérébrales.

TECHNIQUES DE RELAXATION

MÉDITATION ASSISE

La méditation agit de façon apaisante sur le corps et l'esprit : le rythme cardiaque ralentit, la tension artérielle baisse, le flux sanguin vers le cerveau augmente et l'activité cérébrale est rééquilibrée.

- Asseyez-vous confortablement, en tailleur si vous le voulez, dans un endroit calme où vous ne serez pas dérangé. Fermez les yeux, respirez lentement et profondément.
- Détendez-vous et faites le vide dans votre tête. Pour vous aider, concentrez-vous sur un objet, sur votre respiration ou sur un son que vous murmurez doucement, par exemple « om ».

- Restez assis tranquillement pendant 2 ou 3 minutes (jusqu'à 20 minutes quand vous serez familiarisé avec la méditation), tout en vous focalisant sur l'élément choisi.
- Dès que votre esprit s'égare, reportez votre attention sur cet élément. La capacité de concentration s'améliore avec la pratique, alors persévérez !

TECHNIQUE DE RELÂCHEMENT MUSCULAIRE

Avec nos rythmes de vie effrénés, nous ne savons plus nous détendre complètement. Redécouvrez cette sensation grâce à cet exercice simple.

- Allongez-vous sur le dos, par terre ou sur un lit, avec un coussin sous les genoux pour soutenir les lombaires et un oreiller le plus plat possible sous votre tête. Relaxez-vous dans cette position pendant quelques minutes.
- Consacrez les 10 minutes suivantes à contracter puis desserrer trois fois chaque groupe musculaire du corps. Commencez par les pieds et remontez en respectant l'ordre suivant : mollets, cuisses, fesses, ventre, poitrine, dos, mains, bras, épaules, cou et visage.
- Contractez chaque muscle pendant 3 secondes puis relâchez très lentement. Vous observerez que vos muscles se détendent de plus en plus.
- Reposez-vous 5 minutes en profitant de cette sensation de relaxation profonde. Relevez-vous doucement pour éviter tout étourdissement et reprenez lentement votre activité.

MASSAGE SHIATSU (ACUPRESSION)

Il s'agit d'un exercice discret, à tester au bureau ou dans le bus, destiné à soulager les tensions.

- Du bout des doigts, effectuez des mouvements circulaires en partant du milieu du visage vers l'extérieur.
- Quand vous rencontrez une bosse dans la structure osseuse, massez-la quelques secondes en exerçant une légère pression.

MASSAGE DU CUIR CHEVELU

Essayez ce massage dès le début d'un mal de tête ou si vous êtes tendu. Efficacité garantie.

- Serrez et desserrez plusieurs fois une poignée de cheveux près du cuir chevelu.
- Déplacez le poing d'avant en arrière pour sentir le cuir chevelu bouger.
- Répétez l'exercice de façon à couvrir toute la tête.

MASSAGE DES PIEDS

L'association de la chaleur et de légères pressions exercées par les cailloux donne un nouvel élan aux pieds fatigués.

- Disposez des galets lisses ou des billes au fond d'un récipient et recouvrez-les d'eau très chaude. Ajoutez quelques gouttes d'huile essentielle de lavande.
- Plongez les pieds dedans et faites-les rouler d'avant en arrière sur les cailloux en appuyant légèrement.

MASSAGE DE LA POITRINE

Cette technique décontracte les muscles pectoraux après un épisode de stress.

- Avec la partie charnue à la base du pouce (appelée éminence thénar), massez fermement le haut de la cage thoracique par mouvements circulaires vers l'extérieur.

Les médecines naturelles

Les thérapies alternatives visent plus à apporter un bien-être qu'à soigner un symptôme précis. Beaucoup pensent qu'elles constituent des traitements moins désagréables, qu'elles conviennent mieux aux problèmes liés au stress et qu'elles entraînent moins d'effets secondaires que les médicaments classiques.

Mener une vie moins stressante, contribue à la santé économique du pays en limitant les jours d'arrêt maladie liés au stress.

CHOISIR UN PRATICIEN

- Adressez-vous au spécialiste approprié. En cas de doute, demandez-lui ses qualifications et ses spécialités.
- N'hésitez pas à vous renseigner sur les prix. Ils peuvent varier d'une séance à l'autre, en fonction de la thérapie employée et de sa durée. Là encore, le corps des praticiens peut vous donner une fourchette de prix raisonnables. La première consultation est toujours plus longue et plus chère, car le spécialiste doit retracer en détail votre histoire médicale.
- Ne renouvelez pas votre visite chez un thérapeute qui vous suggère d'arrêter les médicaments classiques ou vous promet des résultats miraculeux.
- N'interrompez aucun traitement en cours sans en avoir discuté avec votre généraliste. Si certains symptômes inquiétants apparaissent après une visite chez un spécialiste de médecine naturelle, parlez-en au médecin qui vous suit habituellement.

MANIPULATIONS EN DOUCEUR

Si l'ostéopathie et la chiropractie poursuivent le même but – soulager douleurs et raideurs en rectifiant la posture de la colonne vertébrale –, elles proposent des approches différentes.

- Un chiropracteur s'efforce de replacer la colonne vertébrale dans sa position d'équilibre par des manipulations douces des articulations et de légers ajustements qui améliorent sa mécanique de fonctionnement et agissent sur les muscles, les nerfs, les articulations et les ligaments.
- Un ostéopathe cherche à rééquilibrer la structure osseuse grâce à des massages et à des manipulations de la colonne, mais aussi des membres et du crâne.
- Une première visite peut durer jusqu'à 1 heure. Un bon praticien demande des radios de votre colonne vertébrale et vérifie votre tension artérielle.
- Dans la plupart des cas, il vous examine en position assise, debout et allongée et teste vos réflexes.
- Outre vos problèmes musculaires ou osseux, il vous interrogera sur votre mode de vie, votre activité professionnelle et vos loisirs.
- Les chiropracteurs, comme les ostéopathes, manipulent doucement les jointures et massent les muscles.

L'AROMATHÉRAPIE AU QUOTIDIEN

- Versez 2 à 3 gouttes d'huile d'orange énergisante dans le bac à douche avant de faire couler l'eau.
- Quelques gouttes d'huile de lavande sur le tableau de bord vous aideront à rester calme au volant.
- Au bureau, mettez de l'huile de géranium dans un brûle-parfum pour une atmosphère paisible.
- Respirez du romarin si votre taux de sucre dans le sang baisse brusquement après le déjeuner.
- Allumez une bougie parfumée à la vanille pour vous détendre en fin de journée.

Les médecines naturelles s'efforcent de faire interagir corps et esprit pour retrouver santé et bien-être.

Ils peuvent employer la technique dite d'impulsion manipulative à grande vitesse, qui consiste à faire craquer une articulation sans douleur afin de détendre les muscles périphériques.

- En fin de séance, le thérapeute vous donne des exercices à faire chez vous pour entretenir la mobilité de vos articulations.

COMMENT PAYER MOINS CHER

- Renseignez-vous auprès de votre caisse d'assurance maladie et de votre mutuelle. Les actes d'ostéopathie ou de chiropractie sont parfois pris en compte.
- Les patients en rééducation et les retraités peuvent consulter à moindre coût les médecins spécialisés dans ces disciplines lorsque ces derniers exercent dans les hôpitaux publics. En outre, médecins ostéopathes et chiropracteurs consultent dans certains hôpitaux.
- Essayez de trouver un médecin qui débute son activité professionnelle. Il peut pratiquer des prix attractifs pour se constituer une clientèle.
- Dans les écoles d'ostéopathie ou de chiropractie, les consultations sont moins chères.

LA VÉRITÉ SUR...

LES MÉDECINES ALTERNATIVES

Les docteurs en médecine conventionnelle sont de plus en plus nombreux à reconnaître les bienfaits des thérapies alternatives, comme l'acupuncture ou la phytothérapie, dans le traitement de troubles spécifiques. De nombreux exemples accréditent ces pratiques, mais il est pourtant impossible de prouver leur efficacité réelle, car elles subissent moins de contrôles et font l'objet de moins de recherches que la médecine classique. À vous de décider d'y avoir recours ou non et de juger si, dans votre cas, leur action est bénéfique.

liens utiles

Listes des associations nationales représentatives de l'ostéopathie :
www.osteopathie-france.net
Association française de chiropratique :
chiropratique.org
Fédération française de naturopathie :
fenahman.free.fr/
Fédération française des réflexologues :
www.reflexologues.fr/
Fédération nationale de médecine traditionnelle chinoise :
www.fnmtc.fr
Association française d'acupuncture :
www.acupuncture-france.com
Société française de phytothérapie et d'aromathérapie :
sfpa.club.fr/index.html
Syndicat national des médecins homéopathes français :
www.snmhf.org

AROMATHÉRAPIE Souvent associée aux massages, l'aromathérapie utilise les huiles essentielles produites à partir des plantes. Elle entre fréquemment dans la composition des soins de beauté et traite les problèmes gynécologiques, cutanés et les blessures musculaires.

PHYTOTHÉRAPIE Elle se base sur les plantes médicinales pour stimuler le processus de guérison naturel du corps. La phytothérapie aide à soigner les douleurs, les affections gynécologiques, les symptômes prémenstruels, le stress, les insomnies, les problèmes digestifs, les maux de tête, l'acné et l'eczéma...

HOMÉOPATHIE Elle implique la connaissance de l'état de santé du patient. En effet, l'homéopathe administre un remède en petite quantité pour d'abord exacerber le problème afin de le guérir. Cette médecine s'applique dans le traitement des troubles émotionnels, des allergies, des problèmes menstruels et des troubles de la ménopause.

NATUROPATHIE Elle combine la science médicale classique aux thérapies naturelles en prévention de certaines maladies fréquentes : les problèmes de poids, les dépendances, les allergies, l'eczéma et les troubles digestifs.

RÉFLEXOLOGIE Selon cette pratique, les points de réflexe des pieds et des mains correspondent aux divers organes du corps. Elle répond aux problèmes de stress, d'anxiété, d'asthme, de menstruations et de digestion.

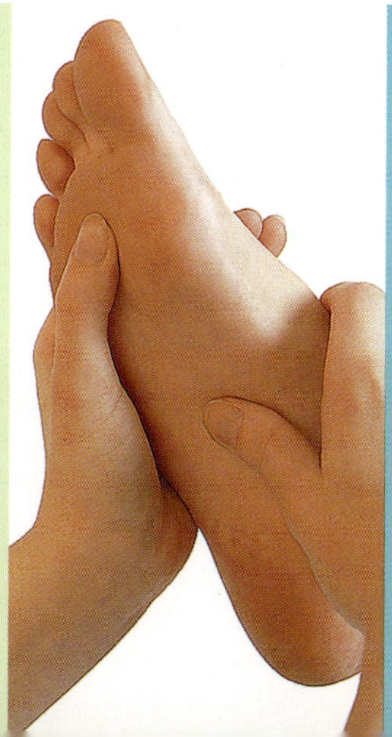

Soulager par les massages

Le massage est connu depuis la nuit des temps pour ses vertus relaxantes, tonifiantes et curatives. Quelle que soit la formule choisie, il améliore la qualité de vie en prévenant les risques de maladies, en stimulant la circulation, en abaissant la tension artérielle et en éliminant les toxines.

LE POUVOIR DU TOUCHER

Le massage, pratiqué tous les jours ou occasionnellement, soulage douleurs et raideurs.

- Il s'adresse surtout aux personnes exerçant des métiers sédentaires. Si vous travaillez toute la journée assis à un bureau, demandez au département des Ressources humaines si la société accepterait de subventionner un masseur.
- Après le sport, un massage permet aux muscles de récupérer rapidement et atténue spasmes, contractures et crampes.
- Se masser abaisse la tension artérielle et le rythme cardiaque, réduisant ainsi tensions et anxiété.
- Il peut s'avérer utile pour diminuer le stress émotionnel, qui se manifeste souvent par une contraction importante des muscles thoraciques et un souffle court.
- En stimulant la circulation sanguine, un massage peut accélérer la régénération des tissus et minimiser ainsi les boursouflures et les contusions.
- Il est indiqué dans les problèmes de digestion puisqu'il apaise les crampes et les spasmes de l'appareil digestif et facilite l'élimination via le gros intestin.
- Un massage revigore tout en procurant un sentiment de détente et de bien-être généralisé.
- Les massages sont déconseillés aux femmes enceintes de moins de 3 mois, aux personnes souffrant d'un cancer, d'une lésion grave du dos, d'une fracture osseuse, de problèmes cutanés importants comme le psoriasis et l'eczéma ou d'une détérioration des tissus.

DIFFÉRENTES PRATIQUES

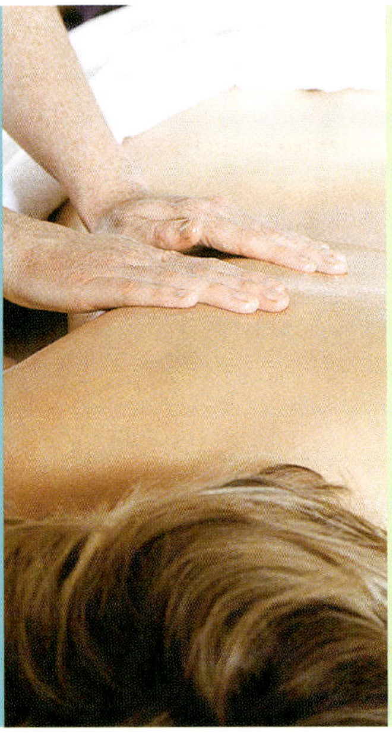

Les massages thérapeutiques ou réparateurs puisent leurs techniques dans plusieurs pratiques traditionnelles. En voici quelques exemples.

- **KA HUNA** Cette discipline nous vient des mystérieux *kahunas*, prêtres indigènes d'Hawaii. Elle consiste à placer des pierres chaudes sur la colonne vertébrale, appliquer des huiles parfumées et masser avec des mouvements longs et fluides. Elle convient en cas de tension nerveuse dans la nuque et le haut du dos.
- **SHIATSU** Le spécialiste du shiatsu exerce des pressions sur des points précis du corps, appelés *tsubos*, et étire les muscles. Ce massage est préconisé en cas de douleurs dorsales, de maux de tête et de troubles digestifs.
- **SUÉDOIS** Il se pratique par des effleurements du bout des doigts, des manipulations et des frictions. Il apaise les tensions et favorise la relaxation.
- **THAÏLANDAIS** Surnommé « le yoga des paresseux » car il fait adopter au corps des positions que vous n'auriez jamais cru possibles, améliorant souplesse et circulation.
- **TUINA** Originaire de Chine, le *tuina* consiste en de fortes pressions exercées par le thérapeute. Il est indiqué en cas d'épaules bloquées, de sciatique et de contractures nerveuses.

■ ■ ■ **Le massage augmente le taux de dopamine,** neurotransmetteur lié à la bonne humeur.

ACUPRESSION

Cette technique utilise les doigts pour stimuler les points d'acupuncture afin de restaurer le flux énergétique - ou *qi* - dans tout le corps.

- Dès l'apparition de raideurs et de douleurs dans la nuque et les épaules, placez vos doigts à la base de votre nuque, d'un côté ou de l'autre de la colonne vertébrale. Exercez une pression de 15 secondes, inspirez profondément, expirez. Déplacez vos doigts de 2 cm vers l'extérieur et recommencez. Répétez l'exercice 2 cm plus loin.
- Enlacez-vous pour étirer votre dos. Changez vos mains de place et enlacez-vous de nouveau.

DRAINAGE LYMPHATIQUE

Le drainage lymphatique manuel procède par mouvements circulaires doux s'apparentant à des manœuvres de « pompage ».

- Il combat les œdèmes après une intervention chirurgicale, une séance de radiothérapie ou de chimiothérapie.
- Il apaise les pressions douloureuses générées par les rhumes et sinusites chroniques.
- Pratiqué régulièrement, il améliore le système immunitaire.

LES AUTOMASSAGES

Testez ces méthodes, sur vous ou un partenaire.

- Frictionnez-vous, c'est bon pour les articulations ankylosées. Placez vos mains l'une à côté de l'autre, les paumes sur le corps, et frottez vivement d'avant en arrière.
- Massez les parties charnues à cadence soutenue en pinçant les muscles entre le pouce et les autres doigts.
- En cas de tension dans les épaules, fermez les poings et posez-les sur l'épaule douloureuse, de sorte que les deuxièmes phalanges touchent la peau. Massez avec des mouvements circulaires.

liens utiles

Fédération française de shiatsu traditionnel : www.ffst.fr
Association française des praticiens en drainage lymphatique manuel : www.afpdlm.org
Fédération française des masseurs-kinésithérapeutes rééducateurs : www.ffmkr.com/

MASSAGES POUR BÉBÉS

Un massage renforce l'attachement entre un bébé et ses parents. Il est particulièrement recommandé aux parents adoptifs qui souhaitent tisser un lien fort avec l'enfant. Il permet également de calmer les prématurés.

- Choisissez une pièce bien chauffée et un moment favorable, après le bain par exemple.
- Allongez le bébé sur une serviette ou un linge doux à hauteur de votre taille, pour éviter de trop vous pencher. Disposez des coussins autour de l'enfant pour qu'il ne roule pas.
- Versez quelques gouttes d'huile de massage dans la paume de votre main. Attendez quelques secondes que le liquide se réchauffe puis massez bébé doucement.
- Évitez ses yeux, ainsi que le contour du cordon ombilical s'il s'agit d'un nouveau-né. N'étirez pas trop fermement les bras et les jambes.
- Pour apaiser les coliques, placez une main de chaque côté du ventre et bercez bébé d'avant en arrière. Puis caressez-le autour du nombril, une main après l'autre, dans le sens des aiguilles d'une montre.
- Au moment de la percée des dents, procédez à un massage de la base des oreilles à la base du cou, puis remontez jusqu'au menton.
- Préparez une huile de massage parfumée adaptée à bébé, en mélangeant 75 ml d'huile d'amande douce, 1 cuillerée à café d'huile de jojoba et 2 gouttes d'huile essentielle de camomille. Appliquée sur une boule de coton, cette préparation peut servir de soin nettoyant pour le siège. Présentée dans un joli flacon, elle constitue un cadeau utile et plein de délicatesse.

Ajoutez une huile essentielle à votre préparation de massage. Choisissez l'un de vos parfums préférés ou essayez le néroli.

Une vie saine et des remèdes naturels vous aideront à combattre de nombreux maux sans nuire à votre santé.

Les troubles digestifs

Nul n'est jamais à l'abri des effets désagréables de la constipation, de l'indigestion et des brûlures d'estomac. En règle générale, ces indispositions ne cachent pas de problème grave, mais il peut être utile de connaître quelques procédés pour les atténuer, voire les éviter.

DIX CONSEILS POUR MIEUX DIGÉRER

1 Vos problèmes de digestion sont peut-être dus à une intolérance au lactose. Privilégiez le lait de riz ou de soja, riches en calcium.

2 Nombre de médicaments, notamment les antihistaminiques et les antidépresseurs, peuvent contrarier votre estomac. Pour soulager les reflux gastriques et les digestions difficiles, prenez 1 à 2 cuillerées à café de poudre d'orme rouge dans un verre d'eau chaude.

3 Les antibiotiques tuent les microbes, mais aussi les « bonnes » bactéries (ou probiotiques) qui aident l'intestin à assimiler les aliments. Il vous faut donc renouveler ces probiotiques, en consommant des boissons au lait fermenté et certains yaourts, ou en prenant des suppléments (dans les magasins bio).

4 Buvez-vous suffisamment d'eau ? Un apport liquide d'au moins 2 litres par jour est nécessaire à un adulte pour bien digérer et éliminer.

5 Consommez des fibres. Choisissez vos aliments avec soin : fruits frais ou secs, légumes, noix, noisettes et autres fruits à écale, haricots secs cuisinés et céréales complètes.

6 Bougez. L'inactivité peut ralentir le processus de digestion. La pratique régulière d'un sport accélère le transit intestinal.

7 Allez aux toilettes dès que vous en ressentez le besoin. Si vous vous retenez, vous risquez de connaître certains troubles digestifs.

8 Riez ! L'action de rire « masse » les intestins et combat le stress, cause possible d'un intestin paresseux.

9 Mangez de l'ananas ou un kiwi à la fin des repas. Ils contiennent des enzymes qui favorisent la digestion. Essayez aussi de mâcher des graines de cumin ou de cardamome. Parfumez vos plats de romarin et de menthe, mangez du cresson et de l'artichaut. Tous ces aliments facilitent le flux digestif.

10 Réduisez votre consommation de caféine (présente dans le café et le chocolat), de boissons gazeuses et de plats gras, autant de facteurs aggravants.

ASTUCE

Contre la constipation, prenez une dose de graines de psyllium, un laxatif naturel. Il est insipide, bon marché et sans danger. Broyez ensemble 2 doses de graines de psyllium pour 1 dose de graines de lin et 1 dose de figues ou de prunes séchées émincées.
Mélangez 1 cuillerée à soupe de cette poudre à un yaourt chaque soir avant le coucher.

■ ■ ■ **En cas d'intolérance au gluten,** manger tous les jours des graines de tournesol, elles protègent la paroi intestinale.

STOPPER LE HOQUET

Plus une gêne qu'une maladie, le hoquet résulte d'une contraction spasmodique du diaphragme. Une réaction nerveuse provoquée généralement par l'absorption d'air ou l'ingestion trop rapide des aliments.

- ✔ Avalez 1 cuillerée à café de sucre.
- ✔ Penchez-vous en avant et buvez un grand verre d'eau à l'envers.
- ✔ Sucez un quartier de citron.
- ✔ Inspirez et expirez rapidement dans un sac en papier une dizaine de fois.
- ✔ Retenez votre respiration et déglutissez au moment où vous sentez le hoquet revenir.

Mâchez des graines de coriandre ou buvez des tisanes de coriandre pour diminuer les flatulences, les nausées et les troubles digestifs.

DIARRHÉES

Les diarrhées peuvent être apaisées en suivant ces méthodes douces. Toutefois, si les symptômes persistent après 2 jours, s'ils sont accompagnés de fièvre ou de fortes douleurs abdominales et si vous constatez la présence de sang ou de mucosités dans les selles, consultez un médecin.

- Augmentez votre apport en fibres solubles, présentes dans les pommes ou les haricots rouges, qui favorisent l'absorption des excès de fluide.
- Pour soulager les crampes d'estomac provoquées par les coliques, faites infuser 2 cuillerées à café de graines de fenouil séchées dans 20 cl d'eau bouillante pendant 5 à 10 minutes, filtrez et buvez.
- Faites infuser 1 cuillerée à soupe d'orge dans 20 cl d'eau bouillante pendant 20 minutes, filtrez et buvez. C'est un remède doux pour les maux d'estomac et la diarrhée.
- Vomissements et diarrhées vous vident de nutriments importants pour l'organisme, comme le sodium, le potassium et le glucose. Pour vous réhydrater, mixez du jus de fruit dilué (pour renouveler le potassium) avec ½ cuillerée à café de miel (substitut du glucose) et 1 pincée de sel (pour le chlorure de sodium).

BRÛLURES D'ESTOMAC

Les reflux gastro-œsophagiens (remontées acides) occasionnent des brûlures désagréables dans l'œsophage. Pour y remédier, faites appel aux plantes médicinales adéquates.

- Prenez des comprimés ou des gélules de gingembre, qui absorbe les acides et calme la nervosité.
- L'orme rouge contient une quantité élevée de mucilages, substance végétale qui crée une véritable barrière protectrice autour de l'appareil digestif. Avant chaque repas, mélangez 1 cuillerée à café d'orme rouge avec un peu de banane écrasée.
- Le vinaigre de cidre constitue un remède bon marché et efficace. Au cours du repas, buvez-en 1 cuillerée à café diluée dans ½ verre d'eau.

SYNDROME DE L'INTESTIN IRRITABLE

Le SII se caractérise par des contractions trop rapides ou trop lentes des muscles intestinaux, entraînant diarrhées, constipations, crampes et ballonnements.

- Le stress constitue un facteur propice à cette maladie. Si vous êtes tendu, pratiquez une technique de relaxation ou respirez lentement et profondément avec le diaphragme.
- Une activité physique modérée permet de réprimer ce trouble.
- Évitez le café, les mets épicés et les aliments acides telles les oranges, les tomates et les vinaigrettes.
- Essayez les graines de psyllium, un laxatif naturel et sans danger.
- Consommez le moins possible de plats gras, la graisse exacerbant les contractions du côlon.
- Notez les éléments déclencheurs de douleurs (aliments, stress…).
- Vérifiez la composition des produits que vous achetez. Privilégiez notamment les aliments pauvres en sorbitol, en fructose et en lactose.

■ ■ ■ Si vos problèmes de digestion sont dus aux changements hormonaux pendant les règles, prenez une infusion de gousses de séné.

Bien aborder l'hiver

Quelques actions préventives et adaptées vous empêcheront d'être malade aux premiers frimas. Les remèdes naturels présentent l'avantage de renforcer l'organisme pour l'aider à mieux lutter contre les virus sans avoir recours à des produits artificiels.

Pour décongestionner les fosses nasales, buvez de l'eau chaude avec un filet de citron.

NE PAS PRENDRE FROID

- L'activité physique constitue un moyen infaillible de garder son corps au chaud, car vous ressentez la chaleur longtemps après l'effort, à condition de bien vous couvrir une fois la séance terminée.
- La chaleur corporelle s'évacue par la tête. Portez un chapeau ou un bonnet qui recouvre les oreilles.
- Portez une polaire écologique. Fabriquée à partir de bouteilles en plastique recyclées, elle ne fait pas transpirer, contrairement aux tissus synthétiques.
- Renforcez votre métabolisme en mangeant de petites quantités tout au long de la journée plutôt que plusieurs gros repas.
- Sous la douche, frottez vos jambes et vos bras avec un gant de massage luffa puis couvrez-vous bien. Cette friction devrait vous tenir chaud pendant plusieurs heures.
- Pour réchauffer vos pieds, massez-les avec la mixture suivante : 1 cuillerée à soupe d'huile d'olive, 3 gouttes d'huile essentielle de romarin et autant d'huile essentielle de poivre noir. Effectuez des mouvements fermes en montant vers la cheville puis légers en descendant vers les orteils.

TOUX ET RHUMES

N'abusez pas des décongestifs, des gouttes et solutions pour le nez, qui risquent d'endommager la paroi nasale. Essayez les remèdes moins agressifs qui suivent.

- Dès que vous ressentez un picotement dans le fond de la gorge, buvez un grog au cassis. Il adoucira l'irritation et vous procurera une dose supplémentaire de vitamines C pour aider votre organisme à lutter contre l'infection.
- Si vous éprouvez un mal de gorge sans les symptômes classiques de la grippe ou du rhume, faites le point avec votre médecin sur les médicaments que vous prenez. Certains, notamment ceux qui traitent les problèmes de tension artérielle et de thyroïde, provoquent des maux de gorge en raison de leur action déshydratante.
- Pour abréger un rhume, prenez de la vitamine C. Elle renforce le système immunitaire en créant des anticorps qui préservent des virus.
- Reposez-vous pour ne pas affaiblir les défenses naturelles de votre corps et aggraver les symptômes.
- Pour déboucher les sinus, vous pouvez faire une inhalation au-dessus d'un bol rempli d'eau chaude avec 3 gouttes d'huile de menthe poivrée.
- Buvez beaucoup, surtout en cas de fièvre. Essayez le jus de carotte ou de pomme dilué, mais pas de lait. D'après les spécialistes des médecines naturelles, les produits laitiers favorisent la surproduction de mucus.
- En vue d'une bonne nuit de sommeil, désencombrez votre nez en ajoutant à votre camomille bien chaude 1 cuillerée à soupe de whisky, le jus de ½ citron et un peu de miel.
- Testez cette recette pour bains de pieds : 1 litre d'eau chaude et 2 cuillerées à café de moutarde en poudre. Ce remède fait descendre le sang vers les pieds et décongestionne la tête et les poumons.
- Pour calmer un mal de gorge, faites des gargarismes avec 5 gouttes d'huile essentielle d'arbre à thé (tea tree) diluées dans un verre d'eau (l'huile d'arbre à thé étant toxique, veillez à ne pas avaler le liquide).

■ ■ ■ **Un massage du dos** facilite le désencombrement des bronches et apporte du réconfort aux malades.

ENGELURES

- Ne placez pas vos pieds devant un feu ou une autre source de chaleur directe, cela aggraverait les lésions. Enfilez des chaussettes épaisses et bougez.
- Buvez une tisane au gingembre et à la cannelle pour stimuler la circulation et prévenir l'apparition des engelures. Dans une casserole, faites bouillir 50 cl d'eau, 3 cuillerées à café de gingembre frais râpé et 2 bâtons de cannelle puis laissez infuser 15 minutes. Filtrez et buvez-en une tasse trois fois par jour.
- Réchauffez vos mains et vos pieds en les plongeant dans une bassine remplie de cette même préparation, mais cette fois, multipliez les quantités par quatre et ajoutez 225 grammes de sels d'Epsom.

SÉCHERESSE CUTANÉE

- Buvez environ 2 litres d'eau par jour. Avec l'âge, les cellules retiennent moins bien l'hydratation naturelle de la peau.
- Ne restez pas trop longtemps sous la douche ou dans le bain. Si la sensation de l'eau chaude est agréable en hiver, elle déshydrate la peau.
- N'hésitez pas à baisser le chauffage central de quelques degrés. C'est bon pour la planète et pour votre peau. En effet, l'épiderme a tendance à démanger davantage dans une atmosphère surchauffée.
- Pour apaiser les peaux irritées par le climat hivernal, remplacez votre savon par des flocons d'avoine. Ils sont sans danger, efficaces et peu coûteux. Mettez les flocons dans un mouchoir que vous refermez en le nouant, plongez-le dans l'eau, essorez-le et utilisez-le comme un savon normal.
- Si vous dormez avec une couverture électrique, éteignez-la dès que vous vous couchez. Sinon, vous aurez trop chaud et l'impression d'être déshydraté au réveil.
- Pour éviter les ongles secs ou cassants, massez-les avec une huile nourrissante. Mélangez 2 cuillerées à café d'huile de germes de blé, le contenu de 2 capsules de vitamines E et 10 gouttes d'huile de lavande. Versez la préparation dans un pot en verre foncé. Appliquez tous les jours sur les ongles et les cuticules.

ÉVITER LA GRIPPE

- ✔ Prenez chaque jour un complément alimentaire à l'ail.
- ✔ Dormez suffisamment.
- ✘ Réduisez cigarettes et alcool.
- ✘ Évitez la foule.

S.O.S. PLANTES

- **AIL** Prenez chaque jour un complément alimentaire à l'ail. Vous réduirez ainsi de moitié les risques d'attraper un rhume.
- **EUCALYPTUS** Sucez des pastilles d'eucalyptus pour désencombrer les voies nasales et enrayer la toux.
- **GUIMAUVE OFFICINALE** Faites macérer de la guimauve (*Althea offocinalis*) dans de l'eau chaude. Elle libère une substance gélifiée qui adoucit la gorge.
- **RÉGLISSE** Elle permet de calmer les spasmes bronchiques et de se débarrasser des mucosités. Souvent combinée à d'autres expectorants comme le thym ou l'ail, elle est vendue sous forme de tisanes et de teintures.
- **THYM** Ses propriétés antivirales peuvent soulager les infections de la gorge. La fleur de sureau (agent anticatarrhe), le plantain (source apaisante des membranes de la muqueuse) et la sauge (aux propriétés antibactériennes) s'avèrent également efficaces. Le thym et la sauge sont déconseillés aux femmes enceintes.

Les fruits et légumes aux couleurs vives contiennent toutes les vitamines dont vous avez besoin pour combattre le rhume.

Guérir les petits maux

Bosses, bleus, cloques, morsures et piqûres font partie du quotidien, surtout avec des enfants. Inutile de vous rendre chez le pharmacien. Constituez-vous une armoire à pharmacie avec des produits sains et naturels ; vous éviterez ainsi les effets secondaires fréquents liés aux médicaments tout en faisant des économies.

MORSURES ET PIQÛRES

Le parfum, les couleurs vives et les aliments sucrés augmentent les risques de se faire piquer ou mordre par des insectes.

- Prenez de la bromélaïne, enzyme extraite de l'ananas qui empêche les lésions d'enfler.
- Essayez la vitamine B1 pour repousser les moustiques. Elle produirait une odeur corporelle qui leur serait désagréable.
- Pour apaiser les rougeurs, irritations et démangeaisons, appliquez un glaçon ou une lotion adoucissante à la calamine. Pour soulager les picotements, utilisez une pâte à base de bicarbonate de soude et d'eau.
- Les pommades au calendula calment les inflammations.

FURONCLES

Ne percez pas un furoncle car il pourrait s'infecter. Seule une source de chaleur douce peut faire sortir la tête du bouton.

- Mélangez 250 grammes de poudre d'orme rouge avec de l'eau chaude pour former une pâte. Étalez ce cataplasme sur le furoncle et protégez avec un morceau de gaze stérile. Laissez agir jusqu'à refroidissement. Recommencez deux fois par jour jusqu'à ce que le bouton se vide de son pus.
- Si vous êtes sujet aux furoncles, buvez des infusions au trèfle rouge, à l'hydraste du Canada et à l'échinacée.

BOUTONS DE FIÈVRE

Si vos boutons de fièvre reviennent fréquemment, évitez de manger des noix, des graines et du chocolat ; ils contiennent de l'arginine, un acide aminé susceptible d'aggraver le problème.

- Prenez des compléments alimentaires naturels : de la lysine, acide aminé en comprimés ou en baume ; de la vitamine C et les flavonoïdes préservent vos anticorps ; de l'hydraste du Canada et de l'échinacée, plantes aux vertus antivirales et antibiotiques.
- Dès les premiers signes, appliquez un glaçon ou de l'alcool pur pour endormir la démangeaison.
- Pour faciliter l'assèchement d'un bouton de fièvre, utilisez de l'hamamélis. Vous pouvez aussi diluer 10 gouttes d'huile essentielle de géranium ou d'eucalyptus dans 25 ml

REMÈDES 100 % NATURELS

ALOE VERA La sève de l'*Aloe barbadensis* calme piqûres et morsures et soulage les brûlures superficielles.

FEUILLES DE CHOU Un cataplasme élaboré à partir de feuilles de chou représente un traitement peu coûteux et efficace contre les abcès : plongez les feuilles dans l'eau bouillante jusqu'à ce qu'elles ramollissent. Laissez refroidir. Entourez les feuilles de gaze et appliquez sur l'abcès toutes les 2 heures.

HUILE D'ARBRE À THÉ (tea tree) Elle possède de fortes propriétés désinfectantes et antimicrobiennes. Diluez 6 à 10 gouttes d'huile dans une tasse d'eau chaude. Utilisez cette décoction pour nettoyer coupures et éraflures. Les insectes n'aiment pas l'odeur de l'arbre à thé. Vous les repousserez en en diffusant quelques gouttes dans un brûle-parfum.

THÉ Trempez les pieds dans du thé noir pour durcir la peau et éviter les ampoules. Les sachets de thé noir usagés et refroidis permettent d'atténuer le picotement des boutons de fièvre, les piqûres et les rougeurs.

Pour accélérer la guérison, videz le contenu d'une gélule de vitamine E sur une brûlure dès qu'une nouvelle peau s'est constituée.

~ *POUR DÉPENSER MOINS* ~

Il existe un large éventail de gels et de crèmes à base d'Aloe vera. En règle générale, plus ces produits contiennent d'extrait d'Aloe vera, plus ils sont chers. Faites des économies en investissant dans un aloès en pot. Il suffit alors de casser la pointe d'une feuille et d'en récolter le jus.

ATTENTION !

▼ N'essayez jamais de percer un abcès ou un furoncle. S'ils sont gros et douloureux, consultez votre médecin traitant.

d'eau. Agitez et appliquez plusieurs fois par jour à l'aide d'un Coton-Tige. Ces deux remèdes sont astringents et antiseptiques. La pommade de thuya accélère la guérison.

- Appliquez de la crème solaire pour vous protéger des rayons du soleil et du vent, deux facteurs favorisant l'arrivée des boutons de fièvre.

HÉMORROÏDES

Les hémorroïdes – dilatation des veines de l'anus et du rectum – touchent 7 personnes sur 10.

- Mangez plus de fibres alimentaires végétales, buvez davantage et évitez les épices et les boissons gazeuses.
- Ne soulevez pas d'objets lourds.
- Pour diminuer le gonflement et les irritations, prenez un bain peu profond additionné d'une tisane de soucis très infusée, ou de 4 gouttes d'huile essentielle de cyprès.
- Pour diminuer les hémorroïdes et calmer la douleur, tamponnez-les d'hamamélis glacé.

URTICAIRE

Ces éruptions cutanées irritantes peuvent provenir du stress, d'une contrariété ou d'une allergie.

- Frottez des glaçons sur les plaques d'urticaire pour resserrer les vaisseaux sanguins et atténuer les papules causées par la libération d'histamines.
- Utilisez une lotion calmante à la calamine, remède astringent connu pour ses effets apaisants. Essayez également l'hamamélis et le lait de magnésie, de préférence froids.
- Si vous pensez que les crises résultent de contrariétés, buvez des infusions relaxantes, comme la passiflore et la camomille.

COUPS DE SOLEIL

- Avant de passer la journée à la plage, prenez des compléments alimentaires antioxydants, comme les vitamines A, C et E. Si elles ne vous protègent pas des coups de soleil, elles peuvent retarder les effets du vieillissement provoqués par les UV.
- En cas de brûlures importantes, vous risquez d'être déshydraté. Buvez 2 litres d'eau par jour et bannissez l'alcool.
- Plongez-vous pendant une quinzaine de minutes dans un bain froid additionné de 10 gouttes d'huile essentielle de camomille et autant de lavande.
- Ou bien versez dans le bain 1 tasse de bicarbonate de soude dissous ou de vinaigre de cidre. Ou encore remplissez un bas de flocons d'avoine et mettez-le dans l'eau.
- Appliquez un baume sur vos lèvres brûlées par le soleil.

SOIGNER LES HÉMATOMES

✔ Mangez plus d'agrumes, de poivrons, de kiwis, d'épinards et de brocolis pour leur teneur en vitamine C. Les personnes ayant un faible taux de vitamine C ont tendance à plus craindre les bleus.

✔ Appliquez rapidement des glaçons sur l'hématome. Le froid engourdit la douleur et resserre les vaisseaux sanguins, évitant la diffusion du sang dans les tissus sous-cutanés pour former une tache bleuâtre.

✔ Passez une pommade à base de menthol pour augmenter la circulation sanguine, accélérer la guérison et atténuer l'ecchymose.

✔ Dans la mesure du possible, évitez l'aspirine et les médicaments contre l'hypertension, qui favorisent l'apparition de bleus. Demandez conseil à votre médecin si votre peau marque rapidement.

■ ■ ■ **Si vous avez des ampoules,** saupoudrez vos pieds de farine de maïs. Ils glisseront plus facilement dans les chaussettes et les collants.

Calmer la douleur

Quelle que soit la partie du corps affectée, une douleur qui s'intensifie et se prolonge peut devenir épuisante. Heureusement, les médecines douces et les remèdes naturels proposent des solutions calmantes sans recourir à des analgésiques puissants et onéreux.

MAL D'OREILLE

- Frottez une gélule d'huile d'ail entre vos mains pour en réchauffer le contenu, percez-la et faites couler 1 ou 2 gouttes dans l'oreille infectée. Attention : si vous pensez qu'il s'agit d'un tympan percé, n'introduisez jamais de liquide dans l'oreille.
- Si vos oreilles se bouchent et deviennent douloureuses dès que vous voyagez en avion, prenez des comprimés de raifort.
- Essayez la camomille en phytothérapie en cas de mal léger et sous forme homéopathique pour les douleurs plus fortes.

YEUX SENSIBLES

Si vous avez les yeux sensibles et fatigués, vous pouvez appliquer ces traitements simples.

- Allongez-vous et placez des rondelles de concombre ou des sachets de thé usagés froids sur chaque œil pendant 10 à 15 minutes.
- Si vos yeux sont secs, faites bouillir 2 tasses d'eau avec 1 pincée de bicarbonate de soude. Laissez refroidir puis nettoyez vos yeux avec ce mélange.
- Diluez 1 cuillerée à café d'euphraise séchée dans 1 tasse d'eau bouillante. Couvrez, laissez refroidir et filtrez. Lavez-vous les yeux avec cette décoction.

MAL DE TÊTE

Les maux de tête fréquents peuvent être d'origines multiples : environnement, allergies, habitudes alimentaires…

- Des repas irréguliers et insuffisants entraînent une fluctuation du taux de sucre dans le sang, élément déclencheur d'un mal de tête.
- Essayez les cachets ou les gélules de saule blanc. Ce remède naturel anti-inflammatoire s'apparente à l'aspirine mais ne provoque pas d'effets secondaires, tels les saignements intestinaux pouvant se manifester après la prise d'aspirine. (Cette plante est déconseillée aux personnes allergiques à l'aspirine ou souffrant d'un ulcère.)
- La sensibilité à certains aliments peut engendrer un mal de tête. Parmi les coupables notoires, citons le fromage, le chocolat, les agrumes et la caféine, mais aussi le vin rouge et le porto. Si une céphalée se déclenche chaque fois que vous consommez un aliment spécifique, bannissez-le de votre régime alimentaire.
- Augmentez votre apport en fibres en mangeant du riz complet, du son et de l'avoine : la constipation est aussi une cause de maux de tête.

~ BON À SAVOIR ~

Les personnes sujettes aux maux de tête sentiront rapidement la différence si elles éliminent de leur alimentation le fromage, les condiments, la charcuterie, le vin rouge, la bière, les noix, les oranges et la caféine. La présence de certaines amines dans ces aliments constitue un terrain favorable aux céphalées. Et le chocolat n'est pas en reste.

■ ■ ■ **Pour soulager une rage de dents,** versez quelques gouttes d'huile de clous de girofle sur du coton et placez-le sur la dent ou à côté.

MIGRAINE

Les remèdes naturels et les médecines douces apportent parfois des solutions tout aussi efficaces que les traitements conventionnels.

- Prenez du magnésium et du calcium pour préserver la santé des vaisseaux sanguins et des nerfs. En cure de plusieurs mois, la grande camomille aide à espacer la fréquence des migraines.
- Si vous savez que le stress est la cause de vos migraines, pratiquez des séances de relaxation.
- Les poissons riches en acides gras oméga-3, comme le saumon et le thon, tendent à diminuer les risques de coagulation, et donc les migraines.

MAL D'ESTOMAC

- Buvez des tisanes. La camomille soulage les douleurs dues à l'anxiété ou à une digestion difficile. Les infusions aux graines de persil réduisent les flatulences et détendent les muscles intestinaux. La menthe poivrée agit sur les crampes.
- En fonction des symptômes, choisissez le remède homéopathique approprié : *Nux vomica* si vous avez trop bu ou trop mangé ; *Arsenicum album* en cas de brûlure d'estomac et de refroidissement.
- Luttez contre le stress en pratiquant une activité sportive ou la relaxation. Lorsque vous êtes tendu, le taux d'hormones stimulantes dans le sang augmente et les muscles intestinaux se contractent.

PIEDS FATIGUÉS

- Ôtez vos chaussures et asseyez-vous. Étendez les jambes et faites tournez vos deux chevilles dans les deux sens. Remuez les orteils.
- Avec votre pouce, massez la cambrure plantaire vers le haut et vers le bas, en effectuant des mouvements fermes et circulaires.
- Plongez les pieds 10 minutes dans une cuvette remplie d'eau chaude additionnée de 2 cuillerées à soupe de sels d'Epsom. Séchez en tamponnant. Mettez des glaçons dans un gant de toilette humide, que vous frottez sur vos pieds et vos chevilles pour les tonifier.

REMÈDES À PRÉPARER SOI-MÊME

DOULEURS MUSCULAIRES ET ARTICULAIRES

Que vous soyez un jardinier du dimanche ou un véritable athlète, ces huiles contribueront à soulager les douleurs musculaires et articulaires.

- Mélangez 15 ml d'huile inodore, telle l'amande, et 3 à 5 gouttes d'huile essentielle d'eucalyptus, de lavande, de menthe poivrée ou de gaulthérie. Appliquez délicatement sur les muscles endoloris. Conservez au frais et au sec.
- Faites infuser toute une nuit 1 cuillerée à café de flocons de piment séché dans 2 cuillerées à soupe d'huile de tournesol. Filtrez. Testez d'abord sur une petite zone du corps pour déceler une intolérance éventuelle et tenez éloigné des yeux.
- Étalez de l'huile de ricin sur l'articulation douloureuse. Placez un morceau de coton sur la partie huilée et recouvrez d'une bouillotte.

SINUSITES

Supprimez les sempiternels antihistaminiques et imitez les yogis hindous : nettoyez vos voies nasales tous les jours avec un lota (ou pot neti), que vous trouverez dans les magasins bio.

- Remplissez le pot (ci-dessus) d'eau chaude salée.
- Inclinez la tête en arrière et introduisez le bec du récipient dans une narine. Le liquide coulera dans la narine et ressortira par l'autre.

Massage de la tête

Essayez de faire disparaître un mal de tête en relâchant la tension musculaire. Utilisez vos doigts ou une brosse assez rigide.

- En partant d'un sourcil, faites glisser vos doigts ou la brosse sur votre tête, au-dessus de l'oreille et jusqu'à la base de la nuque.
- Revenez au sourcil et recommencez, cette fois à quelques millimètres à droite du tracé précédent.
- Procédez de manière identique au départ de l'autre sourcil, jusqu'à ce que vous ayez parcouru toute la surface de la tête.
- Pour vous assurer de la disparition du mal de tête, répétez ce mouvement environ 30 minutes plus tard.

Pour calmer une douleur des sinus, appuyez vos pouces sur chaque aile du nez pendant 30 secondes et recommencez.

Se soigner au féminin

Plutôt que de recourir aux antidépresseurs ou aux calmants pour traiter seins douloureux, douleurs menstruelles et mycoses, pratiquez la relaxation et adoptez une bonne hygiène de vie. Nous vous proposons ici un petit éventail d'astuces qui ont fait leurs preuves et de soins naturels issus des médecines alternatives.

SYNDROME PRÉMENSTRUEL ET MENSTRUATIONS

- La pratique d'un sport tranquille, comme la marche, apaise les symptômes physiques et psychologiques liés à l'arrivée des règles.
- Faites appel aux techniques de relaxation, tel le yoga. En calmant votre esprit, vous pouvez soulager votre corps.

- Essayez cet exercice d'étirements emprunté au yoga : accroupissez-vous sur les talons, laissez tomber la tête au sol et entourez votre corps de vos bras. Fermez les yeux et restez ainsi 5 minutes.
- Pratiquez l'acupression. Certains points de réflexe des pieds, situés dans les creux au-dessus du talon, seraient connectés à la zone pelvienne. Appuyez doucement à l'intérieur de ces creux avec le pouce et le bout des doigts.
- Supprimez ou réduisez votre consommation d'alcool et de caféine, qui accentuent la tension nerveuse.
- À cette période du mois, autorisez-vous à grignoter. De petits repas fréquents permettent de réguler le taux de sucre, atténuant ainsi la sensation de faim et d'irritabilité.
- Mettez 3 à 5 gouttes d'huile essentielle de géranium dans un brûle-parfum ou dans l'eau d'un bain bien chaud. Le géranium aide à combattre les sautes d'humeur.
- Massez-vous l'abdomen, le bas du dos et les cuisses avec un mélange de 4 gouttes d'huile essentielle de sauge sclarée et 1 cuillerée à soupe d'huile végétale.

SEINS DOULOUREUX

Les seins deviennent plus sensibles avec les changements hormonaux.

- Massez-vous avec une huile végétale pure en faisant glisser vos doigts par petits mouvements circulaires. Terminez en appuyant et en relâchant la paume des mains.
- Gardez votre calme. L'adrénaline risque de rendre vos seins encore plus sensibles.

ATTENTION !

▼ Au-delà de 40 ans, mieux vaut faire régulièrement part de ses symptômes au médecin. À cet âge, les risques de rencontrer des problèmes de diabète et d'hypertension sont plus élevés.

SOIGNER LES MYCOSES VAGINALES

Tout élément perturbateur de l'environnement vaginal peut entraîner une mycose, maladie due au champignon *Candida albicans*. Les symptômes se caractérisent par des pertes et des démangeaisons.

✔ Un apport supplémentaire de bonnes bactéries est nécessaire pour rétablir l'équilibre de la flore intestinale. Mangez des yaourts, qui contiennent des cultures d'*acidophilus*.

✔ Pour ralentir l'absorption du sucre dans le système sanguin, privilégiez les glucides à indice glycémique faible.

✔ Vérifiez que vous n'êtes allergique à aucun aliment, ce qui amplifierait les symptômes.

✔ Après des rapports sexuels, lavez-vous à l'eau claire, sans savon.

✘ Évitez le stress, facteur aggravant de la mycose.

✘ Ne portez pas de pantalons, de shorts ou de dessous trop serrés. Pour vos sous-vêtements, préférez le coton aux matières synthétiques.

■ ■ ■ **En cure de plusieurs mois,** l'huile de primevère vespérale peut soulager les problèmes menstruels, comme les seins douloureux.

POUR ÉVITER LA PILULE

Si vous prenez la pilule pour des problèmes courants et non à des fins contraceptives, envisagez de la remplacer par des remèdes naturels :

ACNÉ Appliquez 1 goutte d'huile d'arbre à thé (tea tree) sur les boutons. Pour nettoyer la peau du visage, faites un bain de vapeur : portez à ébullition 50 cl d'eau, 2 cuillerées à café de trèfle rouge séché (illustration) et autant de camomille. Versez dans un bol et placez votre tête au-dessus, recouvrez-la d'une serviette et restez ainsi pendant 10 minutes.

CRAMPES ET RÈGLES ABONDANTES Pris sous forme de comprimé, de gélule ou en infusion, le gattilier est une plante médicinale très efficace. En cas de saignements trop importants, demandez à votre médecin de vérifier votre taux de fer.

MIGRAINE Les cachets de grande camomille peuvent en diminuer la fréquence et l'intensité.

- Réduisez votre apport en caféine et en aliments très salés pour atténuer l'impression de gonflement.
- Utilisez l'huile de ricin pour soulager la douleur. Imbibez d'huile une serviette que vous essorez. Allongez-vous confortablement, placez la serviette repliée sur vos seins. Recouvrez-la d'un film étirable sur lequel vous posez une bouillotte. Restez ainsi pendant 15 minutes.

MÉNOPAUSE

Un traitement hormonal est souvent proposé pour pallier les carences d'œstrogènes qui surviennent à la ménopause. Vous pouvez opter pour des solutions naturelles.

- Consommez davantage d'aliments à base de soja. En effet, le soja contient des phyto-œstrogènes, substances végétales qui aident à minimiser les symptômes de la ménopause. Buvez des infusions à la racine de réglisse, connue pour ses effets œstrogéniques.
- Prenez de l'actée à grappes (ou cimicifuga) au moment des bouffées de chaleur.
- Essayez la poudre de maca (ou ginseng péruvien), tubercule utilisé par les Péruviens pour se nourrir et se soigner. Elle soulagerait en agissant sur les hormones.
- Diminuez les sueurs nocturnes en passant un gant de toilette imbibé d'eau de lavande sur votre visage et votre poitrine. L'eau de lavande se prépare avec 2 à 5 gouttes d'huile essentielle de lavande dans 25 cl d'eau.

INFECTIONS URINAIRES

Les infections urinaires touchent dix fois plus les femmes que les hommes. Essayez ces calmants naturels.

- Buvez du jus de canneberge. Ce remède ancestral est aujourd'hui considéré comme un agent préventif par la médecine conventionnelle. Les canneberges contiennent des composés chimiques qui empêchent les bactéries *E. coli*, à l'origine des infections urinaires, de se coller sur la paroi du tractus urinaire.
- Le bois de santal est utilisé comme antiseptique urinaire dans la médecine ayurvédique. Remplissez la baignoire d'eau chaude, ajoutez 2 tasses de sels d'Epsom, 1 tasse de bicarbonate de soude et 5 gouttes d'huile de bois de santal. Délassez-vous pendant 15 minutes.

CYSTITE

Pour combattre une cystite, buvez dès les premiers symptômes cette décoction.

- Mélangez 1 cuillère à café de chacune de ces herbes séchées : uva-ursi, hydraste du Canada et échinacée.
- Versez 2 tasses d'eau bouillante sur les herbes.
- Laissez macérer puis égouttez.
- Buvez jusqu'à 4 tasses par jour de cette tisane.

Si vous avez des règles irrégulières, approvisionnez votre armoire à pharmacie en dong quai, gattilier et feuilles de framboisier.

Les effets du vieillissement

En vieillissant, les risques de se voir confronter à des petits problèmes de santé ou des maladies plus graves augmentent. En restant actif, en mangeant des produits sains et biologiques et en privilégiant la prévention, vous pouvez atténuer leur impact, voire les éviter complètement.

ARTHRITE

L'arthrite est liée à la détérioration des os et des articulations qui survient normalement avec l'âge. Il existe des remèdes naturels pour apaiser les raideurs et les inflammations.

- Demandez à votre médecin s'il n'existe pas des substituts naturels aux somnifères et aux anti-inflammatoires pour calmer les douleurs articulaires. Souvent, la prise de médicaments engendre plus de problèmes qu'elle n'en résout.
- En cas de surcharge pondérale, essayez de perdre un peu de poids. Deux kilos suffisent à diminuer de façon significative la pression exercée sur les genoux et à ralentir l'évolution de l'arthrite.
- Choisissez une activité physique qui vous soulage et fait travailler la mobilité des articulations tout en agissant en douceur sur le corps.
- Privilégiez le poisson. Les études montrent que les acides gras de type oméga-3, présents dans les espèces riches comme le saumon ou le maquereau, calment les articulations sensibles.
- Prenez de la glucosamine, nutriment qui semble ralentir la dégénérescence des tissus cartilagineux et, contrairement aux médicaments classiques, présente moins d'effets secondaires. Choisissez un complément alimentaire alliant glucosamine et chondroïtine, qui favoriserait elle aussi la reconstruction du cartilage.
- Un peu de chaleur peut se révéler bénéfique. Mélangez ½ cuillerée à café d'huile essentielle d'eucalyptus et 50 grammes de pommade au calendula ou de crème contenant de la capsaïcine. Faites chauffer doucement. Laissez refroidir puis appliquez sur la zone douloureuse. Entourez d'un film plastique et d'une serviette chaude et humide et laissez agir entre 10 et 15 minutes.

PROTÉGER LA PROSTATE

L'hyperblasie bénigne de la prostate (HBP), nom scientifique qui désigne un adénome bénin, touche un nombre croissant d'hommes âgés de plus de 50 ans. Les solutions proposées ci-dessous peuvent réduire les risques d'apparition de cette tumeur.

- **RACINE D'ORTIE** (*Urticae radix*) En cure de plusieurs semaines, l'ortie diminue la fréquence des mictions liées à l'hypertrophie prostatique. Elle est souvent associée à d'autres plantes médicinales, comme le palmier nain.
- **PALMIER NAIN** (*Serenoa repens*) Disponible dans les pharmacies et les herboristeries, la baie de cette plante est utilisée depuis toujours par les Amérindiens.
- **TOMATES** Elles contiennent du lycopène, un antioxydant qui peut apporter une protection contre le cancer de la prostate. Mangez-les plutôt cuites.

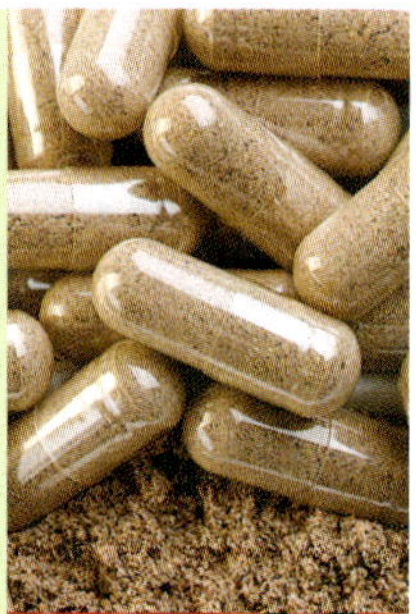

VARICES

Pour éviter l'opération, faites du sport, optez pour une alimentation riche en fibres et privilégiez les vitamines, plantes et aliments suivants.

- La vitamine C et les bioflavonoïdes renforcent les vaisseaux capillaires.
- La plante gotu kola contribue à protéger les tissus conjonctifs et à préserver la souplesse des veines.
- Le marronnier d'Inde soulage les jambes douloureuses et enflées.
- Piment, ail, oignon et gingembre améliorent la circulation sanguine.

■ ■ ■ **L'huile essentielle de romarin** améliore la concentration. À diffuser dans un brûle-parfum ou à inhaler sur un mouchoir.

L'INCONTINENCE

✔ Pour diminuer les risques d'infections des reins, de la vessie et du tractus urinaire, buvez du jus de canneberge ; il empêche les bactéries de se coller aux parois de ces différents organes et sa teneur élevée en vitamine C permet de prévenir les maladies infectieuses.

✔ Effectuez des exercices de contraction pelvienne (Kegel ou stop-pipi) au moins trois fois par jour : contractez vos muscles pelviens en imaginant que vous voulez stopper une envie d'uriner, comptez lentement jusqu'à 3 puis relâchez.

✘ Dans la mesure du possible, limitez votre consommation d'alcool, de caféine et de nicotine, tous de puissants diurétiques.

✘ Ne réduisez pas pour autant votre absorption de liquide. Vous devez boire suffisamment pour uriner à intervalle régulier, afin de faire fonctionner votre vessie, permettre la dilution de l'urine et éviter les problèmes rénaux.

VUE

Avec l'âge, la vue baisse. En agissant suffisamment tôt, vous pouvez ralentir, voire corriger cette dégradation visuelle.

- Mangez beaucoup de légumes jaunes et orange, sources de caroténoïdes, nutriments qui joueraient un rôle essentiel sur la macula, zone de la rétine responsable de la vision centrale.
- Consommez chaque jour des aliments aux propriétés antioxydantes. C'est le cas des fruits et légumes, notamment ceux à feuilles vertes (épinards). Optez pour les poissons et les fruits à écale, qui réduisent les risques de perdre la vision centrale.
- Les compléments alimentaires à base de lutéïne et de zéaxanthine, aux pouvoirs antioxydants, peuvent vous aider en cas de dégénérescence maculaire. Les vitamines A, C et E préviendraient aussi les affections oculaires, la cataracte et le glaucome.

ENTRETENIR SA MÉMOIRE

Pour freiner la perte des neurones, faites fonctionner vos cellules grises le plus possible et inspirez-vous de ce qui suit.

- Mangez des poissons gras (saumon, maquereau et thon), riches en acides gras oméga-3.
- La lécithine, présente dans le soja, les œufs et les germes de blé, apporte à l'organisme de la choline, nutriment qui crée de l'acétylcholine, neurotransmetteur important pour la mémoire.
- L'extrait de ginkgo augmente l'apport en oxygène au cerveau en améliorant la circulation périphérique.

~ POUR DÉPENSER MOINS ~

Si vous portez un dentier, rincez-vous la bouche tous les jours avec 1 verre d'eau chaude additionné de 1 cuillerée à café de sel et de quelques gouttes de teinture de myrrhe. Les produits de rinçage du commerce sont onéreux et ont souvent mauvais goût.

OSTÉOPOROSE

Après 30 ans, une carence en calcium peut augmenter les risques d'ostéoporose (les os deviennent fragiles et poreux) et de fractures.

- Votre régime alimentaire doit comporter des produits laitiers pauvres en matières grasses, du saumon rouge (avec arêtes) et des aliments à base de soja, tous riches en calcium.
- Réduisez votre consommation de boissons gazeuses. La grande quantité de phosphates qu'elles contiennent ne permet pas de retenir le calcium dans les os et peut donc affecter la densité osseuse.
- Pour renforcer l'ossature, ajoutez du lait écrémé en poudre à vos soupes, plats mitonnés et boissons. Une cuillerée à café de lait en poudre apporte 50 grammes de calcium.
- Si vous préférez un complément alimentaire, choisissez le carbonate de calcium, l'un des moins chers sur le marché.
- Pour préserver la densité osseuse, pratiquez une activité physique, comme la marche ou les séances d'entraînement musculaire (voir p. 166).
- Exposez-vous à la lumière du jour, source de vitamine D, essentielle pour faciliter l'absorption du calcium.

■ ■ ■ **Contre la goutte,** mangez des cerises. Elles contiennent des anthocyanines qui aident à faire baisser le taux d'acide urique.

Faire face aux maladies graves

L'efficacité des médicaments et des interventions chirurgicales dans le traitement des maladies graves est indéniable. Cependant, en adoptant un style de vie simple et naturel (dépistages, compléments alimentaires naturels, plantes médicinales et aliments appropriés), vous augmentez vos chances de ne pas développer certaines affections.

ANÉMIE

Les personnes anémiques présentent une insuffisance d'hémoglobine, pigment colorant et riche en fer des globules rouges qui assure le transport de l'oxygène dans l'organisme. Prenez des suppléments ferrugineux uniquement si un examen a révélé une carence en fer.

- Augmentez votre apport en fer en privilégiant la viande rouge maigre, les céréales complètes, les légumes à feuilles vertes et les légumineuses.
- Les aliments riches en vitamine C facilitent l'absorption du fer, alors préférez des légumes à haute teneur vitaminique (poivron rouge, brocoli), ou buvez du jus d'orange à table.
- Essayez la spiruline, source de fer, de minéraux et d'oligoéléments.
- Ne buvez ni thé ni café pendant les repas : ils entravent le processus d'assimilation du fer par l'organisme.

ASTHME

Les remèdes qui suivent peuvent être associés à vos médicaments. N'interrompez pas un traitement prescrit contre l'asthme sans consulter votre médecin.

- La vitamine C est un antioxydant puissant qui peut atténuer une crise d'asthme en ralentissant la libération d'histamine par les cellules. Elle est également indispensable si vous êtes sous cortisone, médicament qui diminue la quantité de vitamine C dans les glandes surrénales.
- Buvez des tisanes de réglisse. (Attention : une dose trop importante de réglisse peut augmenter la pression artérielle.)

CANCER

Des remèdes doux et naturels, pris conjointement avec les traitements classiques contre le cancer, peuvent adoucir les effets secondaires désagréables et renforcer le système immunitaire. Toutefois, ne prenez jamais de compléments alimentaires sans en parler à votre médecin.

- Certaines théories soutiennent que les cancers seraient liés aux radicaux libres en excès. Les antioxydants, tels le bêta-carotène, les vitamines A, C et E, le zinc et le sélénium, aideraient à lutter contre l'action de ces molécules destructrices et, par conséquent, à réduire les risques de développer certains cancers.
- L'acupuncture permet d'apaiser les nausées causées par la chimiothérapie.

DÉPISTAGES

Des contrôles pratiqués régulièrement permettent de détecter une maladie grave avant d'en ressentir les symptômes. Demandez conseil à votre médecin.

- **CHOLESTÉROL** Une prise de sang permet de déceler un taux trop important de LDL (lipoprotéines de faible densité ou mauvais cholestérol), facteur aggravant des maladies cardio-vasculaires.
- **DENSITOMÉTRIE OSSEUSE** Radiologie qui établit le diagnostic d'une ostéoporose éventuelle.
- **EXAMEN VISUEL** Il détecte une tension oculaire élevée, un glaucome ou du diabète.
- **FROTTIS VAGINAL** Prélèvement des cellules du col de l'utérus pour déterminer la présence d'anomalies.
- **HÉMOCULTE** Recherche de sang dans les selles qui permet de prévenir un cancer du côlon ou de l'intestin.
- **EXAMEN DERMATOLOGIQUE** Les mélanomes malins peuvent être guéris s'ils sont identifiés et traités très tôt.
- **MAMMOGRAPHIE** Radiographie des seins qui sert à dépister une malformation ou une tumeur maligne.
- **PRESSION ARTÉRIELLE** Une tension trop forte vous expose davantage aux crises cardiaques, aux attaques d'apoplexie et aux dysfonctionnements rénaux.
- **TAUX DE PSA** (antigène prostatique spécifique) Un examen précoce du taux de PSA dans le sang diminue de 35 % les risques de cancer de la prostate.

LA VÉRITÉ SUR...

LES ANTIBIOTIQUES

Les antibiotiques sont indispensables en cas d'infection bactérienne grave comme la pneumonie. Cependant, leur usage excessif peut produire des microbes qui leur résistent et détruire un grand nombre des « bonnes bactéries » présentes dans l'intestin, rendant encore plus vulnérable à de nouveaux virus. Si vous êtes sous antibiotiques, prenez des suppléments de probiotiques (par exemple de l'*acidophilus*) pendant et après le traitement, afin de compenser la perte des bactéries bénéfiques et de renforcer votre système immunitaire.

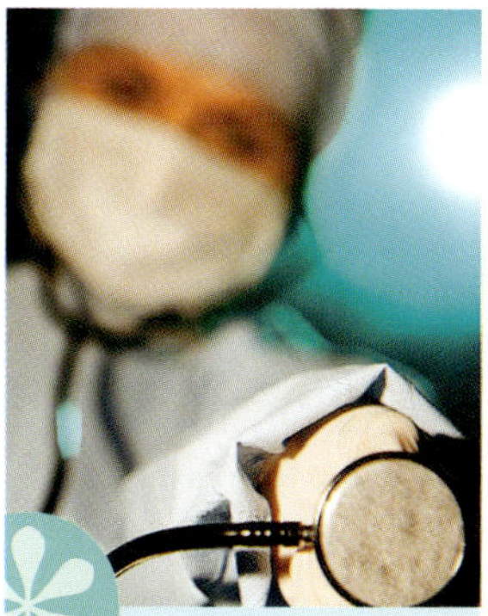

ASTUCE

Lors d'une hospitalisation, écoutez de la musique relaxante. Des études ont montré que les images mentales contribuaient à diminuer l'anxiété pré- et post-opératoire. Demandez conseil à votre disquaire.

Le ginseng redonne de l'énergie et accroît la résistance. Il est donc conseillé au cours des traitements lourds contre le cancer, comme la chimiothérapie et la radiothérapie.

- En buvant chaque jour un verre de jus d'*Aloe vera* dilué, vous protégez vos intestins des troubles digestifs générés par la chimiothérapie.
- Après accord de votre médecin, mélangez une crème à la vitamine E de bonne qualité avec un peu de gel d'*Aloe vera* et appliquez cette pommade sur les zones exposées à la radiothérapie, avant et après chaque séance.
- Pour soulager les problèmes digestifs, buvez un verre d'eau chaude avec 1 cuillerée à café de poudre d'orme rouge et 1 cuillerée à café de poudre d'*acidophilus*.
- Pour minimiser les diarrhées qui accompagnent parfois les traitements anticancéreux, vérifiez que votre alimentation est pauvre en matières grasses et réduisez votre consommation de fibres végétales.
- Pour vous redonner de l'appétit et vous aider à digérer, prenez avant les repas ½ cuillerée à café d'élixir du Suédois, à base de plantes amères, diluée dans un peu d'eau chaude.

DIABÈTE

On parle de diabète de type 2 lorsque l'organisme ne produit pas assez d'insuline ou devient résistant à l'insuline, hormone sécrétée par notre corps pour réguler le taux de sucre dans le sang. Ces conseils seront efficaces dans la plupart des cas.

- Privilégiez les aliments nutritifs à faible indice glycémique : avoine, muesli non grillé, pâtes et riz complets, lentilles, haricots rouges, yaourts et pommes. Ils augmentent le taux de sucre sans faire grimper la glycémie.
- Faites du sport pour réguler la quantité de glucose dans le sang : l'activité physique augmente la capacité de l'organisme à assimiler l'insuline.
- Surveillez votre poids. L'action de l'insuline sera plus efficace si celui-ci se situe dans la fourchette définie en fonction de votre taille et de votre âge.

MALADIES CARDIO-VASCULAIRES

En modifiant votre alimentation et en pratiquant une activité physique, vous pouvez stopper la progression d'une maladie cardio-vasculaire et réparer certains dommages.

- Mangez davantage de légumes verts à feuilles, de viande maigre, de céréales et de pains complets, sources importantes d'acide folique, qui réduit le taux d'homocystéine, un acide aminé qui constitue un terrain propice aux accidents cardio-vasculaires. Vous pouvez opter pour des compléments alimentaires d'acide folique (vitamine B9).
- Intégrez le poisson à vos menus. Les acides gras essentiels que contiennent les poissons gras (saumon, maquereau) diminuent les risques de coagulation.

■ ■ ■ Faites contrôler et détartrer vos dents chez le dentiste tous les 6 mois pour prévenir les maladies buccales.

Une activité physique quotidienne est l'un des meilleurs moyens d'éviter les accidents cardio-vasculaires.

Ils contribuent également à diminuer le taux de cholestérol.

- Le stress augmente les risques de contracter une angine de poitrine (douleur qui peut être un signe avant-coureur d'infarctus). Pratiquez la relaxation ou la méditation.
- Prenez des suppléments d'aubépine (*Crataegus oxyacantha*) pour améliorer la circulation du sang et de l'oxygène vers le cœur.
- Buvez du jus de canneberge. Son action antioxydante empêche le dépôt de plaques sur les artères.

HYPERTENSION

Certaines thérapies naturelles sont susceptibles de faire baisser la tension artérielle.

- Demandez à votre médecin les règles d'hygiène de vie qui s'imposent pour diminuer, voire supprimer, votre traitement contre l'hypertension. Il vous proposera sûrement de développer davantage votre activité sportive, de boire moins d'alcool et d'arrêter de fumer.
- En règle générale, les végétariens sont moins sujets à l'hypertension et aux maladies cardio-vasculaires. Ce constat s'explique par une consommation plus importante de fibres, de glucides complexes, de vitamines et nutriments, c'est-à-dire de fruits et légumes.
- Le surpoids est l'une des causes principales d'une tension trop forte. Plutôt que de suivre un régime, faites du sport et mangez sainement.
- Limitez la quantité de sel et augmentez votre taux de potassium. Un régime trop salé combiné à un faible apport en potassium favorise parfois l'hypertension. Bananes, céréales complètes, fèves, pommes de terre, avocat et jus d'orange sont riches en potassium.

ATTENTION !

▼ La prise simultanée d'un médicament et d'une vitamine ou d'une plante provoque rarement une réaction, mais informez toujours votre médecin de tous les produits que vous prenez.

Associations dangereuses

Type	Exemples	Ne pas prendre avec	Risques
Anxiolytiques	Alprazolam	Plantes sédatives (kava, millepertuis)	Léthargie extrême.
	Diazepam		Perte du sens de l'orientation.
Anticoagulants	Aspirine, Warfarine	Grande camomille, ail, ginkgo ou vitamine E	Ces plantes et la vitamine E fluidifient le sang dans l'organisme.
Laxatifs	Hydroxyde de magnésium	Aloès	Peut provoquer d'importantes diarrhées.
	Séné	Cascara	Peut provoquer d'importantes diarrhées.

■ ■ ■ **Les infusions au gingembre, fenouil et camomille** apaisent les nausées causées par la chimiothérapie.

liens utiles

Informations sur les différents types de cancer, conseils sur les traitements préconisés et groupes de soutien :
www.e-cancer.fr ; www.artac.info
Site Internet des médecines alternatives et complémentaires, avec des informations pratiques et des remèdes pour vous aider :
www.anticancer.fr/

CHOLESTÉROL

Changer d'alimentation et bouger plus vous aidera à limiter l'accumulation des mauvaises graisses sur les artères, facteur aggravant de crises cardiaques et d'infarctus (voir aussi p. 159).

- Ne négligez pas le petit déjeuner : céréales complètes ou pain aux céréales doivent figurer au menu. Le taux de cholestérol est plus élevé chez les adultes qui ne déjeunent pas le matin et moins important chez ceux qui privilégient les céréales complètes.
- Augmentez votre consommation de fruits et légumes frais. Les pommes sont une source de pectine, fibre qui permet d'abaisser le taux de cholestérol.
- Mangez du maquereau et du saumon, poissons riches en acides gras oméga-3, connus pour leur effet bénéfique sur l'hypercholestérolémie. Préférez les viandes maigres. Retirez la peau du poulet avant la cuisson.
- Le guggul (*Commiphora mukul*) est une plante médicinale qui agit sur le métabolisme du foie pour faire baisser le taux de LDL (mauvais cholestérol). En cas de maladie hépatique, d'inflammation intestinale ou de diarrhée, consultez votre médecin avant d'utiliser cette plante.

CALCULS RÉNAUX

Il s'agit de sels présents dans l'urine qui se cristallisent et se coincent dans les voies urinaires. Ils peuvent faire terriblement souffrir. Si vous êtes sujet aux calculs rénaux, adoptez ces quelques mesures préventives.

- Si vous prenez un complément alimentaire, demandez à votre médecin s'il vous convient. En effet, s'il contient du calcium, déjà présent dans les calculs, il est préférable de ne pas en ajouter. C'est le cas de certaines formules antiacides, très riches en calcium. Vérifiez la composition du produit.
- Limitez les aliments à haute teneur en oxalates, notamment le chocolat, les boissons chocolatées, le cacao et la poudre de caroube.

ZONA

Le zona se manifeste par des éruptions cutanées douloureuses. Il touche surtout les personnes de plus de 50 ans.

- Essayez la crème à la capsaïcine qui contient l'ingrédient actif du piment rouge. Par son action, elle bloque le neurotransmetteur qui envoie les signaux de la douleur vers le système nerveux central. Avant de l'appliquer, parlez-en à votre médecin et faites un test sur une petite zone.
- Des suppléments de vitamines C et B renforcent les systèmes immunitaires et nerveux.
- Appliquez localement des compresses d'aromathérapie. Diluez 6 gouttes d'huile essentielle de lavande, 2 gouttes d'huile essentielle de citron et 2 gouttes de géranium dans 50 cl d'eau froide.
- Pour apaiser les irritations, prenez un bain additionné de 1 poignée de farine de maïs ou de flocons d'avoine très fins.
- Pensez à l'homéopathie. Pour apaiser les démangeaisons et brûlures cutanées, prenez du *Mezereum* ; pour les inflammations des nerfs atteints, essayez *Arsenicum album*.
- Si vous ressentez la douleur malgré la disparition des cloques, passez doucement sur la peau un sac plastique rempli de glaçons.

Pour abaisser votre taux de cholestérol LDL, ajoutez du son de blé à vos céréales du matin.

Les produits naturels

Les compléments de vitamines et minéraux et les plantes médicinales soignent souvent aussi bien que les traitements classiques, et ils sont moins coûteux et plus sûrs pour la santé. Si votre armoire à pharmacie regorge de médicaments, videz-la pour la remplir avec ces trente remèdes naturels.

ACTÉE À GRAPPES (OU CIMICIFUGA)

- Cette plante réduirait le nombre et l'intensité des bouffées de chaleur lors de la ménopause et calme les crampes menstruelles.

AIL

- L'ail est un antibiotique naturel. Il traite toutes sortes d'infections, notamment celles relatives au nez, à la gorge et la poitrine.

ARGENT COLLOÏDAL

- Préparation aux propriétés antimicrobiennes utilisée par voie interne ou en application externe sur les blessures et les éraflures.

BICARBONATE DE SOUDE

- Recommandé pour traiter les coupures et éraflures, les morsures et piqûres, les réactions allergiques cutanées et les maladies gingivales.

CALENDULA

- Ses propriétés cicatrisantes et anti-inflammatoires agissent sur les irritations de la peau. Appliquez la teinture sur les coupures et les écorchures, et passez la pommade sur les dermatoses du pied d'athlète et sur les démangeaisons.

CAMOMILLE

- En infusion, elle combat l'anxiété, les flatulences, les coliques, les problèmes digestifs, les diarrhées légères et les troubles du sommeil. Elle est recommandée chez les bébés et les enfants.

COMPRIMÉS DE CHARBON

- Avalez un comprimé après les repas pour éviter flatulences, ballonnements et digestion difficile.

ÉCHINACÉE

- Plante adaptée aux maladies virales, notamment le rhume, la grippe, le muguet, la sinusite. Elle renforce les défenses naturelles de l'organisme et le système immunitaire. Elle s'utilise pour lutter contre certaines allergies et inflammations, et accroît la résistance aux infections.

ÉLIXIR DU SUÉDOIS

- Préparation d'herbes amères qui favorise la digestion et atténue les gaz.

GEL D'ALOE VERA

- Apaise les irritations cutanées et accélère la cicatrisation de lésions de la peau. S'utilise pour soigner acné, brûlures, coups de soleil, coupures, démangeaisons, morsures et piqûres.

GINGEMBRE

- Il combat les nausées et peut avoir un effet bénéfique sur les problèmes circulatoires.

GRANDE CAMOMILLE

- En utilisation de longue durée, elle diminue la fréquence et l'intensité des migraines. Riche en flavonoïdes, cette plante thérapeutique soulage certaines réactions allergiques.

HAMAMÉLIS

- Tamponnez l'extrait d'hamamélis sur les coupures, égratignures, bleus, piqûres et morsures d'insectes. Traitement apaisant et astringent des hémorroïdes et des varices.

HUILE DE CLOU DE GIROFLE

- Légèrement analgésique, le clou de girofle s'avère très utile en cas de rage de dents. Sucez un clou de girofle ou appliquez 1 goutte d'huile sur la dent endolorie.

HUILE DE FOIE DE MORUE

- Source bon marché d'acides gras oméga-3, elle constitue également un anti-inflammatoire efficace contre les douleurs rhumatismales chroniques .

HUILE DE PRIMEVÈRE VESPÉRALE

- Riche en acides gras oméga-6, elle est recommandée si vous souffrez du syndrome prémenstruel.

■ ■ ■ **Vos placards** recèlent souvent des remèdes naturels, comme la poudre de moutarde, pour des bains de pieds apaisants.

HUILE ESSENTIELLE D'ARBRE À THÉ (TEA TREE)

● Indiquée en cas d'infections bactériennes ou fongiques de la peau. Pour les maladies vaginales de type mycose, versez quelques gouttes dans un bain peu profond. Appliquez l'huile essentielle d'arbre à thé sur un bouton ou autour d'une petite peau douloureuse. Pour traiter des zones plus importantes, il est préférable de la diluer.

HUILE ESSENTIELLE D'EUCALYPTUS

● En inhalation, l'huile d'eucalyptus traite les rhumes et la toux. Dans la chambre d'un malade, versez quelques gouttes dans un vaporisateur pour désodoriser et désinfecter l'atmosphère.

LAVANDE

● À boire en infusion pour calmer les maux de tête et la nervosité. L'huile essentielle est conseillée pour guérir les brûlures légères, les piqûres d'insectes et les plaies dues au froid. Pour bien dormir, prenez avant de vous coucher un bain additionné de 5 gouttes d'huile essentielle de lavande.

ORME ROUGE

● Efficace en cas d'acidité gastrique, de brûlures d'estomac, de gastrites, de diarrhées, de constipation, de bronchites et de toux.

PASTILLES DE ZINC

● Dès les premiers signes de rhume, une pastille soulagera les symptômes et la durée de l'infection.

POMMADE À LA CONSOUDE

● Pour les entorses et les foulures, lorsque la peau n'est pas écorchée. Elle peut également soulager les douleurs liées à l'arthrite.

POMMADE À L'ARNICA

● L'arnica sert à atténuer la douleur et les gonflements en cas de raideurs musculaires et dorsales, hématomes, entorses et engelures.

PROBIOTIQUES

● Les probiotiques, *Lactobacillus acidophilus* par exemple, sont les « bonnes » bactéries présentes dans la flore intestinale. Ils remplacent les probiotiques détruits par les antibiotiques.

RACINE DE RÉGLISSE

● Un des composants clés de cette plante, l'acide glycirrhizique, est susceptible d'agir contre les ulcères. La réglisse apaise les inflammations gastro-intestinales et autres problèmes liés à la digestion.

RESCUE

● Ce mélange d'essences de fleurs permet de tempérer ses émotions.

TRÈFLE ROUGE

● Ce dépuratif sanguin est traditionnellement utilisé dans le traitement des peaux abîmées. Il contient des composés chimiques qui atténuent les symptômes de la ménopause.

VINAIGRE DE CIDRE

● Conseillé pour traiter les problèmes affectant le cuir chevelu et les cheveux, notamment les pellicules. Il contribue aussi à soulager les troubles digestifs.

VITAMINE C

● Elle renforce le système immunitaire, forme un collagène protecteur autour des vaisseaux sanguins de la peau et jouerait même un rôle antihistaminique dans le traitement de l'urticaire et du rhume des foins. Dès les premiers symptômes d'une infection virale ou bactérienne, prenez de la vitamine C en cachets ou en poudre. En cas d'intolérance gastrique, choisissez un produit à base d'ascorbates minéraux, moins acide.

VITAMINE E

● Elle protège des risques de maladies cardio-vasculaires et convient en cas de problèmes de circulation sanguine. Utilisez le liquide contenu dans les capsules pour soigner les petites coupures et éraflures et accélérer la cicatrisation.

■ ■ ■ **Le miel est efficace** contre la toux et le rhume. Il s'utilise pour sucrer les tisanes et s'applique en fine couche sur les brûlures.

Un jardin écologique

Tenez compte de la nature de votre sol, choisissez des plantes adaptées à votre climat et à votre situation, utilisez l'eau raisonnablement, essayez les traitements biologiques, et votre jardin vous offrira des plantes saines et de belles récoltes.

UN JARDIN ÉCOLOGIQUE...

RESPECTER LA NATURE

■ Plantez des arbres pour vous protéger du soleil, p. 223. ■ Cultivez bio et fabriquez vos propres produits de traitements, p. 224. ■ Suivez nos conseils pour créer un potager surélevé, p. 231. ■ Faites de votre jardin un refuge pour la faune sauvage, p. 232. ■ Installez une mare pour développer la vie aquatique, p. 234.

LES BASES DU JARDINAGE

■ Déterminez la nature de votre sol et apprenez les techniques pour l'améliorer, p. 236.
■ Fabriquez votre silo à compost, p. 240.
■ Construisez un lombricomposteur, p. 243.
■ Choisissez le système d'arrosage le plus adapté à votre jardin, p. 245.
■ Découvrez les jardins économes en eau, p. 248.

GUIDE DE PLANTATION

■ Vous pouvez cultiver des légumes toute l'année quelle que soit la taille de votre jardin. Consultez le guide saisonnier p. 252. ■ Obtenez des fruits sans produits chimiques en utilisant les traitements naturels indiqués p. 257. ■ Quels arbres choisir pour votre jardin ? Reportez-vous p. 258. ■ Il est possible d'avoir une pelouse verte toute l'année sans gaspiller l'eau. Voyez nos conseils sur l'entretien des pelouses et les alternatives au gazon p. 264.

RÉSOUDRE LES PROBLÈMES

■ Contrôlez les mauvaises herbes sans utiliser de désherbants. Suivez les conseils donnés p. 266. ■ Il existe de nombreux moyens naturels contre les ravageurs du jardin, p. 270.

■ Si vous devez recourir aux produits chimiques, utilisez-les avec modération et en toute sécurité, p. 272.

■ Pour éviter les dégâts sur vos plantations, voyez comment empêcher l'intrusion de la faune sauvage indésirable dans votre jardin, p. 276.

RESPECTER LA NATURE

Respectueux du terrain existant, le jardin écologique est d'un entretien à la fois moins coûteux et plus facile.

Prendre un bon départ

Dans un jardin, le meilleur moyen de respecter l'environnement est de travailler avec la nature et non pas contre elle. Pensez toujours de façon globale. Tenez compte du terrain et adaptez-vous à la situation, vous économiserez du temps, de l'argent, de la fatigue et limiterez les risques de déception à long terme.

PRIVILÉGIEZ LA SIMPLICITÉ

- Ne cherchez pas à modifier à tout prix la situation. Si votre sol est mal drainé, par exemple, créez un jardin de marécage au lieu d'installer un système de drainage coûteux.
- Plantez des végétaux adaptés au climat de votre région. En les stressant, les conditions défavorables augmentent la sensibilité des plantes aux parasites ou aux maladies. Les bougainvillées, par exemple, ne conviennent pas aux régions gélives.
- Observez les plantes qui semblent se plaire autour de chez vous et notez leur nom ; identifiez aussi celles qui n'y poussent pas. Concentrez votre recherche aux terrains peu entretenus hébergeant des sujets déjà âgés : ces espèces résistent forcément bien au manque de soins.
- Renoncez aux plantes qui luttent continuellement pour survivre. Si vous ne disposez pas d'un coin ensoleillé, profitez-en pour découvrir la diversité des hostas. En situation peu lumineuse, remplacez l'herbe par des couvre-sol adaptés à l'ombre.
- Avant d'acheter une plante, renseignez-vous sur son mode de croissance, en particulier ses dimensions à l'âge adulte. Plantez-la en conséquence, sinon vous risquez de passer du temps à l'entretenir.
- Imitez la nature en couvrant le sol avec un paillis organique. Outre son action nutritive et anti-mauvaises herbes, il retient l'humidité dans le sol en limitant l'évaporation.
- Ne vous acharnez pas contre un sol de piètre qualité. Si, en dépit de vos efforts, vous n'avez jamais réussi à améliorer votre terre argileuse, surélevez vos massifs.

POUR ou CONTRE

DES ARBRES PRÈS DE LA MAISON

Les arbres sont un moyen naturel d'isoler la maison du chaud et du froid. Un arbre caduc planté près de la façade sud ou ouest filtre les vents chauds et procure de l'ombre en été. Durant la saison froide, il laisse le soleil frapper le mur et réduit les risques de gelées. Mais un arbre peut être dangereux lors d'une tempête et ses racines peuvent abîmer les fondations et les canalisations souterraines. Pour cette raison, n'en plantez jamais à moins de 4 m de la maison ou de tuyaux enterrés.

■ ■ ■ **Les arbres sont des régulateurs naturels. Bien placés, ils peuvent faire baisser la température de 10 °C en été.**

Arbres décoratifs pour une situation ombragée

Arbre	Taille	Climat	Observations
Abricotier du Japon (*Prunus mume*)	3-4 m	Frais à tempéré	Fleurit en fin d'hiver sur les rameaux nus.
Acacia boule (*Robinia pseudoacacia* 'Umbraculifera')	5-8 m	Frais à tempéré	Forme une couronne dense et globuleuse.
Bouleau (*Betula* sp.)	6-12 m	Frais à tempéré	Plantez le bouleau noir (*Betula nigra*) en climat chaud.
Févier doré (*Gleditsia* 'Sunburst')	5-8 m	Frais à tempéré	Feuillage léger, décoratif du printemps à l'automne.
Frêne Raywood (*Fraxinus* 'Raywood')	8 m	Frais à subtropical	Les frênes tolèrent les situations côtières et urbaines.
Gainier (*Cercis canadensis* 'Forest Pansy')	3-5 m	Frais à tempéré	Jeunes feuilles colorées au printemps.
Lilas des Indes (*Lagerstroemia indica*)	3-8 m	Tempéré doux	Le lilas des Indes est sensible à l'oïdium.
Mûrier-platane (*Morus kagayamae*)	5-7 m	Tempéré doux	Bel arbre d'ombrage pour les climats doux et ensoleillés.
Poirier de Chine (*Pyrus calleryana*)	10-18 m	Frais à tempéré	'Chanticleer' est une variété plus étroite, très ornementale.
Pommier à fleurs (*Malus floribunda*)	4 m	Frais à tempéré	Les fruits peuvent être transformés en confiture.

PRINCIPES DE BASE

Quel que soit le style de votre jardin – champêtre, naturel ou de balcon –, respectez ces trois principes de base.

- Soleil et ombre : orienté au sud signifie ensoleillé et orienté au nord signifie ombragé. Choisissez le meilleur emplacement pour vos plates-bandes, pelouses et coins à vivre en fonction de leur exposition.
- La protection contre les vents froids et desséchants est essentielle pour la bonne croissance des plantes et votre confort. Isolez la zone à protéger des vents dominants par une haie brise-vent devant laquelle vous planterez des végétaux plus bas.
- Un sol sain : la composition de votre sol – sableuse, argileuse ou équilibrée – ainsi que sa profondeur, sa perméabilité, son pH et sa fertilité sont des facteurs déterminants pour le choix des végétaux, même s'il est possible d'en améliorer la qualité par des apports de matière organique.

JARDINS DE BALCON

- Choisissez des plantes adaptées à l'ombre si votre balcon est couvert par une avancée de toit. Pour un balcon ensoleillé, en climat doux, optez pour des plantes grasses robustes mais sans épines, telles que des kalanchoés, ou des agrumes en pot, comme un kumquat.

- Protégez-vous des vents dominants en constituant un écran avec des plantes installées dans des bacs lourds, tels des bambous.
- Achetez un terreau de bonne qualité adapté aux plantes que vous avez choisies.

liens utiles

Informations sur le jardinage écologique : www.terrevivante.org et www.jardinage-bio.com
Le réseau de la botanique francophone : www.tela-botanica.org
Conseils sur les arbres d'ornement : www.lesarbres.fr/
Aide au choix des plantes : nature.jardin.free.fr

■ ■ ■ Pour éviter les turbulences, privilégiez les haies ou les bandes boisées, qui filtrent l'air tout en réduisant la vitesse du vent.

Cultiver bio

De nombreux jardiniers se convertissent au bio, un mode de culture qui refuse l'emploi de produits chimiques et restaure le lien entre les plantes et l'environnement. Cela exige un réel engagement, mais qui en vaut la peine si vous souhaitez un jardin 100 % écologique.

SIX DIRECTIVES POUR UN JARDIN BIO

Le bio est bien plus une façon d'être qu'une technique. L'idée est de respecter la vie sous toutes ses formes plutôt que d'essayer de la dominer. Le but est d'obtenir à terme des plantes plus robustes.

1 Créez un sol sain : paillez le sol et enrichissez-le en matière organique. Si besoin, achetez pour démarrer des amendements certifiés bio chez votre fournisseur local.

2 Encouragez la biodiversité : plantez beaucoup d'espèces différentes et mélangez-les.

3 Observez la rotation des cultures : pour préserver la fertilité du sol et limiter les maladies, ne cultivez pas les mêmes plantes au même endroit d'une année sur l'autre.

4 Analysez la composition de votre terrain et choisissez des espèces adaptées au sol, au climat et à l'exposition.

5 Évitez l'emploi de produits chimiques afin de maintenir les prédateurs naturels dans le jardin. N'utilisez pas de pesticide dès l'apparition d'insectes nuisibles et acceptez quelques dégâts sur vos plantes. Votre jardin se transformera en écosystème équilibré.

6 Acceptez l'idée que, dans la nature, rien n'est parfait et que pertes et erreurs sont inévitables pour aboutir à un équilibre naturel.

Produits de traitement maison

Problème	Solution	Recette
Fourmis et chenilles	Piments et savon	■ Hachez menu une poignée de piments rouges frais. Placez le tout dans un pulvérisateur et ajoutez un peu de savon râpé et d'eau. Secouez bien avant de vaporiser vos plantes de cette solution.
Pucerons	Détergent et récipient jaune	■ Remplissez d'eau un récipient jaune vif et ajoutez 1 cuillerée à soupe d'un détergent incolore. Placez le récipient près des plantes infectées. Attirés par le jaune, les pucerons viendront s'y noyer.
Pucerons et autres insectes suceurs de sève	Pyrèthre et savon	■ Versez 1 litre d'eau savonneuse chaude sur 2 cuillerées à soupe de fleurs de pyrèthre. Laissez reposer 1 heure. Filtrez avant usage.
Taches noires et oïdium sur les rosiers	Bicarbonate de soude et émulsion de poisson	■ Mettez 3 cuillerées à café de bicarbonate de soude et 3 cuillerées à café d'émulsion de poisson dans 4,5 litres d'eau. Versez la solution dans un pulvérisateur et traitez trois fois en 2 semaines puis une fois par semaine.
Maladies cryptogamiques et bactériennes	Algues	■ Mettez quelques algues au fond d'un seau et recouvrez-les d'eau. Après quelques semaines, diluez avec de l'eau. Vous devez obtenir la teinte d'un thé léger. Versez la solution dans un pulvérisateur et traitez selon les besoins.

■ ■ ■ **La permaculture** est une pratique qui vise à créer un écosystème diversifié, aboutissant à un jardin « autofertile ».

STRATÉGIES BIO

Le jardinier bio ne s'assoit pas les bras croisés pendant que ses plantes subissent les attaques de nuisibles. Si vous utilisiez auparavant des pesticides, attendez-vous à quelques pertes au début. Mais les stratégies suivantes seront efficaces si vous les employez suffisamment tôt.

- Choisissez quand c'est possible des variétés résistantes aux maladies.
- Faites une tournée d'inspection quotidienne dans votre jardin. Une intervention rapide est souvent un gage d'efficacité.
- Éliminez à la main tous les insectes que vous pouvez voir. Cette méthode s'applique aux chenilles, aux escargots et aux limaces en début d'infestation.
- Étendez des filets à mailles fines au-dessus des plantes pour les protéger des oiseaux et autres petits animaux. Contrôlez le filet tous les jours pour vérifier qu'aucun animal n'est retenu prisonnier.
- Entourez les arbres et arbustes récemment plantés avec un grillage ou un manchon de plastique pour les protéger des animaux plus grands.
- Encerclez les plantes sensibles aux limaces et aux escargots de cendres, sciure, calcaire broyé ou terre diatomée.
- Enveloppez les fruits en fin de maturation de tissu ou d'un sac en papier ciré. C'est un bon moyen pour éviter les dégâts dus à la mouche des fruits sur les tomates et les pêches.
- Utilisez *Bacillus thuringiensis*, une bactérie naturelle qui détruit les chenilles sans dommage pour les autres espèces. Inoffensif pour l'homme, il peut être employé sur les légumes.
- Si vous n'avez pas suffisamment d'insectes auxiliaires au début, vous pouvez en acheter. On trouve par exemple dans le commerce *Cryptolaemus montrouzieri*, une coccinelle qui élimine les cochenilles farineuses, des espèces de *Chilocorus* contre les cochenilles à bouclier, ou encore *Phytoseiulus persimilis*, un acarien qui s'attaque aux tétranyques.
- Pour attirer naturellement oiseaux et insectes bénéfiques au jardin, l'idéal est de cultiver des plantes telles que la carotte et le sureau. (Pour d'autres suggestions, voir p. 229.)
- Récupérez les graines afin de créer un jardin autofertile. Les variétés anciennes issues de croisements naturels sont parfois plus résistantes aux parasites et aux maladies.

~ POUR DÉPENSER MOINS ~

Un jardin sans pesticides respecte tous les organismes vivants et réduit les dépenses. En outre, les produits bio étant assez chers, vous faites des économies en produisant les vôtres.

ACHETER MALIN

Les engrais et amendements étiquetés biologiques ne le sont pas toujours. Si vous voulez vous en assurer, vérifiez sur l'emballage la présence d'une mention de certification ou renseignez-vous auprès du vendeur.

liens utiles

Site d'information sur la permaculture : permaculturefrancophone.org
Site d'information sur l'agroécologie : www.terre-humanisme.org
Nature et jardinage biologique : www.lanature.fr
Association Ponema pour le développement des jardins sauvages ou naturels : jmonet.free.fr/Site/ponema.html

Dans un jardin bio, la première chose à faire est de se débarrasser des produits chimiques. Votre mairie peut vous renseigner.

Partenaires

La culture associée emploie les tactiques utilisées par les plantes elles-mêmes pour survivre. Profitez des stratégies que certaines espèces utilisent pour se défendre et plantez celles-ci au milieu de vos légumes et autres plantes. Elles sauront attirer, détourner ou leurrer les ravageurs, ou encore assurer une protection contre le soleil, le vent, le gel ou les mauvaises herbes.

Plantez une espèce à croissance rapide telle que la laitue ou le radis pour offrir un ombrage aux jeunes plants de tomate ou de chou.

QUELQUES IDÉES D'ASSOCIATIONS

- Plantez des tagètes (*Tagetes*) pour éliminer les nématodes. Ces vers qui vivent dans le sol et infestent le système radiculaire des plantes ne supportent pas les substances que sécrètent les racines des tagètes. Si l'un de vos massifs est envahi de nématodes, plantez la zone avec des tagètes, à l'exclusion de toute autre plante, et ces parasites dépériront.
- Induisez l'ennemi en erreur en mélangeant diverses plantes, c'est l'une des méthodes utilisée en permaculture. Des odeurs différentes peuvent tenir les insectes éloignés de leur nourriture favorite.
- Utilisez des herbes fortement aromatiques, telles que la lavande et la tanaisie, pour masquer les senteurs plus délicates des autres plantes. Cette méthode permet de tenir à distance des insectes suceurs de sève tels que les pucerons.
- Pour éviter que le soleil, le vent ou le gel n'abîment les jeunes plantes délicates, adjoignez-leur une plante qui les protégera jusqu'à ce qu'elles aient atteint un développement suffisant. Choisissez des espèces hautes et robustes, telles que des tournesols.
- Masquez vos légumes en introduisant des plantes de formes différentes dans votre potager. Elles pourront leurrer certains ravageurs qui semblent reconnaître leur source de nourriture par la forme. La piéride du chou, par exemple, serait attirée par la silhouette arrondie des choux.
- Laissez certains légumes atteindre le stade de la floraison. Les fleurs des brocolis, choux-fleurs et autres choux constituent une nourriture appréciée des pucerons et des piérides du chou. En théorie, ces insectes iront sur les fleurs et délaisseront les plantes.

Associations traditionnelles

Plante	Compagne	Bénéfices
Pommier	Capucine	Éloigne les pucerons.
Carotte	Poireau	Éloigne la mouche de la carotte.
Maïs	Patate douce	Attire les guêpes parasites.
Pêcher	Fraisier	Contre la tordeuse orientale du pêcher.
Framboisier	Rue	Éloigne la punaise arlequin.
Rosier	Ciboulette	Limite la maladie des taches noires.

■ ■ ■ Offrez aux plantes compagnes un bon départ en les plantant 2 à 4 semaines avant les plantes à protéger.

ÉLOIGNER LES INSECTES

Les herbes suivantes secrètent des huiles volatiles qui chassent les insectes mentionnés à côté.

- Aneth – noctuelle du chou.
- Basilic – mouches, moustiques.
- Camomille – mouches.
- Capucine – fourmis, pucerons.
- Fenouil – puces.
- Laurier (feuilles) – blattes.
- Menthe – noctuelle du chou.
- Menthe pouliot – fourmis.
- Rue – mouches, moustiques.
- Sauge – noctuelle du chou.
- Tagète – pucerons, nématodes.
- Tanaisie – fourmis.

ASTUCE

Installez autour de vos massifs une ceinture d'annuelles et de vivaces colorées que vous laisserez se ressemer de manière spontanée. Elles constitueront ainsi une première ligne de défense en détournant l'attention des ravageurs de vos plantes favorites, tout en créant un décor attrayant.

- Certaines plantes, comme les pois et les haricots, fixent l'azote de l'air et le transforment en composés azotés qui enrichissent le sol. Associez-les à une espèce gourmande en azote, telle que le maïs.
- Ne laissez pas de zones à nu susceptibles d'être colonisées par des mauvaises herbes. Utilisez des plantes tapissantes qui empêcheront le développement des adventices.
- Introduisez des plantes qui offrent un refuge aux insectes auxiliaires pendant les mauvaises périodes. Beaucoup de ces insectes ont besoin d'une source de nectar et de pollen pour survivre en attendant l'arrivée de leurs proies. Alysse, coriandre, capucine et cerfeuil sauvage (*Anthriscus sylvestris*) conviennent à cet usage.

BONNES ET MAUVAISES COMPAGNES

Certaines plantes secrètent des substances qui empêchent d'autres plantes de pousser à proximité. Vous pouvez tirer profit de ce phénomène, appelé allélopathie, pour éviter certains problèmes.

- Le noyer noir (*Juglans nigra*) produit de la juglone, un composé qui inhibe la croissance des autres plantes, en particulier les tomates, pommes de terre, myrtilles et cassis. Les rhododendrons plantés près d'un noyer noir dépérissent.
- De la même manière, le camphrier (*Cinnamomum camphora*) est devenu une plante envahissante dans certaines régions tempérées et subtropicales.
- Les choux qui montent en graines inhibent la germination des autres graines dans leur entourage. Arrachez-les avant si vous souhaitez semer une autre espèce potagère à proximité.
- Utilisez la propriété anti-germinative des aiguilles de pin pour empêcher la pousse des mauvaises herbes. Elles donnent un paillis stable et acidifiant, très efficace au pied des plantes qui apprécient un sol acide, telles qu'azalées et fraisiers.
- Les toxines émises par les feuilles mortes de rhododendron diffusent dans le sol, empêchant la levée des graines de graminées adventices.
- Pratiquez la rotation des cultures. Ce conseil vaut pour les légumes, mais aussi pour les autres plantes. Chez les rosiers, par exemple, la maladie de la replantation peut provenir d'un ancien rosier qui était précédemment cultivé au même endroit.

Arbres et pelouses

Les arbres et le gazon sont rarement de bons compagnons. Le plus souvent, ce phénomène est dû à la concurrence des racines et à l'ombre portée. Le meilleur moyen pour remédier à un problème d'engazonnement au pied des arbres consiste à couvrir la surface à l'aplomb de chaque arbre avec un paillis organique. L'herbe poussera ainsi uniquement au-delà du couvert, imitant d'ailleurs ce qui se passe naturellement dans une zone boisée.

■ ■ ■ **Pour protéger les plantes fragiles** du soleil, utilisez des espèces hautes et à croissance rapide telles que la bourrache ou le maïs.

Utiliser les plantes sauvages

Choisir des plantes qui poussent naturellement dans votre région vous permettra de donner un bon départ à votre jardin. Comme elles sont adaptées aux conditions locales, vous limiterez les erreurs de plantation. Pour les connaître, parcourez la campagne près de chez vous ou renseignez-vous auprès de professionnels spécialisés en paysage et horticulture.

UN JARDIN NATUREL

Une fois bien implanté, un jardin naturel demande peu d'entretien. Cependant, il nécessite soin et attention au départ.

- Si vous choisissez des plantes indigènes de votre région ou d'une zone au climat et au sol de même nature, vous aurez plus de chance de les voir se développer avec vigueur.
- La plupart des plantes sauvages poussent mieux dans un sol bien drainé. Si votre sol est argileux, il est préférable d'installer un système de drainage ou de prévoir des massifs surélevés avec une terre de bonne qualité.
- Pensez aux variétés améliorées des espèces sauvages qui ont été sélectionnées pour leur bonne performance dans les jardins.
- Après la plantation, arrosez les jeunes plants pour faciliter leur reprise. Mais une fois bien installées, les plantes sauvages se contentent de l'eau des précipitations, même si, en cas de sécheresse prolongée, un complément peut être nécessaire.
- Pour éviter de vous retrouver avec un fouillis végétal, taillez et palissez régulièrement les plantes sauvages, comme vous le feriez pour des plantes exotiques.

Vous obtiendrez ainsi un vrai jardin naturel et non pas un morceau de nature. Rabattez toujours les plantes sauvages après la floraison.

SEMER LES GRAINES

- Quand vous défrichez un terrain pour le bâtir, mettez le sol superficiel de côté et récoltez les graines et les boutures des plantes sauvages qui s'y trouvent. Une fois le bâtiment achevé, replacez la terre en surface et utilisez les graines et les boutures pour la mise en végétation du jardin.
- Repiquez les jeunes plantes dans les compartiments de boîtes à œufs en carton, puis placez le tout en terre. Ainsi, les racines ne seront pas perturbées par la transplantation et le carton se décomposera rapidement.
- Renseignez-vous sur les conditions de croissance des plantes sauvages. Certaines graines nécessitent un traitement spécial pour pouvoir germer : par l'eau chaude, la fumée ou la chaleur.
- Si vous souhaitez récolter des graines sur un terrain qui ne vous appartient pas, pensez à demander l'autorisation à son propriétaire. Si vous les récoltez dans la nature, renseignez-vous sur les espèces protégées.

LA VÉRITÉ SUR...

LES PLANTES SAUVAGES ET INDIGÈNES

Le terme « sauvage » se réfère à toutes les plantes qui poussent spontanément dans une région particulière. Les plantes « indigènes » sont des espèces sauvages qui ont évolué au cours du temps pour s'adapter à un sol et un climat bien spécifiques. Les planter contribue à maintenir les peuplements locaux et permet aussi d'offrir de la nourriture à la faune locale.

~ *POUR DÉPENSER MOINS* ~

Achetez des petites plantes en godets. Bon marché, elles s'établissent rapidement et poussent avec vigueur. En outre, s'il s'avère que votre choix n'était pas le bon, vous ne perdrez qu'une petite somme d'argent et pourrez vous permettre de recommencer.

■ ■ ■ **Les plantes indigènes sont bien adaptées aux conditions locales : sol, pluies, températures, embruns...**

Des plantes sauvages pour chaque situation

Pour un jardin de bord de mer

Ajonc (*Ulex europaeus*)

Gazon d'Espagne (*Armeria maritima*)

Genêt d'Espagne (*Genista hispanica*)

Lavande de mer (*Limonium vulgare*)

Lavatère arborescente (*Lavatera arborea*)

Lis de mer (*Pancratium maritimum*)

Panicaut maritime (*Eryngium maritimum*)

Pavot cornu (*Glaucium flavum*)

Rosier pimprenelle (*Rosa pimpinellifolia*)

Tamaris (*Tamarix gallica*)

Plantes grimpantes

Chèvrefeuille des bois (*Lonicera periclymenum*)

Clématite vigne blanche (*Clematis vitalba*)

Douce-amère (*Solanum dulcomara*)

Gesses (*Lathyrus* sp.)

Herbe aux femmes battues (*Tamus communis*)

Houblon (*Humulus lupulus*)

Lierre (*Hedera helix*)

Lyciet commun (*Lycium barbarum*)

Rosier des champs (*Rosa arvensis*)

Vesces (*Vicia* sp.)

Pour une situation ombragée

Ail des ours (*Allium ursinum*)

Anémone des bois (*Anemone nemorosa*)

Épiaire des bois (*Stachys sylvatica*)

Euphorbe des bois (*Euphorbia amygdaloides*)

Hellébore (*Helleborus foetidus*)

Muguet (*Convallaria majalis*)

Pulmonaire (*Pulmonaria officinalis*)

Sceau-de-Salomon (*Polygonatum vulgare*)

Stellaire holostée (*Stellaria holostea*)

Violette odorante (*Viola odorata*)

Pour un sol humide

Acore (*Acorus calamus*)

Iris des marais (*Iris pseudacorus*)

Jonc fleuri (*Butomus umbellatus*)

Linaigrette (*Eriophorum latifolium*)

Lysimaque (*Lysimachia vulgaris*)

Massette (*Typha angustifolia*)

Populage des marais (*Caltha palustris*)

Reine des prés (*Filipendula ulmaria*)

Salicaire (*Lythrus salicaria*)

Trolle (*Trollus europaeus*)

Pour la couleur

Ancolie (*Aquilegia vulgaris*)

Bleuet (*Centaurea cyanus*)

Bugle rampante (*Ajuga reptens*)

Campanules (*Campanula* sp.)

Coquelicot (*Papaver rhoeas*)

Coquelourde (*Lychnis coronaria*)

Jonquille (*Narcissus pseudonarcissus*)

Sauge des prés (*Salvia pratensis*)

Scabieuse (*Knautia arvensis*)

Verge d'or (*Solidago virgaurea*)

Pour attirer les oiseaux

Alisier blanc (*Sorbus aria*)

Camérisier (*Lonicera xylostemum*)

Épine-vinette (*Berberis vulgaris*)

Fusain (*Euonymus europeus*)

If (*Taxus baccata*)

Merisier (*Prunus avium*)

Nerprun (*Rhamnus cathartica*)

Sorbier des oiseleurs (*Sorbus aucuparia*)

Sureau noir (*Sambucus nigra*)

Viorne obier (*Viburnum opulus*)

Pour former une haie

Aubépine (*Crataegus monogyna*)

Charme (*Carpinus betulus*)

Cornouiller sanguin (*Cornus sanguinea*)

Coudrier (*Corylus avellana*)

Églantier (*Rosa canina*)

Fusain (*Euonymus europaeus*)

Houx (*Ilex aquifolium*)

Prunellier (*Prunus spinosa*)

Saule marsault (*Salix caprea*)

Troène (*Ligustrum vulgare*)

Pour la silhouette

Angélique (*Angelica archangelica*)

Asphodèle blanc (*Asphodelus albus*)

Bouillon blanc (*Verbascum thapsus*)

Cardère (*Dipsacus silvestris*)

Chardon aux ânes (*Onopordon acanthium*)

Digitale pourpre (*Digitalis purpurea*)

Euphorbe des garrigues (*Euphorbia characias*)

Férule (*Ferula communis*)

■ ■ ■ Si la préservation des habitats naturels
vous intéresse, rejoignez une association de protection de la nature.

Simplifier l'entretien

Quand vous achetez une plante ou dessinez votre jardin, réfléchissez à la somme de travail et de ressources naturelles que va demander l'entretien de ces plantations. Si vous vous organisez bien dès le départ et choisissez des espèces adaptées à votre situation, votre jardin, une fois établi, n'exigera qu'un minimum de soins.

DIX CONSEILS POUR UN JARDIN FACILE

1 Commencez par une petite surface rapide à entretenir.

2 Créez des allées pour l'accès aux massifs et aux sites stratégiques tels que l'abri de jardin, le compost, les points d'eau et les fils à linge.

3 Choisissez des variétés résistantes aux parasites et maladies. Sélectionnez des variétés greffées sur des porte-greffes robustes, qui réussissent généralement mieux que les espèces cultivées sur leurs propres racines.

4 Évaluez le travail que vous êtes prêt à fournir. Des pelouses immaculées, des haies taillées et une piscine ne coûtent pas seulement cher, elles demandent aussi du temps et de l'énergie. Réduisez les secteurs peu faciles à entretenir, comme les massifs d'annuelles ou le potager.

5 Regroupez les plantes aux besoins similaires ; par exemple celles qui sont peu gourmandes en eau, telles que succulentes et graminées ornementales, ou les plantes d'ombre telles que fougères et hostas. Paillez bien toutes les plantes pour réduire leur consommation en eau.

Beaucoup d'entretien	Peu d'entretien
■ Pelouses.	■ Massifs d'arbustes.
■ Haies taillées et topiaires.	■ Jardins naturels.
■ Plantes vigoureuses.	■ Arbres avec paillis au sol.
■ Massifs d'annuelles et de vivaces.	■ Zones pavées.
■ Légumes et arbres fruitiers.	■ Jardins de succulentes.
■ Plantes en pot.	■ Graminées ornementales naines.
■ Piscines et pièces d'eau.	■ Couvre-sol.

6 Remplissez vos massifs de plantes sans laisser de place aux mauvaises herbes. Plantez des couvre-sol entre les arbustes plus grands. Couvrez la moindre parcelle de terre nue avec un paillis ou des galets.

7 Privilégiez les haies libres qui n'ont pas besoin d'être taillées. Amélanchier, fusain, sumac, viorne ou nerprun conviennent parfaitement à cet usage.

8 Utilisez une tondeuse mulching. Dépourvue de bac collecteur, elle est conçue pour hacher l'herbe. Éjectées sur le sol, les fines particules se décomposent en fertilisant la pelouse.

9 Si vous habitez une région sans restriction d'eau, installez un système d'irrigation. Un modèle automatisé est plus efficace que l'arrosage manuel et réduit le gaspillage.

10 Gagnez du temps et de l'argent en utilisant un engrais à libération lente. Son action dure plusieurs mois et il ne brûle pas les racines. Les éléments nutritifs sont libérés et prélevés au même rythme, ce qui limite les pertes par lessivage.

ASTUCE

Aiguisez régulièrement vos outils de coupe. Une lame émoussée rend le travail plus long et plus difficile. Et, surtout, elle risque d'abîmer les plantes. Utilisez un aiguisoir ou une pierre à affûter.

■ ■ ■ **Collez un adhésif fluo sur le manche de vos outils, vous les localiserez ainsi plus facilement si vous les égarez.**

CRÉER UN POTAGER SURÉLEVÉ

Un potager surélevé peut être créé sur le sol, une pelouse ou même une surface nue et dure. C'est une bonne solution pour recycler les matériaux et, une fois bien établi, il ne demande pratiquement aucun entretien. C'est un moyen facile, pratique et bon marché de cultiver des plantes.
Voici les matériaux de base nécessaires :

Matériau pour bordure
Papier journal
1 ou 2 bottes de paille ou de luzerne
Engrais organique
Fumier bien décomposé
Terreau
Jeunes plants

- Choisissez un emplacement ensoleillé et bien drainé. Si vous démarrez sur une pelouse et que vous ne pouvez pas enlever le gazon, couvrez-le avec des morceaux de vieille moquette. Privée d'oxygène et de lumière, l'herbe finira par disparaître.
- Déterminez les dimensions du potager. L'idée est de démarrer avec une petite surface que vous pourrez agrandir par la suite. Marquez les contours avec des briques, des rondins de bois, des pierres… tout matériau permettant de contenir la terre.
- Pour supprimer les mauvaises herbes, couvrez le sol avec du papier journal humidifié sur 1 cm d'épaisseur environ.
- Recouvrez le papier journal de paille ou de luzerne. Ajoutez une couche d'engrais organique tels que fumier déshydraté, poudre de sang séché ou poudre d'os.
- Étalez dessus 20 cm de paille ou de luzerne. Ajoutez une bonne quantité de fumier puis encore de la paille ou de la luzerne. Finissez par une couche de terreau.
- Arrosez le potager et laissez reposer quelques jours.
- Plantez les jeunes plants dans le terreau. Commencez avec des légumes à enracinement superficiel, telle la laitue. Quand les couches auront donné une terre brune et riche, vous pourrez planter des espèces à enracinement plus profond, comme les carottes.

Pour arroser moins souvent le gazon, ne coupez que le tiers supérieur des brins et gardez la lame de la tondeuse bien affûtée.

POUR ou CONTRE

CONSERVER VOTRE PISCINE

La piscine est très agréable pour se rafraîchir en été. Cependant, elle exige beaucoup d'entretien et alourdit la facture d'eau. En outre, les produits utilisés pour maintenir l'eau propre ne sont pas sans danger pour la faune sauvage. Si vous ne l'utilisez plus aussi souvent que par le passé, vous pouvez envisager de la combler ou d'en transformer une partie en bassin à poissons ou à grenouilles.

■ ■ ■ **Évitez de planter** des végétaux à croissance rapide qui exigent un gros travail de taille et de palissage pour conserver leur attrait.

Un jardin pour la vie sauvage

La présence – ou l'absence – de vie sauvage dans le jardin est un bon indicateur de sa santé. Les grenouilles sont particulièrement sensibles aux changements dans l'écosystème et une mare très active, par exemple, est synonyme d'un bon équilibre environnemental. Il suffit de consacrer ne serait-ce qu'un coin du jardin à la faune sauvage pour obtenir des résultats et une immense satisfaction.

ACCUEILLIR LA VIE SAUVAGE

- Pour empêcher votre jardin d'envahir les propriétés voisines, taillez et tondez le long des clôtures.
- Tondez les zones proches de la maison. Ainsi, animaux et insectes ne s'approcheront pas trop près.
- Prenez quelques précautions simples. Par exemple, si vous soulevez un objet pouvant abriter un animal, faites en sorte que cette créature puisse s'échapper.
- Si vous laissez votre gazon pousser, tondez au moins une allée pour faciliter l'accès et marchez toujours avec précaution dans l'herbe haute – le jardin sauvage peut aussi attirer des serpents.
- Protégez la faune de vos animaux domestiques. Attachez un grelot au collier de votre chat pour prévenir les oiseaux de son approche. Rentrez chats et chiens à l'intérieur pour la nuit.

OISEAUX

Attirez les oiseaux dans votre jardin en y plantant différentes plantes sauvages, en particulier celles de votre région. Vous vous réjouirez d'autant plus de leur visite qu'ils consomment souvent une grande diversité d'insectes parasites, surtout quand ils nourrissent leurs petits.

- Les oiseaux ont des régimes alimentaires différents. Les insectivores mangent des insectes, les granivores des graines et les frugivores des fruits. Certains, comme les geais et les corneilles, mangent de tout.
- Pour attirer des oiseaux de toutes tailles, plantez des couvre-sol, des arbustes moyens à grands et des petits arbres. Les arbres plus grands, comme le charme ou le bouleau, attireront les espèces granivores telles que verdiers et mésanges.
- Construisez un bain d'oiseaux : disposez une couche de galets de rivière dans une coupe peu profonde et ajoutez 3 cm d'eau. Suspendez la coupe à une branche ou placez-la sur un support ou tout autre endroit inaccessible aux chats.
- Si vous appréciez la compagnie des oiseaux, apprenez à partager avec eux les fruits de vos arbres. Sinon, recouvrez les branches avec un filet anti-oiseaux.

INSECTES

- Apprenez à identifier les insectes qui visitent votre jardin et leur rôle vis-à-vis de vos plantes. Tous ne sont pas des parasites. Les insectes auxiliaires, comme les coccinelles, mangent les insectes nuisibles.
- Évitez l'emploi de pesticides,

~ BON À SAVOIR ~

Attirez la faune sauvage en plantant des graminées indigènes, en laissant pousser l'herbe et en réalisant une pièce d'eau.

ASTUCE

Si votre jardin héberge régulièrement des colonies de pucerons et que les coccinelles en sont absentes, vous pouvez réintroduire ces dernières en achetant en jardinerie des larves de coccinelle. Elles sont vendues dans une boîte contenant de la nourriture, et il suffit de les lâcher sur les plantes attaquées.

■ ■ ■ **Favorisez la nidification des oiseaux en plantant des haies au feuillage dense et de grands arbres.**

car ils ne tuent pas seulement les insectes nuisibles mais aussi les espèces bénéfiques telles que syrphes, guêpes parasites et araignées.

- Attirez les papillons en plantant buddléias, achillées, cosmos et zinnias.
- Encouragez les abeilles sauvages à venir visiter votre jardin en privilégiant des plantes mellifères telles que lavande, campanule, romarin, aubépine, épine-vinette ou tournesol. Les abeilles étant des insectes pollinisateurs, elles favoriseront en outre vos récoltes de fruits.

LÉZARDS ET TRITONS

Les lézards et les tritons sont friands d'escargots et de limaces.

- Surveillez vos chiens et chats pour éviter qu'ils n'effraient les tritons et les lézards.
- Disposez quelques pierres plates sur lesquelles les lézards pourront se prélasser les jours ensoleillés. Prévoyez aussi des refuges contre les prédateurs, tels que rondins, tuyaux ou arbustes bas et épineux.
- N'utilisez pas d'anti-limaces, les lézards mourraient en mangeant les limaces empoisonnées. Comptez plutôt sur eux pour vous débarrasser de ces nuisibles.

Auxiliaires du jardin	Ce qu'ils mangent
Araignées	De nombreux insectes, en particulier les espèces nocturnes.
Chrysopes (larves)	Pucerons et autres petits insectes.
Coccinelles (adultes et larves)	Pucerons, cochenilles (à bouclier et farineuses), acariens, cicadelles et autres insectes.
Demoiselles (nymphes et adultes)	Petits insectes, y compris moustiques et leurs larves.
Guêpes (fouisseuses, maçonnes, parasites, etc.)	Chenilles, araignées et autres insectes.
Libellules (nymphes et adultes)	Moustiques et leurs larves.
Mantes religieuses	De nombreux parasites.
Mille-pattes	Limaces (adultes et larves), insectes du sol, matière végétale en décomposition.
Punaises	De nombreux parasites du jardin.
Syrphes (larves)	Pucerons et autres petits insectes.

liens utiles

Programme « Papillons et jardins » : www.noeconservation.org
Informations sur les petits animaux du jardin :
www.aujardin.info/fiches/animaux
Construire un nichoir pour les oiseaux :
lesbeauxjardins.com/Oiseaux/cabanes/cabane.htm
Fédération des associations de protection de la nature
et de l'environnement : www.fne.asso.fr

BLANC CRÈME La nuit tombée, certaines plantes attirent les papillons de nuit non pas par leur couleur mais par leur odeur. Les fleurs comme la clématite sauvage ou le chèvrefeuille, de teinte pâle, exhalent un fort parfum le soir.

ROSE ET ORANGE Ces couleurs signalent souvent un nectar abondant. C'est le cas de l'asclépiade tubéreuse, aux fleurs orange, ou des variétés à fleurs roses de lilas ou de camélia.

ROUGE Cette couleur est essentiellement attractive pour les oiseaux alors que les insectes la distinguent mal. Dans les pays tropicaux, les fleurs rouges attirent les oiseaux nectarivores tels que les colibris. Dans les régions tempérées, ce sont les fruits et baies rouges qui signalent ainsi leur présence aux oiseaux.

JAUNE ET POURPRE Ces couleurs indiquent des fleurs riches en pollen, comme celles de coréopsis, santoline, buddléia ou digitale, et attirent une large gamme d'insectes.

FLEURS ET COULEURS

CRÉER UNE MARE

- Avant de creuser, localisez les conduites enterrées pour éviter tout risque de percement. Si vous souhaitez installer un éclairage, une fontaine ou une pompe, creusez une tranchée reliant le point d'alimentation électrique à la mare pour effectuer le branchement.
- Quand vous disposez des câbles électriques à l'extérieur, installez toujours un transformateur d'isolation pour votre sécurité. Évitez aussi d'utiliser des outils à moteurs à proximité des câbles.
- Avant tout projet, renseignez-vous auprès de votre commune sur la réglementation concernant l'implantation des pièces d'eau sur un terrain privé. Si vous avez de jeunes enfants, entourez la mare d'une barrière de sécurité.
- Pour rendre la mare plus sûre, disposez une couche de galets ou de gravier de rivière 5 cm sous le niveau de l'eau. Les galets ou le gravier peuvent aussi servir à dissimuler la pompe.

GRENOUILLES ET POISSONS

- Peu à peu, votre mare va être colonisée par divers animaux et insectes, mais vous devrez attendre jusqu'à 2 ans avant de voir s'y installer des grenouilles. Si vous n'avez pas cette patience, demandez à un ami ou un voisin possédant une mare plus ancienne de vous donner des œufs de grenouille.
- N'introduisez pas de grenouilles provenant d'une distance supérieure à 20 km car cela peut favoriser la dissémination de maladies. Demandez aux autorités locales responsables de la faune sauvage si ce type de prélèvement nécessite une autorisation spéciale.
- Posez en bordure de la pièce d'eau des éléments permettant aux petites grenouilles d'en sortir, comme un morceau de bois ou une pierre inclinée.
- Si vous voulez aussi introduire des poissons dans votre mare, choisissez des espèces sans danger pour les grenouilles.

PLANTES AQUATIQUES

- ✔ Morène (*Hydrocharis morsus-ranae*) : plante flottante stolonifère aux feuilles cordiformes. Disparaît en hiver.
- ✔ Nénuphar jaune (*Nuphar lutea*) : feuilles flottantes ou peu dressées et fleurs jaunes en été.
- ✔ Acore (*Acorus* sp.) : décoratif par ses belles feuilles rubanées, panachées chez certaines variétés.
- ✔ Nymphea (*Nymphea* sp.) : feuilles flottantes cordiformes et belles fleurs (parfois parfumées) aux coloris divers.
- ✘ Aponogeton (*Aponogeton distachyos*).
- ✘ Châtaigne d'eau (*Trapa natans*).
- ✘ Élodée (*Elodea canadensis*).
- ✘ Jacinthe d'eau (*Eichhornia crassipes*).
- ✘ Jonc (*Juncus* sp.).
- ✘ Jonc fleuri (*Butomus umbellatus*).
- ✘ Linaigrette (*Eriophorum angustifolium*).
- ✘ Myriophylle (*Myriophyllum aquaticum*).
- ✘ Pesse (*Hippuris vulgaris*).
- ✘ Sagittaire (*Sagittaria sagittifolia*).
- ✘ Trèfle d'eau (*Menyanthes trifoliata*).

ÉVITER LES ALGUES

Les algues filamenteuses sont particulièrement gênantes. Se nourrissant des éléments nutritifs en excès, leurs fils fins prolifèrent et étouffent les plantes aquatiques.

- N'employez pas de produits chimiques pour vous débarrasser des algues. Ils peuvent être toxiques pour les animaux et aussi pour les autres plantes. Éliminez les algues à la main ou à l'aide d'un bâton ou d'une épuisette. Vous pouvez les mettre sur le tas de compost.
- Limitez la teneur de l'eau en nutriments en réduisant l'usage des engrais autour de la mare.
- Installez une pompe immergée pour provoquer un courant : les algues préfèrent les eaux dormantes.
- Ajoutez de la paille d'orge dans l'eau. En se décomposant, elle libère des substances qui inhibent la croissance des algues.

■ ■ ■ **Pour plus de naturel, placez la mare dans le point le plus bas du jardin, là où l'eau s'accumulerait naturellement.**

RÉALISATION DE LA MARE

Dans un jardin, la mare attire une grande diversité d'animaux tels que batraciens, insectes et oiseaux. Pour réaliser une mare, il vous faut :

du sable
une bâche souple en butyl
quelques grosses pierres
des plantes aquatiques

- Choisissez un endroit plat, partiellement ombragé, mais pas sous de grands arbres qui pourraient laisser tomber feuilles, fleurs et fruits.
- Utilisez un tuyau d'arrosage pour tester différentes formes. Quand le contour vous satisfait, matérialisez son emplacement avec de la farine.
- Creusez le sol à la profondeur voulue, enlevez tout caillou pointu susceptible de percer la bâche.
- Tapissez le trou avec une couche de sable. Coupez la bâche en laissant suffisamment de largeur pour pouvoir recouvrir les bords. Placez la bâche dans le trou et remplissez-le à moitié d'eau pour bien stabiliser la bâche.
- Cachez les bords de la bâche avec des grosses pierres et quelques plantes de berge. Choisissez des plantes adaptées au climat et à votre situation ; attention aux espèces envahissantes.
- Placez les plantes aquatiques (dans leur pot) dans la mare. L'eau doit à peine recouvrir le collet. À mesure que la plante croît, augmentez la hauteur d'eau. Si nécessaire, posez les pots sur des briques pour surélever les plantes et les placer au bon niveau.
- Avant d'introduire des poissons, ajoutez un conditionneur pour neutraliser le chlore et autres impuretés.
- Utilisez un kit de piscine pour contrôler le pH de l'eau, qui doit être neutre. Ajoutez du bicarbonate de soude si l'eau est trop acide ou du phosphate de sodium si elle est trop alcaline.

Les moustiques

Pour lutter contre la pullulation de moustiques, mettez dans votre mare des poissons friands de larves de moustiques.
- Poisson rouge (*Carassius auratus*).
- Carpe Koï (*Cyprinus carpio*).
- Rotengle (*Scardinius erythrophtalmus*).

Notez que certains poissons, comme l'ide mélanote (*Leuciscus cephalus*), mangent les larves de moustique mais aussi les têtards. Évitez d'introduire de telles espèces si votre mare héberge des batraciens.

Décorative, la jacinthe d'eau est aussi très envahissante, pouvant doubler sa taille en quelques semaines.

Plantes à installer sur les berges humides

- Cardamine des prés (*Cardamine pratensis*).
- Iris des marais (*Iris pseudacorus*).
- Lysichiton (*Lysichiton americanum*).
- Massette (*Typha* sp.).
- Myosotis des marais (*Myosotis palustris*).
- Petite douve (*Ranunculus flammula*).
- Populage des marais (*Caltha palustris*).
- Salicaire (*Lythrum salicaria*).

■ ■ ■ **Un pot en terre vernissée** rempli d'eau et planté avec quelques espèces aquatiques peut héberger une petite colonie de batraciens.

Pour créer un jardin écologique, vous devez connaître votre sol et assimiler les techniques pour l'améliorer.

Retour à la terre

La réussite d'un jardin dépend en grande partie de ce qui se passe sous terre. Les racines apprécient les sols meubles, riches en nutriments assimilables et suffisamment humides, mais non détrempés. Les plantes pousseront avec plus de vigueur si le sol offre un drainage efficace, une bonne structure et un équilibre chimique correct.

LA NATURE DU SOL

- Ne remplacez pas le sol de votre jardin. L'apport de terre végétale est un travail pénible, revient cher et peut ramener des graines de mauvaises herbes.

Identifiez votre sol

Pour connaître la nature de votre sol, suivez les étapes suivantes.

- Prélevez une poignée de terre et mélangez-la à un peu d'eau.
- Essayez de façonner la terre pour obtenir un boudin.

Si la terre s'émiette et que les particules refusent de s'agglomérer, votre terre est sableuse. Si le boudin montre plus de cohésion, il s'agit d'une terre franche. Si vous pouvez en former un cylindre fin et ferme, votre terre est argileuse.

Répétez ce test en prélevant de la terre à différents endroits car un même jardin peut présenter plusieurs types de sol.

- Cultivez des plantes originaires de chez vous. Il y a de grandes chances qu'elles soient parfaitement adaptées à la composition chimique de votre sol.
- Le meilleur moyen pour améliorer un sol, quel qu'il soit, est d'y apporter de la matière organique. Mais il existe beaucoup d'autres produits qui ont un effet bénéfique, comme le gypse ou les acides humiques (dérivés de l'humus). Ce sont des amendements naturels qui améliorent la structure du sol et sa capacité de rétention en eau.
- Évitez de trop fertiliser les sols mal drainés ou très secs. Agissez d'abord sur le drainage ou la structure du sol.

TERRE SABLEUSE

Les sols sableux évacuent l'eau facilement, mais ils retiennent mal les nutriments et peuvent s'assécher rapidement.

- Incorporez de grandes quantités de compost ou de fumier bien décomposé avant de démarrer les plantations. Paillez régulièrement la surface afin d'accroître la fertilité du sol et sa rétention en eau.
- Tapissez le fond du trou de plantation avec quelques feuilles de papier journal. Elles ralentiront l'écoulement de l'eau et retiendront l'humidité plus longtemps autour des racines. Le papier journal finira par se décomposer et, entre-temps, le système radiculaire se sera bien établi.
- Ajoutez une couche de terre franche pour améliorer la structure du sol. Incorporez-la avec une griffe rotative, une bêche ou une pelle.
- Ajoutez un peu de calcaire pour atténuer l'acidité du sol. Il contribue aussi à améliorer la structure en favorisant l'agglomération des particules du sol.

■ ■ ■ **La présence de vers de terre actifs dans vos massifs est un bon signe. Les vers enrichissent le sol en azote et l'aèrent.**

Azalées, camélias et rhododendrons poussent bien en sol acide. Lavande, pois de senteur et œillets préfèrent les sols alcalins.

TERRE FRANCHE

C'est le sol idéal. Fertile et facile à travailler, il assure un bon drainage tout en retenant l'humidité.

- Épandez régulièrement du compost pour maintenir la structure et la fertilité de votre sol.

TERRE ARGILEUSE

Difficile à travailler, l'argile sèche en se craquelant ou se transforme en boue collante quand il pleut. Mais il existe des moyens pour améliorer une terre argileuse.

- Ajoutez du gypse, un minéral naturel composé de sulfate de calcium. Si la terre est trop dure, louez un rotavator pour le faire pénétrer dans le sol.
- Ajoutez de la matière organique bien décomposée pour améliorer le drainage et l'aération du sol.
- Ajoutez du sable. Pour faciliter son incorporation, mélangez-le avec un peu de matière organique.
- En cas d'échec, construisez sur le sol argileux des massifs surélevés garnis de bonne terre.

LE DRAINAGE

Creusez un trou de 30 cm, remplissez-le d'eau et notez le temps qu'il met pour se vider. Cela peut aller de quelques minutes pour un sol drainant à plus de 8 heures pour un sol peu perméable.

- Pour réduire la perméabilité d'un sol, incorporez beaucoup de compost ou de fumier bien mûr. Au moment de la plantation, ajoutez des granulés rétenteurs d'eau dans le trou. Paillez les massifs.
- Pour améliorer un sol peu perméable, installez des drains pour évacuer l'eau en excès ou placez vos plantations dans des massifs surélevés. Sinon, créez un jardin de marécage ou une mare et cultivez des plantes de sol humide.

ATTENTION !

▼ N'abusez pas des gels rétenteurs d'eau ; utilisés en grande quantité, ils finissent par pousser la plante hors du sol en gonflant.

OBTENIR LE BON ÉQUILIBRE

- La plupart des plantes préfèrent un sol neutre. Les sols très acides ou très alcalins « bloquent » certains minéraux (comme le fer), provoquant des problèmes de croissance.
- Utilisez un kit pour mesurer le pH du sol si celui-ci semble provoquer des carences. Le pH (potentiel Hydrogène) s'évalue sur une échelle de 1 à 14.
- Un sol alcalin (pH supérieur à 7) peut être acidifié par ajout de soufre ou de sulfate de fer. De la même façon, on peut neutraliser un sol acide (pH inférieur à 7) en effectuant un chaulage.

• *Observez les hortensias : des fleurs roses ou rouges indiquent un sol alcalin, des fleurs bleues ou mauves un sol acide.*

Si vos massifs sont difficiles à bêcher, laissez faire les plantes. En poussant, leurs racines décompacteront le sol.

La magie du paillage

La terre nue est rare dans la nature. En forêt, la majeure partie du sol est recouverte par une litière composée de débris de matière organique. Dans un jardin, il est possible d'utiliser divers matériaux organiques pour pailler le sol. Privilégiez les produits originaires de votre région.

POURQUOI PAILLER ?

- Les paillis organiques se décomposent en libérant des éléments nutritifs dans le sol. Les paillis inorganiques, tels que les galets, stabilisent la température du sol au niveau des racines et préviennent l'érosion.
- Le paillage réduit efficacement l'évaporation due au vent et au soleil.
- La couche de paillis empêche la levée des mauvaises herbes et limite le recours aux désherbants chimiques.
- Le paillis offre nourriture et abri aux insectes et favorise l'activité des vers de terre et micro-organismes du sol, ce qui est bénéfique pour les plantes.

LES DÉCHETS VERTS DU JARDIN

- Si votre jardin produit régulièrement des déchets, achetez un broyeur. Utilisez des résidus de taille sains.
- S'il s'agit d'une production ponctuelle, louez un appareil pour la journée, en partageant éventuellement le coût avec un voisin.
- Passez la tondeuse sur les feuilles mortes et les fins déchets de taille pour obtenir un paillis que vous pourrez épandre dans les massifs.
- Ramassez les feuilles mortes en automne et disposez-les dans les massifs. Mettez le surplus en tas pour fabriquer du terreau de feuilles.
- Commencez à faire du compost. Placez sur le tas tous les déchets verts que vous récupérez quand vous nettoyez le jardin. Bien décomposé, le compost constitue un excellent paillis.

COMMENT PAILLER

- Le printemps est la meilleure saison pour pailler, mais pensez à ajuster régulièrement l'épaisseur.
- Préparez le terrain. Arrachez toutes les mauvaises herbes vivaces, et arrosez bien les massifs avant et après l'application.
- Épandez le paillis sur le sol et autour des plantes, sans toucher les tiges ou les troncs pour éviter tout risque de pourriture. La couche doit atteindre de 7 à 10 cm d'épaisseur.
- Si vous utilisez un paillis organique, ajoutez un engrais organique, tel que du fumier de volaille, car sa décomposition prélève de l'azote dans le sol.
- Paillez les fruits et les légumes, tels que les fraises et les tomates, dans un souci de propreté et pour éviter les maladies dues aux organismes présents dans le sol.
- Pour éviter que les matériaux comme le gravier ne s'échappent dans la pelouse, entourez vos massifs avec une bordure solide.

LA VÉRITÉ SUR...

LES IDÉES REÇUES SUR LE PAILLAGE

- Le paillis n'attire pas le gel. Au contraire, il protège du froid les racines et les bulbes mis en terre.
- Le paillis composé d'aiguilles de pin n'est pas toxique pour les plantes. Il met parfois du temps à se décomposer.
- Épaisseur ne rime pas forcément avec meilleur : une couche trop importante peut empêcher l'eau d'arriver jusqu'au sol.

ASTUCE

Paillez après une pluie ou un arrosage copieux pour maintenir l'humidité dans le sol.

Le paillage permet de réduire jusqu'à 75 % les pertes d'eau dues à l'évaporation et au ruissellement dans les massifs.

Les différents paillis

Paillis organique	Observations
Aiguilles de pin	À utiliser pour les plantes de terre acide, comme les azalées. Lentes à se décomposer.
Compost de jardin	À utiliser bien décomposé. Peut s'acheter en sacs ou en vrac.
Compost de champignons	Parfois alcalin, vérifier le pH avant usage.
Copeaux de bois	Restent difficilement en place. Lents à se décomposer.
Coques de cacao	Aspect très décoratif. Décomposition très lente, n'acidifiant pas le sol.
Déchets de tonte	À mélanger avec d'autres matériaux ou du compost avant usage pour éviter que l'herbe ne forme une masse gênant l'écoulement de l'eau.
Écorces de pin	Décoratives dans les massifs. Très lentes à se décomposer.
Fumier	À utiliser bien mûr pour ne pas brûler les plantes.
Litière de feuilles	À éviter dans les zones sensibles aux feux de broussailles car elle brûle facilement.
Luzerne	Utilisez du foin altéré impropre à la consommation du bétail.
Mauvaises herbes	Fraîchement arrachées, non montées en graines, elles se décomposent vite.

Paillis organique	Observations
Paille de céréale	Vendue en ballots ou en sacs. Matériau aéré, retenant bien l'eau.
Paille de riz	S'emploie seule ou mélangée à d'autres matériaux. Bonne résistance à la compaction. Lente à se décomposer.
Paillettes de lin	Décomposition assez lente mais enrichissant bien le sol.
Résidus de taille	À broyer avant usage. Écartez le bois malade ou les plantes récemment traitées avec un herbicide.

Paillis vivant	Observations
Plantes couvre-sol	Suppriment les mauvaises herbes ; maintiennent les racines des autres plantes au frais.

Paillis inerte	Observations
Briques ou tuiles concassées	À disposer dans les allées ou autour des plantes basses gourmandes en eau.
Galets	Attrayants dans les plantes en pot et autour des cactées.
Gravier	Facile à épandre. Certaines formes sont bon marché.
Pierres	Décoratives ; excellentes pour maintenir les sols frais.
Verre pilé	Particulièrement décoratif sur une terrasse ou dans un pot.

■ ■ ■ Privilégiez les paillis inertes ou inorganiques, moins inflammables, dans les régions sensibles aux incendies.

Fabriquer un silo à compost

Les nutriments dont se nourrissent les plantes proviennent de matières organiques qui se sont décomposées dans le sol. En apportant du compost à vos plantations, vous ne stimulez pas seulement leur vigueur, vous réduisez aussi le volume d'ordures apportées à la décharge en recyclant vos déchets verts.

RÉALISATION DU SILO

- Réfléchissez à l'emplacement du tas de compost. Pour plus de commodité, installez-le à proximité de la cuisine.
- Pour fabriquer le silo, récupérez des matériaux usagés, tels que briques, pierres, bois ou plastique. Une vieille poubelle en plastique est une solution simple et économique. Découpez le fond puis enfoncez légèrement la poubelle dans le sol.
- Pour faciliter le drainage et permettre l'accès aux organismes du sol, posez le silo directement sur le sol, à un endroit plat et bien drainé.
- Si vous construisez votre silo, réalisez une structure à quatre côtés d'au moins 1 m de haut et ouverte au sommet, avec un des côtés amovible pour pouvoir retourner le tas et récupérer le compost.
- Si vous préférez l'option achat, pensez au composteur à tambour. Il se compose d'un bac cylindrique qu'il faut faire tourner ou basculer quotidiennement. Ce mouvement répété accélère le processus de décomposition et permet d'obtenir un compost de bonne qualité en peu de temps. Choisissez un modèle adapté au volume de vos déchets.
- Placez votre silo à l'ombre pour éviter un assèchement trop rapide du compost ou une élévation excessive de la température, fatale aux organismes du sol.

En cas de problème

Symptôme	Problème	Solution
Décomposition lente	Matériaux trop secs ou tas trop petit. Parfois due au manque d'azote ou d'oxygène.	Ajoutez de l'eau. Constituez un tas plus gros. Ajoutez des matériaux riches en azote, tels que déchets de taille verts ou épluchures de légumes. Aérez régulièrement.
Odeur d'ammoniaque	Excès d'azote.	Ajoutez du carbone sous forme de paille, de papier journal ou de foin.
Odeur d'œuf pourri	Tas trop humide ou trop compact.	Aérez le tas. Ajoutez des matériaux secs. Mélangez les particules fines avec des morceaux plus gros. Ajoutez du calcaire.
Rats et souris	Ingrédients inappropriés.	Ne compostez pas la viande, le poisson ou le gras. Protégez votre silo des rongeurs.
Vapeur	Excès d'azote. Tas trop grand pour être bien retourné.	Ajoutez des matériaux riches en carbone (paille, papier journal ou foin). Limitez la taille du tas.

THÉ DE COMPOST

Utilisez cet engrais liquide pour arroser vos plantes ou (dilué de moitié) en engrais foliaire.

Compost
1 seau d'eau

- Placez le compost dans un sac perméable.
- Immergez le sac dans un seau d'eau pendant 2 semaines.
- Enlevez le sac et utilisez le liquide en fonction des besoins.

■ ■ ■ **Le compostage maison est gratuit et évite l'achat d'engrais coûteux.**

Astuce

Si vous voyez un jardinier employé à tondre régulièrement des pelouses dans votre voisinage, proposez-lui de déposer ses déchets de tonte dans votre silo à compost. Vous pourrez ainsi augmenter votre production de compost tout en lui rendant service.

La vie dans le compost

Un tas de compost héberge des centaines d'espèces de micro-organismes, tels que bactéries et champignons. Ce sont eux qui assurent la décomposition de la matière organique. Il est aussi normal que le compost attire les petites mouches à vinaigre. Elles sont inoffensives et font partie du processus naturel de compostage. Par contre, l'apparition de mouches à viande et de vermine indique que des matériaux inappropriés ont été ajoutés sur le tas.

Le compost améliore la structure et la capacité de rétention en eau des sols argileux ou sableux.

COMMENT COMPOSTER

- Alternez les couches de matériaux carbonés « bruns » – paille, foin, feuilles mortes, sciure, carton et papier journal découpés en morceaux – avec des couches de matériaux azotés « verts » – fumiers animaux, tonte de gazon, feuilles fraîches, pousses vertes, sachets de thé, marc de café, épluchures de fruits et de légumes.
- Ne compostez pas la viande, la graisse, l'huile de cuisson, les produits laitiers, les carcasses d'animaux, les excréments d'animaux domestiques ou les plantes qui ont été traitées avec des produits chimiques (voir aussi p. 43).
- Ne compostez pas les mauvaises herbes qui ont formé des graines. Même si la chaleur émise lors du compostage tue la plupart des semences, il est préférable de jeter ces plantes indésirables.
- Broyez les feuilles et les gros résidus de taille avant de les ajouter au tas pour faciliter l'action des micro-organismes.
- Évitez l'emploi des « activateurs de compost » vendus en jardinerie, leur action est de courte durée et le bénéfice faible. Privilégiez les sources naturelles d'azote telles que tontes de gazon ou fumier.
- Vous pouvez ajouter du fumier – cheval, vache, chèvre, cochon, mouton et volailles – après l'avoir fait vieillir, mais évitez les excréments de chien ou de chat, susceptibles d'héberger des agents pathogènes ou des vermifuges.
- Activez votre compost en jetant quelques pelletées de compost achevé pris dans le tas précédent. Le fumier et le purin de consoude sont aussi de bons activateurs. Ou ajoutez du purin d'ortie préparé à partir de 1 kilo d'orties pour 10 litres d'eau.

POUR UN COMPOST DE QUALITÉ

1. Brassez le tas au minimum une fois par mois.
2. Ne le laissez pas devenir trop humide ni trop sec – il doit avoir à peu près la consistance d'une éponge essorée.
3. Ne mettez pas de trop grosses quantités d'un même matériau, cela risque de ralentir ou de stopper le processus.
4. Gardez un bon équilibre entre déchets bruns et déchets verts.
5. Un tas de bonne taille génère suffisamment de chaleur pour activer le processus. Mais il est difficile de brasser et de bien aérer un tas trop grand. Les dimensions idéales sont d'environ 1 x 1 m.

■ ■ ■ **Si vous n'avez pas de jardin** mais seulement un balcon, achetez plutôt un lombricomposteur.

Fertilisez votre jardin

Pour germer, pousser, fleurir et fructifier, les plantes ont besoin de seize éléments essentiels. Certains proviennent de l'air mais la plupart se trouvent dans le sol. L'utilisation d'engrais organiques permet de compenser certaines carences. Les fumiers animaux, le lombricompost et les algues sont tous des fertilisants de bonne qualité et respectueux de la nature.

Les volailles produisent du fumier, mangent insectes et mauvaises herbes, déchets de jardin et de cuisine.

COMMENT UTILISER LES ENGRAIS

- Arrosez toujours copieusement les massifs avant et après l'apport d'engrais pour éviter de brûler les racines. Économisez de l'eau et de l'argent en fertilisant votre jardin pendant une période de fortes pluies.
- Fertilisez les plantes pendant les mois les plus chauds, quand elles sont en période de croissance active. Il est inutile d'apporter de l'engrais quand il fait froid. Fertilisez les pelouses deux fois par an, au printemps et en automne.
- Suivez les instructions indiquées sur l'emballage – pour certaines plantes, comme les fougères, l'engrais doit être dilué de moitié.
- Retenez la liste des plantes exigeantes en engrais. Ces plantes « gourmandes » comprennent les agrumes, les rosiers, les hibiscus, les bougainvillées, les pelouses et la plupart des légumes.
- Utilisez des engrais à libération lente ; faciles d'emploi, ils ne brûlent pas les racines. Si vous souhaitez une action « coup de fouet », vous pouvez recourir à un engrais foliaire.

ENGRAIS NATURELS

Les éléments majeurs sont l'azote (croissance du feuillage), le phosphore (stimule l'état général) et le potassium (développement des fleurs et des fruits).

FUMIERS ANIMAUX Ils contiennent tous les éléments essentiels et amènent des fibres au sol. Ils stimulent l'activité des organismes utiles tels que les vers de terre. À appliquer en paillis ou à incorporer au sol.

FIENTES DE VOLAILLE Riches en éléments minéraux et complètes, elles sont intéressantes pour les plantes gourmandes en engrais. Les volailles en liberté déposent directement leurs fientes dans le jardin.

ALGUES Elles contiennent des hormones naturelles qui stimulent la croissance des racines. Leur emploi contribue à minimiser le stress lié à la transplantation et améliore la tolérance au froid et à la chaleur. Certains varechs sont pauvres en azote.

LOMBRICOMPOST Produit par les vers, le lombricompost est non seulement un excellent engrais mais il peut aussi servir à d'autres usages au jardin : amendement du sol, paillage, terreautage des pelouses, ingrédient dans les mélanges de rempotage. Diluez-le dans l'eau (jusqu'à obtenir un liquide ayant la couleur d'un thé léger) et utilisez-le pour les plantes en pot.

NOURRIR LES VERS DU LOMBRICOMPOSTEUR

- ✔ Vous pouvez nourrir vos vers avec des épluchures de fruits et de légumes, du marc de café, des sachets de thé, des coquilles d'œuf écrasées, du fumier et des déchets de tonte mûrs.
- ✔ Enfouissez les épluchures dans la litière pour éviter d'attirer les mouches et autres insectes.
- ✔ Maintenez la litière humide, mais pas détrempée, et à température constante.
- ✘ Ne leur donnez pas de viande, de produits laitiers ni de graisse. Évitez oignons, ail, banane et agrumes.
- ✘ N'ajoutez pas de trop grosses quantités de déchets à la fois.
- ✘ N'utilisez pas d'insecticides en aérosol à proximité du lombricomposteur.

ASTUCE

Renseignez-vous auprès des centres équestres de votre région. Ils proposent souvent du fumier gratuit, ou du moins pour une somme modique.

CONSTRUIRE UN LOMBRICOMPOSTEUR

D'un encombrement modeste, le lombricomposteur peut être installé sur un balcon. Si vous manquez de place, c'est le moyen idéal pour fabriquer votre propre compost.

1 Il vous faut un récipient étanche d'une profondeur de 30 cm, muni de trous de drainage, de la litière (paille ou lambeaux de papier journal), de l'eau et quelques restes de cuisine.

2 Disposez quelques briques dans un plateau et placez le récipient sur les briques. Le liquide issu du lombricomposteur s'écoulera dans le plateau.

3 Remplissez le récipient aux trois quarts avec la litière humidifiée. Ajoutez un peu de terre ou de sable pour aider les vers à digérer les déchets. Laissez reposer 2 jours.

4 Introduisez les vers de fumier (*Eisenia fœtida*) ; vous pouvez les acheter dans une ferme lombricole ou sur Internet. Attention, les vers de terre du jardin ne conviennent pas à cet usage.

5 Couvez le récipient avec un film plastique ou une toile. Si vous placez votre lombricomposteur à l'extérieur, préférez un récipient avec un couvercle.

liens utiles

Fabriquer un lombricomposteur :
nimasadi.kiosq.info/article.php3?id_article=37

FUMIERS ANIMAUX

- Inspectez le fumier de cheval provenant des écuries. Un fumier riche en copeaux de bois mettra plus de temps à se décomposer. Si vous trouvez des graines de céréales, traitez-les comme un engrais vert – quand elles germent, arrachez les plantules et jetez-les sur le tas de compost.
- Laissez le fumier de vache se décomposer avant de l'utiliser au jardin. Les jardineries en proposent en granulés, conditionné en sacs.
- Le fumier de volaille est très fort. Il faut le laisser mûrir pendant 6 semaines au moins avant de s'en servir. À défaut de poulailler, vous pouvez en acheter en jardinerie. Si vous êtes opposé à l'élevage en batterie, assurez-vous qu'il provient d'animaux élevés en libre parcours.

■ ■ ■ **Les engrais à libération lente** permettent de gagner du temps et de l'argent car leur action dure souvent six mois ou plus.

Systèmes d'irrigation

Le recours aux systèmes d'irrigation est un bon moyen de gagner du temps. En outre, une installation bien conçue est plus efficace pour les plantes que l'arrosage au tuyau. Choisir le bon moment pour arroser permet aussi de réduire les pertes par évaporation, et donc d'économiser de l'argent.

ASTUCES POUR BIEN ARROSER

L'arrosage ne se résume pas à un simple jet d'eau sur les plantations. Il doit humidifier le sol en profondeur de façon à ce que l'eau arrive en quantité suffisante au niveau des racines.

N'attendez pas pour réparer un robinet qui fuit. Un robinet qui goutte lentement, c'est près de 90 litres d'eau perdue par semaine.

- Vérifiez que votre installation assure une alimentation des racines en profondeur. Laissez-la tourner pendant 20 minutes environ (plus longtemps pour les tuyaux poreux ou les systèmes goutte-à-goutte) puis observez l'état du sol. S'il est humide, coupez l'eau. S'il est encore sec, prolongez la durée d'arrosage.
- Pour réduire l'évaporation, n'arrosez que tôt le matin ou en fin de journée, quand il fait plus frais. Cependant, s'il fait vraiment très chaud en milieu de journée, vous pouvez donner un petit supplément d'eau à vos plantes. Le stress hydrique peut provoquer d'autres problèmes, tels que des attaques de parasites ou de maladies.
- Si vous arrosez à la main, apportez l'eau sur le sol et non sur le feuillage. Veillez à ne pas mouiller les feuilles en plein soleil, les rayons solaires peuvent les brûler.
- Laissez le sol s'assécher entre les arrosages, mais sans excès pour ne pas provoquer de stress chez les plantes. Adaptez l'arrosage aux conditions climatiques et respectez si nécessaire les arrêtés réglementant l'usage de l'eau.
- Arrosez plus souvent en période de sécheresse, quand le temps est

ACHETER MALIN

- Pensez à réaliser votre propre système d'irrigation. Ainsi, vous gagnerez de l'argent et obtiendrez un système adapté à vos plantations. Vous aurez peut-être besoin de combiner différentes méthodes parmi celles présentées dans le tableau ci-contre.
- Faites un schéma de votre jardin et montrez-le à un spécialiste de l'irrigation. Le conseil est généralement gratuit et vous ne perdrez pas d'argent en achetant du matériel inapproprié.
- Installez un robinet de jardin à deux sorties. L'une servira pour l'installation d'irrigation tandis que l'autre restera disponible pour remplir un seau ou fixer un tuyau.
- Ayez sous la main quelques bouchons goutteurs pour reboucher les trous s'il vous arrive d'en percer au mauvais endroit en installant votre réseau d'irrigation.

■ ■ ■ Un réseau d'irrigation unique est rarement suffisant pour tout le jardin. Il faut parfois en combiner plusieurs.

venteux et quand les plantes sont en pleine croissance ou floraison.

- Si votre système est automatisé, faites-le fonctionner la nuit ; la consommation est moindre et la pression plus élevée.
- Ne laissez pas un tuyau en plein soleil. L'eau ainsi chauffée peut brûler le feuillage. Stockez les tuyaux à l'ombre, couvrez les tuyaux d'irrigation avec un paillis ou enterrez-les légèrement. Sinon, laissez l'eau chaude s'écouler avant d'arroser les plantes.
- Contrôlez et nettoyez régulièrement les têtes d'arrosage et les filtres. Encrassés, ils ralentissent le débit de l'eau. Utilisez si nécessaire des aiguilles spéciales pour le nettoyage des buses.
- Avant l'hiver, pour éviter que votre système soit endommagé par le gel, n'oubliez pas de couper l'alimentation en eau puis de vidanger canalisations, tuyaux et asperseurs.
- Si vous utilisez l'aspersion pour lutter contre le gel, réglez votre programmateur de façon à ce que le système se mette en route plusieurs fois pendant la nuit.

LA VÉRITÉ SUR...

LES PLANTES ET L'EAU

Les plantes d'ornement sont-elles de grandes consommatrices d'eau ? Et devrait-on les proscrire en ces temps de sécheresse et de restrictions d'eau ? Non, et non. Si on ne sait pas exactement combien d'eau consomment les plantes de jardin, on est sûr que toutes les plantes ont besoin d'eau pour s'établir et qu'après, protégées par un bon paillis, la plupart peuvent survivre en étant peu arrosées.

liens utiles

Informations sur les systèmes d'irrigation : www.irrigazette.com/fr

Quel système d'arrosage ?

Type	Avantages	Inconvénients
Arrosoir	Utile pour arroser les plantes une à une (en particulier les suspensions et les plantes en pot), apporter de l'engrais et arroser les nouvelles plantations.	Un arrosoir en métal rempli pèse lourd. Si vous avez beaucoup de plantes à arroser, choisissez plutôt un modèle en plastique.
Tuyau d'arrosage	Pratique pour les plantes en pot et individuelles. Muni d'un pistolet, il peut servir à déloger des pucerons ou à doucher les jeunes plants récemment mis en terre.	L'arrosage au tuyau gaspille l'eau. En outre, l'arrosage copieux de tout le jardin peut prendre un temps considérable.
Tuyaux microporeux	Pas très chers et faciles à installer. Disposez-les sous un paillis de façon à diriger l'eau vers les racines, là où elle est nécessaire.	Plusieurs tuyaux peuvent être nécessaires pour couvrir un grand massif. L'eau s'écoulant lentement, il faut parfois les faire fonctionner longtemps.
Arroseurs	L'idéal pour les pelouses et grandes surfaces. Bon marché et faciles à installer, les arroseurs distribuent l'eau de façon uniforme, comme une pluie naturelle.	Les arroseurs consomment beaucoup d'eau et leur utilisation est souvent interdite par arrêté préfectoral lors des longues périodes de sécheresse.
Micro-irrigation	Une méthode efficace. Les micro-asperseurs ont un rayon d'action qui varie de 90 à 360 degrés, ce qui permet d'ajuster l'arrosage en fonction de chaque zone.	Les têtes d'arrosage s'obstruent facilement. Il faut bien noter l'emplacement des tuyaux enterrés pour éviter de les percer d'un coup de fourche.
Système goutte-à-goutte	Il minimise les pertes d'eau car celle-ci arrive directement au niveau des racines. C'est un système efficace en cas de faible pression dans le réseau.	Difficile à installer dans un jardin déjà établi et comportant de nombreuses plantes. Installation coûteuse. Il faut parfois le laisser fonctionner plusieurs heures.

■ ■ ■ **Enfoncez un doigt dans le sol** pour voir si votre jardin est suffisamment arrosé ; c'est l'indicateur le plus précis.

De l'eau pour le jardin

Dans de nombreuses régions, l'eau est une ressource limitée. Les plantes n'ayant pas besoin d'eau potable, vous pouvez profiter de la nature et récupérer les eaux de pluie ou de ruissellement, ou bien recycler l'eau de votre habitation. Si vous n'atteignez pas l'autosuffisance, réduisez votre consommation : un bonus pour votre porte-monnaie comme pour l'environnement.

CITERNES

Utilisez une citerne pour récupérer l'eau de pluie. Choisissez un modèle adapté à vos besoins (voir p. 36). Installez-la avec soin pour optimiser son efficacité.

- Avant toute installation, renseignez-vous pour savoir s'il existe une réglementation locale concernant l'implantation d'une citerne.
- Placez la citerne à proximité d'une descente d'eau. Vous économiserez ainsi sur la longueur de tuyau et l'eau en excès s'évacuera directement dans le réseau.
- Choisissez un emplacement naturellement frais, comme la façade nord ou est de la maison. Les algues prolifèrent dans les eaux chaudes.
- Placez votre citerne dans un point haut du jardin, ce qui vous permettra d'utiliser la gravité pour distribuer l'eau.
- Si vous avez besoin d'une pompe, pour augmenter la pression dans les asperseurs ou amener l'eau vers le haut, assurez-vous que vous avez une arrivée de courant protégée des intempéries à proximité.
- Pour les petits terrains, le réservoir mural est un système de stockage vertical pratique, nettement moins encombrant.
- Installez un filet à mailles fines, type toile d'ombrage, au-dessus, pour éviter la prolifération des moustiques.

L'eau de pluie peut fournir entre 30 et 40 % de l'eau utilisée pour le jardin.

CACHER LA CITERNE

Bien qu'ils présentent un intérêt environnemental et économique, les récupérateurs d'eau de pluie sont généralement peu esthétiques. Voici quelques idées pour pallier cet inconvénient.

- Vous pouvez enterrer la citerne. Cela dépend de la nature de votre sol, de l'accessibilité du terrain aux engins de terrassement et de la somme que vous êtes prêt à investir.
- Peignez la citerne de la même couleur que le mur de façon à fondre l'installation dans le décor.
- Placez devant la citerne des pots garnis de bambous pour un effet immédiat.
- Entourez le réservoir avec des écrans vendus en jardinerie, de type brande ou canisse.

UTILISER L'EAU DE PLUIE

L'installation d'un récupérateur d'eau de pluie allège les factures d'eau et offre une source d'eau appréciable pendant les périodes de sécheresse. À votre niveau, vous agirez aussi pour l'environnement en :

- ✔ réduisant la pression dans les conduites d'eau ;
- ✔ préservant l'eau potable ;
- ✔ protégeant les zones de captage ;
- ✔ limitant le ruissellement ;
- ✔ créant un point d'eau pour combattre le feu.

■ ■ ■ Certains récupérateurs d'eau de pluie muraux peuvent également servir pour clôturer un jardin ou diviser une terrasse.

- Pour un décor saisonnier, cultivez de grandes annuelles telles que des tournesols et des pois de senteur.
- Entourez la citerne avec un treillage au pied duquel vous planterez une grimpante persistante à croissance rapide, comme du lierre.
- Plantez une rangée d'arbustes persistants devant la citerne et taillez-les pour créer un écran étroit. Conifères nains, photinias ou viornes peuvent convenir à cet usage.
- Tendez des fils entre deux poteaux à l'avant de la citerne et palissez-y une plante. Attachez les rameaux sur les fils et taillez-les pour obtenir un effet horizontal.

LA VÉRITÉ SUR...

L'EAU DU ROBINET

On croit souvent que l'eau du robinet est mauvaise pour les plantes à cause de sa teneur en chlore. En fait, la faible quantité de chlore contenue dans l'eau du réseau et sa dispersion rapide à la lumière font que le chlore n'a pas d'effet sur les plantes du jardin. Dans les régions où l'eau du robinet est calcaire, il est cependant conseillé d'utiliser l'eau de pluie, neutre à légèrement acide, pour arroser les plantes de terre de bruyère telles que les camélias ou les rhododendrons.

UTILISER LES EAUX GRISES

Les eaux grises sont les eaux usées provenant de douches, bains, lavabos ou machines à laver. Une maisonnée moyenne produit entre 200 et 800 litres d'eau grise par semaine. L'habitation doit être équipée d'un système permettant la récupération et le stockage des eaux évacuées par les lavabos, baignoires ou lave-linge. Suivez ces conseils pour utiliser l'eau grise en toute sécurité (voir aussi p. 38).

• *Recyclez l'eau de rinçage de votre machine à laver pour arroser votre jardin.*

- Vérifiez la réglementation auprès des autorités locales. Le recyclage des eaux grises n'est pas très répandu en France, contrairement à d'autres pays.
- D'un point de vue sanitaire, il est préférable d'utiliser un système d'arrosage enterré pour irriguer le jardin avec de l'eau grise.
- S'agissant de la machine à laver, utilisez uniquement l'eau de rinçage de façon à ne pas introduire de détergents concentrés dans vos plantations.
- N'utilisez pas l'eau provenant d'une machine ayant lavé des couches pour bébés car elle peut contenir des matières fécales porteuses d'agents pathogènes.
- Laissez l'eau refroidir avant usage car l'eau chaude risque d'endommager les racines.
- Dans les zones arrosées en permanence à l'eau grise, traitez le sol avec du gypse pour favoriser la décomposition de sels tels que le sodium, dont l'accumulation finit par être toxique pour les plantes. Vous pouvez aussi diluer l'eau grise avec de l'eau de pluie ou de l'eau du robinet.
- Les graisses contenues dans les savons peuvent diminuer la capacité du sol à absorber l'eau. Si c'est le cas, traitez le sol avant un agent mouillant tous les 6 mois environ.
- N'utilisez pas l'eau grise pour arroser les légumes ou les aires de jeux des enfants.
- Vérifiez le pH du sol. L'eau grise tend à augmenter l'alcalinité, ce qui peut provoquer des carences en fer chez les plantes (jeunes feuilles jaunes et nervures vertes). Si nécessaire, remédiez à ce problème en faisant un apport de sulfate ou de fer dans le sol.
- N'utilisez pas l'eau grise dans le jardin si elle est susceptible de contenir du phosphore (présent dans certains détergents). L'excès de phosphore provoque également des carences en fer.
- Utilisez moins d'engrais.

■ ■ ■ **Ajoutez quelques gouttes d'huile végétale** à l'eau des citernes et des tonneaux pour éviter la prolifération des moustiques.

Un jardin économe en eau

La clé pour réaliser un jardin économe en eau consiste en une préparation minutieuse du sol, des soins appropriés juste après la plantation et un usage intensif de matières organiques et de paillis. Si vous voulez réduire l'entretien et économiser l'eau, ces principes valent pour tous les jardins, pas seulement ceux des régions sèches.

POUR DÉMARRER

- Bêchez le sol pour briser les mottes et enlever les cailloux. L'eau aura ainsi plus de facilité à imprégner les particules de terre.
- Évaluez la capacité de drainage de votre sol en effectuant un contrôle (voir encadré ci-contre). Un bon drainage est essentiel pour un jardin économe en eau.
- Ajoutez de grosses quantités de matière organique – compost, compost de champignon et fumier – au sol, en l'enfouissant sur un fer de bêche au moins.
- Groupez les plantes en fonction de leurs besoins en eau. Vous pourrez ainsi arroser ensemble les plantes gourmandes en eau et laisser les plus résistantes attendre la pluie.
- Creusez une cuvette au pied de chaque plante de façon à ce que la moindre pluie soit aussitôt dirigée vers les racines.
- Même la plante la plus résistante à la sécheresse a besoin d'eau au moment de la plantation. Mouillez bien la terre en versant petit à petit un plein arrosoir.
- Paillez la zone des racines, sans toucher la tige ou le tronc pour éviter le développement d'une pourriture au collet.
- Laissez le système radiculaire s'établir puis diminuez les arrosages jusqu'à ce que la plante soit capable de se contenter des précipitations.

LE CONTRÔLE

Creusez un trou et remplissez-le d'eau. Mesurez le temps que met le trou à se vider.

✗ 0 à 60 minutes : vous devez améliorer votre sol avant de commencer vos plantations.

✗ 1 à 4 heures : ajoutez beaucoup de matière organique.

✔ 4 à 8 heures : le sol est bien, commencez à planter.

✗ Plus de 8 heures : le sol est mal drainé, incorporez un peu de gypse et essayez de nouveau.

DES CHOIX JUDICIEUX

Économisez eau et argent en choisissant vos plantes avec soin. Renseignez-vous sur leurs besoins en eau avant tout achat.

- Les arbres, arbustes et graminées originaires des régions méditerranéennes supportent bien les longues périodes de sécheresse. Parmi ces plantes figurent de nombreuses espèces à feuillage aromatique.
- Pensez aux plantes grasses, qui emmagasinent de l'eau dans leurs tissus, ou aux plantes à feuillage dressé ou pendant, qui offrent ainsi une surface réduite à l'ardeur du soleil. Les plantes aux feuilles coriaces supportent aussi généralement bien la sécheresse.
- Choisissez des plantes à feuillage gris ou argenté, comme l'épiaire laineux (*Stachys byzantina*). Les poils duveteux qui couvrent les feuilles limitent les pertes d'eau.

Beaucoup de plantes exotiques sont résistantes à la sécheresse. Recherchez les espèces susceptibles de convenir à votre région.

Dix plantes peu exigeantes

Plante	Type de plante	Conditions
Santoline (*Santolina rosmarinifolia*)	Arbuste compact.	Plein soleil, sol bien drainé.
Romarin (*Rosmarinus officinalis*)	Arbuste buissonnant.	Plein soleil, sol bien drainé.
Buddléia (*Buddleja davidii*)	Arbuste.	Plein soleil.
Millepertuis (*Hypericum calycinum*)	Couvre-sol.	Soleil ou mi-ombre.
Euphorbe de Corse (*Euphorbia myrsinites*)	Vivace en touffe étalée.	Plein soleil, sol bien drainé.
Herbe aux diamants (*Achnatherum brachytricha*)	Graminée.	Plein soleil, sol bien drainé.
Herbe aux écouvillons (*Pennisetum alopecuroides*)	Graminée.	Plein soleil, sol bien drainé.
Lin de Nouvelle-Zélande (*Phormium tenax*)	Vivace en touffe raide.	Plein soleil, pour climat doux.
Pâturin (*Poa chaixii*)	Graminée.	Mi-ombre.
Yucca (*Yucca filamentosa*)	Arbuste en touffe.	Plein soleil, sol bien drainé.

CONNAISSEZ-VOUS LE « XERISCAPING » ?

Le xeriscaping est une technique de jardinage dont le but est de préserver l'eau.

- Façonnez le terrain en créant des monticules bas et des canaux de façon à diriger le moindre écoulement d'eau vers les plantes les plus grandes.
- Remplacez la pelouse par des surfaces en dur.
- Choisissez des plantes qui poussent naturellement dans des régions arides et sont capables de vivre sans apport d'eau supplémentaire une fois établies.
- Pour retenir l'humidité, paillez le sol. Les graviers et galets sont très décoratifs dans les jardins secs.

AUTRES CHOIX

Un jardin économe en eau ne ressemble pas forcément à un désert. Il existe des alternatives.

- Dans les régions qui ne souffrent pas du froid, certaines plantations exotiques, palmiers ou fougères arborescentes par exemple, tolèrent de longues périodes de sécheresse une fois bien établies. L'idéal est de les pailler et de leur offrir un bon arrosage si la pluie tarde à revenir.
- Les plantes à feuillage caduc consomment peu d'eau en hiver et ne nécessitent que peu d'arrosages en été. Elles sont en revanche plus exigeantes au printemps, quand se forment les nouvelles feuilles et les fleurs. Heureusement, cette saison coïncide dans de nombreuses régions avec la période la plus arrosée de l'année.
- Les jardins d'eau ne consomment pas beaucoup d'eau une fois bien établis. Apportez juste un peu d'eau de temps en temps pour compenser les pertes dues à l'évaporation.

DES PLANTES ADAPTÉES

Les cactées se plaisent dans une ambiance sèche, surtout en hiver, et se contentent de très peu d'eau.

- Cultivez les cactées en pot ou en pleine terre selon votre climat. Elles exigent un sol ou un terreau très perméable. Il leur faut aussi beaucoup de lumière, de la chaleur et une bonne ventilation.
- Si besoin, arrosez-les au début du printemps car c'est à cette période qu'elles fleurissent et fructifient.
- Pour éviter les problèmes liés à un excès d'arrosage dans les zones mal drainées, cultivez les cactées dans des massifs surélevés ou sous une avancée de toit.
- Entourez les plants de graviers pour empêcher l'humidité de stagner au niveau des collets.

liens utiles

Conseils pour économiser l'eau au jardin :
www.jeconomiseleau.org/jardin.htm
www.guidenaturabio.com (rubrique eau et jardin)
Plantes économes en eau : vivacemonde.free.fr/fiche_jardin_econome.php
Informations sur le xeriscaping : www.xeriscape.org

En période de sécheresse prolongée, toutes les plantes, même les moins exigeantes, apprécieront un apport d'eau complémentaire.

GUIDE DE PLANTATION

Économisez de l'argent et préservez l'environnement en cultivant vos fruits, légumes et fleurs sans produits chimiques.

Créer un potager

Rien ne vaut la saveur des jeunes légumes tout juste récoltés. Posséder votre propre potager vous permettra de disposer de produits frais et de réduire, voire de supprimer, l'usage des pesticides ou engrais chimiques. C'est à la fois bon pour votre santé et bon pour l'environnement. Avec une planification rigoureuse, vous pouvez en outre obtenir des légumes frais toute l'année.

LES CLÉS DU SUCCÈS

1 Pour un premier potager, ne voyez pas trop grand. Démarrez avec une petite surface. Vous pourrez l'agrandir ensuite.

2 Choisissez des variétés résistantes aux maladies, adaptées à votre climat et à votre situation.

3 Pour étaler les récoltes, échelonnez vos semis en semant peu à la fois. Préférez les graines ou les plants déjà bien développés aux barquettes pleines dépassant largement vos besoins.

4 Paillez le sol entre les rangs et entre les plants pour freiner la croissance des mauvaises herbes. Arrachez les pousses indésirables dès leur apparition.

5 Protégez les jeunes semis du soleil ardent en été avec une toile d'ombrage que vous pourrez retirer une fois les plants bien établis.

6 Consacrez un peu de temps à vos plantes une fois par jour. Cinq minutes suffisent pour arroser, récolter quelques légumes et évaluer l'état sanitaire des plantations.

7 Plutôt que de recourir aux pesticides, acceptez quelques dégâts sur les feuilles et autres parties non consommées. Essayez en premier lieu les plantes compagnes (voir p. 226). Si elles ne suffisent pas, utilisez la lutte biologique ou introduisez des insectes auxiliaires.

8 Arrosez votre potager tôt le matin ou en soirée, mais jamais en pleine chaleur, pour limiter les pertes par évaporation.

9 Pour optimiser l'utilisation des nutriments et empêcher le développement des ravageurs et maladies, évitez de cultiver les végétaux d'une même famille sur la même parcelle plusieurs saisons de suite. Par exemple, ne plantez pas des brocolis après des choux pommés ; tous deux appartiennent à la même famille des Brassicacées.

10 Insérez des plantes à fleurs comme la lavande au milieu des légumes pour attirer les insectes pollinisateurs.

■ ■ ■ **Organisez-vous avec votre famille ou des voisins pour ne pas cultiver tous les mêmes légumes et pouvoir partager vos récoltes.**

Variétés naines de légumes

Légume	Variété	Récolte
Betterave	'Kestrel'	Printemps à été
Carotte	'Parmex'	Été à automne
Haricot	'Aiguillon'	Été
Laitue à couper	'Salad Bowl'	Printemps à automne
Piment	'Etna'	Été à automne
Pois	'Hâtif d'Annonay'	Printemps à été
Radis	'Flamboyant'	Printemps à automne
Tomate	'Tiny Tim'	Été à automne

POUR ou CONTRE

LE POTAGER, SOURCE D'ÉCONOMIE ?
La première année, l'installation occasionne des dépenses incontournables – clôtures, bordures, engrais et plants. Après, les coûts peuvent aussi dépasser les gains si vous continuez à acheter plants et engrais. Pour une économie maximale, effectuez vos semis, faites votre compost, allez chercher le fumier dans les fermes et limitez l'emploi des engrais. Cultivez les légumes dont les prix de vente sont élevés, tels que tomates, haricots rouges, pois croquants et bettes.

~ BON À SAVOIR ~

Tentez la culture des variétés anciennes. Elles ont le plus souvent un meilleur goût, une forte productivité et une bonne résistance aux maladies. Elles sont idéales pour le potager familial.

CHOIX DE L'EMPLACEMENT

- Contrôlez le drainage. Creusez un trou profond de 30 cm et remplissez-le d'eau. Si l'eau reste des heures dans le trou, il sera nécessaire de poser des drains pour évacuer l'eau en excès ou de cultiver les légumes dans des carrés surélevés.
- L'emplacement doit recevoir au moins 6 heures de soleil par jour, de préférence dès le matin. Installez si nécessaire votre potager à l'avant de la maison.
- Si l'endroit le plus ensoleillé du jardin est occupé par une pelouse, il faut envisager son remplacement. Décapez le gazon et employez-le ailleurs, détruisez l'herbe en la couvrant de papier journal et de plastique, ou construisez des carrés surélevés (voir p. 231).
- N'installez pas votre potager trop près de grands arbres, qui risquent de faire de l'ombre et de concurrencer les légumes pour l'eau et les nutriments.

RÉALISER UN MINI-POTAGER

- Si vous ne disposez que d'un espace restreint, cultivez des légumes à salade dans un grand pot. Plantez par exemple un pied de tomate entouré de laitues et de ciboulette.
- Préférez les variétés en buisson aux formes rampantes ou grimpantes, comme les variétés non coureuses de potiron.
- Cultivez en pot les variétés naines des légumes suivants : betterave (exige une profondeur de 20 cm afin que les racines aient assez de place pour se développer), poivron, piment, aubergine, haricot, laitue, échalote, bette et tomate.
- Pensez à utiliser l'espace vertical. Cultivez des pois ou des haricots à rames sur un tripode réalisé avec trois tuteurs en bambou reliés au sommet et entourés de grillage.

liens utiles

Groupes dédiés à la conservation des légumes oubliés :
www.ohlegumesoublies.com ; www.biaugerme.com ;
www.kokopelli.asso.fr
Commencer un jardin potager :
www.jardinpotager.com/vosdebuts.htm

■ ■ ■ **Les légumes peuvent être cultivés** avec succès dans un massif de fleurs, en pot, sur une terrasse ou un appui de fenêtre ensoleillé.

Des légumes au fil des saisons

Légume	Récolte	Observations	Conservation et utilisation
Asperge	Printemps	La récolte commence à partir de la troisième année. Coupez le turion sous le niveau du sol avec un couteau aiguisé.	Coupez les bases, enveloppez dans un torchon humide puis placez au réfrigérateur. Couvrez avec un plastique.
Betterave	10 semaines après le semis	Les betteraves sont meilleures jeunes mais elles peuvent être conservées dans le sol et récoltées pendant plusieurs mois.	Les feuilles se consomment aussi en salade.
Carotte	Toute l'année en climat doux	Récoltez en continu pour prolonger la saison.	Les jeunes carottes ont une saveur plus fine.
Chou pommé	Été à automne ou 8-16 semaines après le semis	Récoltez toute la plante quand les pommes sont fermes et bien rondes.	Peut être tranché, blanchi pendant 3-4 minutes et conservé au réfrigérateur.
Maïs	Printemps à automne ou 10 semaines après le semis	Quand les soies commencent à brunir, le maïs est bon à être récolté.	Consommez le maïs le plus tôt possible après la récolte.
Panais	18-20 semaines après la plantation	Récoltez en continu pour prolonger la saison. Arrachez les jeunes panais après 2-3 mois ou laissez en terre jusqu'à 6 mois.	Se conserve à l'abri de la lumière pendant 1-2 semaines ou dans le bac à légumes plusieurs semaines.
Patate douce	Automne ou 20 semaines après la plantation	Les tubercules sont mûrs quand la plante commence à jaunir.	Laissez les tubercules sécher au soleil pendant quelques jours après l'arrachage.
Pomme de terre	Printemps et été	Récoltez après la floraison, quand les feuilles commencent à jaunir.	Conservez-les à l'abri de la lumière pour empêcher le verdissement (et les alcaloïdes).
Potiron	Automne	Récoltez quand les tiges commencent à flétrir, avant les gelées.	Placez les potirons au chaud pour faire durcir la peau, puis entreposez-les dans un local frais, sec et bien aéré.
Tomate	Début d'été à automne	Pour plus de saveur, laissez les fruits mûrir sur pied.	Consommez-les fraîches ou faites des conserves.

TOMATES
Avec des techniques de culture appropriées, il est possible d'avoir des tomates à des époques où leur prix de vente est élevé.

- Repiquez les jeunes plants à la fin du printemps, quand tout risque de gel est écarté. Si des nuits froides sont annoncées, abritez les plantes car les températures basses inhibent la formation des fruits.
- Privilégiez les variétés hâtives, de type 'Marmande' par exemple. Elles forment leurs fruits plus rapidement, sont plus résistantes au froid et peuvent se récolter dès la mi-été.
- Choisissez la partie la plus ensoleillée du jardin et enfouissez de grosses quantités de matière organique, comme du compost ou du fumier bien décomposé, pour améliorer la capacité de rétention en eau du sol.
- Arrosez régulièrement les plants de tomates.
- Commencez la fertilisation avec un engrais organique liquide à l'apparition des premières fleurs.

■ ■ ■ Plantez des légumes à croissance rapide
tels que radis ou laitues avant d'installer les tomates, plus tardives.

CARROTTES

Peu exigeantes, les carottes peuvent être cultivées à partir de semis. Elles sont récoltées environ 3 mois plus tard et se mangent crues ou cuites.

- Les carottes se sèment entre mars et juillet selon les régions. En climat doux, le semis sous tunnel ou châssis froid en novembre permet une récolte dès le mois de mai.
- Préparez le sol avec soin. Les carottes ont besoin d'un sol profond, léger et bien drainé. Si votre terre est argileuse, cultivez-les dans un carré surélevé et choisissez des variétés à racine courte comme 'Chantenay'.
- Enlevez les cailloux et les grosses mottes pour éviter la formation de racines fourchues.
- Les graines étant très fines, mélangez-les à du sable fin pour faciliter leur dispersion (ou achetez des graines en ruban ou enrobées). Répandez le mélange dans le sillon.
- Éclaircissez les plantules à 2-3 cm de distance. Éclaircissez de nouveau quand les plants atteignent 15 cm environ.

Pour les débutants, il est conseillé de commencer avec des légumes faciles tels que carottes, tomates cerises, haricots verts, potirons, radis, laitues à couper et bettes.

LAITUE

- Il existe une grande diversité de laitues à semer à différentes périodes de l'année. Certaines, à feuilles épaisses, tolèrent bien la chaleur et sont plus adaptées pour le Midi.
- Les graines de laitue lèvent mieux quand la température reste en dessous de 20 °C. Au-delà, la germination est freinée, voire stoppée quand il fait plus de 30 °C.
- Repiquez les jeunes plants en pleine terre ou, si vous manquez de place, dans un grand pot en forme de coupe rempli d'un bon terreau de rempotage. Certaines variétés sont aussi décoratives.
- Maintenez le sol humide jusqu'à la levée. Arrosez tous les jours en été mais ne versez pas l'eau directement sur les salades en pleine chaleur.
- En été, protégez les jeunes plants du soleil ardent de l'après-midi jusqu'à ce qu'ils soient parfaitement établis, en particulier dans les régions méridionales.

DES POMMES DE TERRE DANS DES PNEUS

Pour recycler des pneus usagés et récolter de délicieuses pommes de terre.

2 pneus de voiture usagés
Foin, compost ou terreau de rempotage
Semences de pomme de terre

- Posez un pneu à plat sur le sol.
- Mettez une couche de foin, compost ou terreau, puis placez dessus deux tubercules.
- Recouvrez les tubercules avec une autre couche. Arrosez bien.
- À mesure que les pommes de terre poussent, posez un deuxième pneu sur le premier et ajoutez une couche de foin, compost ou terreau. Répétez l'opération si la croissance des plantes le demande.
- Au bout de quelques mois, commencez à récolter les premiers petits tubercules.
- Effectuez la récolte complète quand le feuillage jaunit.

■ ■ ■ **Étalez la production en récoltant** certains légumes quand ils sont jeunes et en laissant les autres mûrir plus longtemps.

Un jardin d'herbes

Les herbes aromatiques embaumant le jardin par une journée chaude et ensoleillée symbolisent l'été. Même si vous n'avez pas beaucoup de place, vous pouvez toujours cultiver quelques herbes pour aromatiser vos plats. Certaines plantes aromatiques ont aussi des propriétés médicinales et peuvent servir dans la lutte contre les insectes.

CHOIX DE L'EMPLACEMENT

Si votre culture a un but culinaire, installez vos herbes aromatiques à proximité de la cuisine. Si vous souhaitez uniquement profiter de leur beauté et de leur parfum, ou les utiliser pour attirer les abeilles, voici d'autres options.

- Vous pouvez disperser vos herbes dans le jardin, dans les endroits ensoleillés, ou leur consacrer une plate-bande. Dans ce cas, disposez-les en rangs ou en formant des dessins géométriques.
- Pensez à la rocaille, où les espèces comme le thym se plaisent particulièrement. Vous pouvez aussi utiliser les herbes pour border les massifs de fleurs ou les allées. Le persil, par exemple, convient tout à fait à cet usage.
- Pour attirer les abeilles et autres insectes auxiliaires, plantez des herbes telles que le romarin, la lavande, la coriandre et la ciboulette au milieu du potager.

CULTIVER LES HERBES EN POT

- Si vous manquez de place, cultivez vos herbes en pot. Utilisez des paniers suspendus pour celles qui ont un port retombant ou rampant, comme le thym et l'origan.
- Le pot à fraisiers est une alternative. Des orifices ménagés à différentes hauteurs dans ses parois permettent la culture de plusieurs plants. Il convient parfaitement aux herbes aromatiques. Utilisez des plantes basses, telles que le thym, pour garnir les ouvertures sur les côtés et des espèces plus grandes pour le dessus.
- La culture en pot est également intéressante pour les herbes envahissantes telles que les menthes.

~ BON À SAVOIR ~

Faciles à cultiver, le basilic, la ciboulette, l'ail, la menthe, l'origan, le persil, la roquette et le thym conviennent parfaitement au jardinier débutant.

CONSEILS DE CULTURE

- Protégez les herbes annuelles de la canicule estivale avec une toile d'ombrage ou en vaporisant les feuilles.
- Choisissez des variétés résistantes à la « montaison » – formation prématurée des graines qui affaiblit l'arôme de la plante et la rend amère.
- Cultivez les herbes à la bonne période de l'année. La coriandre, par exemple, redoute la forte chaleur qui accélère sa croissance et provoque la montaison.
- Semez la ciboulette en place. Éclaircissez les plantules et récoltez régulièrement les feuilles car les plantes serrées montent plus vite en graine.
- Enlevez les insectes parasites à la main et lavez toujours les herbes à grande eau avant usage.
- En cas d'attaque sévère, vaporisez de l'huile ou de l'eau savonneuse, ou essayez *Bacillus thuringiensis*, une bactérie qui élimine les chenilles sans nuire aux autres insectes.
- Coupez les parties abîmées puis faites un apport d'engrais et un bon arrosage pour encourager le développement de nouvelles pousses saines.

■ ■ ■ Pour cultiver des herbes aromatiques avec succès, le choix de l'emplacement – ensoleillé et bien drainé – est primordial.

RÉCOLTE ET CONSERVATION

- Cueillez les herbes juste avant qu'elles ne commencent à fleurir. C'est à ce moment que la concentration en huiles aromatiques est la plus forte.
- Pour le séchage, attachez les tiges et suspendez les plantes tête en bas dans un lieu chaud et bien ventilé. Quand elles ont séché, récoltez les feuilles et placez-les dans un bocal hermétique.
- Si vous utilisez un micro-ondes, placez les herbes entre deux feuilles de papier absorbant et laissez sécher à puissance maximale jusqu'à ce que les herbes deviennent cassantes (1 ou 2 minutes selon l'appareil).
- Au four traditionnel, placez les herbes sur une plaque et laissez sécher à température douce. Vous pouvez aussi utiliser un déshydrateur.
- Certaines herbes, comme le basilic, le persil et l'estragon, se congèlent bien. Cueillez les herbes, lavez-les rapidement puis émincez-les. Mettez les morceaux dans les alvéoles d'un bac à glace rempli d'eau. Une fois congelés, conservez les cubes dans un sac en plastique au congélateur, prêts à être jetés dans une casserole d'eau bouillante.

HERBES MÉDICINALES

- Antiseptique et antifongique, l'aloès (*Aloe vera*) est utilisé pour soigner coupures et brûlures. Pour s'en servir, il suffit de casser une feuille en deux, ce qui libère le gel.
- Le souci (*Calendula officinalis*) soulage blessures, brûlures, piqûres d'insecte, eczéma, gerçures et démangeaisons. Il entre souvent dans la composition des pommades du commerce.
- Les fleurs séchées de camomille (*Chamaemelum nobile*) utilisées en infusion calment les nausées.
- La tanaisie (*Chrysanthemum parthenium*, syn. *Tanacetum parthenium*) est préconisée contre les céphalées.
- L'ail (*Allium sativum*) est censé réduire le cholestérol, abaisser la tension, prévenir du cancer, soigner les infections et stimuler les défenses de l'organisme.
- Le gingembre (*Zingiber officinale*) soulage les problèmes digestifs, le mal des transports et les nausées.
- La valériane (*Valeriana officinalis*) est un remède traditionnel contre l'anxiété, le stress et l'insomnie.

Herbes culinaires

Cuisine	Herbes
Française	Ciboulette, verveine citronnelle, marjolaine, estragon, thym.
Grecque	Ciboulette, basilic, marjolaine, origan.
Italienne	Ciboulette, ail, origan, persil, romarin, sauge, basilic.
Mexicaine	Piment, ciboulette, coriandre, cresson.
Thaïe	Coriandre, gingembre, basilic citron, citronnelle, menthe thaïe, menthe vietnamienne (rau ram).

liens utiles

Informations sur les herbes aromatiques, leur culture et leur usage :
jardin.potager.free.fr/aromates.htm

LAURIER-SAUCE Le laurier-sauce atteint près de 10 m de haut, mais une taille régulière permet de le maintenir à l'état arbustif. On peut aussi le cultiver dans un grand bac. Les feuilles s'utilisent en bouquet garni dans les soupes et les ragoûts. Enlevez-les avant de servir.

LAVANDE (*à droite*) Prisée pour sa floraison décorative et son feuillage odorant, la lavande peut être plantée en haie libre ou dans un jardin champêtre. Son huile essentielle est utilisée dans les parfums et les savons et comme antiseptique. Elle est préconisée contre l'insomnie, l'anxiété et la dépression.

ROMARIN Pouvant atteindre 1,50 m de haut, cet arbuste est idéal pour les haies. Ajoutez des brins de romarin au rôti d'agneau ou utilisez-les en piques pour les brochettes.

Créer un verger

Si l'idée d'implanter un verger dans un jardin de ville peut sembler ambitieuse, il existe plusieurs moyens de cultiver des arbres ou arbustes fruitiers dans un petit espace. Saisissez la moindre occasion pour choisir une espèce à fruits – un noyer pour l'ombre, une vigne pour orner une treille ou une haie d'arbustes à petits fruits pour vous isoler.

ACHETER MALIN

- Achetez des arbres fruitiers à racines nues en hiver. Ils sont moins chers car vous n'avez pas à payer le coût du transport et de la manutention de la terre ou des pots.
- Choisissez des variétés naines. Vous économiserez sur les dépenses concernant l'engrais, l'arrosage et l'entretien.
- Plantez un arbre multigreffé. Vous obtiendrez ainsi plusieurs variétés pour le prix d'un seul arbre.

PLANTER DES ARBRES FRUITIERS

- Plantez toujours des variétés greffées. Les plantes issues de semis ne sont généralement pas identiques aux parents et mettent souvent de nombreuses années pour produire des fruits.
- Choisissez des variétés adaptées à votre climat et à votre situation. Plantez les arbres le plus rapidement possible après leur achat, les racines ne doivent surtout pas sécher.
- Faites au fond du trou une petite butte sur laquelle vous étalerez les racines. Placez la racine la plus vigoureuse dans la direction du vent dominant. Veillez à ce que le point de greffe se trouve bien hors du sol.
- Apportez un engrais à libération lente au moment de la plantation ou un engrais complet au printemps. Les engrais riches en potassium stimulent la formation des fleurs et des fruits.
- Votre arbre est-il autofertile ou a-t-il besoin du pollen d'une autre variété ? De nombreux arbres fruitiers ne fructifient pas s'ils ne bénéficient pas d'une pollinisation croisée. Pour les variétés autofertiles, un seul arbre suffit, pour les autres, il faut planter au moins un arbre d'une variété différente mais de la même espèce.
- N'éloignez pas trop la variété pollinisatrice – pas plus de 30 m – pour faciliter le travail des abeilles.

RÉALISER UN MINI-VERGER

- Plantez des variétés naines. Elles produisent des fruits du même calibre que les variétés classiques mais prennent moins de place. Il existe des variétés naines de pommes, d'agrumes, de nectarines, de pêches et de prunes qui peuvent être cultivées à l'étroit ou même en pot – l'idéal pour une terrasse.
- Économisez de l'espace en plantant des arbres multigreffés – un seul pied porte plusieurs variétés. On trouve ce type d'arbres chez les agrumes, le pommier, le poirier et les fruitiers à noyau. Vous pouvez sélectionner une combinaison de fruits adaptés à votre climat ou inclure des variétés compatibles sur le même arbre.
- Les arbres cultivés en espalier contre un mur ou en contre-espalier permettent aussi de gagner de la place tout en contribuant au décor du jardin (photo à gauche).

■ ■ ■ **Taillez vos arbres en gobelet** de façon à laisser pénétrer la lumière au centre et stimuler la formation des fleurs et des fruits.

CONTRE LA MOUCHE MÉDITERRANÉENNE

La mouche méditerranéenne des fruits est un ravageur redouté dans le Midi. Ce piège vous permettra non seulement de capturer les mouches mais aussi de savoir quand mettre en place un traitement préventif.

- Percez plusieurs trous de 6 mm dans le col d'une bouteille en plastique de 1 litre. Placez un appât – levure, porto, essence de vanille ou sucre – dans la bouteille, ainsi que quelques gouttes d'alcool dénaturé.
- Suspendez la bouteille juste au-dessus des feuilles inférieures. Remplacez l'appât au moins deux fois par semaine. Installez le piège environ 6 semaines avant la récolte, quand les fruits commencent à mûrir, et laissez-le jusqu'à la cueillette.

VERGERS POUR LES PLUS GRANDS TERRAINS

- Si vous avez suffisamment de place, consacrez une partie de votre jardin aux arbres fruitiers. Choisissez un endroit ensoleillé et bien drainé. Une pente exposée au sud est idéale.
- N'oubliez pas que la plupart des arbres fruitiers mettent 2 ans avant de produire et que ceux issus de semis ne se mettent pas à fruit avant 7 ans, voire plus.
- Clôturez le verger pour empêcher les animaux d'y pénétrer. Avant la plantation, installez des brise-vent sur les côtés nord, est et ouest.
- Espacez suffisamment vos arbres pour éviter la concurrence. Une plantation trop serrée favorise la propagation des parasites et des maladies et affaiblit les récoltes. Pour déterminer les distances de plantation, renseignez-vous sur la hauteur et la largeur à l'âge adulte des variétés que vous avez choisies.
- Si vous avez prévu des allées en gazon entre les arbres, pensez à laisser suffisamment de place pour le passage de la tondeuse. Plantez en rangs droits pour faciliter la tonte.
- Regroupez si possible les arbres à noyau et les arbres à pépins entre eux. Le travail des insectes pollinisateurs sera ainsi plus efficace.

TRAITEMENTS NATURELS

- Suspendez dans les arbres des effaroucheurs d'oiseaux tels que CD usagés, carillons, rubans scintillants ou petits miroirs.
- Sacrifiez une rangée d'arbres en bordure du verger. Livrez-la aux oiseaux en espérant qu'ils laisseront des fruits sur les autres arbres.
- Posez des filets anti-oiseaux autour des arbres. C'est le moyen le plus efficace pour les empêcher de manger vos fruits. Contrôlez régulièrement les filets et relâchez les oiseaux qui se retrouvent piégés à l'intérieur.
- Laissez vos poules picorer dans le verger. Elles contribuent à lutter contre les parasites et fertilisent en même temps les arbres.
- Éliminez les fruits pourris ou malades. Ne les mettez pas sur le compost mais enveloppez-les dans du papier journal et jetez-les à la poubelle.

Nectarines, pêches et prunes se conservent très bien en bocaux.

liens utiles

L'encyclopédie du jardin fruitier :
www.aujardin.info/fiches/encyclopedie-verger.php
Contrôle des indésirables :
lesbeauxjardins.com/jardinons/fruitiers/ennemis.htm
Soigner ses arbres fruitiers :
www.docteur-verger.be/avis-entretien-jardin-fleurs.htm

Observez le jardin de votre voisin, s'il possède des arbres fruitiers, ceux-ci peuvent servir de pollinisateurs pour vos arbres.

Les poumons de la terre

Chaque jardin devrait héberger au moins un arbre. Les arbres n'apportent pas seulement une multitude de bienfaits à l'environnement, ils contribuent aussi à la beauté naturelle du décor. Un seul arbre peut fournir ombre, abri, perchoir et nourriture pour les oiseaux, insectes et autres animaux.

PLANTER POUR LE FUTUR

La durée de vie d'un arbre dépend de l'espèce, des conditions de culture et du climat. Les arbres peuvent aussi bien vivre des siècles que commencer à décliner au bout de dix ans. Tenez-en compte dans vos choix.

- Pour ne pas vous tromper, commencez par observer les arbres qui poussent dans les rues, jardins et parcs avoisinants.
- Si vous habitez dans une zone sensible aux incendies, évitez les espèces riches en huiles volatiles, tels les eucalyptus.
- Renseignez-vous sur la hauteur maximale et la silhouette de l'arbre que vous désirez. Demandez à votre pépiniériste de vous montrer un sujet adulte de l'espèce que vous envisagez de planter.
- Pour éviter toute querelle avec vos voisins, ne plantez pas d'espèce aux racines envahissantes. Celles-ci peuvent boucher des drains et endommager les fondations de votre maison comme celles de votre voisin.
- N'introduisez aucune espèce invasive. Renseignez-vous pour savoir s'il en existe une liste pour votre région.
- Nettoyez régulièrement les feuilles et débris qui tombent sur les allées et dans les gouttières.
- Remplacez les vieux drains ou ceux abîmés par des tuyaux en plastique qui résistent mieux aux racines des arbres.
- L'hiver, inspectez les arbres caducs à la recherche d'insectes xylophages, de plantes grimpantes envahissantes ou de branches cassées.
- Repérez les symptômes de faiblesse. Des rameaux morts à leur extrémité indiquent un problème venant du système radiculaire.

Arbres ayant besoin de place		Arbres pour petits espaces	
Feuillage persistant	Feuillage caduc	Feuillage persistant	Feuillage caduc
Cèdre (*Cedrus* sp.)	Arbre aux quarante écus (*Ginkgo biloba*)	Arbousier (*Arbutus unedo*)	Arbre de Judée (*Cercis siliquastrum*)
Cyprès de Lawson (*Chamaecyparis lawsoniana*)	Érable plane (*Acer platanoides*)	Épicéa de Brewer (*Picea breweriana*)	Aubépines (*Crataegus* sp.)
Désespoir des singes (*Araucaria araucana*)	Marronnier (*Aesculus indica*)	Genévrier Skyrocket (*Juniperus scopulorum* 'Skyrocket')	Érable du Japon (*Acer palmatum*)
Eucalyptus (*Eucalytus gunnii*)	Noyer (*Juglans regia*)	Houx (*Ilex* sp.)	Lilas des Indes (*Lagerstroemia indica*)
Sapin pectiné (*Abies alba*)	Peupliers (*Populus* sp.)	Laurier du Portugal (*Prunus lusitanica*)	Pommiers d'ornement (*Malus* sp.)
Thuya géant (*Thuja plicata*)	Tilleul (*Tilia platyphylla*)	Sapin de Corée (*Abies koreana*)	Pruniers et cerisiers à fleurs (*Prunus* sp.)
	Tulipier de Virginie (*Liriodendron tupilifera*)		

■ ■ ■ Les arbres contribuent à enrichir le compost du jardin par leurs feuilles mortes et débris ligneux.

COMMENT PLANTER UN ARBRE

Les arbres à feuillage caduc sont vendus racines nues en hiver. Les sujets élevés en conteneur, d'âge variable, sont disponibles toute l'année.

• *Les arbres sont aussi vendus avec la motte enveloppée dans une toile de jute.*

1 Creusez un trou plus grand que la motte. Ôtez l'arbre de son conteneur ou déballez la motte. Démêlez avec précaution les racines si elles sont enroulées.

2 Placez l'arbre dans le trou de façon à ce que la motte soit au même niveau que le sol. Comblez le trou, ajoutez de la matière organique et tassez le sol. Arrosez et paillez.

À surface équivalente, une maison se vend plus vite et à un prix plus élevé si elle est située dans une rue plantée d'arbres.

POURQUOI DES ARBRES ?

✔ Ils freinent l'érosion.
✔ Ils absorbent le gaz carbonique de l'air et libèrent de l'oxygène.
✔ Ils filtrent éléments minéraux indésirables et pesticides, améliorant la qualité de l'eau.

VIVRE AVEC UN ARBRE ADULTE

Un arbre adulte est un bien précieux, autant en terme d'argent que de bienfait pour l'environnement. Si vous avez la chance d'en posséder un, soignez-le bien.

- Réfléchissez à deux fois si vous envisagez de remplacer un vieil arbre par un jeune. Il faudra attendre de nombreuses années avant que ce dernier puisse apporter à l'environnement une contribution équivalente à celle de l'ancien.
- Arrosez les arbres adultes en période de sécheresse.
- Contrôlez régulièrement l'état sanitaire des vieux arbres. Enlevez les plantes grimpantes et les mauvaises herbes concurrentes. En cas de problème, demandez conseil à une entreprise qualifiée.
- Si vous souhaitez élaguer un vieil arbre, il est préférable de vous adresser à un spécialiste plutôt que de faire des erreurs qui pourraient être fatales à l'arbre. La suppression de grosses branches peut être dangereuse et il vaut parfois mieux se contenter d'éclaircir la couronne.

liens utiles

Comment planter un arbre :
www.petitpepinieriste.fr/conseil-plantation.htm
La campagne pour un milliard d'arbres des Nations unies :
www.unep.org/billiontreecampaign/french/

■ ■ ■ **Un arbre à croissance lente** bien arrosé peut vivre plus longtemps qu'un arbre à croissance rapide ou souffrant d'un manque d'eau.

Feuillage et parfum

Dans un jardin, les arbustes élaborent la structure autour de laquelle vont se dessiner les plantations. Ils sont généralement faciles à cultiver, se multiplient souvent par bouturage – un moyen rapide et économique pour établir un nouveau jardin – et ne demandent pas beaucoup d'entretien.

CHOISIR UN ARBUSTE

L'achat d'un plant de bonne qualité est indispensable pour obtenir à terme un arbuste sain et vigoureux.

- Évitez les sujets à l'étroit dans leur pot, dont les racines s'enroulent autour de la motte. Ils auront du mal à s'établir une fois plantés.
- Repérez les indices signalant que la plante a passé trop de temps dans son pot – étiquettes délavées, pots craquelés, racines sortant par les trous de drainage.

ASTUCE

Les rosiers ont la réputation d'être exigeants mais en fait ils tolèrent bien chaleur et sécheresse, ce qui en fait des arbustes de choix dans les régions peu arrosées.

~ POUR DÉPENSER MOINS ~

Essayez de multiplier ces plantes familières par bouturage à la fin de l'été ou en automne : fuchsias, gardénias, hydrangeas, lavandes et anthémis.

- Observez la présence éventuelle de mauvaises herbes. Elles peuvent poser des problèmes par la suite.
- Laissez de côté les plantes avec des feuilles décolorées, flétries ou abîmées. Les branches doivent être vigoureuses et non cassées.
- Achetez quelques sujets en plus que vous cultiverez en pot pour assurer des remplacements.

ARBUSTES EN POT

Les arbustes font des potées décoratives et durables. Ils peuvent être utilisés en écran, pour mettre en valeur un décor saisonnier ou pour orner une entrée.

- Juste après l'achat, transférez l'arbuste dans un pot plus grand. À mesure qu'il grandit, rempotez-le dans des pots de diamètre croissant.
- Si l'arbuste pousse dans un endroit exposé, assurez-vous que le pot est suffisamment robuste pour résister aux coups de vent.

ATTENTION !

▼ Quand vous ouvrez un sac de terreau, veillez à ne pas inhaler les poussières, susceptibles d'héberger des bactéries *Legionella*. Il est conseillé de porter des gants et un masque de protection.

- Posez le pot sur des briques pour améliorer le drainage. Veillez à ce que les racines émises par l'arbuste ne pénètrent pas dans le sol.
- Si le pot ne possède qu'un seul trou de drainage, percez-en d'autres.
- Choisissez un terreau de rempotage de bonne qualité. Ce type de substrat permet d'attendre 6 à 8 semaines avant de commencer les apports d'engrais.
- Vous pouvez ajouter au substrat des granulés rétenteurs d'eau.
- Lors de la plantation, dispersez un peu d'engrais à libération lente au pied de la plante.
- Couvrez la surface du terreau avec un paillis organique de type compost ou un matériau inerte, comme du gravier.

■ ■ ■ Quand ils sont plantés en groupe et bien paillés, la plupart des arbustes exigent moins d'eau que les pelouses.

HAIES ET ÉCRANS

Les arbustes suivants atteignent 3 à 5 m de haut mais peuvent être taillés en haie.

- Pour une haie persistante, essayez le houx (*Ilex aquifolium*), le laurier du Portugal (*Prunus lusitanica*) ou le troène (*Ligustrum* sp.).
- Le feuillage du charme (*Carpinus betulus*) vire au roux en automne et les feuilles sèches persistent durant l'hiver.

ESPALIERS

Il est possible de tailler et de palisser certains arbustes à plat contre un support.

- La conduite en espalier est utile pour gagner de la place ou pour cacher un mur ou une clôture inesthétique.
- Choisissez un jeune plant présentant une ramure ouverte et étalée, avec plusieurs branches horizontales.
- Choisissez le type de support : treillage, grillage ou fils de fer tendus entre des pitons.
- Plantez l'arbuste entre 10 et 30 cm du mur.
- Attachez les branches au support selon un schéma géométrique ou de manière informelle. Ajustez les liens en fonction de la croissance de la plante.
- Taillez régulièrement pour obtenir l'effet désiré.

ENTRETIEN DES ARBUSTES

Vous n'avez pas besoin de produits chimiques chers ou dangereux pour protéger vos arbustes des parasites et maladies.

- Faites un traitement à la chaux soufrée juste après la taille d'hiver des arbustes.
- Pulvérisez les pucerons avec de l'eau savonneuse tiède. Utilisez du savon pur ou une préparation du commerce.
- Pour plus d'informations, reportez-vous aux pages 224 et 274.

liens utiles

Culture et entretien des rosiers :
www.potee.com/rose.html ; www.rose-story.com/culture.html
Retrouver le nom d'une rose :
www.helpmefind.com/index.html

Arbustes décoratifs toute l'année

Arbuste	Caractéristiques	Saison principale	Dimensions
Buis	Feuillage persistant ; peut être taillé en topiaire.	Toute l'année.	Grand arbuste mais croissance lente (3-5 m).
Camélia	Feuillage persistant brillant ; belle floraison.	Fin d'été à début de printemps.	Couvre-sol à grand arbuste (3-5 m).
Laurier-cerise	Feuillage brillant, persistant ; fleurs blanches.	Printemps.	Grand arbuste (4-5 m).
Laurier-tin	Persistant ; floraison blanc rosé.	Automne à printemps.	Arbuste moyen (2-3 m).
Mahonia	Persistant ; floraison hivernale chez certaines espèces.	Printemps, automne ou hiver.	Arbuste petit à grand (4-5 m).
Millepertuis	Semi-persistant ; longue floraison.	Été et automne.	Couvre-sol à arbuste moyen (1-1,50 m).
Osmanthe	Persistant ; fleurs très parfumées.	Automne à printemps.	Arbuste petit à moyen (1-2 m).

■ ■ ■ **Pour une haie uniforme,** choisissez une variété dénommée et renseignez-vous sur les dimensions qu'elle doit atteindre.

Fleurs pour massifs et bordures

Si les arbres sont le toit du jardin et les arbustes les murs, les annuelles, vivaces et bulbes sont pour leur part les coussins colorés. Ce sont aussi les plantes idéales pour le jardinier soucieux de son budget. En outre, leurs fleurs attirent les insectes bénéfiques dans votre jardin.

ANNUELLES

Les annuelles se développent, fleurissent, fructifient et meurent la même année. Vendues sous forme de graines ou de jeunes plants, elles n'entraînent pas de grosses dépenses. Voici comment les utiliser.

- Pour créer un décor spectaculaire : en masse dans des plates-bandes, des bordures, des prairies fleuries ou en couvre-sol.
- Pour réaliser des potées colorées : dans des jardinières, des pots, des bacs ou des suspensions.
- De nombreuses annuelles sont parfumées et peuvent être incluses dans des jardins de senteur.
- Pour garnir des vides, limiter la pousse des mauvaises herbes et ajouter de la couleur en attendant que les végétaux permanents s'établissent.
- Pour varier les thèmes de couleur d'une année à l'autre.
- Pour la fleur coupée et la confection de bouquets.
- Pour attirer les insectes bénéfiques. Les fleurs en coupe plate de *Limnanthes douglasii*, par exemple, sont idéales pour cet usage.

VIVACES

Une vivace vit et fleurit plusieurs années de suite. Faciles à multiplier, les vivaces sont parfaites pour garnir un nouveau jardin. Une fois bien établies, elles demandent peu d'entretien.

- Choisissez des espèces adaptées à votre sol, votre climat et votre situation. Tenez compte des besoins en lumière mais aussi de la couleur, de la durée de floraison et de la longévité.
- Avant la plantation, bêchez le sol et arrachez toutes les mauvaises herbes. Enfouissez du compost ou du fumier et paillez bien la surface.
- Espacez suffisamment les jeunes plants pour leur permettre de se développer sans contrainte.
- Pour obtenir de nouvelles plantes, divisez les grosses touffes en

ANNUELLES FACILES À VIVRE

Annuelles pour situation chaude :	Annuelles pour situation fraîche :
✔ Amarante	✔ Amarantine
✔ Bégonia	✔ Coquelicot
✔ Capucine	✔ Lobélia
✔ Impatiente	✔ Némésia
✔ Œillet et rose d'Inde	✔ Œillet de poète
✔ Pétunia	✔ Pensée
✔ Phlox	✔ Pois de senteur
✔ Sauge	✔ Réséda
✔ Tabac d'ornement	✔ Sauge
✔ Torénia	✔ Souci
✔ Zinnia	✔ Vélar
	✔ Viola

ASTUCE

Vous pouvez semer directement en place les graines d'annuelles telles que capucine, alysse, tournesol, pois de senteur et immortelle. Vous éviterez ainsi les soucis liés au semis en terrine, à l'éclaircissage et au repiquage.

■ ■ ■ **Après avoir mis en terre les bulbes à floraison printanière, plantez des pensées pour garnir le massif pendant l'hiver.**

La plantation de vivaces couvre-sol en lieu et place d'une pelouse permet d'économiser eau et engrais.

automne, quand les plantes sont entrées en dormance. Arrachez la touffe et séparez-la en plusieurs parties que vous replantez individuellement.

- Économisez en achetant les vivaces par correspondance en hiver, pendant leur période de dormance.

BULBES

Une fois en terre, les bulbes demandent peu de soins. Plantez-les sous les arbres et laissez-les se naturaliser. Les bulbes tels que les jacinthes des bois réussissent bien en situation ombragée.

- Choisissez des bulbes fermes et sains. Rejetez ceux qui sont bruns et mous, ainsi que les bulbes qui ont commencé à pousser (à moins de les planter immédiatement).
- Les bulbes se plaisent dans un sol légèrement acide, bien drainé, enrichi en matière organique et couvert d'un paillis épais.
- Plantez les bulbes à floraison printanière à une profondeur égale à deux fois leur diamètre, pointe vers le haut.
- Si vous les plantez en masse, utilisez un plantoir à bulbes pour creuser les trous. Vous pouvez aussi enlever la terre sur toute la zone, à la profondeur requise, placer les bulbes puis les recouvrir.
- Arrosez généreusement après la plantation, puis pendant la croissance. Après la floraison, continuez à arroser jusqu'à ce que le feuillage jaunisse.

Vivaces résistantes à toute épreuve

Plante	Situation	Floraison	Observations
Bergénia	Toute exposition ; sol sec à humide.	Printemps.	Ces plantes sont particulièrement prisées pour leur feuillage couvre-sol et leur floraison précoce.
Campanules	Soleil ou mi-ombre ; sol frais à sec.	Printemps à été.	Plantes d'une grande diversité de formes et de tailles. Division au printemps.
Géraniums vivaces	Soleil à mi-ombre et sol frais à sec selon les espèces.	Printemps à automne.	Plantes offrant une grande diversité, peu exigeantes et restant décoratives plusieurs mois.
Hémérocalle	Plein soleil.	Été.	Plantés en masse, les hémérocalles offrent un décor sans souci, fleurissant longtemps.
Iris des jardins	Plein soleil ; tolère la sécheresse.	Printemps à été.	Bon choix pour le plein soleil et les situations chaudes. Plantes de grande longévité ; diviser les touffes tous les 3-4 ans, en été.
Marguerite	Plein soleil ; sol bien drainé ; tolère la sécheresse.	Printemps à fin d'été.	Supprimer les fleurs fanées pour favoriser la formation de nouvelles fleurs. Division en fin d'hiver.
Rudbeckia	Plein soleil ; sol ordinaire.	Été à automne.	Arroser les plantes en période de sécheresse prolongée. Excellentes fleurs à couper.
Verge d'or	Soleil ou mi-ombre ; tout type de sol.	Fin d'été à automne.	Préférer les variétés hybrides, au port plus compact et moins envahissantes. Division au printemps ou en automne.

■ ■ ■ Plantez les bulbes quand ils sont dormants :
en automne pour ceux de printemps et au printemps pour ceux d'été.

Pelouses

Si vous décidez d'implanter une pelouse, vous pouvez économiser de l'eau en choisissant des espèces adaptées et en entretenant votre gazon avec soin. D'autre part, si vous recherchez une étendue de verdure sans contrainte de tonte, sachez qu'il existe des alternatives intéressantes à l'herbe.

ENTRETENIR UNE PELOUSE ÉCOLOGIQUE

- En climat chaud, choisissez des graminées formant des stolons, telles que le chiendent pied-de-poule ou le gazon de Manille. Ces herbes jaunissent en hiver ou par temps sec mais reverdissent au retour du temps doux ou pluvieux.
- En climat froid, plantez des espèces à enracinement profond, comme la fétuque, qui supportent mieux les périodes peu arrosées.
- Avant de semer ou de plaquer le gazon, incorporez au sol des granulés rétenteurs d'eau pour favoriser le maintien de l'humidité.
- Pendant sa phase d'établissement, arrosez bien le gazon pour assurer un bon enracinement. Une fois que l'herbe pousse avec vigueur, l'arrosage peut être réduit au minimum.
- Tondre le gazon trop ras ralentit sa croissance et le rend plus sensible à la sécheresse et aux attaques de parasites et maladies. Essayez de maintenir l'herbe à 3 cm de haut.
- Ne tondez pas en période de canicule ou par temps très humide.
- Enlevez le bac collecteur ou utilisez une tondeuse mulching de façon à rejeter les déchets de tonte sur la pelouse. En se décomposant, ils enrichiront le sol.
- Attendez qu'il pleuve copieusement pour fertiliser le gazon. Une pelouse régulièrement fertilisée exige plus d'eau du fait de sa croissance vigoureuse.
- Utilisez des granulés de fumier de volaille, un produit bon marché à épandre au printemps ou en automne sur un sol humide.
- Pour niveler la surface, effectuez un terreautage avec du sable de rivière. Utilisez une machine si votre pelouse est étendue.
- Aérez le gazon pour réduire le tassement du sol et améliorer le drainage. Utilisez une fourche-bêche ou louez un aérateur à moteur.
- Pour décourager les mauvaises herbes qui préfèrent les sols acides, épandez du calcaire broyé sur le gazon. Arrosez bien. Le pH optimal pour les pelouses se situe entre 5,5 et 7,5.

Graminées de climat chaud	Graminées de climat frais
Traçantes ; formant des stolons – chiendent pied-de-poule ou gazon de Manille.	Dressées – agrostide, fétuque, pâturin, ray-grass.
Poussent activement pendant les mois les plus chauds.	Vertes et luxuriantes toute l'année.
Regarnissent rapidement les zones dénudées.	Ne comblent généralement pas les zones dénudées. Un semis de regarnissage est nécessaire.
Ralentissent leur croissance en hiver, perdant parfois leur couleur.	Pas aussi robustes que les graminées de climat chaud, en particulier en été, et requérant plus d'eau.
Cultivées dans de bonnes conditions, certaines variétés sont très résistantes à la sécheresse.	Poussent bien, avec un enracinement profond ; les variétés hautes de fétuque supportent bien les périodes de sécheresse.
Quand l'herbe atteint 4-5 cm de haut, tondez en réglant la lame de la tondeuse à environ 2-3 cm au-dessus du sol.	Quand l'herbe atteint 5-6 cm de haut, tondez en réglant la lame de la tondeuse à environ 4 cm au-dessus du sol.

■ ■ ■ **Tolérez le trèfle** car il apporte de l'azote au sol. Passez juste la tondeuse pour contenir sa végétation.

POUR ou CONTRE

AVOIR UNE PELOUSE

Pour rester verte et épaisse, une pelouse doit être régulièrement entretenue, ce qui signifie tonte, entretien des bordures, fertilisation, aération et désherbage. Elle consomme beaucoup d'eau, bien qu'il existe des espèces adaptées aux climats chauds et plus résistantes à la sécheresse. D'un autre côté, la pelouse incite au repos, offre une aire de jeux dégagée pour les enfants, et contribue pleinement au décor en faisant le lien entre les différentes zones plantées du jardin.

UN GAZON TOUTE L'ANNÉE

Pour conserver une belle pelouse toute l'année, mélangez des graminées de climat chaud et de climat frais.

- Sursemez les pelouses de climat chaud avec des graminées de climat frais en automne. Il suffit d'arroser, de griffer légèrement le sol et d'épandre les semences de gazon.
- Quand le gazon de climat chaud entre en dormance, en fin d'automne, les graminées de climat frais auront germé, donnant une pelouse verte pendant l'hiver. Puis, quand les températures commencent à s'élever, les herbes de climat frais sèchent, laissant la place au gazon de climat chaud, plus résistant.
- Les semences de gazon sont généralement vendues en mélange, selon l'usage prévu pour la pelouse – ornement, agrément, sport et jeux – mais aussi selon les conditions de culture – ombre, bord de mer, etc.
- Dans le Midi, vous pouvez essayer le kikuyu (*Pennisetum clandestinum*), une graminée d'origine subtropicale qui résiste très bien à la chaleur et à la sécheresse.

Plus des trois quarts de l'eau utilisée dans nos jardins sont destinés aux pelouses.

ALTERNATIVES AU GAZON

Si l'entretien d'une pelouse vous rebute mais que vous avez envie d'une vaste étendue verte, réfléchissez à ces alternatives. Elles ne supportent certes pas le piétinement intensif (comme les jeux d'enfants), mais sont moins exigeantes en eau et en entretien, et n'ont pas besoin d'être tondues.

- **ACHILLEA CRITHMIFOLIA** Feuillage découpé, gris vert duveteux, fleurs blanc crème ; supporte un piétinement modéré.
- **CAMOMILLE** Choisissez une variété sans fleurs comme 'Treneague' ; les feuilles dégagent un doux parfum quand on les foule.
- **DIANELLA** Vivace formant des touffes basses ; pour climat doux.
- **DICHONDRA** (*à gauche en bas*) Supporte un piétinement modéré. Ne requiert jamais de tonte.
- **FRANKENIA** Vivace couvre-sol ; supporte un piétinement modéré.
- **LIPPIA** Forme rapidement un tapis de petites feuilles vertes et tolère la mi-ombre.
- **MENTHE DE CORSE** Basse, dense et odorante quand on la foule.
- **OPHIOPOGON** Plantes tapissantes présentant l'aspect d'une pelouse verte. Chères et de croissance lente mais idéales pour les petites surfaces.
- **PRATIA PEDUNCULATA** Fleurs blanches et végétation dense et tapissante. Soleil à mi-ombre, en climat doux.
- **THYM** Couvre-sol aromatique pour les petites surfaces, exigeant un excellent drainage et le plein soleil.
- **VIOLETTE AUSTRALIENNE** (*Viola hederacea* ; à gauche en haut) Fleurs bleues. Plante tapissante pour climats doux.

RÉSOUDRE LES PROBLÈMES

Pour lutter contre les mauvaises herbes, les parasites et les maladies, optez pour des méthodes naturelles.

Les mauvaises herbes

Les mauvaises herbes ne sont pas toutes nuisibles, certaines sont utiles pour couvrir un sol qui serait à nu, d'autres procurent nourriture et abri à la faune sauvage. Cependant, il est nécessaire d'éliminer les plantes qui menacent la flore locale et celles qui présentent un danger pour les humains et les animaux domestiques. Il existe des méthodes naturelles qui évitent le recours aux produits chimiques.

DIX CONSEILS POUR UN DÉSHERBAGE EFFICACE

1 Essayez de ne pas introduire des mauvaises herbes dans votre jardin – en achetant par exemple de la terre végétale ou de potées contenant des graines ou des fragments de plantes indésirables.

2 Évitez de laisser des zones de sol nu susceptibles d'être rapidement colonisées par des adventices. Replantez-les dès que possible avec des couvre-sol non envahissants.

3 Couvrez les surfaces envahies avec un paillis épais pour empêcher les graines de germer. Arrachez les plantules indésirables dès leur apparition.

4 Tondez les mauvaises herbes annuelles pour éliminer les fleurs avant qu'elles ne forment des graines.

5 Couvrez les adventices avec une couche épaisse de papier journal ou de carton, puis de paillis. Pour planter, percez des trous aux endroits choisis.

6 Couvrez les grandes surfaces avec un plastique transparent et laissez agir le soleil brûlant. En s'accumulant, la chaleur va détruire les graines indésirables et les agents pathogènes du sol. Ou bien utilisez une toile géotextile anti-mauvaises herbes (photo en bas à gauche).

7 Enfermez les rebelles dans un sac en plastique et laissez-les en plein soleil plusieurs semaines. Puis jetez-les à la poubelle sans disperser les graines.

8 Veillez à extirper entièrement les racines des espèces vivaces qui peuvent se multiplier à partir d'un petit fragment.

9 Versez de l'eau bouillante sur les mauvaises herbes ou utilisez un désherbeur thermique, un appareil conçu pour un désherbage non chimique.

10 Éliminez les espèces de plein soleil en les recouvrant de briques ou de tôles ondulées pendant quelques jours.

■ ■ ■ Apprenez à reconnaître les herbes qui se multiplient par bouturage et enfermez-les dans un sac avant de les jeter à la poubelle.

Les racines du pissenlit étant très longues, veillez à les extirper entièrement quand vous désherbez.

ANNUELLES

Les annuelles accomplissent leur cycle dans l'année et se propagent par graines. On trouve parmi elles le pâturin annuel, le laiteron, le séneçon et le mouron des oiseaux.

- Arrachez les jeunes plantes à la main le plus tôt possible, avant qu'elles ne forment leurs graines.
- Utilisez une binette pour nettoyer les massifs et carrés de légumes.
- Dans les endroits difficiles, il est parfois nécessaire de recourir à la lutte chimique. Pour détruire les espèces à feuilles larges dans les allées, vous pouvez essayer une solution à base de sulfate de fer (2 cuillerées à soupe pour 4,5 litres d'eau).

VIVACES

Elles incluent le pissenlit, le chiendent et le liseron. Les vivaces mettent plus de temps que les annuelles à arriver à maturité, montant en graines ou formant des bulbes, rhizomes, stolons leur permettant de se propager même si leur partie aérienne est détruite.

- Arrachez la partie aérienne avant qu'elle ne forme des graines et tout bulbe ou tubercule souterrain. En cas d'échec, effectuez des applications bien ciblées avec un herbicide.
- Pour éliminer l'oxalis, essayez du vinaigre brun dilué dans autant d'eau.
- Entretenez votre pelouse : un gazon luxuriant régulièrement fertilisé et tondu ne devrait laisser aucune zone dénudée susceptible d'être colonisée par les mauvaises herbes.

ASTUCE

Au potager, essayez la technique du faux semis. Elle consiste à préparer le sol environ 2 semaines avant le semis pour faire lever les graines des mauvaises herbes. Il suffira alors de les supprimer par un léger binage avant de semer. Évitez par la suite de travailler le sol pour ne pas ramener d'autres graines en surface.

POUR UN DÉSHERBAGE PLUS FACILE

- ✔ Travaillez aux heures fraîches de la journée et utilisez un vieux coussin ou un morceau épais de mousse coupé à la bonne dimension pour vous agenouiller.
- ✔ Utilisez les bons outils. Un couteau à large lame est idéal pour extirper les racines profondes dans les pelouses et entre les pavés.
- ✔ Divisez la surface à désherber en sections de taille raisonnable. Il n'est pas pensable de nettoyer une grande étendue en une seule fois.
- ✔ Intervenez après une bonne pluie ou après avoir copieusement arrosé la zone à désherber. Les herbes seront plus faciles à arracher.
- ✔ Portez toujours des gants pour désherber : certaines adventices, comme l'ammi élevé (*Ammi majus*), peuvent provoquer des irritations de la peau par simple contact.

■ ■ ■ **Laissez macérer** les feuilles vertes des mauvaises herbes dans un seau d'eau quelques semaines pour obtenir un bon engrais liquide.

Le pâturin annuel est une nourriture appréciée des petits oiseaux granivores tels que les pinsons.

PRIORITÉ AUX PRIORITÉS

Les mauvaises herbes ne sont pas toutes nuisibles. Apprenez à connaître les espèces envahissantes et laissez vivre celles qui sont inoffensives. Vous gagnerez du temps et de l'énergie. Certaines présentent même un intérêt pour le jardin.

- Certains jardiniers considèrent le pâturin annuel (*Poa annua*) comme une adventice. Mais n'arrachez pas trop vite ses touffes vert vif si elles apparaissent dans votre pelouse pendant les mois les plus froids. Les graines sont une source de nourriture intéressante pour les petits oiseaux granivores.
- Les arbustes tels que viorne lantane et ronce procurent abri et nourriture aux animaux, oiseaux et insectes sauvages. Si vous les arrachez pour les remplacer par des plantes ornementales, vous risquez de compromettre la survie de ces animaux. Veillez cependant à contenir la végétation des espèces envahissantes.
- Les mauvaises herbes fixent la terre comme n'importe quelle plante. Un sol couvert de mauvaises herbes est parfois préférable à un sol nu exposé à l'érosion. Attendez pour les arracher que vous soyez prêt à planter. Cependant, ne les laissez pas monter en graines.

MAUVAISES HERBES DES PELOUSES

Garder une pelouse parfaitement propre demande beaucoup de temps et reste un but presque impossible à atteindre. Montrez-vous plus détendu et vous économiserez vos efforts. Cela peut aussi améliorer la santé du gazon.

- La lutte naturelle inclut la tonte et le désherbage manuel, alliés à un programme de fertilisation et d'arrosage destiné à obtenir un gazon vigoureux capable de concurrencer les mauvaises herbes.
- Le trèfle apporte de l'azote dans le sol (mais attire aussi les abeilles, pensez à porter des chaussures quand vous marchez dessus).
- Les adventices du gazon ont souvent un port bas, ce qui les aide à éviter les lames de la tondeuse.
- La méthode la plus rapide pour stopper la progression des graminées indésirables est de tondre le gazon avant la formation des graines – qui a le plus souvent lieu en été.
- Des arrosages peu fréquents mais copieux favorisent la croissance des racines en profondeur et renforcent la résistance du gazon.
- Des applications répétées d'herbicide donnent une pelouse propre mais réduisent aussi

LES COMESTIBLES

Certaines adventices ont un intérêt culinaire et médicinal. Abstenez-vous de manger ou de donner à un animal une plante que vous n'avez pas pu identifier. Assurez-vous également qu'elle n'a pas été traitée avec un herbicide ou un pesticide.

- **LE PISSENLIT** (*Taraxacum officinale*) fournit un substitut du café à partir de ses racines et ses feuilles sont délicieuses en salade. Le pourpier (*Portulaca oleracea*) est également une mauvaise herbe comestible.
- **LE CHARDON MARIE** (*Silybum marianum*), le laiteron maraîcher (*Sonchus oleraceus*) et le mouron des oiseaux (*Stellaria media*) (*ci-contre*) sont très appréciés par les oiseaux.
- **LES RONCES SAUVAGES** (*à droite*) détonnent peut-être dans le paysage mais rien ne surpasse la saveur d'une mûre bien sucrée à la fin de l'été.

LA VÉRITÉ SUR...

LE TRÈFLE

Les jardiniers n'aiment pas beaucoup le trèfle car il colonise le gazon et attire les abeilles. Cependant, avec ses jolies petites feuilles rondes, il donne aux pelouses une belle teinte verte et enrichit le sol en fixant l'azote atmosphérique grâce à ses nodules racinaires. Il garde en outre le sol humide et conserve une certaine fraîcheur en plein été.

ATTENTION !

▼ La berce du Caucase (*Heracleum mantegazzianum*), la plus grande ombellifère d'Europe, est très allergisante : le contact avec les feuilles peut provoquer de sérieuses brûlures.

la vigueur du gazon à long terme. Veillez à bien respecter les consignes du fabricant quand vous utilisez ce type de produit.

ESPÈCES INVASIVES

Les espèces invasives sont des plantes – souvent introduites – qui sont capables de concurrencer, voire d'éliminer, les végétaux indigènes. Une plante présentant un intérêt ornemental pour le jardin peut se révéler menaçante pour l'environnement si elle s'y dissémine. Il faut éviter de les planter dans les jardins.

- Le séneçon en arbre (*Baccharis halimifolia*) est un arbrisseau à tiges rameuses et floraison blanche utilisé en haie sur le littoral, où il s'est largement répandu.
- Les jussies (*Ludwigia grandiflora* et *Ludwigia peploides*) ont été introduites en France au XIXe siècle. Ces plantes aquatiques à fleurs jaunes, très adaptables, menacent l'équilibre biologique de certaines zones humides. Elles font l'objet d'un arrêté ministériel récent qui en interdit la commercialisation et l'introduction dans le milieu naturel.
- La renouée du Japon (*Fallopia japonica*) est une plante vivace et vigoureuse produisant des tiges dressées de 1 à 2 m de haut et des fleurs blanches en panicules. Cette plante envahissante affectionne les bords de rivière, les friches, les talus de chemin de fer et les lisières de bois.
- L'ambroisie à feuilles d'armoise (*Ambrosia artemisiifolia*) est une annuelle originaire du continent américain. Elle colonise les terrains en jachère et les bords de rivière. Elle fleurit en plein été et son pollen est très allergisant.
- L'herbe de la Pampa (*Cortaderia selloana*), une graminée décorative par ses plumets soyeux, est devenue particulièrement envahissante en Bretagne, où elle colonise divers types d'habitats naturels.
- Le séneçon du Cap (*Senecio inaequidens*) produit de jolies fleurs jaunes. Cependant ce n'est pas seulement une plante invasive, il est également toxique pour le bétail.
- La myriophylle du Brésil (*Myriophyllum aquaticum*) est une plante aquatique qui s'est répandue dans les plans d'eau où elle est très difficile à éradiquer.
- La balsamine de l'Himalaya (*Impatiens glandulifera*) est une plante herbacée annuelle qui a été introduite en France au XIXe siècle et se retrouve maintenant très présente le long de certaines rivières.
- Le mimosa (*Acacia dealbata*), originaire d'Australie et introduit sur la Côte d'Azur au XIXe siècle, s'est peu à peu naturalisé dans la région. Il est actuellement considéré comme une espèce invasive.
- L'arbre aux papillons (*Buddleja davidii*) est originaire de Chine. Largement utilisé pour l'ornement des jardins, il se reproduit facilement et a déjà colonisé de nombreuses zones, en particulier le long des rivières.
- L'érable négundo (*Acer negundo*) se propage facilement par semis et s'échappe volontiers des jardins.

liens utiles

Base encyclopédique concernant 580 mauvaises herbes des cultures d'Europe occidentale :
www2.dijon.inra.fr/hyppa/
Liste des principales mauvaises herbes :
plantes.sauvages.free.fr/pages_definitions/adventice_.htm ;
fr.wikipedia.org/wiki/Liste_des_principales_mauvaises_herbes ;
fr.wikipedia.org/wiki/Mauvaise_herbe

■ ■ ■ **Versez de l'eau bouillante** sur les mauvaises herbes, c'est une méthode efficace pour éliminer les plantes entre les pavés.

Les ravageurs du jardin

En choisissant des plantes adaptées à votre climat et à votre situation, vous réduirez les problèmes liés aux parasites. Cependant, vous aurez parfois besoin de recourir à des traitements. Privilégiez dans la mesure du possible les méthodes non chimiques, nombreuses et sans danger pour les insectes auxiliaires du jardin.

LUTTE NATURELLE

Ramassez les ravageurs à la main et écrasez-les ou jetez-les dans un seau rempli d'eau additionnée de détergent.

- Adoptez la diversité comme stratégie contre les nuisibles. Mélangez les plantes de façon à ne pas favoriser la propagation d'un ravageur particulier en lui offrant abondance de nourriture.
- Utilisez les plantes compagnes. La combinaison de certaines espèces peut contribuer à repousser certains ravageurs de leur plante cible. Les tagètes, par exemple, éloignent les nématodes qui attaquent les tomates. Pour plus d'information, voir p. 226.
- Plantez les légumes quand le nombre de ravageurs dans votre région est au plus bas, en automne ou en hiver par exemple.
- Encouragez la présence d'insectes auxiliaires tels que syrphes et acariens prédateurs dans votre jardin pour éviter le recours aux pesticides.
- Attirez les oiseaux insectivores tels que mésanges et rouges-gorges. Plantez des espèces indigènes, installez des nichoirs et proposez-leur de la nourriture en hiver.
- Ramassez et jetez les fruits pourris susceptibles d'héberger des œufs d'insectes parasites.

INSECTES MANGEURS DE FEUILLES

- Détournez sauterelles et criquets de votre potager en installant une barrière constituée de végétaux qu'ils n'apprécient pas : coriandre, pois ou haricot. Ces insectes déposent leurs œufs dans des terrains en friche. En travaillant régulièrement votre sol, vous pourrez en limiter le nombre.
- Contre les chenilles défoliatrices, il existe un moyen de lutte biologique : *Bacillus thuringiensis*. Les chenilles qui mangent les parties traitées cessent de s'alimenter peu de temps après l'absorption et meurent.
- Pour supprimer les chenilles, vous pouvez aussi essayer de vaporiser sur les plantes un mélange de vinaigre et d'eau.
- Sur les lis, surveillez les attaques de criocère. Ramassez les coléoptères à la main et supprimez les feuilles marquées de traces baveuses, susceptibles d'héberger des larves.

UTILES ET PAS NUISIBLES

Inoffensives pour les plantes, ces créatures se rendent utiles en se nourrissant de matière organique en décomposition.

- ✔ Les scolopendres sont prédateurs de nombreux ravageurs du jardin.
- ✔ Les limaces léopards se nourrissent d'excréments d'animaux domestiques et chassent aussi les autres limaces.
- ✔ Les mille-pattes contribuent à la formation de l'humus.
- ✔ Les cloportes consomment des matières animales et végétales en décomposition.

■ ■ ■ **Soyez attentif aux araignées en soulevant les pots. Dans certaines régions, la veuve noire peut être dangereuse.**

Réduisez vos dépenses et l'impact sur l'environnement en privilégiant les méthodes manuelles de lutte contre les insectes.

INSECTES PIQUEURS-SUCEURS

Ces insectes secrètent souvent un miellat qui favorise le développement de moisissures.

- Les pucerons sont friands des jeunes pousses, provoquant la déformation des feuilles. Délogez-les au jet d'eau ou écrasez-les entre vos doigts.
- Les mouches blanches piquent les feuilles, qui deviennent ternes et blanchâtres. Il existe un insecte prédateur, *Encarsia formosa*, qui parasite et détruit les larves indésirables.
- Les cochenilles peuvent être combattues à l'aide de prédateurs naturels (hyménoptères et coccinelles).

ESCARGOTS ET LIMACES

- La meilleure façon de se débarrasser des limaces et des escargots est de se promener la nuit dans le jardin avec une lampe de poche, surtout après la pluie, et de les ramasser à la main.
- Supprimez les tas de cailloux et limitez les zones sombres et humides que les limaces recherchent pour s'abriter et se multiplier.
- Remplissez un contenant peu profond avec de la bière. Attirés par son odeur, les gastéropodes viendront s'y noyer. L'ajout de farine rend le liquide plus attirant.
- Fabriquez des pièges avec des oranges et des pamplemousses. Coupez le fruit en deux, extrayez tout le jus et découpez dans la peau une petite ouverture permettant le passage d'un escargot.
- Entourez les plantes avec de la sciure, de la terre diatomée ou des coquilles d'œufs écrasées – les mollusques n'aiment pas se déplacer sur ces matériaux.
- Cerclez les tiges ou les pots avec des bandes de cuivre. Le cuivre réagit avec le mucus secrété par les limaces et les escargots, créant une décharge électrique.

ASTUCE

En cas d'infestation massive, de larves de tenthrède par exemple, coupez les rameaux où s'agglutinent les larves et détruisez-les. L'opération élimine les ravageurs et permet à la plante de garder un port buissonnant.

FOURMIS

Les petites fourmis envahissent les plantes en pot et provoquent la formation de poches d'air autour des racines, ce qui peut affecter leur croissance.

- Pour chasser les fourmis, arrosez copieusement le pot ou placez-le dans un récipient rempli d'eau. Sortez la plante et enlevez le nid qui se trouve à la base. Rempotez la plante dans du terreau frais et posez le pot sur des cales pour l'isoler du sol.
- Versez de l'eau bouillante sur le nid ou saupoudrez-le avec un mélange de borax et de sucre glace.
- Posez des bandes de glu autour des troncs ou des tiges. Elles empêcheront les fourmis de monter chercher le miellat secrété par les pucerons ou les cochenilles.
- Délogez les fourmis avec un jet d'eau et remuez la fourmilière. Les ouvrières seront moins tentées d'y ramener de la nourriture et la colonie finira par décroître.

liens utiles

Information sur les pesticides et leurs alternatives :
www.mce-info.org/pesticides.php
www.coccinelles.be/jardiner-sans-pesticide/face-nuisible.asp
www.campagnesetenvironnement.fr/alternatives-aux-pesticides-d9.html

■ ■ ■ **Versez de l'huile d'eucalyptus** ou de menthe sur les lieux de passage des fourmis ou saupoudrez-les avec de la terre diatomée.

Les produits chimiques

La lutte chimique doit rester le dernier recours du jardinier écologique. Certains pesticides utilisés à proximité de cours d'eau présentent un danger pour les plantes, les poissons et les amphibiens, tandis que d'autres persistent dans le sol. Si après plusieurs échecs vous vous décidez à employer un pesticide, respectez scrupuleusement les consignes données par le fabricant.

CHOISIR LE BON HERBICIDE

Les herbicides sélectifs sont formulés pour détruire une espèce particulière, tandis que ceux à large spectre sont actifs sur un ensemble de plantes.

- Choisissez le produit le plus adapté : les herbicides de contact tuent les plantes par contact ; les systémiques pénètrent dans le système vasculaire des plantes, finissant par détruire les racines ; les antigerminatifs s'épandent sur le sol et leur action persiste plusieurs mois.
- Ne traitez pas à proximité de plantes destinées à la consommation.
- Quand vous appliquez un désherbant, portez des gants et intervenez un jour sans vent pour éviter de toucher d'autres plantes. Ces produits peuvent provoquer des irritations de la peau et des yeux.
- Si vous utilisez un herbicide à large spectre, comme le glyphosate, ciblez bien les mauvaises herbes et opérez par temps sec. L'idéal est d'utiliser une éponge imbibée pour traiter chaque adventice individuellement plutôt que de pulvériser et disperser le produit.
- Utilisez les herbicides spécifiques en respectant rigoureusement le mode d'emploi, en ne l'appliquant que sur les plantes à détruire et en faisant bien attention, en particulier aux abords des arbres. Il existe des désherbants spécifiques

Comment agissent les insecticides

Type	Mode d'action	Impact environnemental
De contact	Doivent toucher le ravageur pour le détruire.	Action rapide et efficace. Se dégradent généralement rapidement dans l'environnement. Peuvent cependant toucher les insectes auxiliaires.
Pénétrants	Parcourent une courte distance dans la plante et sont absorbés par l'insecte qui mange la plante.	Les pénétrants sont a priori plus sûrs que les produits de contact car ils risquent moins de toucher des insectes auxiliaires. Cependant, ils éliminent les insectes qui consomment les plantes traitées.
Systémiques	Diffusent à travers le système vasculaire de la plante, la protégeant des ravageurs.	L'action des systémiques peut durer de plusieurs semaines à presque un an. Leur impact sur l'environnement n'est pas encore bien connu.
À large spectre	Détruisent beaucoup d'espèces, y compris les prédateurs utiles.	Signalés comme peu nocifs pour l'environnement, mais comme ils tuent beaucoup d'insectes auxiliaires, tels que guêpes et abeilles, utilisez-les avec modération.
Sélectifs	Ciblent un ravageur particulier.	Sont sans effet sur les autres insectes. Très utiles pour enrayer les attaques qui menacent de prendre rapidement une grande ampleur.

■ ■ ■ **Assurez-vous toujours que l'insecticide que vous utilisez pour détruire un ravageur a bien reçu une certification.**

POUR ou CONTRE

L'UTILISATION DU GLYPHOSATE

Le glyphosate est employé depuis des années pour lutter contre les mauvaises herbes. Cet herbicide systémique à large spectre est associé à un surfactant (tensioactif destiné à renforcer son action). Mais est-il sûr ? Les autorités affirment qu'il est inoffensif pour les mammifères, oiseaux et abeilles. Mais il existe une polémique sur les effets à long terme que le glyphosate et certains adjuvants peuvent avoir sur les rivières. De nouveaux produits, censés être moins nocifs pour la faune aquatique, ont été élaborés. Pour votre jardin, choisissez des produits sans POEA (un groupe de surfactants) et appliquez le désherbant directement sur le feuillage au lieu de le pulvériser.

contre le trèfle, les mauvaises herbes à feuilles larges ou le pâturin annuel, qui respectent les autres plantes.

VENIR À BOUT DU LIERRE

Le lierre est parfois si envahissant qu'il en devient une mauvaise herbe. Il peut provoquer des allergies respiratoires. Suivez ces conseils pour éliminer le lierre des murs sans laisser de marques inesthétiques.

- Portez des gants et des manches longues pour éviter que la sève ne vous irrite la peau, ainsi qu'un masque pour ne pas inhaler de poussière. Aspergez le feuillage avant afin de réduire les risques d'allergie.
- Coupez les tiges à la base et appliquez un désherbant à base de glyphosate. Plusieurs applications sont parfois nécessaires.
- Attendez que la végétation ait séché avant d'essayer de détacher le feuillage et les tiges du mur. Enlevez tous les crampons avec une brosse dure ou un grattoir.

UTILISER LES INSECTICIDES À BON ESCIENT

Les insecticides peuvent tuer les insectes par contact ou par ingestion – ils meurent après avoir absorbé la plante traitée. Comprendre le mode d'action de ces produits vous permettra de choisir le bon insecticide.

- Lisez l'emballage pour vous assurer que l'insecticide est bien destiné au ravageur que vous souhaitez éliminer, et suivez le mode d'emploi avec attention.
- Respectez bien le délai d'attente avant la récolte.
- Les insecticides peuvent pénétrer dans le corps par la peau ou les voies respiratoires : recouvrez entièrement vos bras et vos jambes, portez des gants, des bottes, un chapeau, des lunettes de protection et un masque.
- Soyez prudent quand vous préparez la solution. Évitez d'inhaler les vapeurs ou la poussière. Lavez-vous les mains après usage.
- N'opérez pas par temps venteux, si des pluies sont annoncées, en période de canicule ou de gel. Si vous traitez des pucerons ou des thrips, intervenez en fin de journée, quand les abeilles ont regagné leurs ruches.
- Stockez les insecticides dans leur emballage d'origine, dans une armoire fermée à clé, hors de portée des enfants.

Le pyrèthre

Le pyrèthre est un insecticide d'origine végétal. Les produits du commerce peuvent être naturels, mais ils contiennent souvent des produits de synthèse, les pyréthrinoïdes, et des adjuvants.

- En général, les pyréthrinoïdes sont très toxiques pour les insectes mais peu pour les mammifères. Mais le pyrèthre naturel comme les pyréthrinoïdes sont toxiques pour la faune aquatique. Évitez la diffusion des produits dans les cours d'eau.
- Les produits du commerce contiennent souvent un adjuvant servant à renforcer leur efficacité, le pipéronyl-butoxide, modérément toxique pour les poissons mais hautement toxique pour les autres organismes aquatiques.

ATTENTION !

▼ Si vous utilisez un insecticide, respectez le délai d'attente avant la récolte. Il correspond au temps qui doit s'écouler entre l'application du produit et le moment où vous récoltez ou mangez une quelconque partie de la plante.

■ ■ ■ **Le développement des mauvaises herbes** peut souvent être contenu par de simples arrachages réguliers.

Des plantes saines

Les maladies des plantes font partie du processus de croissance, même si elles sont indésirables. Une bonne hygiène, des interventions rapides et l'utilisation de variétés résistantes sont autant de moyens qui permettent au jardinier écologique de garder des plantes saines et de réduire le recours aux produits chimiques.

AGIR PRÉVENTIVEMENT

- Contrôlez régulièrement vos plantations et supprimez sans attendre les feuilles, fleurs, fruits ou plantes atteints de maladies. Jetez les fruits malades tombés à terre.
- Ne prélevez jamais de boutures sur des plantes infectées. Désinfectez les sécateurs et autres outils après chaque coupe.
- Aiguisez régulièrement les lames : les entailles provoquées par des outils mal affûtés s'infectent plus facilement.
- Traitez les arbres fruitiers avec un fongicide à base de cuivre à l'apparition des bourgeons et à la chute des feuilles.
- Ne mettez pas de mauvaises herbes, de feuilles ou de déchets de taille infectés sur le tas de compost. Placez-les dans un sac et jetez-les à la poubelle.
- Pour améliorer la circulation de l'air, dégagez le centre des plantes sensibles aux maladies du feuillage.
- Pour limiter l'extension des maladies, virus et parasites transmis par le sol, évitez de cultiver les membres d'une même famille de légumes au même endroit une année sur l'autre. Alternez par exemple les pommes de terre et les navets.
- Combattez les insectes qui transmettent des maladies virales, comme les pucerons. Écrasez-les, délogez-les avec un jet d'eau, pulvérisez de l'eau savonneuse ou utilisez une recette maison, à base d'ail par exemple.
- Observez les troncs en automne, à l'époque des champignons. Un arbre portant des polypores est probablement atteint de pourriture interne. S'il faut l'abattre, demandez à un spécialiste.
- Prenez soin du système radiculaire des arbres, car les racines abîmées sont plus sensibles à la pourriture. Ne garez pas votre voiture dessus, ne les coupez pas et n'utilisez pas de désherbants à proximité.

PROBLÈMES RACINAIRES

Bien que les maladies des racines, comme le phytophthora, se passent sous terre, leurs symptômes se manifestent sur les parties aériennes de la plante.

- Recherchez les signes d'une atteinte racinaire. Il peut s'agir d'un flétrissement de la plante, du brunissement de l'extrémité des rameaux ou de fentes ou suintements à partir du bas du tronc. La plante peut aussi montrer des signes d'instabilité révélant une faiblesse du système radiculaire.

Origine des maladies

Les maladies physiologiques sont causées par des facteurs environnementaux tels que des carences et le manque d'eau. Les maladies infectieuses sont dues à des champignons, des bactéries ou des virus. Elles se propagent de diverses manières.

- Humains : mains, chaussures, outils de taille et machines.
- Insectes : corps et pièces buccales.
- Eau : eau souterraine, eau de pluie et eau d'arrosage.
- Vent : transporte les spores et autres agents pathogènes sur de longues distances.

■ ■ ■ **Pour éviter les contaminations, passez un chiffon imbibé d'huile d'arbre à thé sur les outils de taille entre chaque plante.**

- Surveillez les rhododendrons, azalées, agrumes et fusains. Ces plantes sont sensibles à la pourriture des racines.
- Ne maintenez pas le sol constamment humide. Laissez-le sécher un peu entre deux arrosages pour limiter les risques de pourriture.
- Essayez l'acide phosphorique, un additif alimentaire autorisé qui commence à être utilisé pour combattre les maladies des plantes. C'est un antifongique efficace et il prévient la pourriture des racines sur les espèces sensibles. Suivez les instructions données sur l'emballage et mouillez le feuillage et le sol.

TACHES NOIRES SUR LES ROSIERS

Cette maladie due à un champignon enlaidit les rosiers et conduit à une chute importante des feuilles si elle n'est pas traitée.

- Plantez les rosiers en plein soleil, pas trop près d'arbres ou d'arbustes, et laissez de l'espace entre les pieds pour assurer une bonne circulation de l'air.
- Couvrez le sol au niveau de la zone racinaire avec un paillis organique de 5-7 cm d'épaisseur, tel que paille de pois ou luzerne.
- Surveillez régulièrement les rosiers. Ôtez les feuilles malades qui apparaissent à la base et jetez-les.
- Évitez d'arroser le feuillage, en particulier en fin de journée.
- Traitez les rosiers en hiver avec un fongicide comme la chaux soufrée. Intervenez juste après la taille, avant l'éclosion des bourgeons.

Le jaunissement du feuillage

Symptôme	Cause	Remède
De vieilles feuilles jaunissent	Vieillissement normal.	Rien à faire.
Jeunes feuilles jaune pâle	Carence en fer.	Chélates de fer.
Toutes les feuilles jaune pâle	Carence en azote.	Engrais complet.
« V » jaune sur les feuilles	Carence en magnésium.	Sulfate de magnésium.
Marbrures jaunes	Infection virale.	Rien à faire ; arrachez les plantes atteintes.
Jaunissement et chute excessive des feuilles	Trop sec ou trop humide.	Rectifiez l'arrosage.

FONGICIDES MAISON

Ces préparations naturelles permettent de lutter contre diverses maladies cryptogamiques. Dans tous les cas, laissez décanter dans un pulvérisateur et agitez bien avant l'usage.

- Couvrez 90 g d'ail en morceaux avec de l'huile végétale et ajoutez 1 litre d'eau savonneuse. Laissez reposer un jour puis filtrez. Pour traiter, diluez 1 part de solution dans 50 parts d'eau.
- Versez de l'eau bouillante sur des fleurs de camomille fraîches ou séchées. Laissez infuser puis refroidir. Utilisez cette tisane contre les champignons.
- Diluez 1 tasse de lait entier avec 9 tasses d'eau et utilisez cette solution contre le mildiou ou l'oïdium.
- Pour traiter l'oïdium, ajoutez 1 cuillerée à café de bicarbonate de soude à 1 litre l'eau. Appliquez tous les 3-4 jours jusqu'à ce que la situation s'améliore. Puis traitez les rosiers toutes les 2-3 semaines tant que le temps est chaud et humide.
- Le permanganate de potassium est très efficace contre diverses maladies cryptogamiques. Versez dans un seau d'eau juste ce qu'il faut de cristaux pour colorer l'eau en rose pâle.

■ ■ ■ **Une fertilisation et un paillage** réguliers renforcent la résistance des plantes et les préservent des maladies les plus communes.

Éloigner les visiteurs indésirables

Les animaux et les oiseaux qui mangent les plantes sont un dilemme pour le jardinier écologique. D'un côté, vous souhaitez créer un jardin accueillant pour la vie animale, de l'autre, vous ne voulez pas que ces mêmes créatures détruisent vos plantations. Il existe heureusement diverses solutions pour détourner les animaux de vos plantes sans leur faire de mal.

TAUPES

Les taupes ne sont pas à proprement parler des nuisibles car elles consomment des vers et des larves d'insectes. Mais elles font parfois des dégâts sur les racines des légumes, et les taupinières ne sont pas esthétiques dans les pelouses.

- Évitez l'emploi d'appâts toxiques, dangereux pour les enfants et les animaux domestiques. Privilégiez les appareils émetteurs de vibrations, qui provoquent une gêne pour les taupes et les font fuir.
- Vous pouvez essayer de planter des végétaux qui éloignent les taupes par l'odeur de leurs racines, comme la fritillaire impériale, l'euphorbe ou le ricin.

OISEAUX

Pour éloigner les oiseaux de vos arbres fruitiers, reportez-vous à la page 257 ou suivez le conseil ci-dessous.

- Attachez aux branches des épouvantails comme des silhouettes de rapaces.

LIÈVRES ET LAPINS

Ces animaux rongent les écorces des arbres et des arbustes. Ils aiment aussi brouter le feuillage de nombreuses plantes des massifs et du potager.

- Saupoudrez vos plantes de poivre de Cayenne, de sang séché ou de talc.
- Posez des manchons protecteurs autour des jeunes plants et, si nécessaire, clôturez le potager.

CHEVREUILS

Ces animaux broutent les feuillages dans les jardins situés en bordure de forêt.

En période de sécheresse, offrez eau et nourriture aux animaux qui se réfugient dans votre jardin pour les détourner de vos plantes.

- La clôture haute est une solution efficace. La présence d'un chien dans le jardin est également dissuasive.
- Installez à divers endroits du jardin des carillons japonais. En tintant, ils inquiètent le chevreuil, qui s'éloigne.

TOLÉRANCE ZÉRO

Si vous ne supportez la présence d'aucun animal dans votre jardin, essayez ces méthodes douces.

- Achetez un répulsif contenant du Bitrex, une substance amère qui permet de protéger les nouvelles pousses de l'attaque des oiseaux et autres animaux tels que renards, chiens et chats.
- Pour éloigner les oiseaux des jeunes semis, posez un filet à mailles fines jusqu'à ce que les plantes aient levé.
- Chassez les oiseaux et les chats avec un pistolet à eau – il ne les blessera pas mais les maintiendra éloignés des plantations.
- Offrez aux animaux qui creusent le sol, tels que rat musqué ou mulot, un tas de paillis ou de compost. Il les maintiendra à distance de vos plantes.
- Éclaircissez régulièrement la végétation au bord des pièces d'eau. Vous limiterez ainsi l'installation des nids de rongeurs.

■ ■ ■ Pour effrayer les merles et autres oiseaux indésirables, suspendez de vieux CD aux branches de vos arbres.

PETITS RONGEURS

De nombreux petits rongeurs peuvent trouver refuge dans les jardins. Le campagnol creuse des galeries et forme des amas semblables aux taupinières ; herbivore, il se nourrit de bulbes, tubercules et racines. Le mulot ressemble à une souris ; il consomme des graines, des jeunes plants, des bourgeons, parfois des arthropodes. Le rat musqué vit près des pièces d'eau et peut causer des dégâts dans les berges.

- Pour éloigner les campagnols des plantations, utilisez des répulsifs tels que purin de sureau, tourteaux de ricin ou produits à base d'huile d'os.
- Installez des abris ou des perchoirs pour les prédateurs naturels des petits rongeurs (rapaces, renards, belettes, hermines). Les chats sont aussi de bons auxiliaires.
- Si vous nourrissez les oiseaux, veillez à ce que les mangeoires soient inaccessibles aux rongeurs.
- Protégez vos semis d'automne et d'hiver car les petits rongeurs s'y attaquent plus volontiers à ces périodes de l'année.
- Utilisez des pièges non vulnérants pour capturer les petits rongeurs que vous relâcherez ensuite en pleine campagne.

RENARDS ET SANTÉ

Les jardins qui se situent en bordure de forêt reçoivent parfois la visite du renard. Cet animal peut être utile car il consomme de petits rongeurs. Cependant, le renard est le vecteur de deux maladies dangereuses pour l'homme.

- **LA RAGE DU RENARD** a été éradiquée en France depuis 2001. Mais la maladie circule toujours chez les chauves-souris.
- **L'ÉCHINOCOCCOSE ALVÉOLAIRE** est une maladie parasitaire qui s'attaque au foie, cantonnée pour le moment à quelques régions de France. Le parasite adulte vit dans l'intestin de différents carnivores, dont le renard, le chien et le chat. Ces derniers évacuent les œufs dans leurs déjections. La contamination à l'homme peut se faire par des légumes souillés. La meilleure solution consiste à clôturer le potager.

CHATS

Les chats peuvent se coucher sur les plantes et gratter la terre dans les massifs.

- Limitez la surface de terre nue et meuble en plantant des couvre-sol. Incluez des plantes à odeur forte, telle la rue.
- Entourez vos jeunes plantations et plantes en pot avec une forêt de petits branchages. Si les chats arrivent à contrer l'installation, couvrez les plantes avec du grillage à poules.
- Si vous n'avez que quelques plantes sur une terrasse, enveloppez-les entièrement avec une toile d'ombrage chaque soir. Enlevez la toile le matin.

CHIENS

Certains chiens creusent des trous par ennui. Faites-leur faire de l'exercice ou donnez-leur un gros os.

- Réservez à votre chien un endroit bien à lui et incitez-le à y venir en enterrant des friandises, comme un os. Isolez les zones que vous souhaitez protéger.
- Chaque fois que le chien creuse, déposez dans le trou un peu de ses déjections et couvrez-les de terre. Il est peu probable qu'il recreuse au même endroit.

liens utiles

La défense des cultures :
www.naturosante.com/rubriques/jardinage_biologique/jardinage_imp.php?48;
www.mce-info.org/pesticides.php (lutte contre les maladies et les ravageurs)
Informations sur la lutte biologique : www.inra.fr/opie-insectes/luttebio.htm

■ ■ ■ **Ne vous fatiguez pas** à placer des bouteilles en plastique remplies d'eau sur la pelouse pour éloigner les chiens, cela ne marche pas.

Ici et ailleurs

En faisant vos courses ou lors de vos déplacements, il n'est pas difficile de changer vos habitudes afin de mieux respecter la planète. Vous serez en meilleure forme et vous minimiserez votre impact sur l'environnement.

ICI ET AILLEURS...

POUVOIR D'ACHAT

■ Suivez nos conseils et réduisez votre consommation de produits en plastique, p. 283. ■ Notre guide de A à Z vous aidera à faire des choix écologiques lors de vos achats, p. 284. ■ Vous serez surpris par la composition de certains produits cosmétiques, p. 291. ■ Apprenez à investir dans des sociétés socialement responsables, p. 296.

SUR LA ROUTE

■ Économisez du carburant et de l'argent, p. 298. ■ Choisissez la voiture adaptée à votre situation et à vos besoins et découvrez les dernières innovations automobiles, p. 300. ■ Gardez votre voiture en parfait état de marche, p. 304. ■ Restez en forme et faites des économies en utilisant votre vélo, p. 308.

VOYAGER AUTREMENT

■ Que vous aimiez les espaces naturels ou les grandes villes, privilégiez la marche lors de vos vacances et découvrez une nouvelle façon de voyager, p. 310. ■ Mettez en pratique nos idées pour des vacances écologiques ainsi que nos conseils pour vous sentir bien une fois sur place, p. 312.

POUVOIR D'ACHAT

La manière dont vous faites vos courses peut vous aider à préserver votre santé et votre porte-monnaie.

Vous avez le choix

De nos jours, les choix qui s'offrent aux consommateurs sont de plus en plus nombreux, et les campagnes publicitaires de plus en plus sophistiquées. Pour dépenser et gaspiller moins, vous devez suivre quelques principes de base, apprendre à interpréter les affirmations des vendeurs et avoir une idée précise de ce que vous voulez.

HUIT FAÇONS D'ACHETER MALIN

1 Évitez d'acheter dans la précipitation et ne vous laissez pas influencer par des vendeurs trop zélés. Accordez-vous une nuit pour réfléchir si nécessaire.

2 Tenez compte du prix d'achat initial, mais aussi du coût de fonctionnement. Beaucoup de produits respectueux de l'environnement, comme les lampes fluorescentes compactes (LFC), sont plus coûteux à l'achat mais s'avèrent plus économiques sur le long terme.

3 Préférez des produits provenant de ressources renouvelables, comme le bois, la laine et la soie.

4 Choisissez des articles construits pour durer. Par exemple, optez pour un canapé avec une structure en bois dur ou en acier, plutôt qu'en bois tendre ou aggloméré qui pourrait gondoler ou se casser. Vous le paierez certes plus cher, mais une structure solide durera plus longtemps.

5 Préférez les produits réutilisables aux produits jetables (mouchoirs, serviettes de table, vaisselle...).

6 Achetez des produits locaux de saison. Ils sont meilleur marché, plus frais, et leur culture respecte plus l'environnement. Vous les trouverez surtout sur les marchés, mais certains supermarchés s'approvisionnent également auprès de producteurs locaux.

7 Cherchez des produits naturels, entièrement biodégradables et non toxiques qui se décomposent sans laisser de résidus nocifs. (La plupart des matériaux finiront par se dégrader, mais parfois en laissant derrière eux des résidus toxiques.)

8 Évitez les produits qui ont un emballage important et/ou non biodégradable. On estime que 10 % environ du montant des courses vont au paiement des emballages, qui finissent souvent à la poubelle ! Par ailleurs, une grande quantité d'énergie est consommée pour fabriquer ces emballages.

ROMPRE L'HABITUDE DU PLASTIQUE

Le plastique a un effet très préjudiciable sur l'environnement, mais il occupe aujourd'hui une telle place qu'il serait difficile de s'en passer. Vous pouvez toutefois en limiter l'usage. Prenez conscience de la quantité de plastique que vous utilisez au quotidien, y compris les sacs dont vous vous servez pour faire vos courses, les récipients en plastique du réfrigérateur et des placards et le film plastique pour couvrir de la nourriture. Fixez-vous ensuite comme objectif de réduire votre consommation de moitié. Les conseils qui suivent vous aideront dans cette tâche.

■ ■ ■ **2 500 000 tonnes de déchets de matières plastiques sont produites chaque année en France.**

Ne vous laissez pas séduire par les offres « deux pour le prix d'un ». N'achetez que le nécessaire.

LA VÉRITÉ SUR…

LE PLASTIQUE

Le plastique représente un problème environnemental majeur. Non seulement sa fabrication utilise beaucoup d'énergie et est très polluante, mais seuls quelques types de plastiques peuvent être recyclés, et une seule fois. Le plastique ne se décompose jamais et, même s'il est incinéré (un processus qui produit des dioxines), 90 % du matériau reste en tant que déchet toxique. Les plastiques mous dégagent des composés organiques volatils (COV) dans l'air et la nourriture, responsables de maux de tête, irritations, dépressions, problèmes respiratoires et nausées. Des substances chimiques, les phtalates, sont utilisées pour donner sa souplesse au plastique. Peut-être cancérigènes, ces phtalates ont également été impliqués dans des anomalies de la reproduction, des cas d'endométriose et de maladie fibrocystique du sein.

À ÉVITER

- ✗ Les produits aérosol contenant des gaz propulseurs (propane, pentane, halons) et des solvants (méthyle chloroforme, méthyle bromide), qui abîment la couche d'ozone ou augmentent le réchauffement global.
- ✗ Les produits dont la production est polluante. On peut citer le papier blanchi au chlore, les produits de nettoyage contenant des phosphates et les cosmétiques fabriqués avec des dérivés du pétrole.
- ✗ Les produits utilisant des ressources limitées. Évitez d'acheter des meubles fabriqués avec du bois issu de forêts vierges.

- Choisissez des récipients en verre, céramique ou acier inoxydable pour stocker les aliments.
- Pour envelopper les aliments, optez pour du papier paraffiné, sulfurisé ou cellophane (issus de fibres végétales).
- Remplacez les sacs en plastique par des sacs en papier aussi souvent que possible.
- Évitez les aliments préemballés.
- Essayez de diminuer votre consommation d'aliments emballés dans des boîtes en plastique.
- Préférez les sacs isothermes en cellulose. Ils sont fabriqués avec des matériaux naturels et biodégradables.
- Emportez vos sacs réutilisables lorsque vous faites vos courses. Vous pouvez vous procurer des sacs en polypropylène dans la plupart des supermarchés. Bien qu'ils soient fabriqués en utilisant des énergies fossiles non renouvelables, ils durent beaucoup plus longtemps que les sacs en plastique et peuvent servir de nombreuses fois.
- Essayez de réutiliser vos sacs en plastique au moins une ou deux fois.
- Achetez des plastiques qui seront recyclés. Pour identifier les plastiques recyclables, les fabricants apposent un code d'identification sur tous les produits (voir p. 13).

UN MEILLEUR USAGE DU PLASTIQUE

En prenant quelques précautions, vous éviterez les effets nocifs des matières plastiques sur la santé.

- Transférez toujours les aliments sous plastique dans un récipient en verre ou en céramique avant de les faire réchauffer au four à micro-ondes. Si vous utilisez des barquettes et des sachets en plastique, vous accélérez la migration des produits chimiques dans les aliments. Cela concerne surtout les aliments gras.
- Préférez le fromage à la coupe au fromage préemballé. Si vous ne pouvez pas l'éviter, ôtez l'emballage du fromage dès votre retour.
- Débarrassez-vous des récipients en plastique fendus, décolorés ou présentant des signes d'usure : il se peut qu'ils laissent passer des substances chimiques nocives dans les aliments.
- Les produits corrosifs et la température élevée de l'eau dans les lave-vaisselle peuvent abîmer le plastique. Lavez à la main tous les récipients en plastique, y compris ceux censés résister au lave-vaisselle, dans de l'eau chaude additionnée d'un détergent doux à base de plantes.

■ ■ ■ **Le recyclage du plastique** requiert juste 30 % de l'énergie nécessaire pour fabriquer du plastique en utilisant des énergies fossiles.

Alternatives écologiques

Parcourez cette liste de produits courants classés de A à Z afin de vous informer sur les ingrédients dangereux et les alternatives saines. Vous serez peut-être surpris d'apprendre que les choix les plus écologiques sont souvent les moins coûteux.

ADOUCISSANTS

- Les adoucissants peuvent libérer lentement des substances chimiques associées à de nombreuses maladies. Si vous employez ces produits pour vos vêtements et vos draps, vous serez en contact avec eux presque vingt-quatre heures sur vingt-quatre…
- Utilisez du bicarbonate de soude ou du vinaigre pour adoucir votre linge, et ajoutez une huile essentielle si vous aimez le linge parfumé.

AIDES AU REPASSAGE

- Les produits « défroisseurs » contiennent : de l'amidon de maïs pour donner du corps au tissu, du silicone pour empêcher le fer de coller au tissu, du borax pour stabiliser l'amidon, un adoucissant, des conservateurs et un parfum. Certains contiennent parfois de l'acide acétique, légèrement irritant pour le système respiratoire. Les bombes aérosol contiennent des gaz propulseurs hydrocarbonés.

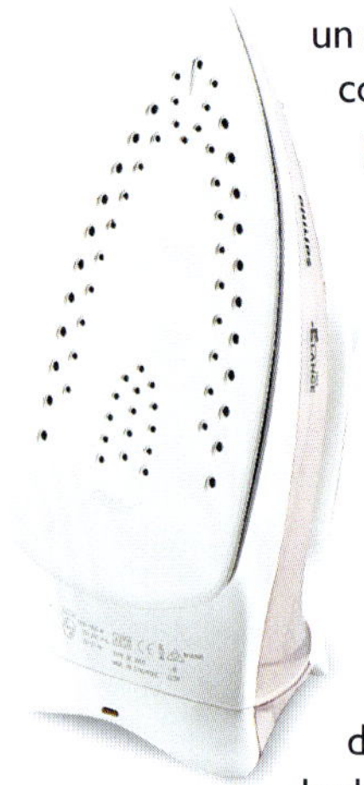

- Une alternative peu coûteuse et sûre consiste à utiliser un fer à vapeur ou à placer un linge en coton humide sur le tissu à repasser. En cas de faux pli sur un vêtement en coton ou en lin, aspergez-le d'eau chaude, roulez-le et mettez-le de côté durant 1 heure avant de le repasser.

ALUMINIUM

- La production d'aluminium est une industrie énergivore et l'aluminium ne se décompose jamais.
- Réutilisez et recycler dans la mesure du possible les feuilles et récipients en aluminium. Le recyclage de l'aluminium ne consomme que 5 % de l'énergie nécessaire à la production d'un nouvel aluminium.

LA VÉRITÉ SUR…

L'ALUMINIUM

L'aluminium est le troisième élément le plus important de la croûte terrestre, on le trouve dans l'air, l'eau, le sol, les plantes et les animaux. Au cours des dernières décennies, plusieurs études ont suggéré un lien entre les taux croissants d'aluminium dans le cerveau et la maladie d'Alzheimer. L'eau potable et les casseroles ont été mises en cause. Les fabricants de batteries de cuisine en aluminium reconnaissent que la cuisson d'aliments acides, tels que les tomates, dans des casseroles en aluminium peut augmenter la quantité de métal qui pénètre dans la nourriture. Mais il est aujourd'hui impossible de prouver que l'aluminium provoquerait la maladie d'Alzheimer.

Chaque Français consomme en moyenne 11 kilos de détergent par an.

■ ■ ■ **Les produits « défroisseurs » contiennent souvent des substances chimiques toxiques. Préférez le fer à vapeur.**

AMPOULES

- Les lampes à incandescence, comme les lampes halogènes, sont inefficaces, gaspillant la plupart de leur énergie en chauffant.
- Remplacez-les par des lampes fluorescentes compactes. Plus coûteuses à l'achat, elles durent toutefois jusqu'à quinze fois plus longtemps et consomment jusqu'à 80 % d'énergie en moins. Leurs formes et leurs tailles sont variées.

BARBECUES

- Optez pour un combustible propre, comme le bois non traité, ou achetez un barbecue à gaz qui ne produit pas de fumée. Évitez les briquettes de charbon de bois compressées et les allume-barbecue.
- Une bonbonne de gaz propane produit moins d'émissions qu'un combustible solide, mais si vous faites beaucoup de barbecues et que vous avez du gaz naturel chez vous, envisagez l'installation d'un tuyau d'évacuation de gaz permanent, moins coûteux, et qui dégage moins d'émissions encore que le propane.

BIBERONS

- Les biberons en plastique transparent sont généralement en polycarbonate, un plastique qui dégage d'infimes quantités du disrupteur endocrinien Bisphénol A, surtout lorsque les biberons sont chauffés.
- Le polycarbonate est l'un des plastiques identifiés par le nombre 7 à l'intérieur du symbole du triangle de recyclage. Préférez les biberons en verre, en polyéthylène (symboles de recyclage 1, 2, 4) ou en polypropylène (symbole 5).

BOUTEILLES D'EAU

- La fabrication et l'élimination des bouteilles d'eau en plastique contribuent à la pollution de l'environnement. Il est moins coûteux et plus écologique de boire de l'eau du robinet filtrée.
- Avant d'installer un filtre à eau, renseignez-vous sur les avantages et inconvénients de chaque type de filtre. Les filtres qui utilisent des cartouches au charbon actif éliminent le chlore et les pesticides, mais les cartouches doivent être remplacées régulièrement.
- Évitez d'acheter de l'eau minérale riche en sodium (plus de 30 mg de sodium pour 10 cl d'eau).

CAFÉ

- Optez de préférence pour du café moulu, beaucoup d'énergie étant consommée pour la déshydratation des variétés instantanées et décaféinées.
- Si vous aimez le café décaféiné, choisissez-en un qui a été décaféiné avec des méthodes d'extraction à l'eau ou au dioxyde de carbone. Certaines méthodes impliquent l'emploi de solvants chimiques, comme le chlorure de méthylène, réputé cancérigène.
- Le café est une culture largement traitée. Achetez des marques certifiées biologiques.

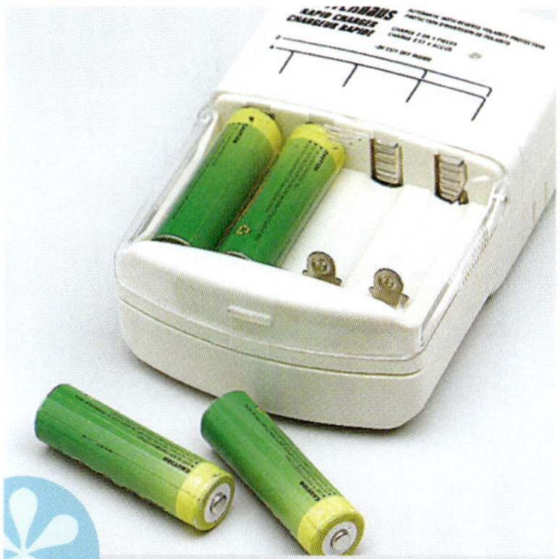

ASTUCE

Optez pour des piles rechargeables Nickel métal hydrure (NiMH). Bien sûr, vous aurez besoin d'un chargeur et elles coûtent trois fois plus cher que des piles alcalines, mais elles sont plus économiques à long terme car elles peuvent être rechargées plus de cinq cents fois. Et avec certains modèles, le rechargement ne prend que 15 minutes, ce qui est plus rapide que d'aller dans les magasins ! De plus, vous contribuerez ainsi à réduire la quantité de déchets.

COLLE

- L'ingrédient le plus dangereux de nombreuses colles est le solvant ; les colles à séchage rapide à base de solvants dégagent des émanations toxiques. Préférez les produits à base d'eau.
- Il est difficile de trouver des alternatives à certains adhésifs

■ ■ ■ **Choisissez la pure laine.** La laine est chaude, confortable, résistante au feu et ne dégage pas d'émanations chimiques nocives.

PRODUITS DE NETTOYAGE

Les nettoyants ménagers et les lessives contiennent de nombreuses substances chimiques synthétiques ; certaines sont à la fois nocives pour l'homme et pour l'environnement. (Voir également p. 74.)

■ **NETTOYANTS MULTI-USAGES** Un simple produit multi-usages, écologique, fait maison ou acheté dans le commerce, suffit pour réaliser la majorité des tâches de nettoyage dans la maison.

■ **DÉTERGENTS SANS PHOSPHATES** Choisissez des poudres et liquides lessive non parfumés et sans phosphates.

■ **PRODUITS BIODÉGRADABLES** Essayez de n'employer que des produits 80 à 100 % biodégradables et sans phosphates, produits pétrochimiques, azurants optiques (ou agents fluorescents), enzymes, chlore ni soude caustique.

■ **PRODUITS DANGEREUX** Les produits dangereux ou toxiques doivent comporter un avertissement. S'ils sont suffisamment toxiques pour vous empoisonner ou vous brûler, mieux vaut vous en passer.

■ **PRODUITS ÉCOLOGIQUES** Recherchez les étiquettes qui indiquent qu'un produit respecte l'environnement, mais lisez-les avec un œil critique : « naturel », « biologique » et « biodégradable » sont souvent utilisés de manière très vague et ne signifient peut-être pas grand-chose. Par exemple, presque tous les produits finiront par se décomposer : vous devez savoir si cela prendra quelques semaines ou des dizaines d'années !

■ **EMBALLAGES** Pensez à la manière dont les produits de nettoyage que vous achetez sont conditionnés : pouvez-vous opter pour des plus grandes contenances ou les acheter par lots ? Sous forme concentrée ? Dans un récipient recyclé ?

et colles, comme les colles époxy, les adhésifs de contact, les colles caoutchouc, les colles instantanées et les colles universelles. Mais la plupart contiennent des ingrédients toxiques, comme l'hexane, le xylène, le trichloroéthane, l'acétone et le toluène ; utilisez-les avec prudence et dans des endroits bien aérés.

- Les colles les moins toxiques sont la colle blanche (PVA) et les bâtons de colle à base de pâte. Pour les enfants, la meilleure colle est un mélange de farine et d'eau.

CONSERVES ALIMENTAIRES

- L'opinion est partagée sur le matériau utilisé pour fermer les boîtes de conserves alimentaires (une résine époxy qui contient un disrupteur endocrinien appelé Bisphénol A) qui pourrait dangereusement pénétrer dans la nourriture.
- Pour bébé, préférez les petits pots en verre.
- Évitez des périodes de stockage trop longues et pensez aux dates limite de consommation. Ne réchauffez jamais les aliments dans leur boîte.

COUCHES

- Même en tenant compte de leur fabrication et des fréquents lavages requis, les couches lavables représentent un choix plus écologique que les couches jetables. Si vous ne supportez pas l'idée d'utiliser des épingles à nourrice, optez pour les « surcouches » imperméables, aux jambes et taille élastiques, avec des attaches Velcro, qui permettent l'insertion de la couche en tissu.
- Si les couches jetables peuvent sembler pratiques,

■ ■ ■ **Préférez les sprays à pompe et à gâchette aux bombes aérosol qui utilisent des gaz propulseurs hydrocarbonés.**

elles ont beaucoup d'inconvénients. Elles sont plus chères et nuisent plus à l'environnement que les couches en tissu.
La plupart sont blanchies, un processus qui produit des dioxines en tant que sous-produit, fortement toxiques. La plupart contiennent aussi des parfums et des cristaux ou du gel de polyacrylate (utilisés pour augmenter le pouvoir absorbant), qui peuvent être irritants pour les bébés. Leur élimination engendre des problèmes environnementaux majeurs car elles sont souvent fabriquées avec des plastiques non biodégradables et le nombre de couches jetées ne fait qu'augmenter.

- Si vous ne pouvez pas vous passer de couches jetables, essayez d'en trouver des non blanchies, sans gel, en coton naturel ou pulpe de bois.

CRAYONS ET STYLOS

- Beaucoup de marqueurs permanents sont à base de solvant et certains contiennent du xylène et/ou du toluène, connus pour endommager le système nerveux, les reins et le foie. Une odeur forte indique généralement la présence d'un solvant chimique. Les modèles plus sûrs de marqueurs permanents utilisent de l'alcool comme solvant.
- Choisissez un stylo permanent à pointe fine plutôt que large, limitant ainsi la quantité de solvant libérée sur le papier.
- Mieux encore, optez pour un stylo non permanent sur lequel il est précisé « à base d'eau » ou « non toxique ».

DÉSODORISANTS

- Qu'ils soient en aérosol ou à mèche, de nombreux désodorisants contiennent des substances chimiques toxiques, telles que le formaldéhyde et le dichlorobenzène, qui persistent longtemps dans l'environnement. La plupart des désodorisants contiennent également des parfums synthétiques pouvant provoquer des réactions indésirables.
- Comme alternatives, essayez le bicarbonate de soude ou le vinaigre. Ils absorbent les odeurs pour beaucoup moins cher que les désodorisants vendus dans le commerce. Si vous aimez les parfums, pensez aux produits à base d'herbes ou d'huiles essentielles, le principal étant d'éviter les parfums synthétiques.
- N'oubliez pas non plus que l'air frais fait également des merveilles.

DÉTECTEURS DE FUMÉE

- Bien que certains détecteurs contiennent de minuscules quantités de matériaux radioactifs, les avantages de cette alarme l'emportent sur le risque négligeable de radiation directe.
- Il est important de faire attention lorsque vous vous débarrassez de votre alarme usagée, les matériaux radioactifs ayant une très longue demi-vie ; il n'est donc pas impossible qu'ils s'échappent dans la décharge.

TÉLÉPHONES PORTABLES

Plus de 49 millions de Français possédaient un téléphone portable en 2006, et la plupart des abonnés changent de téléphone tous les 2 ans.
Si les téléphones usagés sont envoyés à la décharge, les batteries et les circuits imprimés se décomposent, libérant du nickel et d'autres métaux dans le sol et la nappe phréatique.

- Lorsque vous voulez vous débarrasser d'un téléphone portable, ne le jetez pas. Rapportez-le dans l'un des points de vente des opérateurs pour qu'il soit recyclé. Vous pouvez consulter le site www.afom.fr

Optez pour des modèles à énergie solaire ou mécaniques pour vos petits appareils électriques.

- Envisagez l'achat d'une alarme photo-électronique, plus coûteuse mais qui ne contient pas de matériau radioactif.

FILM PLASTIQUE

- La plupart des films plastique sont en polyéthylène mais des substances chimiques, appelées plastifiants, sont parfois ajoutées pour les rendre plus souples et plus résistants. Nombre de ces substances chimiques, incluant des phtalates et des adipates, sont toxiques et pénètrent dans la nourriture.
- Minimisez votre utilisation de film plastique pour garder les aliments. Préférez le papier paraffiné, sulfurisé ou cellophane (à base de fibre végétale).
- Évitez d'acheter des produits preemballés.

FILTRES À CAFÉ

- Choisissez des filtres en coton réutilisables, non blanchis, ou des filtres en papier jetables, non blanchis ou blanchis à l'oxygène. Le blanchiment au chlore laisse des résidus de dioxine dans les filtres et libère des dioxines dans l'environnement. Or, les dioxines ont été reconnues cancérigènes par l'Organisation mondiale de la santé.
- Envisagez l'achat d'un filtre à café permanent ou d'une cafetière expresso.

INSECTICIDE (CORPOREL)

- Beaucoup d'insecticides corporels contiennent du DEET (N, N-diéthyl-m-toluamide), une neurotoxine qui repousse les moustiques mais irrite également la peau. Si vous devez utiliser un antimoustique contenant du DEET, choisissez-en un contenant un taux minimal de ce produit chimique, si possible inférieur à 10 %, et ne vous en servez qu'en cas de nécessité, par exemple pour traiter des maladies véhiculées par les moustiques, telles que le paludisme. Évitez d'en faire un usage répété et d'appliquer de l'antimoustique sur une peau abîmée. Soyez très prudent avec les enfants.
- Optez pour des antimoustiques sans DEET et contenant des huiles essentielles à base d'herbes, comme la citronnelle, la lavande, le lemon-grass, la menthe pouillot et la menthe poivrée. Vous devrez les appliquer plus fréquemment et il se peut qu'ils ne soient pas aussi efficaces que les produits contenant du DEET, mais ils sont plus sûrs pour un usage à long terme.

LITIÈRE POUR CHAT

- Les deux types de litières pour chat les plus répandus sont celles à base d'argile et les litières agglomérantes. L'argile pour litière est obtenue par une extraction à ciel ouvert potentiellement nuisible à l'environnement et peut contenir de la silice cristalline, irritante pour les poumons. Les litières agglomérantes contiennent souvent de la bentonite de sodium, qui peut engendrer des douleurs respiratoires chez les chats et être nocive pour les chatons qui l'ingèrent en se léchant.
- Optez pour des produits biologiques 100 % biodégradables, sans argile, comme le papier 100 % recyclé, le blé biologique ou les boulettes de luzerne. Si l'odeur vous pose problème, aspergez la litière de bicarbonate de soude.

PRODUITS POUR BÉBÉS

- L'huile pour bébé contient souvent de l'huile minérale, un dérivé du pétrole. Les produits écologiques incluent les huiles végétales pressées à froid, comme l'huile de pépins de raisin, de jojoba, de calendula et de noyau d'abricot.
- Pour protéger la peau de votre bébé des détergents, conservateurs et parfums présents dans de nombreux savons, shampooings et crèmes, préférez des produits à base de plantes.

FOURNITURES DE BUREAU

- ✔ Choisissez du papier recyclé pour vos impressions et photocopies.
- ✔ Cherchez les étiquettes « sans chlore » ou « blanchi à l'oxygène ».
- ✔ Si vous devez utiliser des enveloppes à fenêtre, évitez les fenêtres en plastique. Préférez les enveloppes avec des fenêtres en glassine, matériau recyclable.
- ✔ Achetez des chemises et classeurs fabriqués à partir de matériaux recyclables.
- ✔ Toutes les cartouches d'encre peuvent être recyclées. Il existe des points de collecte dans toute la France, localisés sur le site www.recyclagesolidaire.org

■ ■ ■ **Les cultures de thé sont souvent traitées avec des produits chimiques. Choisissez des thés certifiés biologiques.**

La peau des jeunes enfants est plus fine et beaucoup plus perméable que celle des adultes. Pour eux, préférez des savons, shampooings et crèmes naturels.

SACHETS DE THÉ

● Achetez du thé en feuilles et utilisez une théière ou un récipient en acier inoxydable ou optez pour des sachets non blanchis en fibres naturelles. Préférez des sachets sans agrafes pour qu'ils puissent se biodégrader complètement.

● Il se peut que le thé que vous avez choisi ait été exposé aux pesticides et engrais chimiques, dont le DDT. Ce dernier a été interdit dans la plupart des régions du monde développé. Choisissez des variétés de thé certifiées biologiques, produites sans fongicides ni pesticides.

● Les infusions ne sont pas forcément une alternative saine, les herbes poussant souvent hors-sol dans des serres et étant inondées de produits chimiques avant et après la récolte. Si possible, optez pour des infusions certifiées biologiques.

SACS POUBELLE

● Plutôt que d'acheter des sacs poubelle classiques, choisissez des sacs biodégradables. Des sacs plastique légèrement plus chers, fabriqués à partir d'amidons dérivés de plantes comme le maïs et la pomme de terre, se biodégraderont en 3 mois.

SPIRALES ANTIMOUSTIQUES

● De nombreux antimoustiques contiennent de l'alléthrine, un pyréthroïde synthétique, stimulant essentiel du système nerveux. Évitez un usage prolongé, surtout chez les enfants.

● Employez les produits à base d'alléthrine uniquement à l'extérieur. Parmi les alternatives plus sûres, vous pouvez faire brûler une bougie à la citronnelle dehors.

VIN

● Dans la viticulture classique, des fongicides, insecticides et herbicides sont appliqués sur les vignes. Après la récolte, les vignerons emploient des conservateurs (généralement du dioxyde de soufre ou des sulfites) qui peuvent provoquer des réactions allergiques. En France, tous les additifs alimentaires doivent figurer sur les étiquettes des produits.

● Cherchez des vins certifiés biologiques (ayant un taux minimal de conservateurs) ou des vins étiquetés « sans conservateur ». Sachez toutefois que vous aurez du mal à les conserver longtemps dans votre cave.

PERFLUOROCARBONES

On trouve des perfluorocarbones, ou PFC, dans de nombreux biens de consommation. Ils peuvent se biodégrader pour former du sulfonate de perfluoro-octane (PFO), qui reste dans l'environnement et dans notre corps et est associé à un risque accru de cancer chez l'homme, ainsi qu'à des anomalies de développement chez les animaux. Vous ne pouvez pas éviter complètement les PFC, mais vous pouvez minimiser votre exposition en limitant l'usage des produits ci-après.

■ **BATTERIE DE CUISINE ANTIADHÉSIVE** Les revêtements antiadhésifs contiennent souvent des PFC. Chauffés à haute température, ils émettent des fumées nocives. Préferez les casseroles et poêles en acier inoxydable, verre ou fonte.

■ **PRODUITS HYDROFUGES ET ANTITACHES** Lorsque vous achetez des meubles et des vêtements, évitez les articles traités pour résister à l'eau ou aux taches et refusez tout traitement du même type car ils contiennent souvent des PFC.

■ **EMBALLAGES DE PRODUITS À EMPORTER** Des PFC sont souvent ajoutés aux boîtes de pizza et autres barquettes de frites afin d'éviter que la graisse ne traverse le carton.

■ ■ ■ **Utilisez des sacs en plastique biodégradable** qui se décomposeront dans les décharges sans laisser de résidus chimiques.

Produits de soin

De nombreux produits de soin pénètrent dans la peau, il est donc important de vérifier ce qu'ils contiennent. Avec quelques connaissances et un peu de patience, non seulement vous réaliserez des économies, mais vous préserverez également votre santé.

SOYEZ PRUDENT

Beaucoup de produits de soin contiennent, entre autres, des dérivés du pétrole, des conservateurs, des parfums synthétiques et des ingrédients génétiquement modifiés.

- Achetez vos produits de toilette dans les magasins de produits bio plutôt que dans les supermarchés.
- Optez pour des crèmes pour la peau, baumes à lèvres, crayons à sourcils, rouges à lèvres et ombres à paupières à base de cire d'abeille.
- Les longs noms chimiques ne sont pas forcément synonymes de substances toxiques. Référez-vous à ces pages et aux informations trouvées sur Internet pour vérifier les listes des composants des produits que vous achetez.
- Achetez des atomiseurs à gâchette, des déodorants à bille ou en stick, plutôt que des aérosols qui contiennent des gaz à effet de serre.
- Cherchez des produits non testés sur les animaux, biologiques et d'origine végétale.
- Beaucoup de produits étiquetés « non testés sur les animaux » peuvent cependant contenir des ingrédients qui, eux, ont été testés sur les animaux. C'est le cas du collagène, de la glycérine, de la kératine et de la lanoline.

INGRÉDIENTS À PRIVILÉGIER

- ✔ **Aloe vera** Doux, cicatrisant, anti-inflammatoire.
- ✔ **Avoine** Utilisée pour adoucir l'eau, diminuer les rougeurs et soulager les irritations.
- ✔ **Ginseng** Propriétés régénérantes et stimulantes.
- ✔ **Glycérine (végétale)** Liquide épais d'origine végétale, bon hydratant.
- ✔ **Lavande** Apaisante et anti-inflammatoire ; pour soigner les brûlures.
- ✔ **Lécithine** Extrait de soja qui nourrit et hydrate la peau.
- ✔ **Citronnelle** Tonifiante et légèrement astringente ; utilisée dans des préparations pour traiter l'acné.
- ✔ **Margousier** Ses feuilles peuvent être utilisées pour soigner l'eczéma.
- ✔ **Prêle** Herbe astringente, utilisée pour renforcer les cheveux et stimuler une croissance saine.
- ✔ **Vitamines E et C** Antioxydantes, aident la peau à résister aux dommages causés par le soleil. La vitamine C stimule aussi la production de collagène et d'élastine, et possède des propriétés légèrement blanchissantes.

GUIDE D'ACHAT

Les conseils ci-après vous aideront à faire des choix écologiques.

CRÈMES DÉPILATOIRES

- La plupart des crèmes et lotions dépilatoires contiennent de nombreuses substances chimiques, dont certaines sont irritantes et allergènes, ainsi que de l'alcaline et des substances corrosives, comme le thioglycolate de sodium.
- Envisagez une méthode naturelle d'épilation telle que le rasage, la cire au sucre ou à base de cire d'abeille.

DÉODORANTS

- La plupart des déodorants contiennent des sels d'aluminium pour obstruer les glandes sudoripares. Il n'a certes pas été prouvé que l'aluminium favorisait les maladies, mais les experts déconseillent son usage. Choisissez des déodorants sans aluminium ou fabriquez-les (voir p. 187).

■ ■ ■ **Les flacons en plastique dur et en verre risquent moins de laisser filtrer des substances chimiques.**

Ingrédients à éviter

Ingrédient	Observations
Acides alpha-hydroxy (AHA)	Se trouvent dans les exfoliants, peelings et masques pour le visage. Généralement dérivés d'acide citrique ou lactique, ils ont un effet exfoliant sur la peau. Peuvent provoquer rougeurs et irritations ; un usage régulier augmenterait le risque de cancer de la peau.
Alcool isopropylique	En raison de ses propriétés antibactériennes, antiseptiques et astringentes, il fait souvent partie des toniques et après-rasage. C'est une neurotoxine et il peut être toxique s'il est inhalé en grandes quantités.
Coaltar	Dérivé du pétrole qui figure généralement sur les étiquettes en tant que colorant FD&C ou D&C. Ses propriétés antibactériennes expliquent qu'il est largement utilisé dans les savons et shampooings traitants ; on en trouve aussi dans certaines teintures pour les cheveux. Il contient des amines aromatiques potentiellement cancérigènes.
Colorants artificiels	FDC Red 4, FDC Red I (ou Food Red I) sont interdits dans la nourriture mais on peut encore en trouver dans certains cosmétiques.
Conservateurs libérant du formaldéhyde	Généralement répertoriés sous le nom d'imidazolidinyl urée, diazolidinyl urée, 2-bromo-2-nitropane-1, 3-dio, DMDM hydantoïne ou quaternium 15. Le formaldéhyde peut provoquer des réactions cutanées, telles que des dermatites, et est probablement cancérigène.
Diéthanolamine (DEA)	Nitrosamine toxique qui provoquerait des tumeurs chez les animaux de laboratoire. Peut déclencher des réactions allergiques chez les individus sensibles et libérer des composés cancérigènes sur la peau ou dans le corps après absorption.
Laurylsulfate de sodium	Détergent et émulsifiant dans les shampooings, additifs de bain et démaquillants. Peut irriter et dessécher la peau.
Méthylisothiazolinone	Conservateur pouvant provoquer des réactions cutanées allergiques. S'il est inhalé, il risque de sensibiliser les poumons, provoquant des crises d'asthme et autres problèmes respiratoires.
Parabènes	Ces conservateurs courants peuvent affecter le système endocrinien et déclencher des réactions allergiques. Les dérivés des parabènes ont les préfixes butyl-, éthyl-, méthyl- et propyl-.
Paraffine	Incluse dans divers produits, des crèmes dépilatoires aux ombres à paupières et crayons à sourcils. Un contact prolongé peut entraîner une irritation, surtout de la peau.
Parfums synthétiques	Peuvent être dérivés du pétrole. Risquent de provoquer des réactions indésirables, dont des maux de tête, vertiges et pigmentation de la peau. La quasi-totalité des parfums synthétiques contient des phtalates (voir ci-dessous). Choisissez des parfums naturels et essentiels à base d'huile.
Perfluorocarbones	Utilisés dans les lotions, poudres pressées, vernis à ongles et crèmes de rasage. Associés à des risques de cancer et à des problèmes de reproduction.
Phtalates	Généralement compris sous le mot parfum. Ils sont associés à des problèmes de reproduction et de développement. Le phtalate le plus utilisé, le diéthylhexylphthalate (DEHP), est probablement cancérigène.
Propylène glycol (PEG)	Largement utilisé comme ingrédient hydratant, il sensibilise la peau et facilite ainsi la pénétration d'autres substances chimiques dans la peau.
Suif	Utilisé dans les savons, rouges à lèvres, shampooings et crèmes de rasage. Dérivé des organes et tissus des moutons et bovins.
Triclosan	Agent antibactérien, souvent utilisé dans les savons et lotions étiquetés « antibactériens ». Un usage trop intensif peut favoriser la résistance desdites super-bactéries résistantes aux antibiotiques (MRSA).
Triéthanolamine (TEA)	Utilisée comme émulsifiant. Peut libérer des composés cancérigènes sur la peau ou dans le corps après absorption. Peut engendrer démangeaisons, brûlures et cloques.

■ ■ ■ **Les mots « naturel » et « biologique »** **ne garantissent pas qu'un produit ne contient aucune substance chimique nocive.**

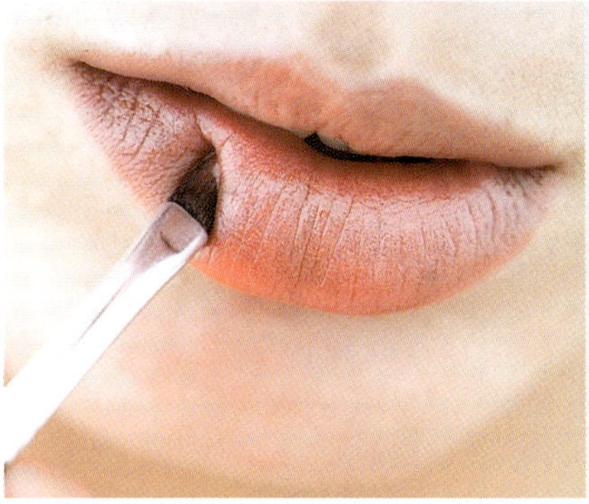

ASTUCE

On estime que les femmes qui mettent du rouge à lèvres avalent jusqu'à l'équivalent de quatre tubes entiers au cours de leur vie, d'où l'intérêt de vous assurer que vous n'avalez ni conservateurs ni produits chimiques synthétiques indésirables.

ATTENTION !

▼ Évitez les produits dont les ingrédients incluent les termes « fluoro- » ou « perfluoro- », ces derniers indiquant la présence de perfluorocarbones (PFC), qui persistent dans l'environnement et ont été associés au cancer et à des problèmes de reproduction.

ÉCRAN SOLAIRE

- L'écran solaire doit vous protéger contre deux types de rayons : les UVA et les UVB. Il doit être étiqueté à « large spectre ».
- Bien que les PABA toxiques aient été éliminés de la plupart des écrans solaires, ces derniers contiennent quasiment tous des produits chimiques potentiellement nocifs, comme la diéthanolamine, la triéthanolamine, les parabènes et le benzophénone, qui peut interférer avec les cycles de reproduction et favoriser certains cancers.
- Les alternatives les plus saines sont celles qui bloquent physiquement le rayonnement UV : l'oxyde de zinc et le dioxyde de titane et, évidemment, un chapeau et un vêtement de protection.

MAQUILLAGE

- Rares sont les fards à paupières, fonds de teint, rouges à lèvres ou fards à joues sans aucun produit chimique. Tous contiennent des conservateurs afin d'éviter une prolifération bactérienne.
- Les cosmétiques contiennent aussi parfois des promoteurs de pénétration cutanée, tels que le PEG et la TEA, qui sensibilisent la peau et facilitent l'entrée des substances chimiques dans le corps. La TEA (triéthanolamine) peut libérer des composés cancérigènes.
- Optez pour les produits les plus naturels et les moins parfumés, dont les conservateurs sont de préférence des vitamines A, C ou E.

MOUCHOIRS ET PAPIER TOILETTE

- Il est difficile de croire que le papier toilette puisse contenir du formaldéhyde, un parfum artificiel et une teinture, et c'est pourtant souvent le cas. Achetez des mouchoirs et du papier toilette à base de papier recyclé, non teints, non blanchis et non parfumés.

PARFUMS

- Les fabricants de parfums ne sont pas obligés de lister tous les ingrédients utilisés, pourtant nombre d'entre eux peuvent être irritants. Les plus inquiétants sont les produits chimiques regroupés sous le nom de phtalates, présents dans la quasi-totalité des produits parfumés.
- De nombreuses sociétés de cosmétiques internationales ont volontairement retiré de leurs produits deux des phtalates les plus dangereux : le dibutyl phtalate et le diethlhexyl phtalate. Il est toutefois difficile pour les consommateurs de savoir si ces deux composants sont présents ou non, puisque les fabricants n'ont pas obligation de les mentionner.
- Si vous êtes allergique aux parfums synthétiques, choisissez des produits neutres ou biologiques parfumés aux huiles essentielles.

PRODUITS DE RASAGE

- Évitez les produits en bombe et préférez les crèmes de rasage non parfumées et à base de savon.
- Les après-rasage et toniques contiennent souvent de l'alcool isopropylique, un dérivé du pétrole. Il existe des produits d'origine végétale contenant de l'hamamélis, de l'eau de rose, de la citronnelle, de la camomille ou du concombre. La menthe poivrée, anti-inflammatoire et antiseptique, est efficace pour les peaux grasses.

PROTECTIONS HYGIÉNIQUES

- Optez pour des tampons en coton 100 % biologique. On trouve aussi des tampons en coton non blanchis ou blanchis au peroxyde d'hydrogène ou à l'oxygène plutôt qu'au chlore.
- La solution la plus écologique est d'employer des serviettes réutilisables. Elles sont fabriquées avec du coton 100 % doux, existent en différentes épaisseurs et peuvent être utilisées pour les menstruations ou l'incontinence.

■ ■ ■ **Les résidus chimiques de la ouate peuvent pénétrer dans la peau au fil du temps.**

- Il existe une alternative aux tampons : une petite coupe en caoutchouc mou appelée coupe menstruelle qui recueille le flux menstruel au lieu de l'absorber.

SAVONS

- Achetez un savon végétal, soit neutre, soit parfumé avec une huile essentielle.
- Évitez les savons « antibactériens » ou « déodorants » qui contiennent certainement du triclosan, suspecté de développer des bactéries résistantes aux antibiotiques.

SOINS CAPILLAIRES

- Choisissez des shampooings et après-shampooings biologiques. Préférez les produits neutres ou parfumés avec des huiles essentielles botaniques. Les conservateurs les plus sûrs sont l'extrait de pépins de pamplemousse et les vitamines A, C et E.
- Beaucoup de mousses, bombes et gels pour les cheveux contiennent des phtalates souvent répertoriés en tant que « parfums ».
- Les teintures permanentes et semi-permanentes pour les cheveux peuvent contenir des amines aromatiques potentiellement cancérigènes.
- Préférez les rinçages et teintures temporaires.
- Les reflets ajoutés à la couleur naturelle des cheveux constituent une option plus sûre encore, car ils ne touchent pas le cuir chevelu.

SOINS DE LA PEAU

- Optez pour des crèmes hydratantes, lotions pour le corps et crèmes pour les mains neutres (ou parfumées aux huiles essentielles) et sans colorants artificiels. Évitez surtout les conservateurs parabènes, souvent inclus dans ces produits. Préférez des produits plus sains contenant des vitamines A, C et E comme conservateurs.
- Choisissez des produits de soin pour la peau à base d'huile végétale. Mieux, préparez vos propres crèmes (voir p. 176).

SOINS DENTAIRES

- Certains dentifrices et bains de bouche en vente libre peuvent contenir du triclosan. Ce dernier réagit avec le chlore dans l'eau pour former du chloroforme et n'est pas facilement biodégradable.
- Achetez dans votre magasin de produits bio un dentifrice à base d'ingrédients naturels, ou utilisez simplement du bicarbonate de soude sur une brosse à dents souple. Pour les bains de bouche, rincez-vous avec de l'eau et quelques gouttes d'huile essentielle de clou de girofle ou de menthe poivrée.

SOINS DES ONGLES

- Les vernis à ongles et dissolvants sont à base de solvants et peuvent contenir des formaldéhyde, toluène et phtalates, ainsi que de l'acétone qui, s'il est respiré en grandes quantités, peut provoquer une irritation des yeux et du système respiratoire, des nausées et des maux de tête.
- Si vous aimez le vernis, choisissez-en un qui contienne le moins possible de produits chimiques toxiques et qui soit sans acétone.

TALC

- Le talc est composé de trisilicate de magnésium, un minéral qui, dans sa forme naturelle, peut contenir de l'amiante, connue pour être cancérigène. Les produits à base de talc sont maintenant certifiés sans amiante.
- Essayez la farine de maïs parfumée avec de la lavande séchée dans une saupoudreuse à trous fins. Des préparations sont également vendues dans le commerce.

■ ■ ■ Pour diminuer le gaspillage, évitez les rasoirs jetables. Préférez un rasoir de qualité avec une lame jetable.

Les tissus

Choisir un vêtement fabriqué avec un tissu naturel n'est pas chose facile. En effet, une matière issue d'une source naturelle ne signifie pas que le produit fini soit « bio », et un textile fabriqué avec des fibres synthétiques n'est pas forcément à bannir.

CHOISIR UN TISSU

Lorsque vous choisissez une matière, deux éléments sont à prendre en considération : le tissu doit être confortable à porter d'une part, et avoir été fabriqué sans endommager l'environnement d'autre part.

- Les tissus en coton possèdent de nombreuses vertus, mais la production de coton classique utilise de grandes quantités d'eau ainsi que des pesticides, engrais et agents blanchissants ; des doses importantes de produits chimiques sont aussi nécessaires pour fixer les teintures. Préférez le coton biologique.
- Essayez d'éviter les produits en coton étiquetés « entretien facile » ou « repassage inutile ». Ces termes signifient que le tissu a été recouvert de résines chimiques ou de formaldéhyde pour améliorer sa résistance aux plis. Non seulement ce type de tissu risque d'émettre des produits chimiques nocifs mais, ainsi recouvert, son pouvoir absorbant et sa « respirabilité » diminuent, ce qui le rend moins confortable à porter. Les articles en coton non blanchi présentent moins de risques.
- Si vous cherchez un tissu résistant et respirant agréable à porter, optez pour le lin. La fibre de lin est une culture durable. Il est parfois associé à d'autres tissus naturels, comme le chanvre.
- Si vous souffrez d'allergies ou d'asthme, le chanvre est un bon choix en raison de ses propriétés

Fibres synthétiques

Fibre	Production et usage	Avantages	Inconvénients
Acrylique	Produit à partir d'un produit pétrochimique appelé acrylontrile. Largement utilisé, notamment pour les vêtements de sport.	Bonne élasticité, rétention de forme et régulation de l'humidité. Les tissus acryliques éloignent l'humidité de la peau, rendant le vêtement plus confortable.	Sensible à la chaleur ; adhérence statique.
Nylon	Développé dans les années 1930 comme alternative à la soie, le nylon est fabriqué avec de l'acide adipique et de l'hexaméthylène diamine. Utilisé pour les vêtements, cordes, tapis, etc.	Résistant, élastique, léger.	Sujet à l'accumulation d'électricité statique ; absorbe l'huile.
Polyester	Fabriqué avec des produits chimiques principalement issus du pétrole. Toutes sortes d'utilisations, des draps aux chemises et chaussettes.	Résiste aux plis, étirements et rétrécissements ; facile à laver, sèche vite. Le polyéthylène téréphthalate (PET), le polyester le plus courant, peut être recyclé.	Non absorbant, ne respire pas, retient donc les odeurs corporelles et peut donner chaud.
Rayonne	La plus ancienne des fibres artificielles. Issue de cellulose obtenue à partir de pulpe de bois. Essentiellement utilisée dans l'habillement.	Relativement peu coûteuse et dérivée d'une ressource renouvelable. Douce et absorbante.	Son traitement requiert beaucoup d'eau et d'énergie. Peut être traitée au formaldéhyde.

■ ■ ■ **Le chanvre abonde** et requiert peu d'eau et aucun pesticide. Les vêtements en fibres de chanvre sont durables et confortables.

LE CHANVRE, LA PLANTE MAGIQUE

Résistant et abondant, le chanvre peut pousser presque n'importe où et, contrairement au coton, requiert peu d'eau et aucun engrais chimique. Il étouffe la plupart des mauvaises herbes, résiste aux animaux nuisibles et revigore le sol. C'est un excellent choix écologique.

- Les fibres de chanvre sont longues et solides, et elles absorbent les teintures sans avoir besoin de fixatifs chimiques. Elles sont durables, confortables, respirantes.
- Les graines de chanvre peuvent être moulues en farine et donner une huile comestible qui peut aussi servir pour les produits de beauté, pour fabriquer du carburant à l'éthanol et comme ingrédient pour des peintures et des plastiques.
- Le chanvre peut être transformé en papier naturel sans acide. Sa production nécessite moins d'énergie et de produits chimiques que celle du papier classique.
- La résistance des fibres de chanvre les rend idéales pour les panneaux de fibres. Associé à la chaux, le chanvre peut fournir un matériau de construction léger, résistant à l'eau, à la rouille et aux animaux nuisibles ; c'est aussi un bon isolant.
- L'utilisation du chanvre a été freinée en raison de son lien avec la marijuana. Mais bien qu'il appartienne au genre *Cannabis*, il ne contient quasiment pas d'intoxicants.

naturelles antibactériennes et antivirales. Il est, en outre, frais en été et chaud en hiver. C'est enfin la plus écologique des cultures !

- La laine de mouton est une fibre versatile et élastique, absorbante, résistante à la poussière et aux flammes et possédant de bonnes propriétés isolantes. Comparée à la production de coton, celle de la laine implique beaucoup moins de produits chimiques. Le mieux est d'acheter de la laine biologique.
- La soie provient de cocons filés par des vers à soie se nourrissant de feuilles de mûrier. C'est le tissu qui possède le plus de force en tension et sa production a un faible impact sur l'environnement. Du formaldéhyde est parfois ajouté pour augmenter sa résistance aux plis, sauf sur les produits « 100 % soie ».
- Le tencel est un tissu qui ne se froisse pas, fabriqué à partir de pulpe de bois renouvelable à l'aide de méthodes non toxiques. Il est très absorbant et requiert donc moins de teinture que le coton. Il est respirant, durable et biodégradable.
- Optez pour des laines polaires en polyester. Ces vêtements sont fabriqués à partir de bouteilles en plastique PET recyclé et sans formaldéhyde ni blanchiment au chlore. Toutefois, ces vêtements ne se biodégraderont pas.
- Parmi les autres choix écologiques, on trouve les vêtements à base de bambou, aux propriétés antibactériennes naturelles ; la ramie, fabriquée à partir de l'écorce des tiges de l'ortie de Chine (*Boehmeria nivea*) et la soie de soja, sous-produit du processus de fabrication du tofu.

TEINTURES

La laine, la soie et beaucoup de tissus synthétiques peuvent être colorés avec des teintures à base de produits pétrochimiques. Nombre d'entre eux libèrent des métaux lourds dans la nappe phréatique et les voies navigables pendant le processus de production.

- Si possible, choisissez du coton teint naturellement, blanchi à l'oxygène actif non polluant plutôt qu'au chlore.
- Si vous optez pour du coton teint, choisissez des couleurs claires car, plus la couleur est foncée, plus les produits chimiques sont nombreux.
- Préférez les tissus teints avec des teintures naturelles, d'origine végétale et minérale.
- Vous pouvez également acheter des matériaux non teints. Pour la laine, choisissez des tons naturels de noir, gris, marron, beige ou écru. La fibre d'alpaga se décline du blanc au noir en passant par le brun-rouge.

■ ■ ■ **Achetez du caoutchouc sauvage** écologique, faux cuir utilisé pour fabriquer des chapeaux et des sacs.

Faire travailler votre argent utilement

Placez votre argent dans des investissements socialement responsables (ISR). Englobant des comptes d'épargne, une pension de retraite et des actions, les fonds ISR ne vont qu'à des sociétés qui respectent des valeurs éthiques largement acceptées. Cela signifie que ces sociétés suivent des pratiques environnementales et d'emploi saines et ne fabriquent pas de produits nocifs tels que des armes ou du tabac.

L'ÉTHIQUE D'INVESTISSEMENT

Pour déterminer si une société peut effectuer un investissement socialement responsable, de nombreux éléments sont pris en compte et les priorités sont différentes selon les fonds et les individus. Mais les points ci-après sont généralement considérés.

- Pratiques environnementales : par exemple, la réduction de la pollution, le recyclage et des mesures d'économies énergétiques.
- Relations communautaires : projets de service communautaire, bourses, investissements philanthropiques.
- Relations avec les employés : salaires adéquats, responsabilisation.
- Opportunités égales : pourcentage de groupes minoritaires et de femmes dans la main-d'œuvre.
- Relations client : contrôle qualité strict, prise en compte des remarques des clients.

DIX CONSEILS POUR BIEN INVESTIR

1 Décidez des questions les plus importantes pour vous. L'environnement est peut-être en tête de liste, mais il se peut que vous vous intéressiez aussi aux conditions d'emploi ou au commerce équitable.

2 Recherchez les zones grises. Vous êtes peut-être déterminé à éviter l'industrie du bois de construction, mais si vous découvrez qu'une entreprise remet en production des terres inutilisées, peut-être reverrez-vous votre position.

3 Prenez votre temps. Recherchez des investissements compatibles avec vos valeurs, mais également profitables financièrement.

4 Posez des questions. Demandez des informations écrites pour savoir où l'organisation financière investit son argent et comment elle fait ses choix. Il ne suffit pas qu'une société prétende respecter l'éthique pour que ce soit effectivement le cas.

5 Assurez-vous que le mélange d'investissements est acceptable. Il est possible qu'une banque qui prétend respecter l'éthique investisse dans des activités que vous jugez contraires à la déontologie.

6 Vérifiez les dix à vingt premiers portefeuilles d'une société d'investissement. Vous pouvez obtenir cette information sur le site Internet ou auprès du centre d'appel du directeur des fonds.

7 Renseignez-vous sur les coûts de gestion des ISR. Ils peuvent être supérieurs aux coûts principaux en raison du niveau de contrôle et de sélection. Vous pouvez considérer que certains coûts supplémentaires sont justifiés s'ils garantissent un investissement responsable.

8 Consultez sur Internet les classements des sociétés socialement responsables régulièrement mis à jour.

9 Apprenez le langage économique. Les portefeuilles peuvent inclure des actions ordinaires, des placements immobiliers, des investissements offshore et du capital de risque, tout cela peut sembler confus pour le non-initié.

10 Faites-vous entendre. Les actionnaires ont le droit de poser des questions sur la gouvernance d'entreprise et de dresser une liste de résolutions sur des questions sociales et environnementales.

■ ■ ■ **Lorsque vous faites des choix d'investissement, comparez les avantages environnementaux avec les coûts supplémentaires.**

Investissements éthiques

Favorisés	Évités
Préservation.	Décimation des forêts vierges.
Programmes d'intendance environnementale.	Activités d'exploitation minière et de fabrication à base de pétrole.
Agriculture biologique.	Industrie du tabac.
Énergie renouvelable.	Fabrication d'armes.
Droits de l'homme.	Puissance nucléaire.
Commerce équitable.	Spéculation.
Services de conseils contre la violence domestique.	Industrie de l'alcool.
Coopératives de logement.	Industries exploitant la main-d'œuvre enfantine et les défavorisés.
Logement durable.	Élevage industriel.
Écoles maternelles communautaires.	Exploitation de bétail.
Bien-être animal.	Expériences sur les animaux.

MÉTHODES DE SÉLECTION

Les directeurs des fonds ISR évaluent la capacité des entreprises et industries à investir selon deux méthodes.

- **La sélection négative** est la plus courante. Elle permet d'éliminer les entreprises impliquées dans des pratiques environnementalement et éthiquement inacceptables (déforestation, fabrication d'armes…).
- **La sélection positive** est une approche beaucoup plus rigoureuse. Les directeurs des fonds recherchent les entreprises qui non seulement évitent les pratiques contraires à l'éthique, mais rapportent également des bénéfices sociaux et environnementaux.

OBTENIR UN BON RENDEMENT

Comme les banques et les compagnies financières répondent à la demande publique, les indicateurs d'une croissance des ISR sont encourageants. Il n'existe toutefois jamais de garantie que vous gagnerez de l'argent. Gardez en tête les éléments ci-après.

- Bien qu'au cours des dernières années l'augmentation en pourcentage des investissements éthiques ait dépassé celle des investissements courants, la base de départ n'est pas la même, ce qui rend les comparaisons difficiles.
- Il se peut que les rendements des ISR soient inférieurs à ceux des investissements courants.
- À vous d'évaluer si votre choix d'investissement sera suffisamment rentable et vous rapportera un dividende acceptable.

Les investissements socialement responsables incluent des placements bancaires, caisses de retraite et portefeuilles d'actions éthiques.

liens utiles

Informations générales sur les ISR : www.novethic.fr et www.finansol.org
Centre français d'information sur la responsabilité sociétale des entreprises : www.cfie.net
Observatoire de la responsabilité sociétale des entreprises : www.orse.org
Forum pour l'investissement responsable : www.frenchsif.org/fr
Association française des entreprises pour l'environnement : www.epe-asso.org
Informations sur les sociétés multinationales tirant profit d'un abus environnemental et bafouant les Droits de l'homme : www.fidh.org

Beaucoup de fonds socialement responsables contribuent à des programmes écologiques tels que des projets d'agriculture durable.

SUR LA ROUTE

Bien gérer ses déplacements et changer ses habitudes peut contribuer à diminuer les émissions de carburant.

Bien utiliser sa voiture

Pour nombre d'entre nous, la voiture est indispensable, bien que ce ne soit pas le moyen de transport le plus écologique. Si vous ne pouvez pas vous en passer, modifiez vos habitudes de conduite afin de diminuer votre consommation de carburant. Vous serez surpris des économies que vous réaliserez.

DIX CONSEILS POUR ROULER EN CONSOMMANT MOINS

1 Essayez de conduire sans à-coups. Évitez d'accélérer et de freiner si ce n'est pas indispensable, et utilisez le frein moteur. Accélérer et ralentir (par exemple entre les feux) gaspille du carburant.

2 Laissez une distance raisonnable entre votre voiture et le véhicule qui vous précède. Si ce dernier change sa vitesse, vous devez avoir suffisamment de place et de temps pour lever le pied de l'accélérateur et ralentir sans freiner, ou accélérer doucement et sans à-coups pour maintenir votre vitesse.

3 Pour éviter de freiner ou d'accélérer brusquement, imaginez qu'il y a un œuf entre votre pied et les pédales, ainsi vous appuierez plus doucement.

4 Pour éviter de faire souffrir votre moteur et pour une conduite économique, apprenez à utiliser le bon rapport de vitesses.

5 Sur une longue portion de route, utilisez si possible la vitesse surmultipliée. Cette vitesse (généralement la cinquième) permet à l'arbre de transmission de tourner plus vite que le vilebrequin, et au moteur de tourner moins vite. Vous économisez ainsi du carburant et réduisez l'usure et le bruit du moteur.

6 Diminuez votre vitesse pour consommer moins de carburant. À 110 km/h, votre voiture consomme jusqu'à 25 % plus de carburant qu'à 90 km/h.

7 Coupez l'air conditionné de votre voiture et ouvrez plutôt les fenêtres. Si vous utilisez le système de refroidissement de votre voiture par temps chaud et en ville, vous augmenterez votre consommation de carburant d'environ 15 %. À plus grande vitesse, l'air conditionné est plus efficace, mais vous consommez quand même environ 11 % plus de carburant que lorsqu'il ne fonctionne pas.

8 Nettoyez votre voiture à fond de temps en temps pour être certain de ne rien transporter d'inutile. Il est facile d'oublier des objets dans le coffre.

9 Vous pouvez diminuer votre consommation de carburant de 20 % en enlevant simplement des accessoires, tels qu'une galerie ou un coffre de toit qui augmentent la résistance au vent.

10 Quand vous êtes bloqué dans un embouteillage ou à l'arrêt pendant plus de quelques minutes, faites des économies de carburant en coupant le moteur.

■ ■ ■ **Si vous êtes équipé d'une galerie de toit, réduisez la résistance au vent en l'enlevant dès que vous n'en avez plus besoin.**

L'AUTOPARTAGE

Les plans d'autopartage se développent en Europe. Dans le principe, le concept est similaire à une location de court terme. Il s'agit de payer une cotisation d'adhésion périodique à la société qui organise le plan, à laquelle il faut ajouter un taux horaire à chaque utilisation de véhicule, ainsi qu'une certaine somme par kilomètre. Ces plans présentent plusieurs avantages.

- Ils sont pratiques. Vous pouvez disposer d'une voiture à chaque fois que vous en avez besoin. Ils sont parfaits pour les individus qui utilisent les transports publics pour se rendre à leur travail mais ont besoin d'une voiture pour de courtes périodes pendant le week-end ou les vacances.
- Ils sont économiques. Vous évitez les frais liés à l'achat d'un véhicule et des coûts fixes d'immatriculation, d'assurance et de stationnement.
- Ils sont écologiques. À terme, ce type de plan permettra une réduction de nombre de voitures sur les routes, diminuant ainsi l'impact environnemental des émissions de carburant.

Pour couvrir une même distance, préférez un seul grand trajet plutôt que plusieurs petits. Vous consommerez deux fois moins de carburant.

PRÉVOIR

Voici quelques idées pour moins vous servir de votre voiture. Une fois encore, vous économiserez de l'argent.

- Faites toutes vos courses en une seule fois si possible. Même dans une petite voiture, un trajet de 6 km peut consommer jusqu'à ½ litre de carburant – soit près de 80 litres par an si vous faites le trajet trois fois par semaine.
- Évitez dans la mesure du possible les heures de pointe. En termes de carburant, ce sont les heures les plus chères. Si vous alternez démarrages et arrêts sur des routes très fréquentées, votre voiture consommera entre 20 et 30 % plus de carburant que si vous empruntez des voies rapides.
- Utilisez les grands parcs de stationnement aménagés en périphérie des villes, où l'on peut se garer afin de prendre les transports en commun (le train ou le tramway) pour se rendre à son travail.
- Le covoiturage permet de partager une voiture et de diviser les coûts de carburant. Arrangez-vous avec des amis ou voisins qui se rendent au même endroit que vous à peu près aux mêmes heures.

liens utiles

Informations sur les groupes d'autopartage :
www.franceautopartage.com
Organisations non lucratives proposant des solutions pour lutter contre les émissions de CO_2 :
www.co2solidaire.org
www.climatmundi.fr
www.actioncarbone.org

■ ■ ■ **En roulant à 60 km/h en troisième,** vous consommez environ 25 % plus de carburant que si vous roulez en cinquième.

Bien choisir sa voiture

Avant de choisir votre prochaine voiture, demandez-vous si vous en avez vraiment besoin ou si vous ne feriez pas mieux de prendre un taxi ou de louer une voiture de temps en temps. La plupart des automobilistes ne réalisent pas combien leur coûte leur voiture à l'année. Préférez un petit modèle, plus économique.

ÉVALUER VOS BESOINS

Après la maison, la voiture est sans doute le deuxième achat le plus important dans la vie. Avant de vous décider, posez-vous les questions ci-après et répondez-y en toute honnêteté.

En France, le transport routier représente environ 24 % des émissions totales de CO_2.

- Avez-vous les moyens d'acheter une voiture ? Hormis le carburant, les coûts liés à la voiture incluent l'amortissement, les révisions et réparations, l'immatriculation et l'assurance. Sans oublier le temps passé à nettoyer la voiture, à l'entretenir et à la ravitailler.
- Avez-vous les moyens d'acheter une voiture neuve ? Vous pouvez réaliser des économies importantes en optant pour une occasion, mais n'oubliez pas que les modèles récents sont moins polluants et plus économiques en carburant que les plus anciens.
- Si la plupart de vos trajets se déroulent en ville, avez-vous vraiment besoin d'un quatre-quatre ? Le coût d'exploitation des gros véhicules tout-terrain peut être jusqu'à trois fois plus élevé que celui des petites voitures, et ils sont très gourmands en carburant.
- Combien de passagers transportez-vous habituellement ? Les grands véhicules, plus lourds, consomment plus de carburant que les plus petits et plus légers. Si vous avez besoin d'une grande voiture de temps en temps, il est plus économique d'en acheter une petite pour tous les jours et de louer un véhicule familial quand cela est nécessaire.
- Pourriez-vous utiliser une voiture plus petite ? Les petits modèles sont économiques en carburant et contribuent également à réduire les émissions de gaz à effet de serre.

ASTUCE

Si vous achetez une nouvelle voiture, vérifiez l'étiquette de consommation de carburant qui figure sur le pare-brise. Elle indique le nombre de litres d'essence que la voiture consomme aux 100 km. Une différence de 2 litres de carburant aux 100 km représente environ 1 500 litres de carburant sur 5 ans.

POUR ou CONTRE

LES QUATRE-QUATRE

Les quatre-quatre sont appréciés pour leur puissance de remorquage et leur performance tout terrain. Ils peuvent toutefois consommer deux fois plus de carburant que de plus petits véhicules. En outre, leur coût d'entretien est élevé. Ils ne sont pas idéaux non plus en termes de sécurité : les grands modèles, qui peuvent peser plus de 2 tonnes, ont besoin de plus de temps pour s'arrêter et tendent à se retourner plus facilement. En cas d'accident, les véhicules équipés de pare-buffles sont plus dangereux pour les piétons. Hors route, les véhicules tout terrain peuvent abîmer un sol instable et endommager l'environnement.

■ ■ ■ **L'écoplastique, issu de ressources renouvelables, sert à fabriquer des accessoires de voiture, tels que des tapis de sol.**

● Un véhicule à boîte automatique est-il avantageux ? Une voiture de taille moyenne et à essence avec cinq vitesses automatiques peut parcourir 8,9 km par litre d'essence en ville et 12,7 km par litre sur autoroute. La même voiture avec cinq vitesses manuelles consomme environ 14 % de carburant en moins.

● Un moteur Diesel est-il plus intéressant qu'un moteur à essence ? Bien que le diesel contienne plus d'énergie par litre que l'essence et que les moteurs Diesel soient plus efficaces, le diesel est un carburant plus polluant que l'essence.

● Faut-il acheter ou louer une voiture hybride ? La voiture hybride est dotée d'un moteur mi-électrique, mi-essence. Elle est économique en carburant et peu polluante. Son prix à l'achat reste élevé – mais des réductions fiscales existent – et les modèles en séries restent peu nombreux.

TENDANCES EUROPÉENNES

En Europe, les gouvernements nationaux et l'Union européenne soutiennent les voitures vertes.

● L'Union européenne encourage le développement de faibles émissions de carburants conventionnels, ainsi que la diminution des émissions de carburants alternatifs.

● Le gouvernement français a introduit une taxe d'immatriculation liée au taux de pollution des voitures et finance aussi des recherches pour concevoir une voiture qui consommera moins de 3,5 litres de carburant aux 100 km.

liens utiles

Calculer l'impact environnemental de vos déplacements :
www2.ademe.fr/eco-deplacements
Calculer les coûts de vos déplacements :
www2.ademe.fr/calculette-eco-deplacements/
Guide des véhicules les moins polluants :
www.ademe.fr (rubrique transports, aide au choix d'un véhicule)

LES VÉHICULES DU FUTUR

Les constructeurs de voitures s'efforcent de proposer des alternatives aux moteurs à essence qui consomment énormément de carburant.

■ **ÉCONOMISEURS DE CARBURANT INTÉGRÉS** Cela va des dispositifs simples, tel le « stop and start » qui coupe le moteur lorsqu'il tourne au ralenti et le remet en fonction lorsque vous lâchez la pédale de frein, à des technologies complexes, comme les moteurs « à combustion de mélange pauvre », qui associent moins de carburant par volume d'air que les moteurs conventionnels.

■ **VOITURE CELLULAIRE À HYDROGÈNE**
En théorie, cette voiture peut faire le tour de la Terre avec seulement 8 litres de carburant. L'hydrogène est non polluant, son seul déchet est l'eau. Beaucoup de questions ne sont toutefois pas résolues et le véhicule est encore trop coûteux pour être viable commercialement.

■ **MATÉRIAUX LÉGERS** Les chercheurs essayent en permanence d'améliorer l'aérodynamisme des voitures en changeant notamment les matériaux utilisés pour leur construction. L'acier a ainsi été remplacé par des matériaux plus légers, comme le plastique, l'aluminium et la fibre de carbone.

■ **VOITURE ZÉRO POLLUTION**
Cette voiture utilise la technologie à air comprimé. Sur le point d'être commercialisée, elle peut rouler pendant 10 heures en ville et atteindre 110 km/h sur les routes moins encombrées.

■ ■ ■ **Une voiture** équipée d'une transmission manuelle à 5 vitesses est 14 % plus économique qu'une voiture automatique équivalente.

Réduire les émissions

Même si les voitures à essence ne sont pas écologiques, les véhicules d'aujourd'hui sont toutefois dix à vingt fois plus propres en termes d'émissions que ceux des années 1970, et l'on développe des carburants plus propres et plus verts.

COMMENT RÉDUIRE LES ÉMISSIONS

- Achetez une voiture neuve ou récente et pensez petit ! En France, les voitures neuves sont équipées d'un pot catalytique afin de réduire le taux d'émissions de gaz d'échappement. En règle générale, plus votre voiture sera petite et récente, moins elle sera polluante.
- Si vous achetez une voiture dans un des pays de l'Union européenne, des informations utiles sur la consommation de carburant et les émissions de CO_2 doivent figurer sur l'étiquetage du véhicule.
- Emmenez régulièrement votre voiture au garage. Des experts vérifieront que votre moteur est bien réglé et qu'il tourne à son niveau optimal, qu'il est suffisamment puissant sans brûler trop de carburant. Le garagiste vérifiera également des éléments tels que les bougies et les filtres à air, cruciaux pour l'efficacité d'un moteur.

POUR ou CONTRE

L'ÉTHANOL

Alcool dérivé de cultures agricoles, l'éthanol a été proposé comme un carburant écologique alternatif, et le carburant dit E10, mélange composé à 10 % d'éthanol, a été approuvé pour être utilisé dans les voitures neuves. L'éthanol est considéré par certains comme un produit vert : en effet, lorsqu'il est brûlé en tant que carburant, ses seuls dérivés sont l'eau et le dioxyde de carbone, ce dernier étant compensé par le dioxyde de carbone absorbé par les cultures. Toutefois, faire pousser et transporter les cultures, ainsi que fabriquer l'éthanol requiert d'importantes quantités d'énergie fossile. Des études ont montré que l'utilisation de l'E10 ne devrait réduire les émissions à effet de serre des véhicules que de 1 à 5 %. En outre, les différentes propriétés chimiques de l'E10, comparées aux carburants conventionnels, résultent dans des niveaux plus élevés de pollution de la nappe phréatique par le benzène.

- Vérifiez la pression de vos pneus une fois par mois, de préférence lorsqu'ils sont froids. Les pneus sous-gonflés offrent plus de résistance, le moteur doit donc « travailler » plus, consommant ainsi plus de carburant et émettant plus de dioxyde de carbone.
- Évitez les débordements d'essence à la pompe ; ne remplissez pas trop votre réservoir. L'essence qui déborde est particulièrement polluante parce qu'elle s'évapore directement dans l'atmosphère. Pour émettre la même quantité d'hydrocarbures dans vos gaz d'échappement que celle correspondant à 1 litre d'essence répandu par terre, il vous faudrait parcourir 12 000 km.

ÉVITER LA POLLUTION

- Avant d'entrer dans un long tunnel ou un embouteillage, fermez vos fenêtres et coupez l'air conditionné. Sinon, le taux de pollution à l'intérieur de la voiture peut augmenter et atteindre plus de dix fois le taux extérieur.
- Coupez le moteur en cas d'embouteillage de longue durée ou lorsque vous attendez quelqu'un.
- Ne conduisez pas votre voiture dans des espaces fermés, où les émanations toxiques peuvent s'accumuler. Le gaz d'échappement le plus mortel est le monoxyde de carbone, incolore, inodore et toxique. Il est un peu plus léger que l'air et tend donc à se disperser rapidement.

■ ■ ■ Les gouvernements légifèrent pour réduire les taux de soufre dans le carburant Diesel afin de diminuer la pollution atmosphérique.

Carburants alternatifs

Type	Avantages	Inconvénients
Biodiesel	Obtenu à partir d'huile végétale ou animale, il alimente les moteurs Diesel conventionnels sans modification. Réduit le monoxyde de carbone (un gaz à effet de serre) de 33 % et les fumées noires de 26 %.	Le biodiesel date du début du XXe siècle, mais il reste peu utilisé, notamment parce qu'il fait partie des gazoles susceptibles de figer à trop basse température. Il demeure également plus cher que le gazole.
Gaz naturel comprimé (CNG)	Efficace, comparé aux moteurs Diesel du commerce. Les moteurs qui brûlent du CNG peuvent réduire de 90 % les émissions de monoxyde de carbone et de 50 % celles de particules. Déjà utilisé par certains bus urbains. Composé à 95 % de méthane, le CNG diminue les émissions à effet de serre d'environ 30 à 40 % pour les voitures.	La conversion d'une voiture au CNG demeure coûteuse, et seul un petit nombre de stations-service en proposent.
Électricité	Les nouvelles batteries sont plus légères, durent plus longtemps et sont moins toxiques que les batteries conventionnelles. L'électricité est généralement meilleure pour l'environnement que l'essence car elle peut être produite en masse par des turbines dans une centrale électrique et peut être transformée plus efficacement que l'essence en énergie dans des milliers de moteurs de voitures distincts.	Les batteries conventionnelles ont tendance à être volumineuses et lentes à recharger. Les voitures électriques ont généralement une vitesse maximale inférieure, car elles sont plus petites et réservées à un usage urbain plutôt qu'autoroutier.
Éthanol	Dérivé de cultures agricoles et ajouté à l'essence. Le dioxyde de carbone dégagé par la combustion de l'éthanol est compensé par le dioxyde de carbone absorbé dans l'atmosphère par les cultures avant la récolte.	Moins énergétique que l'essence : les automobilistes doivent acheter 3,5 % plus de carburant E10 pour parcourir la même distance. Comparé au carburant conventionnel, dégage des niveaux supérieurs de benzène dans la nappe phréatique.
Gaz de pétrole liquéfié (GPL)	Mélange de propane et de butane (identique à celui utilisé pour les barbecues). Employé dans les transports depuis plus de 60 ans, il est apprécié par les sociétés de taxis. Comparé à l'essence ou au diesel, il diminue les émissions de gaz à effet de serre d'environ 10 %.	La consommation de GPL sur route peut dépasser de 30 % celle d'essence. Toutes les stations-service ne proposent pas de GPL. Le réservoir GPL occupe beaucoup de place dans le coffre. Le GPL ne permet pas une accélération identique à celle permise par l'essence.

- Si vous le pouvez, optez pour le train. Des études ont montré que ceux qui prenaient la voiture pour se rendre à leur travail étaient exposés à des niveaux élevés de plusieurs polluants. Ceux qui prennent le bus sont exposés aux taux les plus élevés de dioxyde de nitrogène. Ceux qui voyagent en train respirent l'air le plus pur.
- Les marcheurs et les cyclistes sont moins exposés au benzène que les automobilistes, et beaucoup moins exposés au dioxyde de nitrogène que les personnes qui prennent le bus.

CHOISIR SON CARBURANT

- Le diesel contient plus d'énergie par litre que l'essence. Mais les moteurs Diesel polluent plus l'air que des véhicules comparables à essence ou GPL et ils émettent des particules et des oxydes de nitrogène qui peuvent engendrer des problèmes de santé.
- Certaines voitures aux moteurs plus anciens requièrent de l'essence avec substitut au plomb. Si vous conduisez une vieille voiture et que vous ne trouvez pas d'essence avec substitut au plomb, utilisez de l'essence sans plomb avec un additif de substitut au plomb.
- Selon la marque et le modèle, il se peut qu'une essence riche en octane améliore les performances du moteur et les économies de carburant.

■ ■ ■ Il faut 17 arbres et 30 ans pour absorber la quantité de dioxyde de carbone émise annuellement par une voiture à essence.

Un entretien écologique

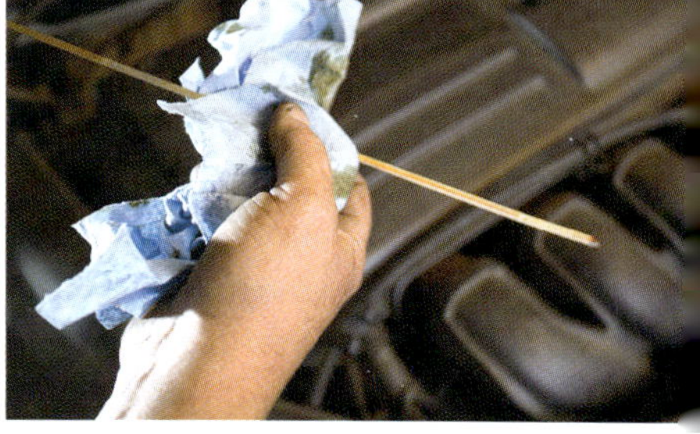

En entretenant bien votre voiture, vous garantissez un fonctionnement optimal du moteur avec une combustion minimale de carburant. Par exemple, l'huile, non seulement lubrifie les parties métalliques du moteur, mais contribue également à le débarrasser des sous-produits sales de la combustion de carburant.

Un seul litre d'huile peut contaminer un million de litres d'eau.

ENTRETENIR RÉGULIÈREMENT SA VOITURE

- Lorsque vous remplissez votre réservoir d'essence, arrêtez lorsque vous entendez le premier déclic de la pompe, vous éviterez ainsi les débordements.
- Vérifiez régulièrement la pression des pneus. Conduire avec des pneus sous-gonflés augmente la consommation de carburant et diminue leur durée de vie.
- Changez l'huile tous les 5 000 à 7 000 km si vous effectuez fréquemment des petits trajets, si vous conduisez en ville avec de nombreux arrêts et démarrages, si vous tirez régulièrement une caravane ou une charge lourde, ou si vous êtes en contact avec de la poussière, du sable ou du sel de mer.
- Vérifiez les niveaux de liquides de votre véhicule tous les 500 km afin de les compléter ou de les remplacer.
- Si vous roulez souvent sur des routes accidentées ou des surfaces couvertes de sel, vérifiez le châssis – y compris les essieux et la boîte de direction – afin d'éviter la corrosion et la rouille. Les joints, charnières et poignées de porte ont peut-être besoin d'être lubrifiés.

- Vérifiez et remplacez les essuie-glaces lorsque le caoutchouc est déchiré.

ÉCONOMISER L'EAU

Pendant les périodes de sécheresse, le lavage des voitures est l'une des premières activités soumises à des restrictions.

- Évitez de laver votre voiture dans une allée avec un tuyau d'arrosage car cela gaspille de l'eau et laisse la poussière, la graisse et les détergents s'écouler dans les canalisations. Garez-la sur une zone herbeuse afin de minimiser les écoulements.
- Essayez d'utiliser de l'huile végétale à base de savon pour nettoyer votre voiture. Si vous utilisez des shampooings pour voiture, lavez toujours votre véhicule sur l'herbe. Les shampooings pour voiture contiennent en effet des phosphates similaires à ceux trouvés dans les engrais.
- Utilisez une éponge et un seau. Cela prend un peu plus de temps que le tuyau d'arrosage mais économise de l'eau. En lavant votre voiture au tuyau d'arrosage, vous consommez quatre à cinq fois plus d'eau qu'avec l'option éponge/seau.
- Lavez votre voiture avec l'eau de rinçage du linge. Utiliser les eaux grises est un bon moyen pour tirer le meilleur parti d'une ressource aussi précieuse que l'eau.
- Lavez votre voiture à l'ombre : une évaporation plus lente aide à préserver l'eau et évite les traces sur la peinture lorsque la voiture sèche.
- N'achetez pas de produits de finition. Une peau de chamois suffit pour éviter les traces.
- Achetez un spray pour nettoyer votre voiture. Le produit est biodégradable et vous permet de nettoyer et faire briller sans eau. Vous n'avez qu'à frotter avec une

■ ■ ■ Vous pouvez laver soigneusement votre voiture avec une éponge, un seau et 54 litres d'eau.

serviette ou un chiffon en microfibre.

- Si vous ne voulez pas nettoyer votre voiture vous-même, allez dans une station de lavage. Vous utiliserez moins d'eau qu'un tuyau d'arrosage et l'huile de votre voiture sera déviée vers l'égout et non vers le collecteur d'eaux pluviales.

Quelle quantité d'eau ?

- Tuyau d'arrosage : 220 litres.
- Station de lavage : 100 litres.
- Lavage self-service : 60 litres.
- Lavage manuel : 54 litres.

RECYCLER L'HUILE

Même si vous n'utilisez pas très souvent votre voiture, vous devez changer l'huile au moins tous les 10 000 à 12 000 km. Voici ce qu'il faut faire de l'huile usagée, qui est toxique, cancérigène et potentiellement inflammable.

- Lorsque vous remettez de l'huile dans votre voiture, placez un récipient sous le moteur pour récupérer les gouttes. Nettoyez immédiatement l'huile renversée avec un chiffon humide.
- Si vous changez l'huile vous-même, jetez-la de manière responsable. Versez l'huile usagée dans un récipient hermétique. Ne la mettez pas dans un bidon dans le coin de votre garage pour l'oublier ensuite, ne la jetez pas non plus avec les ordures car elle pourrait filtrer un jour et polluer l'environnement. Ne la videz jamais dans une bouche d'égout. Remettez-la plutôt à la recyclerie ou au garagiste le plus proche de chez vous qui possède un réservoir destiné au recyclage.
- Si vous faites changer votre huile dans une station-service agréée, le mécanicien entreposera l'huile usagée (huile de carter) pour la recycler. Cela implique de la filtrer et la déminéraliser avant qu'elle puisse être utilisée dans des brûleurs industriels.

NETTOYANTS MAISON POUR VOITURE

CIRE POUR VOITURE

La cire forme une couche protectrice entre la peinture de votre voiture et les émissions corrosives des autres voitures ainsi que la saleté de la route.

25 cl d'huile de lin
4 c. à s. de cire de carnauba
2 c. à s. de cire d'abeille
12,5 cl de vinaigre

- Versez les ingrédients dans une casserole, faites chauffer doucement en remuant légèrement jusqu'à ce que la cire fonde.
- Transférez le mélange dans un récipient résistant à la chaleur.
- Une fois la cire solide, appliquez-la sur votre voiture avec un chiffon non pelucheux sans trop appuyer.
- Pour finir, trempez le coin d'un chiffon en coton dans un peu de vinaigre et frottez pour faire briller.

NETTOYANT POUR PARE-BRISE

Ce mélange évitera à votre pare-brise de geler par temps froid.

Vinaigre et eau

- Dans un vaporisateur, mélangez 3 volumes de vinaigre avec 1 volume d'eau.
- Imprégnez un chiffon du mélange et appliquez-le sur les vitres de la voiture.
- Laissez sécher.

■ ■ ■ Utilisez du savon liquide à base d'huile végétale pour nettoyer votre voiture.

Alternatives à la voiture

Si vous habitez en ville et que vous ne voulez pas utiliser de voiture, vous pouvez opter pour une solution écologique, comme le vélo ou les transports en commun. Vous améliorerez votre forme et économiserez de l'argent. De plus, l'environnement en profitera. Moins de voitures sur la route équivaut à un environnement plus propre et plus sain pour tous.

EMPRUNTER LES TRANSPORTS EN COMMUN

Les transports en commun contribuent à diminuer les émissions de gaz à effet de serre et allègent le trafic.

Si le nombre de personnes utilisant les transports en commun augmentait de 45 %, la pollution de l'air diminuerait de 28 %.

- Voyagez en train ou en bus chaque fois que vous le pouvez, cela représente une voiture de moins sur la route.
- Si votre région n'est pas bien desservie par les transports en commun, envisagez d'effectuer une partie du trajet en voiture, puis de poursuivre en train, bus, métro ou tram.

- Internet est un outil particulièrement utile pour accéder à des informations détaillées sur les transports, vous permettant de trouver le moyen de transport le plus efficace et le plus économique pour vos déplacements.
- Voyagez si possible hors vacances scolaires, vous ferez des économies.
- Si vous évitez les heures de pointe, vous trouverez une place assise plus facilement.

VOYAGER INTELLIGENT

Les trajets maison-travail représentent un quart de l'ensemble des trajets en voiture. Voici quelques suggestions pour changer la manière dont vous utilisez les transports pour vous rendre à votre travail.

- Renseignez-vous pour savoir si votre employeur a mis en place un « plan de déplacements entreprise » pour encourager le personnel à utiliser les transports en commun. Certains employeurs autorisent aussi les employés à travailler à domicile.
- Demandez à votre employeur si vous pouvez bénéficier d'horaires flexibles afin d'éviter les heures de pointe, au moins certains jours.
- Si les transports en commun sont insuffisants dans votre région, essayez de faire bouger les choses. Parlez à d'autres personnes de votre région qui effectuent le même trajet et voyez ensemble les changements nécessaires. Essayez ensuite de faire part de vos suggestions à votre représentant politique local, mairie ou journal local.

PETITES DISTANCES

Si vous n'avez qu'une courte distance à effectuer, plusieurs options s'offrent à vous :

■ ■ ■ **Les trains engendrent moins de pollution** que toutes les autres formes de transport.

Transports en commun

Type	Impact environnemental
Écobus	Certains bus utilisent du gaz naturel comprimé, des moteurs à combustion hybride, une batterie ou des cellules de carburant. Un modèle utilise du biodiesel, issu de ressources renouvelables comme l'huile de tournesol. Toutes ces sources d'énergie alternatives produisent moins de monoxyde de carbone que les moteurs conventionnels.
Ferries	La plupart des ferries sont alimentés par des moteurs Diesel ou électriques-Diesel qui génèrent de la pollution atmosphérique. Parmi les innovations qui aident à minimiser l'impact sur l'environnement, on note la peinture antisalissures respectueuse de l'environnement (qui réduit également la consommation de carburant) et les coques de bateau conçues pour minimiser les lavages.
Chemin de fer léger	Version plus récente et plus légère des trams, le chemin de fer léger connaît une renaissance en raison de ses avantages en matière de vitesse, d'efficacité et de non-pollution. Au cours des 25 dernières années, plus de 35 grandes villes – dont Sydney, Paris, Buenos Aires et Houston – ont introduit de nouveaux systèmes de chemin de fer léger.
Train	Le train est le moyen de transport qui génère le moins de pollution atmosphérique. Comparé aux moteurs à essence individuels, le train utilise une forme d'énergie relativement propre : l'électricité.
Tram	Le tram fonctionne à l'électricité, il ne dégage donc aucune émanation dans les rues des villes.
Trolleybus	Le trolleybus utilise une charge électrique transmise par des câbles aériens, il ne participe donc pas aux émanations de la ville. Toutefois, si les poteaux de transmission se détachent des câbles aériens, ils peuvent gêner la circulation. Certains sont équipés d'une batterie de secours.

depuis l'utilisation de vos deux pieds jusqu'à la moto et au scooter, qui consomment moins de carburant.

- Si vous êtes en forme et agile et que la circulation est sûre dans votre région, envisagez l'achat d'un scooter, d'un skateboard, de rollers ou de patins à roulettes. Ils sont relativement peu coûteux et vous permettent d'aller plus vite qu'en marchant. Pour votre sécurité, veillez à porter un équipement adapté à chaque mode de transport.
- Pour aller un peu plus vite, pensez au vélo électrique. Il est à la fois respectueux de l'environnement et pratique. Il est alimenté par une batterie rechargeable nickel-hybride, ne pèse que 18 kilos et peut parcourir environ 25 km sans être rechargé. Il se plie facilement dans un coffre de voiture. Avec un moteur de 200 watts, le vélo électrique a une vitesse maximale de 20 à 25 km/h. Il vous faudra emprunter les pistes cyclables et autres zones sûres. Pour votre sécurité, ne prenez pas votre vélo sur des routes à grande circulation.
- Si votre trajet est un peu long pour être parcouru à vélo, envisagez l'achat d'une petite moto. Elle consomme en moyenne moins de carburant qu'une voiture – un petit modèle peut effectuer environ 40 km par litre – et se manœuvre plus facilement. Choisissez un modèle léger avec un moteur de 125 cm^3 ou moins pour une économie maximale de carburant.
- Si vous ne voulez pas quelque chose d'aussi gros qu'une moto, optez pour un scooter (illustration page ci-contre en haut). Il est plus économique que la moto, avec un moteur de 50 cm^3 seulement. Certains scooters peuvent parcourir 50 km ou plus avec 1 litre d'essence.

■ ■ ■ Si vous empruntez les transports en commun,
vous pouvez travailler sur votre ordinateur, lire ou réfléchir en voyageant.

Sur deux roues

Non seulement il est amusant de faire du vélo, mais cela permet aussi d'économiser de l'argent. Le vélo n'a pas d'impact sur l'environnement et vous permet de rester en forme. Grâce aux progrès technologiques et aux nouveaux matériaux, ils sont aujourd'hui légers, résistants et rapides.

POUR COMMENCER

- Achetez un vélo d'occasion pour commencer ou attendez les soldes. Inutile d'acheter un modèle coûteux au départ, attendez de voir si vous vous aimez vraiment faire du vélo.
- Demandez conseil. Des éléments, tels que la hauteur de la selle, la position du guidon et le réglage des vitesses peuvent faire toute la différence entre une balade agréable et un trajet pénible. Soyez donc honnête avec le vendeur de cycles quant à votre forme physique et vos besoins.
- Si vous appréciez l'aspect social du vélo, vous pouvez essayer de rejoindre un groupe d'amateurs de vélo dans votre région.
- Cherchez sur Internet des voyages à vélo à l'étranger qui combinent exercice et tourisme culturel. Il en existe de très variés – de l'exploration des villages médiévaux en Espagne au tour des Andes – et c'est un excellent moyen de faire des rencontres.

CHOISIR UN VÉLO

Les vélos sont réservés à différents usages. Vous économiserez beaucoup d'énergie en choisissant un vélo adapté à vos besoins.

- **VÉLOS DE COURSE** Ils sont réservés aux cyclistes qui font du vélo sur des routes bien revêtues. Prévus pour la vitesse, leurs roues et leurs pneus sont étroits et leur cadre très léger. Toutefois, les pneus de vélo de course tendent à crever très facilement.
- **VÉLOS DE RANDONNÉE** Plus robustes que les vélos de course, les vélos de randonnée sont moins rapides mais mieux équipés pour circuler dans des conditions routières normales. Ils constituent ainsi une bonne option pour se rendre au travail ou faire des balades détente, lorsque la fiabilité prime sur la vitesse.
- **VÉLOS TOUT-TERRAIN** Robustes, avec des roues plus grosses que les vélos de course ou de randonnée, ces vélos ont des « vitesses de grand-mère » très lentes pour gravir les collines. Ils ont parfois des suspensions. Un VTT est indispensable pour circuler sur les pistes tout terrain sans crever vos pneus.
- **VÉLOS HYBRIDES** Ces vélos combinent des éléments des vélos de randonnée et de VTT. Comme ces derniers, ils ont de plus grosses roues. Ils proposent souvent plus de vitesses (pour grimper plus facilement les collines) et ont un guidon droit. Ils sont utilisés pour les trajets maison/travail et les balades du week-end en famille.

ALLER AU TRAVAIL À VÉLO

Si vous habitez à 10 km de votre travail ou de l'école (voire plus si vous êtes en forme), faire le trajet à vélo est une excellente option.

- S'il n'y a pas de problème de sécurité, laissez vos enfants aller à l'école à vélo.
- Prévoyez votre trajet avant de partir. Empruntez les pistes cyclables le plus souvent possible et les routes si nécessaire. Vous aurez peut-être besoin de cartes et d'informations pour trouver le meilleur chemin.
- Vérifiez les possibilités de stationnement près de votre lieu de travail. Vous aurez besoin d'un endroit pratique et sec pour laisser votre vélo.
- Demandez à votre employeur l'aménagement d'un espace pour garer les vélos en toute sécurité.
- Contactez votre mairie, qui pourra peut-être vous faire des suggestions utiles. Beaucoup de villes sont favorables aux trajets à vélo afin de diminuer le nombre de voitures sur les routes.
- Vérifiez auprès de votre agence de voyages les possibilités d'emporter votre vélo à l'étranger. De nombreuses compagnies

■ ■ ■ Si vous aimez faire du vélo, allongez progressivement vos balades : c'est un bon objectif à atteindre.

LE VÉLO INTELLIGENT

En ville, les pistes cyclables doivent souvent être partagées avec d'autres, même si elles sont censées être réservées aux vélos. Soyez donc prudent.

✔ Cherchez une route sans danger pour vos trajets maison-école ou travail. Dans de nombreuses villes, les rues fréquentées sont complétées par d'autres routes plus calmes.

✔ Portez toujours un casque. En cas d'accident grave, cela peut vous sauver la vie. En France, le port du casque est fortement recommandé, même s'il n'est pas obligatoire.

✔ Portez des vêtements réfléchissants si vous sortez lorsqu'il fait nuit. Fixez une lumière à l'avant et à l'arrière de votre vélo et veillez à les allumer dès qu'il fait sombre.

✔ Faites attention sur les parkings aux personnes qui se trouvent dans des véhicules stationnés et ouvrent leur portière.

✔ Achetez un antivol résistant pour être sûr de retrouver votre vélo à votre retour. Si la roue avant de votre vélo s'enlève, vérifiez que l'antivol bloque bien les deux roues.

✘ Arrêtez-vous obligatoirement aux feux et n'empruntez pas les voies réservées aux piétons. Respectez le Code de la route, comme tous les autres usagers.

✘ N'appuyez pas votre vélo contre les vitrines des magasins et ne gênez pas les piétons.

✘ Si vous emportez votre vélo en train, veillez à ce qu'il ne bloque pas les portes ou les allées, rendant l'accès difficile aux autres passagers.

Une étude effectuée sur 30 000 personnes et une durée de 14 ans a révélé que se rendre à vélo à son travail diminuait le risque de mort précoce de 40 %.

liens utiles

Fédération française des usagers de la bicyclette : http://fubicy.org/
Itinéraires en circuits libres ou guidés : www.bicyclette-verte.com/
Le tourisme en pédalant : http://le-randonneur.net/
Ensemble de rues réservées aux piétons et aux cyclistes à Paris : http://reseau.vert.free.fr/
Recensement des véloroutes et des voies vertes : http://af3v.org

aériennes transportent les vélos sans frais, pourvu qu'ils ne dépassent pas le poids de bagages autorisé.

- Pour aller plus loin, envisagez d'emporter votre vélo en train pour une partie du voyage. Pour les trains grandes lignes, vous pouvez transporter gratuitement votre vélo en tant que bagage à main s'il est démonté et rangé dans une housse spécifique. Vous pouvez aussi le transporter non démonté dans l'espace vélo de certains trains ou dans l'espace réservé aux bagages.

FAIRE SES COURSES À VÉLO

- Le vélo est idéal pour faire les courses si vous avez plutôt l'habitude d'acheter régulièrement de petites quantités.
- Optez pour des paniers à vélo résistants, de grande capacité et imperméables.
- Veillez à ce que vos pneus restent bien gonflés, surtout lorsque vous transportez une lourde charge.
- Si votre supermarché ne propose pas de places de stationnement pour les vélos, évoquez la question avec le directeur.

■ ■ ■ **Le vélo réduit le risque** de maladie cardiaque, d'obésité, d'hypertension artérielle et la forme la plus commune du diabète.

VOYAGER AUTREMENT

Quelle que soit votre destination, choisissez des vacances écologiques et partez en exploration à pied.

Partir à pied

Peu importe le lieu de vos vacances, la marche est souvent le meilleur moyen de découvrir un nouvel endroit. Vous pourrez profiter du chant des oiseaux, repérer des animaux et admirer des fleurs sauvages, prendre le temps de vous arrêter tout simplement et de reprendre contact avec le monde naturel.

POURQUOI MARCHER ?

- C'est un moyen de se déplacer qui permet vraiment de se détendre. Si vous avez passé toute l'année assis à un bureau, marcher pendant vos vacances est le parfait antidote.
- Beaucoup de marches de longue distance sont jalonnées d'hébergements bon marché ou gratuits ; inutile de réserver un voyage organisé souvent coûteux.
- Si vous n'êtes pas prêt pour les longues marches, installez-vous dans un endroit agréable et marchez un peu chaque jour.
- Marcher vous permet de découvrir la faune et la flore sauvages.
- Si vous êtes à la campagne, vous échappez pour un temps à l'environnement bétonné et à la pollution.
- Vous atteindrez des endroits insolites. Les terrains montagneux sont souvent inaccessibles en voiture, mais des sentiers sont parfois ouverts aux marcheurs. Il peut être exaltant de se trouver loin du bruit et de profiter de paysages spectaculaires.
- Il est agréable de se sentir autonome.

AUTOUR DE CHEZ VOUS

- La France est un pays dont les paysages sont d'une extrême diversité. Dans chaque région, il existe de nombreux chemins de grandes randonnées (GR) balisés. Procurez-vous une carte de randonnées de votre région et établissez vos propres itinéraires. La France métropolitaine compte six parcs nationaux (Pyrénées, Cévennes, Vanoise, Écrins, Mercantour, Port-Cros), qu'il est possible de découvrir en marchant.
- La Fédération française de randonnée pédestre organise des Rando Challenge®, par équipes de deux à quatre participants, sous une forme ludique et culturelle. En chemin, les randonneurs répondent à des questions faisant appel à l'observation, sur la flore, la faune, l'Histoire, le patrimoine… L'idée est de découvrir la faune et la flore des régions, d'affiner votre sens de l'orientation et de l'observation et d'améliorer votre constitution physique en douceur.
- L'association « À pas de Loup » organise des Randos Loup dans les Alpes. Les bénévoles randonnent et bivouaquent quelques jours en montagne, individuellement ou par petits groupes, en allant d'un éleveur à l'autre, sur la base d'un circuit prédéfini. Cette randonnée est l'occasion de passer des nuits sous la tente près des troupeaux en estive et de rencontrer les éleveurs sélectionnés afin de remplir avec eux des questionnaires de prédation.

PRÉPAREZ-VOUS

- Si vous avez envie de participer à un voyage organisé, renseignez-vous sur les distances à parcourir à pied.
- Informez-vous sur le type de terrain rencontré. Les trekkings incluent souvent des marches difficiles, voire de l'escalade.
- Achetez de bonnes chaussures de marche au moins 6 semaines à l'avance pour vous y habituer petit à petit et éviter les ampoules.
- La volonté et l'enthousiasme ne suffisent pas. Avant de réserver un voyage, entraînez-vous à marcher sur un terrain similaire.

■ ■ ■ **Certains voyages organisés ont pour thème la gastronomie et prévoient des arrêts dans des auberges servant des spécialités.**

À EMPORTER

- ✔ Un chapeau à bord large.
- ✔ De la crème solaire.
- ✔ Un antimoustique.
- ✔ Des lunettes de soleil.
- ✔ Des vêtements tout temps.
- ✔ Un équipement pour la pluie.
- ✔ Une carte et une boussole.
- ✔ Beaucoup d'eau, surtout dans les pays chauds.

ASTUCE

Après une dure journée de marche ou de visites, faites tremper vos pieds fatigués dans un bain chaud de thé à la lavande. Si vous avez des ampoules, appliquez une compresse d'huile de lavande apaisante sur la zone blessée ; ses propriétés antibactériennes vous éviteront une infection.

- Choisissez des chaussures de marche robustes, confortables et légères, qui maintiennent bien la cheville. Elles doivent stabiliser les pieds, les chevilles et les jambes, protéger le talon et le soutenir.
- Renseignez-vous sur la charge que vous devrez porter. Beaucoup de marches organisées prévoient un transport des bagages, de telle sorte que vous n'avez à porter pendant la journée qu'un sac léger, un appareil photo et éventuellement un déjeuner. Si vous préférez partir seul, préparez-vous à porter des charges plus lourdes.

RÈGLES DE LA ROUTE

- Si vous partez marcher seul, dites toujours à quelqu'un où vous allez et quand vous comptez revenir.
- Respectez la propriété d'autrui : ne vous introduisez pas sans autorisation chez quelqu'un et laissez les portails tels que vous les avez trouvés.
- Soyez prudent lorsque vous pénétrez dans des champs où se trouve du bétail. Les chèvres, les taureaux, et parfois les vaches, peuvent être agressifs.
- Faites attention aux chiens. Emportez un bâton ou ramassez une pierre au cas où un chien vous menace.

TOURISME

Voyager signifie presque toujours plus de marche qu'en temps normal. La simple traversée des terminaux d'aéroport peut représenter de longues distances, soyez donc prévoyant pour éviter l'épuisement.

- Achetez une paire de chaussures confortables avec des semelles en caoutchouc. Elles sont essentielles pour visiter les villes. On oublie facilement à quel point la marche en ville peut être fatigante.
- Renseignez-vous sur les visites guidées des villes. Elles peuvent vous aider à vous familiariser avec un endroit et sont souvent conduites par des autochtones qui connaissent bien leur ville.
- Lorsque vous organisez votre journée, n'oubliez pas d'inclure les distances à parcourir pour visiter des sites, musées et galeries d'art. Les kilomètres peuvent très vite s'additionner.
- Essayez de faire des choix, sinon vous risquez de vous épuiser « culturellement » et physiquement. Par exemple, le musée du Louvre abrite plus d'un million d'œuvres d'art réparties dans 13 km de galeries. Si vous avez le temps, mieux vaut prévoir plusieurs visites de courte durée plutôt que d'essayer de tout voir en une seule journée.
- Lisez des guides de voyage ou surfez sur Internet si votre sécurité personnelle vous inquiète. Les quartiers de certaines villes ne sont pas très sûrs, surtout la nuit. D'une manière générale, évitez les endroits à risque.

■ ■ ■ **Les visites guidées des parcs nationaux** offrent une perspective unique sur la flore et la faune du pays.

Voyager écologique

Les habitués des voyages savent qu'il vaut mieux être bien préparé pour vivre une expérience agréable et respectueuse des habitants des lieux et de l'environnement.
Il est aussi préférable de connaître un peu la nature avant de partir.

SURMONTER LE DÉCALAGE HORAIRE

- Essayez de prendre du ginseng sibérien une semaine avant de partir et pendant plusieurs jours après votre retour. Cela aidera votre corps à s'habituer plus rapidement au décalage horaire.
- Prenez un supplément en mélatonine (uniquement disponible sur prescription médicale). Il s'agit de l'hormone qui aide à réguler le cycle veille-sommeil.
- Une fois à bord, buvez beaucoup d'eau, l'air recyclé des avions ayant un effet très déshydratant. Évitez les boissons gazeuses, qui peuvent provoquer des gaz lorsque l'avion change d'altitude.
- Bougez pour éviter le risque de thrombose veineuse profonde, une maladie provoquée par la position assise dans un espace exigu pendant plusieurs heures d'affilée. Marchez à intervalles réguliers et faites des exercices d'étirement simples.
- Essayez de dormir pendant les heures correspondant à la nuit dans votre pays de destination.
- Si le bruit vous stresse, mettez des bouchons d'oreilles. Le bruit des moteurs d'avion pendant un long voyage peut être épuisant.
- Utilisez des sels réhydratants une fois ou deux pendant le voyage ainsi qu'à l'arrivée, afin d'éviter les crampes, autre symptôme de déshydratation.
- Essayez de ne pas boire d'alcool, qui favorise la déshydratation.

OÙ SÉJOURNER ?

- Pour trouver des hôtels respectueux de l'environnement, cherchez sur Internet. Les grands hôtels ont souvent un site web qui répertorie les usages en place.
- Certains grands hôtels ne se disent peut-être pas respectueux de l'environnement mais permettent d'économiser l'électricité et l'eau – par exemple en vous demandant de garder vos serviettes et draps pendant plus d'une nuit. Éteignez les lumières, le chauffage ou l'air conditionné lorsque vous ne vous trouvez pas dans votre chambre.

DES VACANCES ÉCOLOGIQUES

De plus en plus appréciées, les vacances écologiques permettent d'explorer les beautés naturelles ou de mieux comprendre les cultures locales sans contribuer à leur déclin.

- Vérifiez les références de votre tour-opérateur en le contactant directement, en parlant à des agents de voyage et en surfant sur Internet.

SOUVENIRS À ÉVITER

Pour ne pas exploiter les habitants du pays ou leur environnement, effectuez quelques recherches avant de partir. Pour être sûr de ne pas encourager sans le savoir le commerce d'animaux en voie de disparition, voici ce qu'il ne faut pas acheter :

- ✗ Ivoire
- ✗ Carapace de tortue
- ✗ Peaux de reptiles
- ✗ Fourrures et peaux
- ✗ Coraux et coquillages

■ ■ ■ **Avalez de la vitamine C quelques heures avant le vol pour vous protéger des germes en suspension dans l'air.**

DES VACANCES DIFFÉRENTES

Le bénévolat pendant les vacances constitue un excellent moyen d'apprendre à connaître les habitants d'un pays et de vivre une expérience vraiment différente.

■ Assistez des scientifiques dans leur travail avec le Earthwatch Institute. Cette organisation internationale non lucrative envoie des individus sur le terrain pour aider les scientifiques à travailler sur la préservation de la forêt pluviale et des projets similaires. Vous pouvez choisir entre plus de 130 expéditions dans 47 pays différents.

■ Pendant vos congés, vous pouvez partir en mission avec le financement de votre employeur ou individuellement grâce à Planète Urgence, un organisme qui propose des missions pour participer à la formation des adultes dans votre domaine de compétence (communication, comptabilité, informatique, santé...), à l'éducation des enfants ou à la protection de l'environnement.

■ Si vous avez entre 18 et 25 ans, partez sur des chantiers internationaux organisés en France ou à l'étranger par des structures comme Condorcia. Ils permettent de participer à des projets locaux de développement d'activités sociales, de construction, de rénovation, de nettoyage de la nature, etc. Les chantiers durent entre 1 et 3 semaines. Une participation d'une centaine d'euros pour l'hébergement est généralement demandée.

■ Devenez écovolontaire et participerez à des chantiers d'observation et de sauvegarde des dauphins et baleines en Méditerranée, des ours en Russie, des oiseaux au Bénin, etc. L'organisme français Cybelle Planète représente les programmes du réseau international Ecovolunteer Network, qui rassemble des opportunités d'écovolontariat dans des organisations locales de préservation de la biodiversité (associations, ONG...) du monde entier. Aucune compétence particulière n'est demandée pour y participer.

● Demandez si votre voyagiste emploie des habitants du pays et utilise des services locaux dans les communautés visitées.

● Vérifiez que l'hébergement est adapté aux conditions locales. Séjournerez-vous dans des hôtels locaux de milieu de gamme, des pensions ou des grands hôtels internationaux ?

● Il peut être intéressant de connaître l'avis d'autres voyageurs, consultez donc les forums de discussion sur Internet – les guides de voyage répertorient les meilleurs.

MARCHER LÉGER

Où que vous alliez, laissez une empreinte légère sur la terre. Respectez la flore et la faune du pays et les règles en vigueur dans les parcs nationaux.

● Résistez à la tentation de vous aventurer hors des sentiers balisés dans les forêts pluviales. Sinon, vous

risquez de marcher sur des plantes fragiles et de les abîmer, ou encore de favoriser l'érosion dans des environnements fragiles.

● Ne nourrissez pas les animaux à l'état sauvage. Certains deviennent dépendants de la nourriture que leur donnent les hommes, au détriment de leur alimentation naturelle. Ils deviennent également moins méfiants envers les hommes et sont donc plus susceptibles d'être écrasés.

● Ne laissez pas vos déchets sur place, surtout à des altitudes élevées et froides, où ils mettent plus de temps à se biodégrader. Mieux vaut les emporter. Si vous campez dans des régions alpines, comprimez vos ordures et emportez-les.

● Dans un refuge au cœur d'une région sauvage, débarrassez-vous des eaux usées à 50 m au moins de tout cours d'eau, de manière à ne pas le contaminer.

● Si vous faites de la plongée, vérifiez bien votre équipement pour qu'il ne traîne pas sur le corail. Dans certaines régions, on dissuade les plongeurs de porter des gants pour qu'ils ne soient pas tentés de prendre du corail.

● Photographiez la vie marine mais ne la manipulez pas et ne la nourrissez pas, à moins qu'un expert vous guide. Ne poursuivez jamais d'animaux marins.

■ ■ ■ **Les magasins de produits diététiques** vendent des bracelets d'acupression contre le mal des transports.

LIENS UTILES

CONSTRUIRE

MATÉRIAUX NATURELS

www.eco-logis.com/
De la peinture à l'isolation, ce site propose des alternatives écologiques ainsi qu'un annuaire de professionnels de la bioconstruction. (Rubrique « Découvrir la maison bio » puis « Annuaire des professionnels »).

MAGAZINES SPÉCIALISÉS DANS LA CONSTRUCTION ÉCOLOGIQUE

La Maison écologique :
www.la-maison-ecologique.com
Habitat naturel :
www.habitatnaturel.fr
Futur-E-Maison :
www.futur-e-maison.com
Baticonfort (Belgique) :
www.baticonfort.be/

FOURNISSEURS ET CONSTRUCTEURS DE MAISONS EN BOIS

www.maisons-bois.com
Le portail Internet de la maison en bois, avec un annuaire des constructeurs et des fournisseurs de bois et des exemples de réalisations.

INFORMATIONS SUR LE BOIS ÉCOLOGIQUE

www.greenpeace.fr/ecobois/
Le site explique quel bois utiliser pour protéger les forêts anciennes, pièce par pièce, des meubles aux parquets.

BRICOLAGE ET DÉCORATION

www.ideesmaison.com
Conseils, astuces de professionnels et boutique en ligne pour construire ou rénover sa maison.

INSTALLATIONS SOLAIRES

www.outilssolaires.com
Tout sur les chauffe-eau, le chauffage solaire et l'électricité photovoltaïque, avec des informations sur les coûts et les subventions et une liste d'installateurs en région.
www.qualisol.org
Fournisseurs et installateurs de chauffe-eau solaires agréés.
Association suisse des professionnels du solaire :
www.solarpro.ch/indexf.php
Société suisse pour l'énergie solaire :
www.sses.ch/indexfr.shtml

ANNUAIRE DE PROFESSIONNELS

www.batirsain.free.fr
Annuaire des professionnels spécialisés en construction bioclimatique et écologique.
www.travaux.com
Annuaire des architectes et des architectes d'intérieur spécialisés en construction bioclimatique et écologique.
www.architectes.org
Une liste d'architectes engagés dans une démarche environnementale (rubrique « Développement durable »).
www.ecobatisseurs-en-region.fr
Pour trouver un constructeur spécialisé dans l'écoconstruction.

CONSEILS EN AMÉNAGEMENT

Comités d'architecture, d'urbanisme et d'environnement (CAUE) de France :
www.caue.org/
Des architectes tiennent des permanences dans de nombreux départements et vous conseillent gratuitement lorsque vous voulez construire, agrandir, rénover…

NETTOYER

ALTERNATIVES AUX PRODUITS CHIMIQUES DANS LA MAISON

raffa.grandmenage.info
Un livret de 30 pages, à télécharger, présente des recettes écologiques et économiques pour la maison.

NORMES D'ÉTIQUETAGE DES PRODUITS CHIMIQUES

www.inrs.fr/htm/pictogrammes_pour_la_signalisation_sante_securite.html
La liste des symboles d'étiquetage des produits chimiques et leur signification sur le site de l'INRS (Institut national de recherche et de sécurité pour la prévention des accidents du travail et des maladies professionnelles).

QUALITÉ DE L'AIR INTÉRIEUR

Observatoire de la qualité de l'air intérieur :
www.air-interieur.org
Un inventaire des études sur les polluants présents dans les logements et les bureaux ainsi que des conseils pour garder un air de qualité.

LES DANGERS DES PRODUITS CHIMIQUES À USAGE DOMESTIQUE

www.securiteconso.org
La rubrique « produits chimiques » du site de la Commission de sécurité des consommateurs contient des infos sur les principaux produits dangereux pour la maison et le jardin, et sur les mélanges de produits ménagers à éviter.

INFORMATIONS SUR LES PRODUITS TOXIQUES

www.wwf.fr/campagnes/detox
Des fiches synthétiques tous publics sur les principales substances chimiques toxiques sur le site de la campagne « Detox » du World Wild Fund (WWF).

ÉDUQUER

ÉCOGESTES

www.defipourlaterre.org/agir/PLV.pdf
Le guide des « écogestes » de la fondation Nicolas Hulot. Plus de 100 actions simples à mettre en pratique pour préserver la planète au quotidien, à la maison, à l'école, au bureau, en voyage, etc.

PRÉVENTION DES DÉCHETS

www.fne.asso.fr/preventiondechets/junior/
Le site junior de France Nature Environnement sur la prévention des déchets. Lulu le hérisson montre aux enfants comment faire moins de déchets pendant la journée.

JEUX SUR L'EAU

www.cieau.com/junior/
Le site de l'Agence d'information sur l'eau à destination des enfants, avec des jeux et des infos pour tout savoir sur l'eau du robinet.

JEUX DE SOCIÉTÉ

www.bioviva.com/site.html
Des jeux pour favoriser la découverte de la nature et l'envie de la préserver. Ce fabricant intègre les principes du développement durable dans sa conception.

ACTIVITÉS PÉDAGOGIQUES

www.natureetdecouvertes.com/enfants/
Le site de Nature et Découvertes pour les enfants : des ateliers, des sorties, des débats sont organisés régulièrement pour découvrir la nature et les animaux.
Réseau École et Nature :
www.ecole-et-nature.org
Un réseau d'échanges entre enseignants sur les pratiques d'éducation à l'environnement.

ÉCONOMISER L'ÉNERGIE ET L'EAU

ÉCONOMISER DE L'ÉNERGIE ET DE L'ARGENT

www.negawatt.org
Les conseils des experts et des praticiens de l'énergie de l'association « NégaWatt », dont la démarche vise à réduire nos besoins en énergie tout en conservant notre qualité de vie.

MAISON ÉCONOME

www.lamaisonpassive.fr
Informations sur l'architecture passive et exemples d'écoconstruction.
Association suisse pour la promotion du label Minergie :
www.minergie.ch/fr/index.php

ÉNERGIE RENOUVELABLE

Association pour la promotion des énergies renouvelables en Belgique :
www.apere.org/
Comité de liaison des énergies renouvelables :
www.cler.org
Plus de 150 professionnels répartis sur tout le territoire national représentant l'ensemble des filières : solaire, thermique, photovoltaïque, éolien, bois, biogaz, biocarburants, petite hydroélectricité, habitat (architecture MDE et HQE), cogénération, réseau de chaleur, géothermie, maîtrise de la demande énergétique.

CALCULER SES ÉMISSIONS DE GAZ À EFFET DE SERRE

www.calculateurcarbone.org
Un questionnaire sur votre logement, vos moyens de transport, votre alimentation et vos habitudes de consommation pour calculer votre « bilan carbone personnel ».

LISTE DE FOURNISSEURS EN ÉNERGIE VERTE AGRÉÉS

www.electricite-verte.com
Le portail de l'électricité verte en France.

CHAUFFAGE AU BOIS

www.flammeverte.com
Le site permet de connaître le coût et les caractéristiques optimales du chauffage au bois et de sélectionner les systèmes à la fois sûrs, efficaces et couverts par les aides fiscales.

ÉQUIPEMENTS ÉCONOMES

Energy + :
www.energy-plus.org
Un site référençant plus de 900 modèles de réfrigérateurs et de congélateurs économes en énergie.

Top Ten :
www.guide-topten.com
Le comparateur d'achat du WWF et de la CLCV, ciblé sur les voitures, les lave-vaisselle, les congélateurs, les réfrigérateurs et les écrans d'ordinateur. Des indications sur le coût en eau et en électricité des équipements.

MATÉRIEL INFORMATIQUE

eu-energystar.org/
La base de données du label Energy Star pour choisir un PC, une imprimante ou un scanner parmi les modèles les plus efficaces en termes de rendement énergétique.

INFORMATIONS SUR L'EAU

www.eaufrance.fr/
Le site des agences de l'eau, un portail qui regroupe toute l'information publique sur l'eau en France.
www.jeconomiseleau.org/
Des conseils, des liens et des guides à télécharger pour tout savoir sur les économies d'eau.
wwf.be/fr/?inc=page&pageid=news&search_thema=2
Informations sur la problématique de l'eau douce en Belgique.
www.acme-suisse.ch/
Site de l'Association suisse pour le Contrat mondial de l'eau.

TRANSPORTS

www.ademe.fr/auto-diag/transports/rubrique/autodiagnostic
Un diagnostic élaboré par l'Ademe pour savoir si vous roulez utile.

ENVIRONNEMENT

LES SITES OFFICIELS

ADEME :
www.ademe.fr
Le site de l'Agence de l'environnement et de la maîtrise de l'énergie propose quantité d'informations utiles pour choisir un véhicule moins polluant, faire des économies d'eau et d'énergie, limiter ses déchets, construire écologique, connaître les aides et crédits d'impôt…

Conseil national du développement durable :
www.developpement-durable.gouv.fr

Ministère de l'Écologie et du Développement durable :
www.ecologie.gouv.fr

Comité français pour l'environnement et le développement durable :
www.comité21.org

Réseau des agences régionales de l'environnement :
www.rare.asso.fr

Institut français de l'environnement :
www.ifen.fr

Chambre du commerce et de l'industrie de Paris sur l'environnement :
www.environnement.ccip.fr/

Registre français des émissions polluantes :
www.pollutionsindustrielles.ecologie.gouv.fr/IREP/index.php

Agence française de sécurité sanitaire de l'environnement et du travail (Afsset) :
www.afsse.fr/

Réseau écologique européen Natura 2000 :
www.natura2000.fr/

Site suisse sur la protection de l'environnement :
www.ne.ch/
(Rubrique « Territoire et Environnement »)

Espace environnement :
www.espace-environnement.be/default.htm
Site belge présentant cet organisme d'intérêt public et ses actions pour l'environnement.

DÉVELOPPEMENT DURABLE

4 D :
www.association4d.org
Pour se renseigner sur les expériences de développement durable en France et à l'étranger.

France Nature Environnement :
www.fne.asso.fr
Le site de France Nature Environnement, la Fédération des associations françaises de protection de la nature et de l'environnement.

Un geste par jour pour l'environnement :
ungesteparjour.hautetfort.com/
Un blog bien documenté pour changer ses habitudes en faveur de l'environnement.

Écobase 21 :
ecobase21.antidot.net/
1 300 fiches, 35 000 liens, 1 200 vidéos sur les thématiques du développement durable.

Fondation Nicolas Hulot :
www.fondation-nicolas-hulot.org/

Agir pour l'environnement :
www.agirpourlenvironnement.org/
Une association de mobilisation citoyenne en faveur de l'environnement.

Les Amis de la Terre :
www.amisdelaterre.org/
Une organisation internationale pour la préservation des besoins fondamentaux des générations futures.

Écologie sans frontière :
www.ecologiesansfrontiere.org/
L'ONG spécialiste du droit de l'environnement.

Réseau Action Climat :
www.rac-f.org/
Réseau d'associations de lutte contre les changements climatiques.

www.actu-environnement.com/ae/agenda/agenda.php4
Agenda des manifestations en faveur de l'environnement.
fr.ekopedia.org/
L'encyclopédie de l'environnement.
www.cohabiter.ch/
Le portail romand du développement durable.

PROTECTION DES ANIMAUX

www.roc.asso.fr/
La Ligue ROC a pour but de préserver la faune sauvage, de faire reconnaître les animaux comme des êtres sensibles et de défendre les droits des non-chasseurs.
www.anticorrida.org/
L'Alliance Anticorrida a pour mission d'informer le public sur la réalité de cette pratique.
www.pmaf.org/
La Protection mondiale des animaux de ferme est une organisation internationale connue sous le nom de Compassion In World Farming. Son rôle est d'alerter sur les conditions de vie des animaux de ferme : longs transports, élevage en batterie, etc.
www.spa.asso.fr/
Le site de la Société protectrice des animaux (SPA) pour connaître les informations légales, les combats, les pétitions, etc.
www.srpa-liege.be/
Société royale protectrice des animaux (Belgique).
www.protection-animaux.com/
Protection suisse des animaux.

COMPENSATION CARBONE

www.actioncarbone.com/main_fr.php
www.climatmundi.fr/
www.aviation-civile.gouv.fr/eco-calculateur/index.php
www.webex.fr/fr/go-green/calc.html
www.co2solidaire.org/fr/calculsCO2/
www.co2calc.co.uk/co2calculator/
Ces sites vous permettent de compenser volontairement vos émissions de CO_2 (par exemple lorsque vous voyagez en avion) en finançant la plantation d'arbres ou de projets écologiques dans le monde entier.

EMPREINTE ÉCOLOGIQUE

www.wwf.be/eco-footprint/fr/act-now/footprint_calculator.htm
Le site du WWF belge propose une liste de plusieurs sites pour calculer votre empreinte écologique.

AGRÉGATEUR

www.netvibes.com/newsenvironnement
La première page d'accueil personnalisable entièrement consacrée à l'actualité de l'environnement.

SE NOURRIR

MANGER BIO

www.manger-bio.com/
Un portail qui indique sur quelles boutiques en ligne trouver le produit alimentaire bio que vous cherchez.
www.agencebio.org/
Site de l'Agence française pour le développement et la promotion de l'agriculture biologique.
www.fnab.org
Site de la Fédération nationale d'agriculture biologique des régions de France.
www.ifoam.org
Site de la Fédération internationale des mouvements d'agriculture biologique.
www.natpro.be/
Site de Nature & Progrès Belgique. Tout ce qui concerne l'alimentation, le jardinage et l'agriculture biologique en passant par la bioconstruction.

ANNUAIRE

www.lemarchecitoyen.net
Le moteur de recherche de la consommation durable comporte une rubrique restauration et alimentation.
www.annuairebio.fr/index-listee.php
Pour trouver une AMAP (association pour le maintien d'une agriculture paysanne), un point relais panier bio, un producteur bio, un restaurant ou un magasin spécialisé.

LABELS BIO

Fédération Nature et Progrès :
www.natureetprogres.org
Maison de l'agriculture bio-dynamique :
www.bio-dynamie.org
Site sur l'agriculture dynamique et le label Demeter.
Association suisse des organisations d'agriculture biologique :
www.bio-suisse.ch/fr/index.php
CERTISYS (Belgique) :
www.kelbio.com/content/view/15/9/

PESTICIDES

Observatoire français des résidus de pesticides :
www.observatoire-pesticides.gouv.fr
Mouvement pour le droit au respect des générations futures :
www.mdrgf.org

OGM

www.greenpeace.org/france/
Guide Greenpeace des produits avec et sans OGM.

CHIMIE ET ALIMENTS

www.food-info.net/fr/
Ce site est géré par des étudiants internationaux en « technologie des aliments ».
mangersain.medicalistes.org/index.php
Une liste des additifs alimentaires et de leur toxicité.

JARDINER

BIODIVERSITÉ

Institut français de la biodiversité :
www.gis-ifb.org/
Noé Conservation :
www.noeconservation.org
Programme « Papillons et jardin » sur le constat d'une synergie entre jardins plus naturels et conservation des papillons.
Fédération des associations de protection de la nature et de l'environnement :
www.fne.asso.fr
Association PONEMA pour le développement des jardins sauvages ou naturels :
jmonet.free.fr/Site/ponema.html

JARDINAGE ÉCOLOGIQUE

Terre vivante :
www.terrevivante.org
Éditeur de la revue *les 4 Saisons du jardin bio.*
La Nature :
www.lanature.fr
De nombreuses fiches et astuces sur le jardinage bio ainsi qu'un forum pour échanger autour des bonnes techniques.

AGROÉCOLOGIE

www.terre-humanisme.org
L'association des amis de Pierre Rabhi, l'un des pionniers de l'agriculture écologique en France.

BOTANIQUE

www.tela-botanica.org
Le réseau de la botanique francophone.
nature.jardin.free.fr/
Une encyclopédie sur le jardin, avec des fiches descriptives, des photos et un moteur de recherche.

ARBRES

www.lesarbres.fr/
Conseils pour la plantation d'arbres d'ornement.
www.aujardin.info/fiches/encyclopedie-verger.php
L'encyclopédie du jardin fruitier.
lesbeauxjardins.com/jardinons/fruitiers/ennemis.htm
Contrôler les indésirables.
www.docteur-verger.be/avis-entretien-jardin-fleurs.htm
Soigner ses arbres fruitiers.
www.petitpepinieriste.fr/conseil-plantation.htm
Comment planter un arbre.
www.unep.org/billiontreecampaign/french/
La campagne pour un milliard d'arbres des Nations unies.

IRRIGATION

www.irrigazette.com/fr
Informations sur les systèmes d'irrigation.

PERMACULTURE

permaculturefrancophone.org
Site francophone d'information sur la permaculture.

OISEAUX

lesbeauxjardins.com/Oiseaux/cabanes/cabane.htm
Des fiches pratiques pour construire un nichoir pour les oiseaux.

PRODUITS PHYTOPHARMACEUTIQUES

www.dive.afssa.fr/agritox/index.php
« Agritox » est la base de données sur la toxicité des produits phytopharmaceutiques du site de l'Agence française de sécurité sanitaire des aliments (AFSSA).

ALTERNATIVES AUX PESTICIDES

Maison de la consommation et de l'environnement :
www.mce-info.org/pesticides.php
Un dossier spécial « jardinier amateur » pour désherber, lutter contre les maladies et les ravageurs, reconnaître les pesticides interdits…
Adalia :
www.coccinelles.be/jardiner-sans-pesticide/face-nuisible.asp
Une liste des problèmes rencontrés avec des réponses biologiques qui ont fait leurs preuves.

SANTÉ ET BEAUTÉ

MÉDECINES DOUCES

Associations nationales représentatives de l'ostéopathie :
www.osteopathie-france.net
Association française de chiropratique :
chiropratique.org
Fédération française de naturopathie :
fenahman.free.fr/
Fédération française des réflexologues :
www.reflexologues.fr/
Fédération nationale de médecine traditionnelle chinoise :
www.fnmtc.com
Association française d'acupuncture :
www.acupuncture-france.com
Société française de phytothérapie et d'aromathérapie :
sfpa.club.fr/index.html
Syndicat national des médecins homéopathes français :
www.snmhf.org
Fédération française de shiatsu traditionnel :
www.ffst.fr

Association française des praticiens en drainage lymphatique manuel :
www.afpdlm.org
Fédération française des masseurs-kinésithérapeutes-rééducateurs :
www.ffmkr.com
En Belgique :
www.medecines.be/
Guide des médecines dites parallèles, douces ou encore alternatives.
En Suisse :
www.portail-sante.ch/
Annuaire de référence des professionnels et thérapeutes dans les domaines du bien-être et de la santé par les médecines naturelles en Suisse romande.

CANCER

www.e-cancer.fr
www.artac.info
Informations sur les différents types de cancer, conseils sur les traitements préconisés et groupes de soutien.
www.anticancer.fr/
Site Internet des médecines alternatives et complémentaires, avec des informations pratiques et des remèdes pour vous aider.

PRATIQUES SPORTIVES

Fédération française de tai-chi-chuan :
www.ffwushu.fr/
Association française des professeurs de la technique Alexander :
www.techniquealexander.info
Association française des praticiens de la méthode Feldenkrais :
www.feldenkrais-france.org/
Méthode Pilates :
www.pilates-studio.com/
Union nationale du yoga :
www.lemondeduyoga.org

COSMÉTIQUES

Greenpeace :
www.greenpeace.org/france/vigitox/documents-et-liens/documents-telechargeables/guide-cosmetox
Le guide « Cosmetox » de Greenpeace classe les marques selon les risques de toxicité des substances que contiennent leurs produits.

SANTÉ PUBLIQUE

Commission européenne sur la santé et la protection des consommateurs :
ec.europa.eu/health/index_fr.htm

PRODUITS CHIMIQUES

Bureau européen des unions de consommateurs :
www.chemical-cocktail.org/index_fr.asp
Des conseils pour éviter les produits toxiques dans la maison.

BRUIT

www.infobruit.org
Le site du Centre d'information et de documentation sur le bruit.

RECYCLER

HIGH-TECH

www.greenpeace.org/france/vigitox/informations/dechets-electroniques-toxiques
Guide Greenpeace pour un high-tech responsable.

CARTOUCHES D'ENCRE

www.recyclagesolidaire.org
La liste des points relais participant à l'opération « cartouches solidaires ». La revente des cartouches vides permet aux associations de solidarité du réseau de financer leurs projets.

TRI ET RECYCLAGE

www.ecoemballages.fr
Un site sur le tri sélectif, les grands principes et les erreurs de tri les plus courantes.
www.produits-recycles.com/
Un annuaire des produits et des matériaux recyclés.
Fédération de la récupération, du recyclage et de la valorisation :
www.federec.org
Papier :
www.papirralp.fr
Liste des revendeurs de papier recyclé.
www.achatsverts.be/rubrique.php3?id_rubrique=11
Le guide Internet belge des fournitures vertes.
Médicaments :
www.unpf.org/cyclamed/
www.forumdechets.ch/themes/FD47/index.php (Suisse)
Verre :
www.verre-avenir.fr/

VÊTEMENTS

Recyclaid :
www.recyclaid.org/
L'association Recyclaid collecte les vêtements, chaussures, sacs, jouets ou linge de maison et permet à des personnes en situation précaire d'accéder à des emplois stables grâce aux activités de récupération, de tri et de revalorisation.

ÉLECTROMÉNAGER

www.envie.org/
Le réseau Envie collecte et rénove votre électroménager usager ou cassé pour le revendre à petit prix sous garantie d'un an.

INFORMATIONS SUR LES DÉCHETS

Centre national d'information indépendante sur les déchets :
www.cniid.org
Le but du Centre national d'information indépendante sur les déchets est d'informer sur la toxicité des déchets en général, ou sur un type de déchet particulier, de dénoncer les atteintes environnementales et sanitaires liées à leurs traitements et de proposer des alternatives saines.

France Nature Environnement :
www.preventiondechets.fr
Le site de France Nature Environnement sur la prévention des déchets. Les bons gestes pour acheter, réutiliser, jeter, agir localement.

ISWA :
www.iswa.ch/fr/buts_f.htm
Ce site présente le réseau national suisse de professionnels du domaine de la gestion et du traitement des déchets.
www.bafu.admin.ch/abfall/index.html?lang=fr
Ce site offre de nombreux liens sur les déchets en Suisse et leur gestion.
www.dechets.ch
Informations en matière de déchets : guide des déchets, des collectes en Suisse.
www.geneve.ch/diae/environnement/guide_dechets/homed.html
Le guide des déchets ménagers en Suisse. Tout ce que vous devez savoir sur le tri des déchets en Suisse.

ACTIVITÉS SOCIALES

TROUVER UNE MISSION BÉNÉVOLE

www.francebenevolat.org
www.espacebenevolat.org
Ces deux sites permettent une recherche par ville et par quartier pour trouver une mission bénévole près de chez vous.

Salon des solidarités :
www.salondessolidarites.org/
Ce Salon a lieu tous les ans au Parc floral de Vincennes. Il réunit les ONG et les associations de solidarité internationale.

Le forum bénévolat suisse :
www.forum-benevolat.ch/
Plate-forme destinée à encourager le volontariat en Suisse, ainsi que les missions impliquant des bénévoles suisses à l'étranger.

Association pour le volontariat :
www.volontariat.be/
L'Association pour le volontariat rassemble près d'un millier d'associations à Bruxelles et en Wallonie.

JARDINS PARTAGÉS

jardinons.com
perso.wanadoo.fr/jardins-familiaux/
Liste des réseaux sur toute la France.
www.jardins.paris.fr
Liste des jardins partagés de Paris.

ÉCOVOLONTARIAT ET VOYAGES SOLIDAIRES

Earthwatch Institute
www.earthwatch.org/europe/
Cette organisation internationale à but non lucratif envoie des individus sur le terrain pour aider les scientifiques à travailler sur la préservation de la forêt pluviale et des projets similaires.

Planète Urgence :
www.planete-urgence.org/missions/
Planète Urgence est un organisme qui propose des missions humanitaires et d'écovolontariat.

Condorcia :
www.concordia-association.org/
L'association Condorcia propose aux jeunes bénévoles des chantiers de construction, de rénovation du patrimoine, de sauvegarde de l'environnement, d'animation, etc.

Cybelle Planète :
www.cybelle-planete.org
Cybelle Planète représente les programmes du réseau international Ecovolunteer Network, qui rassemble des opportunités d'écovolontariat dans des organisations locales de préservation de la biodiversité (associations, ONG…) du monde entier.

ATES :
www.tourismesolidaire.org
L'Association pour le tourisme équitable et solidaire (ATES) regroupe à ce jour 20 agences de voyages proposant des séjours axés sur le respect de l'environnement et la solidarité avec les populations locales.

Voyages pour la planète :
www.voyagespourlaplanete.com
Une agence de voyages créée par les membres de l'Association française d'écotourisme.

JAVVA :
www.javva.org/
Association belge de jeunes actifs dans le volontariat et les voyages alternatifs.

ANIMAUX

Choisir un animal de compagnie :
www.animalinfos.fr/Choisir-un-animal.html
Pacte « Animalement correct » :
www.animalement-correct.fr/le-pacte
Informations sur l'identification et les puces électroniques :
www.jidentifiemonanimal.com
Acquérir un animal de compagnie en bonne santé :
www.30millionsdamis.fr/acces-special/lois/lacquisition-dun-animal-de-compagnie.html
Le site de l'association 30 Millions d'amis est une référence pour les questions vétérinaires et légales.
Oiseaux :
oiseaux.annoncesetanimaux.com
www.ornithomedia.com/pratique/conseils/conseil_index.htm
Conseils pour soigner les oiseaux.
www.lpo.fr
Le site de la Ligue pour la protection des oiseaux, pour savoir comment recueillir un oiseau blessé et contacter les centres locaux « SOS oiseaux blessés ».
www.birdlife.ch
Le site de l'Association suisse de protection des oiseaux.
Chiens et chats :
www.animal-services.com/sites
Informations générales sur la santé des chiens et des chats.
www.30millionsdamis.fr/mon-animal-et-moi/conseils/sante/petits-parasites-gros-soucis.html
Informations sur les parasites.
raffa.grandmenage.info/category/Le_chat
Articles sur les dangers des huiles essentielles pour les animaux.
www.spa.asso.fr/30-aide-question-animaux-spa.htm
Conseils sur la vaccination.
www.animols.com/
Conseils vétérinaires sur la santé des animaux.

FINANCES ET INVESTISSEMENTS SOCIALEMENT RESPONSABLES

www.novethic.fr
Novethic est un média expert en développement durable.
www.finansol.org
Le portail des finances solidaires.
www.cfie.net
Le site du Centre français d'information sur les entreprises.
www.orse.org
Le site de l'Observatoire sur la responsabilité sociétale des entreprises.
www.vigeo.com/
Vigeo est une agence de notation extrafinancière des entreprises.
www.frenchsif.org/fr
Le site du Forum pour l'investissement responsable.
www.epe-asso.org
Le site de l'association française Entreprises pour l'environnement.
www.fidh.org
Le site de la Fédération internationale des droits de l'homme, pour s'informer sur les multinationales tirant profit d'un non-respect des droits de l'homme ou de l'environnement.
www.rfa.be/
Réseau Financement alternatif belge.
www.actares.ch/
Actionnariat suisse pour une économie durable.

INDEX

Les numéros de page imprimés en **gras** renvoient aux entrées principales dans le texte et les encadrés.

A

B

C

D

E

F

Q

R

S

T

U

V

WXY

Z

CRÉDIT PHOTOGRAPHIQUE

h = haut ; *c* = centre ; *b* = bas ; *g* = gauche ; *d* = droite

Couverture *b* de gauche à droite : Getty Images, Getty Images, Fotomorgana/Corbis/Australian Picture Library, Getty Images, RD ; background Getty Images. **4e de couverture** *g* Royalty-Free/Corbis ; *c* Digital Vision ; *d* Ivy Hansen.
Pages de garde PhotoDisc.
2 *hg* PhotoDisc ; *hd* RD/GID ; *bg* Linda Burgess/Garden Picture Library ; *bd* Royalty-Free/Corbis. **5** *h* RD ; *b* Royalty-Free/Corbis. **6** *h* RD ; *b* PhotoDisc. **7** Ivy Hansen. **8** PhotoDisc. **9** *hg* Digital Vision ; *hd* Royalty-Free/Corbis ; *bg* PhotoDisc ; *bd* Juliette Wade/Garden Picture Library. **10** *h* RD/GID ; *bg* Digital Vision. **11** PhotoAlto. **12** GARDENA ; **13** BDIH - Bundesverband deutscher Industrie und Handelsunternehmen für Arzneimittel, Reformwaren, Nahrungsergänzungsmittel und Kôrperpflegemittel e.v. - L11,20-22 - D-68161 Mannheim Germany - www.kontrollierte-nautrkosmetik.de/f/index.htm ; Nature &Progrès "la bio associative et solidaire, Ales, www.natureetprogres.org ; "demeter est la marque des produits issus de l'agriculture bio-dynamique certifiée", Association Demeter Fqrance - 5 place de la gare - 68 000 Colmar -www.bio-dynamie.org - demeter@bio-dynamie.org ; **14-15** Brand X Pictures. **16** *h* Royalty-Free/Corbis ; *c* & *b* PhotoDisc. **17** *hg* Royalty-Free/Corbis ; *hd* Stockbyte ; *bg* Brand X Pictures ; *bd* PhotoDisc. **18** *b Source Ademe* ; **18-19** Stockbyte. **19** *REA/Michel Gaillard ; 20 b REA/Alexandre Gelebart ;* **22** RD. **23** *c* RD ; *bg* RD/GID. **24** *h* Royalty-Free/Corbis ; *c* RD. **25** PhotoDisc. **26** *The Family Handyman.* **27** *h* PhotoDisc ; *b* Courtesy Masport www.masport.com. **28** Stockbyte. **29** *hd* Courtesy Solahart Australia www.solahart.com.au. **30** *h* PhotoDisc ; *b* Royalty-Free/Corbis. **31** PhotoDisc. **32** *hd* Royalty-Free/Corbis ; *c* Courtesy Skydome Skylight Systems www.skydome.com.au. **33** *h* RD ; *bd* David Boehm. **34** *h* Royalty-Free/Corbis ; *b* Image Source. **35** *hg* Image Source ; *hd* Brand X Pictures ; **36** SUNSET/Louis Bertrand ; **37** *hd*

Dora Scott Garden, Sydney. **40-41** Brand X Pictures. **41** *b* RD. **42** *hg* PhotoDisc ; *bd* Royalty-Free/Corbis. **43** *h* RD/GID ; *b* Royalty-Free/Corbis. **44** Imagestate. **45** *h* ImageDJ ; *bd :* maison-ecolo.com ;. **46** Royalty-Free/Corbis. **47** PhotoDisc. **48** *b* PhotoDisc. **48-49** PhotoDisc. **49** *bd toutes* RD. **50** *h* Digital Vision ; *c* Royalty-Free/Corbis. **51** *h* PhotoDisc ; *b* Avec l'autorisation de Energy Rating, Australian Greenhouse Office. **52** *h* Digital Vision ; *b* Royalty-Free/Corbis. **54-55** Brand X Pictures. **56** PhotoDisc. **57** *b* Courtesy Designer Blinds ; *d* PhotoDisc. **58** Image 100. **59** LA BONNE MAISON - MAISON PHENIX ; **60-61** RD. **62** *les deux The Family Handyman.* **63** PhotoDisc. **64** *hd The Family Handyman* ; *bd* RD. **65** *dh* Courtesy Style Plantation www.styleplantation.com ; *dc The Family Handyman* ; *db* PhotoDisc. **66** Stockbyte. **67** *bg* RD/GID ; *bd* RD. **68-69** PhotoDisc. **70** *hg* Digital Vision ; *hd* & *bd* Royalty-Free/Corbis. **71** *h* Janet Seaton/Garden Picture Library ; *bg* Jean-Michel Labat/Auscape ; *bd* PhotoDisc. **72** *h* RD ; *b* Digital Vision. **73** RD. **74** SRD/J-P DELAGARDE ; **75** *hg* Digital Vision ; *hc* & *bd* RD. **76** SRD/J-P DELAGARDE ; **77** *h* & *cd* RD ; *cg* PhotoDisc. **78** *hd* RD ; *cg* Digital Vision ; *b* PhotoDisc. **79** *h* Digital Vision ; *bg* RD. **80** *h* Digital Vision ; *b* Royalty-Free/Corbis. **81** *hg* Royalty-Free/Corbis ; *hd* Digital Vision ; *c* RD ; *bd* Brand X Pictures. **82** *h* Royalty-Free/Corbis ; *c* & *b* RD. **83** *les deux* RD. **84** *b* RD. **84-85** PhotoDisc. **85** *b* PhotoDisc. **86** *h* PhotoDisc ; *b les deux* RD. **87** PhotoDisc. **88** *hg* Digital Vision ; *c* Brand X Pictures. **89** *cd* PhotoDisc ; *bd* RD. **90** Royalty-Free/Corbis. **92** Brand X Pictures. **93** *c* PhotoDisc ; *bd* RD. **94** *les deux* RD. **95** *les deux* RD. **96** PhotoDisc. **97** *hg* PhotoDisc ; *hd* RD. **98** *h* Comstock Images ; *b* Digital Vision. **100** *h* Bilderlounge ; *b* RD. **101** RD. **102** PHOTO ALTO/Isabelle Rozenbaum et Frédéric Cirou ; *c* RD ; *b* Janet Seaton/Garden Picture Library. **103** *les deux* RD. **104** *h* PhotoDisc ; *b* RD. **105** Digital Vision. **106** *b* AbleStock.com. **106-107** PhotoDisc. **107** *c* PhotoDisc. **108** *h* PhotoDisc ; *b* RD. **109** *hg* RD ; *cd* PhotoDisc ; *b* Denis Crawford/Graphic Science. **110** *les deux* RD. **111** *toutes* RD/GID. **112** *hd* Michael Maconachie/Auscape ; *c* NHPA/ANTPhoto.com ; *bg* RD ; *bd* Denis Crawford/Graphic Science. **113** *toutes* RD. **114** *hd* & *c* Denis Crawford/Graphic Science ; *bd* RD/GID. **116** *hd* PhotoDisc ; *cg* Brand X Pictures ; *bd* PHOTONONSTOP/AGE ; **117** Greg Harold/Auscape. **118** *hd* RD ; *cg* Jean-Michel Labat/Auscape. **119** *les deux* RD. **120** *hg* Pixtal ; *c* PhotoDisc. **121** *hd* Comstock Images ; *cg* PhotoDisc ; *cd* Royalty-Free/Corbis. **122** *hd* PhotoDisc ; *bg* RD. **123** *hd* & *bd* Comstock Images ; *cg* RD. **124** *hg* Jean-Michel Labat/Auscape ; *b* PhotoDisc. **125** Comstock Images. **126** *hd* Image 100 ; *bg* Jean-Michel Labat/Auscape ; *bd* SRD/J-P DELAGARDE ; www.florame.com ; **127** Photick. **128-129** Chassenet/BSIP/Auscape. **130** *toutes* RD/GID. **131** *hg* Digital Vision ; *cd* & *bg* PhotoDisc. **132** *h* RD/GID ; *b* RD. **133** *hd* RD ; *c* RD/GID. **134-135** RD/GID. **135** *c* RD/GID. **136** *hg* Digital Vision ; *cd* Brand X Pictures. **137** Brand X Pictures. **138** *h* Image 100 ; *c* PhotoDisc ; *b* RD/GID. **139** RD. **140** *hd* PHOTONONSTOP/Jacques Loic ; *b* Image 100. **142** *h* Image 100 ; *b* RD. **143** *g* RD/GID ; *bd* AGROCERT ; SAS ULASE - www.ulase.fr ; *bd* Avec l'autorisation de l'association ACLAVE ; GROUPE SGS ; **144** *h* RD/GID ; *c* FoodCollection. **145** *les deux* RD/GID. **146** *les deux* RD/GID. **147** RD/GID. **148** *hd* & *cg* RD/GID ; *cd* PhotoDisc. **149** *h* RD ; *bg* RD/GID. **150** *bg* RD/GID. **150-151** RD/GID. **151** *les deux* RD/GID. **152** *les deux* RD/GID. **153** PhotoDisc. **154** *toutes* RD/GID. **155** *les deux* RD/GID. **156** *h* RD ; *b* RD/GID. **157** *hd* RD/GID ; *cd* PhotoDisc ; *b* RD. **158** *les deux* RD/GID. **160** *h* PhotoDisc ; *b* RD. **161** *toutes* RD/GID. **162** *h* Digital Vision ; *b* RD. **163** PhotoDisc. **164** *h* PhotoDisc ; *b* RD. **165** *h* PhotoDisc ; *b* RD. **166** *h* PhotoDisc ; *b* RD. **167** *hg* RD ; *hd* Pixtal ; *b* RD ; *bg* Stockbyte. **168** *h* Imagestate ; *bg* PhotoDisc ; *bd* Stockbyte. **169** PhotoDisc. **170** *h* PhotoAlto ; *b* PhotoDisc. **171** *h* Andrew Lord/Garden Picture Library ; *b* RD/GID. **172-173** Peter Hendrie/Lonely Planet Images. **174** *h* PhotoAlto ; *cd* RD ; *bg* Stockbyte. **175** *h* PhotoDisc ; *cd* Thinkstock Images ; *bg* RD/GID. **176** *h* PhotoDisc ; *b* RD. **177** *h* RD/GID ; *c* RD. **178** *h* Stockbyte ; *bg* RD/GID. **179** *hd* & *bd* RD ; *bg* RD/GID. **180** *h* Stockbyte ; *bg* RD ; *bd* RubberBall Productions. **181** *h* RD ; *bg* PhotoDisc ; *hd* RD/GID. **182** *h* ImageDJ ; *b* Stockbyte. **183** *les deux* RD. **184** *hd* PhotoAlto ; *bg* RD. **185** *hd* Stockbyte ; *cg* & *bd* RD. **186** *hg* RD ; *cd* Goodshoot. **187** *h* PhotoAlto ; *b* RD. **188** Abricot, amande, bleuet, cerfeuil et fenouil RD/GID ; banane, clous de girofle et citron RD ; fraise PhotoDisc. **189** Pomme de terre RD ; mélisse, melon, persil, sauge et thym RD/GID ; rose PhotoDisc. **190** *hd* PhotoDisc ; *bg* Thinkstock Images. **191** RD. **192** *h* Creatas Images ; *b* Eoin Clarke/Lonely Planet Images. **193** *hg* Digital Vision ; *cd* RD. **194** *h* PhotoDisc ; *b* Pixland. **195** *hd* RD/GID ; *cg* PhotoDisc ; *b* RD. **196** *h* Image Source ; *b* RD. **197** RD/GID. **198** *h* PhotoDisc ; *b* Image 100. **199** Bananastock. **200** *h* PhotoDisc ; *c* RD. **201** *les deux* RD. **202** *h* Brand X Pictures ; *b* RD. **203** *les deux* RD/ GID. **204** *h* RD/GID ; *c* & *b* RD. **205** Stockbyte. **206** *h* PhotoDisc ; *bg* Stockbyte ; *bd* RD/GID. **207** *les deux* RD. **208** *hd* RD/GID ; *cg* PhotoDisc. **209** *hg* Pixland ; *hd* RD. **210** *h* PhotoDisc ; *b les deux* RD. **211** PhotoDisc. **212** *hg* RD/GID ; *bd* RD. **213** PhotoDisc. **214** PhotoDisc. **215** *h* PhotoDisc ; *c* RD. **216** *les deux* RD. **217** RD. **218-219** David Cavagnaro/Garden Picture Library. **220** *h* Ivy Hansen ; *c* Lorna Rose ; *bg* SUNSET/Mark Hamblin ; **221** *hg* C. Andrew Henley/Auscape ; *hd* RD ; *b* Brand X Pictures. **222** *hd* SUNSET/JUNIORS BILDARCHIV ; *b* Ivy Hansen. **223** RD. **224** Lorna Rose. **225** *cg* C. Andrew Henley/Auscape ; *cd* PhotoDisc. **226** Mayer-Le Scanff/Garden Picture Library. **227** *h* Ivy Hansen ; *cg* RD/GID. **228** *hd* SUNSET/Dominique Delfino ; **230** *h* Lorna Rose ; *b* RD/GID. **231** Lorna Rose. **232** *hd* SUNSET/Mark Hamblin ; *b* Lorna Rose. **233** *bg* Jean-Paul Ferrero/Auscape ; *bd* Lorna Rose. **234** Ivy Hansen. **235** *h* Ken Griffiths/ANTPhoto.com ; *cd* Lorna Rose ; *b* Ivy Hansen. **236** *b* Linda Burgess/Garden Picture Library. **236-237** Lorna Rose/Jill Morrow Garden, Wagga Wagga, NSW. **237** *les deux* Lorna Rose. **238** *h* Jerry Pavia/Garden Picture Library ; *b* Brand X Pictures. **239** *toutes* RD. **240** *h* PhotoDisc ; *b* RD. **241** *hg* Brigitte Dufour/Garden Picture Library ; *b* RD. **242** *hd* PhotoDisc ; *cg* Lorna Rose ; *b* Grant Dixon/ANTPhoto.com. **243** *hg* RD ; *hd* Brand X Pictures. **244** *hd* Georgia Glynn-Smith/Garden Picture Library ; *bg* RD. **245** RD/GID. **246** *h* Royalty-Free/Corbis ; *bg* GARDENA ; **247** Digital Vision. **248** *les deux* RD. **249** RD. **250** *hd* Ivy Hansen ; *bg* Suzie Gibons/Garden Picture Library. **251** Brand X Pictures. **252** RD. **253** *toutes* Brand X Pictures. **254** *h* Lorna Rose ; *b* RD/GID. **255** *h* & *cg* RD ; *bd* Ivy Hansen. **256** *hd* Lorna Rose ; *cg* Eric Crichton/Garden Picture Library ; *bd* RD/GID. **257** RD. **258** Lorna Rose. **259** *hg* PhotoDisc ; *hc* & *hd* Marie O'Hara/Garden Picture Library. **260** *hd* Mark Bolton/Garden Picture Library ; *bg* PhotoDisc ; *bd* Lorna Rose. **262** *h* Lorna Rose ; *bg* Ivy Hansen ; *bc* PhotoDisc. **263** PhotoDisc. **264** Brand X Pictures. **265** *h* PhotoDisc ; *b les deux* Lorna Rose. **266** *h* Brand X Pictures ; *b* Lorna Rose. **267** *hg* RD/GID ; *hd* Lorna Rose/Hodge Garden, Logan View, Qld. **268** *h* RD/GID ; *bg* François De Heel/Garden Picture Library ; *bd* Mayer-Le Scanff/ Garden Picture Library. **270** *h* Roger Brown/Auscape ; *b* Lorna Rose. **271** *hd* Lorna Rose ; *c* PhotoDisc. **272** Jacqui Hurst/Garden Picture Library. **273** RD. **274** *hd* Howard Rice/Garden Picture Library ; *cg* RD/GID ; *bd* PhotoDisc. **275** *cg* RD/GID ; *bd* RD. **276** *hg* Lena Lowe. **277** *hg* SUNSET/JUNIORS BILDARCHIV ; *cd* Jean-Michel Labat/Auscape. **278-279** Image Source. **280** *h* PhotoDisc ; *c* Stockbyte ; *b* Royalty-Free/Corbis. **281** *h* Richard Nebesky/Lonely Planet Images ; *cd* RD ; *b* Nick Groves/Focus New Zealand. **282** *h* PhotoDisc ; *b* Digital Vision. **284** *b* & *c* RD. **284-285** Imagestate. **285** *hd* RD ; *b* Stockbyte. **286** *h* SRD/J-P DELAGARDE ; *bd* Brand X Pictures. **287** *h* RD/GID ; *b* PhotoAlto. **288** RD. **289** *hd* PHOTODISC ; **290** *h* Stockbyte ; *c* RD/GID ; *b* RD. **292** Stockbyte. **293** *b* Stockbyte ; *h* SRD/J-P DELAGARDE ; **294** Image 100. **295** *h* Gordon Claridge/ ANTPhoto.com ; *b* Juliet Coombe/Lonely Planet Images. **296** *h* MedioImages ; *b* SRD/J-P DELAGARDE ; **298** *b* Courtesy Toyota. **298-299** *h* PHOTONONSTOP/Charlie Abad ; **299** *cg* Image 100. **300** *hd* Image 100 ; *bg* Creatas Images. **301** *h* PhotoDisc ; *b* Courtesy Toyota. **302** *h* Powerstock ZEFA Limited/Focus New Zealand ; *b* Digital Vision. **304** *h* Thinkstock Images ; *b* Stockbyte. **305** *h* PhotoDisc ; *b les deux* RD. **306** *h* Royalty-Free/Corbis ; *bg* PhotoDisc ; *bd* Digital Vision. **307** Stockbyte. **308** Pixtal. **309** Stockbyte. **310-311** Nick Groves/Focus New Zealand. **311** *hd* RD/GID ; *hc* RD ; *cg* Anders Blomqvist/Lonely Planet Images ; **312** *h* Richard Nebesky/Lonely Planet Images ; *b* Scott Darsney/Lonely Planet Images. **313** David Else/Lonely Planet Images.

LA VIE EN VERT
est publié par Sélection du Reader's Digest

PREMIÈRE ÉDITION
Premier tirage

Impression et reliure : N.I.I.A.G.
Achevé d'imprimer : juillet 2008
Dépôt légal en France : août 2008
Dépôt légal en Belgique : D-2008-0621-88

IMPRIMÉ EN ITALIE
Printed in Italia